本书为2019年度全国宣传思想文化青年英才自主选题资助项目
"新时代新闻出版的变革与策略研究"成果

Philosophical Speculation and
Publishing Practice

哲学思辨与出版实务

洪琼 著

中国社会科学出版社

图书在版编目（CIP）数据

哲学思辨与出版实务 / 洪琼著. -- 北京：中国社会科学出版社，2025.5. -- ISBN 978-7-5227-4793-4

Ⅰ.B0；G23

中国国家版本馆 CIP 数据核字第 2025BC7015 号

出 版 人	赵剑英
责任编辑	夏文钊
责任校对	冯英爽
责任印制	郝美娜
出　　版	中国社会科学出版社
社　　址	北京鼓楼西大街甲 158 号
邮　　编	100720
网　　址	http://www.csspw.cn
发 行 部	010-84083685
门 市 部	010-84029450
经　　销	新华书店及其他书店
印　　刷	北京君升印刷有限公司
装　　订	廊坊市广阳区广增装订厂
版　　次	2025 年 5 月第 1 版
印　　次	2025 年 5 月第 1 次印刷
开　　本	710×1000　1/16
印　　张	22
字　　数	368 千字
定　　价	118.00 元

凡购买中国社会科学出版社图书，如有质量问题请与本社营销中心联系调换
电话：010-84083683
版权所有　侵权必究

目 录

前言 // 1

一 "游"与"游戏说"

中西语言中的"游戏"概念比较 // 3

孔子与庄子"游"之比较 // 13

中国"游"文化之精神 // 20

西方"游戏说"的演变历程 // 27

后现代游戏说的基本特征 // 41

中西"游"和"游戏说"的融通性 // 51

中西"游"和"游戏说"的对话 // 60

中西"游"和"游戏说"之比较 // 69

二 激情与政治

西方"激情说"的演变历程 // 81

试析霍布斯激情说的本质和谱系 // 95

霍布斯政治哲学的基础：以激情说为核心的人性论 // 107

激情与生存——霍布斯自然状态理论新释 // 122

论霍布斯源于激情的自然权利观 // 136

霍布斯自然法理论新释 // 149

激情与权威——霍布斯主权理论新释 // 161

激情的边界——霍布斯的消极自由观 // 175

论霍布斯的义务观 // 190

激情与规训——论霍布斯政治教育思想 // 200

激情与利维坦——霍布斯国家学说新释 // 211

激情与宗教——霍布斯神学政治新释 // 224

语言与政治——霍布斯语言哲学研究 // 237

激情与政治——霍布斯政治哲学的一种新诠释 // 250

三 理论与实务

图书策划中的起名艺术 // 265

出版人的中国梦 // 272

做好主题出版的四大意识 // 274

"浅阅读"时代的学术出版之路 // 279

全媒体时代传统出版业的融合发展之路 // 284

以融合发展为契机 突破出版内卷怪圈 // 293

党规类图书要注重"四性" // 301

从民法典出版现象看做好普法类图书的"四个思维" // 311

出版工作者要提高"政治三力" // 323

要将《习近平著作选读》与《习近平谈治国理政》
   作为一个整体来研读 // 331

以中华优秀传统文化滋养共同富裕思想 // 334

后记 // 344

前　言

"哲学"的希腊语是"philosophia",源自"Philo"和"Sophia"这两个词,前者意味着爱,后者则代表智慧。换句话说,哲学是一门爱智慧、尚思辨、运用抽象的逻辑概念追问宇宙、社会和人生奥秘的学科。然道不可坐论,理不可空谈。实践是人本源性的生命存在和活动方式,尚思辨的哲学若离开实践便容易沦为一种空洞的理论。因此,哲学不单纯是一种精神追求,更是生命存在的当下参与,必须由理念世界、理论世界回到活生生的生活世界。

本书由"'游'与'游戏说'""激情与政治""理论与实务"三部分内容组成,其中,"'游'与'游戏说'"部分是以"游戏说"为切入点对中西文化的思想内核进行比较;"激情与政治"部分是以"激情说"为切入点对霍布斯的政治哲学进行重构;"理论与实务"部分则是以"实践智慧"为切入点对新闻出版的当代变革与应对策略进行研究。

一

游戏乃是人类的一个普遍现象和人生的存在方式之一。正如著名的荷兰学者赫伊津哈所说,文明是在游戏中并作为游戏兴起而展开的。因此,中西的许多思想家都非常重视对游戏的思考和研究。

中西"游"和"游戏说"的相通之处:首先,中西文明都是在游戏中并作为游戏而产生和发展起来的,这是我们这里之所以能进行真正的中西"游"和"游戏说"之比较的深层地基;其次,无论是中国的"游"还是西方的"游戏说"都浸透着对人的生存本身的深沉关切,这使得中西"游"和"游戏说"在存在维度上的深层次对话成为可能;再次,中西"游"和"游戏说"都有着丰富的自由意蕴,这是游戏精神的重要特征之一；最后，无论是中国的"游"还是西方的"游戏说"（主要指古希腊、现代以及后现代的"游戏说"）都不是静态的，而是动态的、生生不息的。

在看到中西"游"和"游戏说"的相通之处的同时，我们更应清醒地看到两者毕竟深植于两个相距遥远的文化，因而，两者之间的巨大差异亦是不言而喻的事实。其一，中西"游"和"游戏说"的巨大差异主要表现为中西人生态度和思维方式上的不同：对于中国的"游"来说，或许我们可以称之为人与世界相互缘起的"构成性"之游戏，或曰：主客不分、物我交融的天人合一式的"游戏"；而西方的"游戏说"则是深植于主客二分、主体性原则的"现成性"游戏。其二，中西"游"与"游戏说"的差异也表现在二者不同的审美体验方式上：中国的"游"是一种"神与物游"的审美体验方式，而西方的"游戏说"则是一种"思"的审美体验方式，即一种由理性主义所决定的偏重分析的逻辑思维。其三，中西"游"与"游戏说"的差异还表现在二者不同的话语体系上：如果说西方的语言观的核心即"逻各斯"倾向于"有"，是可以言说的，那么，我们中国的"道"言观则倾向于"无"，是不可言说的。

中西"游"和"游戏说"虽然存在巨大的差异，但这并不等于二者便没有任何对话的可能。其一，思维方式。中国的传统哲学虽有物我和谐交融的诗化之境，但因缺乏主客二分的思想和主体性原则而没有产生严格意义上的科学和宗教。中国近代的危机便是这一弊端最为突出的表现。而西方的主客二分思想和主体性原则，不仅带来了物质文明的巨大繁荣，而且亦不可避免地引起了一系列的问题，如人的异化问题、生态问题等。可见，根源于中西文化的"游"和"游戏说"都不可避免地存在先天不足。事实上，这正是二者对话的必要性之所在。至于能在何种程度上和何种层面上取得共识，还有待我们进一步探索。不过，我个人认为，对于西方的"游戏说"而言，应当淡化主客二分和主体性原则，提倡人物融合的诗化之境；而对于中国的"游"而言，既要引入西方的主客二分和主体性原则，但又不能重蹈西方文化的覆辙，真正的道路或许便是于中西思想的边界处的冒险。其二，审美心态。本书认为，海德格尔的"诗化之思"或许为中西"游"和"游戏说"之审美心态的融合和对话提供了某些指引。其三，语言。自从"语言转向"以来，西方传统的语言观受到前所未有的挑战，其不再是那种表象—工具型的现成性的语言观，而成了一种生成性的语言观。这似乎与我们中国的"道言"观存在某种契合之处。当然，我们同样也要看到这两种语言观的根本差异：中国的语言观具有自然性的色彩，而西方的语言观则带有世界性的烙印。这就决定了西方所谓的语言转向不是走向自然，而是走向世界。

二

激情是人性理论中最本源也是最强大的因素。本书的第二部分以"激情与政治"为主题，不仅以激情说来诠释霍布斯的政治哲学，以激情说来重构霍布斯的政治哲学，而且从现代性的维度入手凸显了霍布斯对于现代政治哲学和现代政治制度形成的理论意义，并最终回到现代性的危机那里重新考问霍布斯的当代价值。

霍布斯将古典政治哲学关于"人是社会的动物"和"人是理性的动物"的基本判断还原为"人是激情的动物"。一方面，霍布斯从自然主义的原则出发，试图从动物的本性推导出人的虚荣自负，从而将他的政治哲学奠基于人的自然性（动物性）之上，以便尽可能释放被传统政治哲学的理性和信仰压抑的生命力。在霍布斯那里，激情比理性更加本原，人首先是一个激情的存在物，其次才是一个有理性的存在物，而其中语言起到了关键性的作用。另一方面，霍布斯又强调虚荣自负虽然源于自然，但是，却会导致人人相互为战的自然状态，此时唯有死亡恐惧将人从相互毁灭的边缘拉回来。死亡恐惧优先于理性，使人得以逃避死亡；同时，死亡恐惧又发挥着理性的功能，使人得以保存自我。总之，霍布斯政治哲学的基础是两大激情（即虚荣自负和死亡恐惧）之间的对立，并且由这两大激情的对立所造成的内在张力使得霍布斯全新的理论建构得以成行。（此"行"是将建构视为一种过程而非完成的形态，下同。）

我们可以试着从激情的视角理解霍布斯从自然状态到自然法再到国家以及神学政治的逻辑推论思路：激情是人性中最本源也是最强大的因素，其中，倾向争斗的激情导致了自然状态，而在自然状态中人的自然权利无法得到有力保障，然而仅靠激情无法走出自身的困境，此时倾向和平的激情将我们指引向理性的一般法则（自然法），而自然法又进一步将我们指引向国家，最终实现以和平的方式在社群中保存自我。至于宗教也是一种激情——畏惧，这种畏惧是对可能对人造成伤害的不可见力量的嫌恶；在基督教国家中，宗教与激情、政治是同构的。其间，霍布斯并未引入任何神秘的力量（如上帝），激情的运动是自为的（通过激情自身的内在张力），这与霍布斯的机械唯物论是一致的，贯穿其政治哲学始终的无非就是激情的运动而已：激情—理性—激情。

三

近年来，随着5G、大数据、云计算、物联网、区块链、人工智能等信息技术的突飞猛进，互联网新媒体特别是移动互联网媒体得以迅猛发展，传媒产业已经进入全媒体时代。全媒体时代以其全新的技术手段，深刻地改变着传播方式、舆论生态、媒体格局，颠覆了人们传统的阅读方式、视听方式乃至生活方式。这既给传统出版业带来巨大的挑战和诸多不确定性因素，也给传统出版业带来难得的机遇和全新的发展空间，倒逼传统出版业实现转型升级。具体而言，传统出版工作者可从以下四个方面入手主动融合新媒体：选题策划上，善于利用新媒体找准选题方向，优化选题结构，明晰操作思路；内容创新上，走好网络群众路线，拓宽内涵深化思路，实现全新阅读体验；宣传推广上，精准定位目标受众，多元化呈现宣传内容，互动化营造市场热议；市场营销上，探索网络直销、网络直播、社群营销等多种新渠道。

习近平总书记多次强调，"要不断提高政治判断力、政治领悟力、政治执行力"。这一重要论述为做好新时代的出版工作指明了方向。其中，政治判断力即政治上"怎么断"，重在判断，强调的是政治可靠、对党忠诚，解决是非问题；提高政治判断力是做好出版工作的前提。政治领悟力即政治上"怎么悟"，重在领悟，强调的是学深悟透、融会贯通，解决深浅问题；提高政治领悟力是做好出版工作的核心。政治执行力即政治上"怎么行"，重在执行，强调的是真抓实干、开拓创新，解决虚实问题；提高政治执行力是做好出版工作的关键。出版工作者要深入学习贯彻习近平新时代中国特色社会主义思想特别是习近平文化思想，以提高"政治三力"为重要抓手，更好地担负起新的文化使命，不断开创新时代宣传思想文化工作新局面，为强国建设、民族复兴做出新的更大贡献。

一
"游"与"游戏说"

"死政治" 与 "生"

中西语言中的"游戏"概念比较

什么是"游戏"？在大多数人眼里，"游戏"或许就是指那种"不严肃""无内容""无意义"的活动，或者被轻视为一种玩世不恭的人生态度。其实，这恰恰是对"游戏"本身的最大误解。那么，到底什么是"游戏"呢？

一　汉语中的"游""戏"

首先，让我们来考察汉语对"游戏"的一般理解。我们知道，汉语中的"游戏"一词是由"游"和"戏"构成的。

在古今汉语中，"游"大概有这些含义和用法：在水中移动，表明游本身是一种随意的和自如的身体活动，如"就其浅矣，泳之游之"（《诗·邶风·谷风》）、游泳、游水等；游动，不固定，如"彭越常往来，为汉游兵，击楚"（《史记·魏豹彭越列传》）、散兵游勇、游击、游民等；虚浮不实，如"诬善之人其辞游"（《易·系辞下》）；江河的一段，如"溯游从之，宛在水中央"（《诗·秦风·蒹葭》）、上游、中游等；闲逛，漫游，如"汉有游女，不可求思"（《诗·周南·汉广》）、春游、郊游等；游览的地方，如"贾客无定游"（唐·刘禹锡《贾客词》）；交往，如"两人相引为重，其游，如父子焉"（《史记·魏其武安侯列传》）、交游等；出外求学、求官或游说，如"二十而南游江淮"（《史记·太史公自序》），"公孙鞅西游秦"（《吕氏春秋·长见》）等；还可用来指姓，如春秋时郑有游楚。

而"戏"的含义和用法有：角斗，角力，如"少周室为赵简子左右，闻牛谈有力，与之戏"（《国语·晋九》）；游戏，玩耍，如"夫婴儿相与戏也，以尘为饭，以涂泥为羹"（《韩非子·外储说左上》）、戏耍、嬉戏等；戏弄，开玩笑，含有虚幻、不真实、不严肃、不庄重的意思，如"偃之言是也，前言戏之耳"（《论语·阳货》）、戏说、戏谑等；古指歌舞、杂技等表演，如"优倡侏儒为戏而前"（《史记·孔子世家》）；指戏剧，如"耍我妆男就做生，耍我妆女就做旦，做来的戏又与别人不同"（《比目鱼》三出）、戏目、戏词、戏曲等；念 hui 通"麾"，军中将帅的大旗，如"不至十日，而两将之头可致于戏下"（《史记·淮阴侯列传》）；也可以用来指姓，汉代有戏志才。

作为合成词的"游戏"基本上保留了"游"和"戏"的语义。其基本词义和用法有：游乐嬉戏，如"此地，宜有词仙，拥素云黄鹤与君游戏"（姜夔：《翠楼吟上词》）；戏谑，如"仙人游戏三昧，何可笑"（《聊斋志异·颠道人》）、游戏人间、游戏笔墨等；娱乐活动，如捉迷藏、猜灯谜等，某些非正式的比赛项目的体育活动如康乐球等也叫游戏。当然，我们日常所言说的游戏主要还是指随意的玩耍活动。

应该说，真正对"游戏"一词的使用产生巨大影响的，还是孔子和庄子。孔子曰："志于道，据于德，依于仁，游于艺。"（《论语·述而》）又曰："兴于诗，立于礼，成于乐。"（《论语·泰伯》）庄子则说："若夫乘天地之正，而御六气之辩，以游无穷者，彼且恶乎待哉。"（《庄子·逍遥游》）"乘云气，骑日月，而游乎四海之外。死生无变于己，而况利害之端乎？"（《庄子·齐物论》）"与造物者为人，而游乎天地之一气——忘其肝胆，遗其耳目；反复终始，不知端倪；茫然彷徨乎尘垢之外，逍遥于无为之业。"（《庄子·大宗师》）孔子所言说的"游"具有道德意义："游于艺"首先强调的是对技能熟练掌握的自由感，然后才强调"游"对心灵的塑造和人格完成的作用；他所追求的天人合一，天是规定人的，人听从天的规定；人只有通过"践仁""弘道"，才能不断提升自己的道德修养来实现仁的超越。而庄子的"逍遥游"则是一种不言道德而自然合乎道德的超道德的自由境界："逍遥游"是游于无，游于道，游于天地万物之中；他所追求的是"天地与我并生，万物与我为一"的境界，抹平了天与人的规定；人主要通过否定的方式（"无所待""游无穷"）来实现"逍遥之游"。两者看似对立，实际上又具有很大的互补性，分别完成了中国思想的两个不同的维度（社会和自然），并整个中国传统的"游"文化产生了深远的影响，特别是在游于山水/自然、游于艺术、游于人生三个方面。

（一）游于山水/自然。从魏晋南北朝开始，游山玩水渐成赏心怡情之乐事。从"昏旦变气候，山水合清晖。清晖能娱人，游子憺忘归"（《石壁精舍还湖中作》）的谢灵运到"登临山水，终日忘归"（《晋书》本传）的阮籍；再到"每游山水，往辄忘归""以疾返江陵。叹曰：老疾俱至，名山恐难遍睹，惟当澄怀观道，卧以游之"（《宋书·宗炳传》）的宗炳；再到"自爱名山入剡中""五岳寻仙不辞远，一生好入名山游"（《庐山谣寄卢侍御虚舟》）的诗仙李太白等，无不寄情于山水，游目骋怀；再到宋明时期以"逍遥于山水，神游于物"为学道修身的最高境界。当然，"游于山水"之"游"与我们现在所说的旅游还是有着巨大区别的。我们日常语言所说的旅游主要是指游玩、游历，有消遣娱乐之义，而"游于山水"之"游"更多的是一种审美的人生态度，是"神与物游"之"游"。

（二）游于艺术。从汉代起便有所谓的"游神"之说。王褒曾说"登九灵兮游神，静女歌兮微震。"（《九怀》）曹子建也说："独驰思于云天之际。"（《七启》）宗炳用"畅神"（实质上也是"游"）来说明欣赏山水和欣赏山水画的感受。他说："于是闲居理气，拂觞鸣琴，披图幽对，坐究四荒，不违天励之藂，独应无人之野。圣贤映于绝代，万趣融其神思。余复何哉，畅神而已。神之所畅，孰有先焉。"（《画山水序》）而陆机则用"游"来说明文艺创作中想象的作用，云："其始也，皆收视反听，耽思傍讯，精骛八极，心游万仞。其致也，情瞳瞳而弥鲜，物昭晰而互进……"（《文赋》）宋代苏轼指出了人对待物的两种不同态度，即"游于物之内"与"游于物之外"：前者实际上是说，人沉溺于物，为物所役使，以至于为物所异化；而后者则是，既不视物如命，滞于外物，又不是视物如无，一味超脱，而是审美地观照外物。

（三）游于人生。苏轼的"游于物之外而不游于物之内"的思想，可以说就是一种"游于人生"的思想，既有孔子的积极有为、知其不可而为之的气度，又不失庄子的超脱潇洒。王国维也说："诗人对宇宙人生，须入乎其内，又须出乎其外。入乎其内，故能写之；出乎其外，故能观之。入乎其内，故有生气；出乎其外，故有高致。"（《人间词话》）显而易见，这种"不出而出，出而不出"的人生观也有孔子与庄子的影子，不过王国维更倾向于"出乎其外"的人生观，这似乎与庄子的"游"更接近。

二　西方语言中的"游戏"

在希腊语中，有很多指称游戏功能的变化的、不同的词语。希腊语用词尾-inda作为儿童游戏的别致表达，但在其中这个词尾本身并不表示任何含义，只是使词蕴含有"玩某种东西"之义，且-inda是不可解的，属于非衍生词缀。这似乎反映了希腊人对游戏本身独特地位的认识。"相对于儿童游戏这个独特别致的象征记号，希腊语关于一般游戏至少有三个不同的词。首先，三个词中最常用的是παιδιὰ，它的词源很清楚，意指'也适合儿童'，但由于重音，它显然区别于παιδὶα——孩子气的，παιδιὰ的运用并不限于儿童游戏，由于其词源παιξειν，玩，πατγμα，παιγνιον，玩具，它适用于指称种种游戏，乃至最高最神圣的，如我们在柏拉图《法律篇》那段里所看到的。这一组词看来印上了轻松自在的痕迹。与παιδιὰ相比，游戏的其他词——αδνρω，αδνρμα——还是停留在背景上。它还微微有点儿琐碎、无价值的意思。"① 但值得注意的是，这三个词都不含有应对、比赛和竞技的含义，其是由另外一个词αγωυ来表达的。不过，荷兰著名学者约翰·赫伊津哈还是坚信希腊语中的"竞技"和"游戏"之间有着潜在的同一性。我们可以看到，汉语中的"游戏"，基本上不具有这种同一性。

与希腊语不同的是，拉丁语则只有一个涵盖整个游戏领域的词，即源于ludere的ludus。ludus包含儿童游戏、娱乐、竞技、宗教仪式和戏剧表演以及各种机遇性游戏。lusus是从ludere中直接衍生出来的，这一点亦异于古希腊语中的-inda。而且我们更应当注意的是，lusus更多的是在词源ludere的"非严肃性"，尤其是"佯装"或"蒙骗"的意义上使用的。因此，ludus也含有不真实和虚幻的意味。这与汉语的"戏"（戲）有着某种相似之处。

我们知道，在现代欧洲语言中，"游戏"一词所涵盖的范围非常宽广。"在罗曼语和日耳曼语中，我们发现这个词甚至扩散为许多组概念，

---

① ［荷兰］约翰·赫伊津哈：《游戏的人》，多人译，中国美术学院出版社1996年版，第32页。

所表达的运动或行为在这个用语的严格或形式的意义上，都与游戏无关。……看来游戏概念覆盖的领域远远广于 παιξειν 以及 ludere；游戏的特定含义也广泛应用于某些轻松的行为和运动。"① 那么，体现在现代欧洲语言中的"游戏"概念有什么特点呢？

第一，现代欧洲语言中的"游戏"也往往以急速运动为具体出发点。实际上，早在古希腊时期，柏拉图就曾猜测，游戏源于一切幼仔（动物的和人的）要跳跃的需要（《法律篇》ii653）。根据赫伊津哈的考证，哥特语是用 laikan 来表示游戏的，而且 laikan 也以此种含义出现于古英语和高地、低地德语中。但是，laikan 在古哥特语文本中则只以"跳动"（leaping）的含义出现。赫伊津哈还指出："在格里姆（Grimm）编辑的《德语词典》中，高地德语名词 leich 的原初意义被解释为'一种有节奏的运动'，这个词的诸引申义也完全处于游戏的领域……"②

第二，现代欧洲语言中的"游戏"绝非一般意义上的"做"，我们不可能像"钓"鱼、"打"猎那样"做"某种游戏，准确的说法应该只是在"玩"游戏。因此，尽管我们可以用德语说"ein Spiel treiben"（做游戏），用英语说"pursue a game"（从事游戏），但恰当的动词还是"游戏"（play）本身，即"play a game"（玩游戏）或者"spielen ein Spiel"（游戏）。也就是说，为了表达此种活动的性质，包含在名词中的观念必须要在动词中被加以重复。由此，赫伊津哈认为，这一语言现象似乎泄露了游戏的"主体"地位。

第三，现代欧洲语言中"游戏"的含义较古希腊和拉丁语更为宽泛。如在英语中，"play""to play"同源于一种语义，即盎格鲁-撒克逊语的 plega、plegan。其原义主要指"游戏"或"玩"，但同时也指急速运动、姿态、手的抓握、拍手、演奏乐器以及各种身体活动。后来的英语仍保留了这种宽泛含义的大部分。当然，在英语中还有一个词与 Play 相对，那就是 Game。Play 是自由的、无规则的；Game 是有规则的。而西方的游戏说采用的多是 Play，主要指自由的、无规则的游戏。

第四，现代欧洲语言中的"游戏"往往还意指赌博和竞赛，这与汉

---

① ［荷兰］约翰·赫伊津哈：《游戏的人》，多人译，中国美术学院出版社 1996 年版，第 38—39 页。

② ［荷兰］约翰·赫伊津哈：《游戏的人》，多人译，中国美术学院出版社 1996 年版，第 45 页。

语中的"游"是根本不同的。"谁能否认所有这些概念——挑战、危险、竞赛等等——都非常接近游戏领域呢？游戏与危险、冒险、运气、技艺——所有这些都属于某个独特的行为领域，在这一领域，有押下打赌的某种东西。"① 赫伊津哈还说："在所有的日耳曼语以及许多别的语言中，游戏一词也固定地被用于武装竞争。……我们必须深入到古代的思想领域中去，在这一领域，使用武器的残酷战斗，从微不足道的运动到流血殊死的争斗的一切竞赛，还有游戏本身，都包含在与命运抗争这个独特的、被某些规则所限定的基本观念之中。……游戏就是战斗，而战斗也就是游戏。"②

第五，现代欧洲语言中的游戏术语还可以出现在仪式的领域中。如低地荷兰语中就有这样一对词，即 huweleece 或 huwelei（字面意思为"婚礼游戏"）。这就揭示了游戏与节庆、神圣仪式之间的内在联系。

第六，现代欧洲语言中还使用自由游戏这一说法，如英语中的 free play、德语中的 Das Freispiel，以强调游戏的自由本性。当然，这与汉语中"游"和"游戏"的自由，是存在巨大差异的。

虽然所有的民族都做游戏，但中西日常语言中的游戏概念却极不相同。比如，汉语中所言说的游戏主要是指随意的玩耍活动，而西方语言中的"游戏"在含有玩耍的意义之外，还具有许多汉语中不存在的意义，如其还意指赌博和竞赛，以及其与仪式、节庆之间的内在联系等等。

诚然，对西方"游戏"用法影响深远的还是思想层面的"游戏说"。古希腊的游戏说，其思想的主题是世界，代表人物为赫拉克利特、柏拉图，世界是没有根据的，它自身建立自身的根据；中世纪的游戏说，其思想的主题是上帝，以《圣经》为代表，上帝的创世游戏是为了凸显上帝的全能和自由意志；近代的游戏说，其思想的主题是人性，代表人物为康德、席勒，人性的游戏揭示了人的自由本质，当审美被理解为自由的时候，游戏便成为美的规定；现代的游戏说，其思想的主题是存在，代表人物为维特根斯坦、伽达默尔，它关注生活世界本身，具有自主性、反本质主义、实践性、活动性等特征；后现代的游戏说，其思想的主题

---

① ［荷兰］约翰·赫伊津哈：《游戏的人》，多人译，中国美术学院出版社1996年版，第49页。
② ［荷兰］约翰·赫伊津哈：《游戏的人》，多人译，中国美术学院出版社1996年版，第50页。

是语言，代表人物为德里达、福柯，它致力于对同一性、同质性、整体性、中心、意义的消解，宣扬特殊性、多元性、异质性、不可通约性、不可预见性，具有反基础主义、反本质主义、反哲学本体论等特征。下面我们以康德的游戏说为例来说明游戏的精神内核。

康德的游戏说是建立在他对审美本质认识的基础之上的。他试图调和经验派和理性派，将审美的本质归结为情感判断，认为艺术的这种"自由的游戏"的本质特征就是无目的的合目的性，或自由的合目的性。整个审美活动从始至终都是自由游戏的性质。在审美状态中，人完全抛开了利害考虑，摆脱了伦理道德的羁绊，也没有认识某种事物的迫切需要，整个身心都处于自由状态，并以游戏的态度对待人生，真正处于时间的现在一维中。因此，可以说审美状态就是人的自由游戏的态度。

在审美活动中，人的想象力具有创造性，可以不受限制地随意构造某种表象。康德说："既然在鉴赏判断里想象力必须在其自由中被考察，那么它一开始就不是被看作再生的，如同它是服从于联想律时那样，而是被看作生产性的和自身主动的（即作为可能的直观的任意形式的创造者）。"① 可见，在审美中，对象的形式并非外物所固有的真实形态，而是想象力的"创造"。当然，想象力的这种"创造"，是不受限制地随意构造某种表象，这种表象是变动不居的，它的各种成分和要素随主体状态的变化而变化，而且其对主体的意义也因人因时而异。所以，一物的逻辑表象本质上虽只有一个，但审美表象却有好几个。从这个意义上说，审美表象是自由的，人与审美对象的关系是游戏性的。

在审美对象被构造出来后，想象力还要将其带到知性面前去。然而，知性却发现，这个表象并没有反映出客体的存在和性质，是充分自由的。因而，知性也就不能像对于逻辑表象那样拿出相应的概念范畴去整理和规范表象，而是无概念无目的的自我运动。这时，知性和想象力之间的关系，也不再是以知性为中心（一般认识活动），而是以想象力为中心。"在这里，知性是为想象力服务，而不是想象力为知性服务。"② 在审美表象的推动和激发下，知性和想象力各自保持自由的活动，又互相应和、互相融洽、若即若离。康德把这称为"诸认识能力的谐和"，"心意诸能

---

① ［德］康德：《判断力批判》，邓晓芒译，杨祖陶校，人民出版社2002年版，第77页。
② ［德］康德：《判断力批判》，邓晓芒译，杨祖陶校，人民出版社2002年版，第79页。

力在游戏中的协调一致"。由于在这种想象力和知性的自由游戏中，知性和想象力都是自由的、和谐的，不受丝毫的约束和强制，因而我们在审美活动中会感到轻松惬意、快乐舒适，这就是审美愉快。由于康德深受启蒙哲学的影响，他这里所言说的"游戏"特别强调人及其价值，强调理性与自由，始终贯穿着一种强烈的人道主义精神。

三　比较的启示

什么是游戏？赫伊津哈在对作为一种文化现象的游戏的本质进行了一番深入的研究后，得出结论："游戏是一种自愿的活动或消遣，这种活动或是消遣是在某一固定的时空范围内进行的，其规则是游戏者自由接受的，但又有绝对的约束力，游戏以自身为目的而又伴有一种紧张愉快的情感以及对它'不同于日常生活'的意识"[1]，并且认为这一定义似乎能囊括我们在动物、儿童与成人那里叫作"游戏"的全部活动：力量与技能的游戏、发明游戏、猜谜游戏、幸运游戏、各类展示和表演。这为我们找到日常语言中的游戏共通性提供了某种启示。

当然，我们这里更多的是从思想层面对中西语言的游戏概念进行比较。如果说我们中国的"游"是自然性的话，那么，西方的"游戏"则试图与自然相区分，可以说是精神性的。这主要表现在三个方面：两者毕竟深植于两个相距遥远的文化，因而，两者之间的巨大差异亦是不言而喻的事实。

然而，这并不影响我们这里的比较。因为游戏是人类的共同现象。正如赫伊津哈所说，文明是在游戏中并作为游戏兴起而展开的。"文化乃是以游戏的形式展现出来，从一开始它就处在游戏当中。"[2] 这是我们这里之所以能进行中西"游"和"游戏说"之比较的深层地基。

当然，中西语言中的游戏概念也具有诸多的相通性，这为中西语言的"游戏"概念的对话提供了可能。

---

[1] ［荷兰］约翰·赫伊津哈：《游戏的人》，多人译，中国美术学院出版社 1996 年版，第 28 页。

[2] ［荷兰］约翰·赫伊津哈：《游戏的人》，多人译，中国美术学院出版社 1996 年版，第 49 页。

首先,思维方式。中国的传统哲学虽有物我和谐交融的诗化之境,但因缺乏主客二分的思想和主体性原则而没有产生严格意义上的科学和宗教。中国近代的危机便是这一弊端最为突出的表现。而西方的主客二分思想和主体性原则,不仅带来了物质文明的巨大繁荣,而且亦不可避免地引起了一系列的问题,如人的异化问题、生态问题等。可见,根源于中西文化的"游"和"游戏说"都不可避免地存在先天不足。事实上,这正是二者对话的必要性之所在。至于能在何种程度上和何种层面上取得共识,还有待我们进一步地探索。不过,我个人认为,对于西方的"游戏说"而言,应当淡化主客二分和主体性原则,提倡人物融合的诗化之境;而对于中国的"游"而言,既要引入西方的主客二分和主体性原则,但又不能重蹈西方文化的覆辙,真正的道路或许便是于中西思想的边界处的冒险。

其次,审美心态。西方现代哲学家海德格尔提出了一种天地人神相互交融,相互缘起的诗化游戏,他说:"大地和天空、诸神和终有一死者,这四方从自身而来统一起来,出于统一的四重整体的纯一性而共属一体。四方中的每一方都以它自己的方式映射着其余三方的现身本质。同时,每一方又都以它自己的方式映射着自身,进入它在四方的纯一性之内的本己之中。"[①] 以此方式,镜子之游戏便不再表明为不同对象的关系,而是一种自身生成的"同戏"和"传戏"。这样,海德格尔便为我们描绘了一幅和谐而美妙的诗化之景,而人则应诗意地栖居于此天地人神的四元游戏之中。由此可见,海德格尔的"诗化之思"倒与我们中国的"神与物游"有着许多相似之处,或许这可以为中西"游"和"游戏说"之审美心态的融合和对话提供某些指引。

最后,语言。自从"语言转向"以来,西方传统的语言观受到前所未有的挑战,其不再是那种表象—工具型的现成性的语言观,而成了一种生成性的语言观。这似乎与我们中国的"道言"观存在某种契合之处。当然,我们同样也要看到这两种语言观的根本差异:中国的语言观具有自然性的色彩,而西方的语言观则带有世界性的烙印。这就决定了西方所谓的语言转向不是走向自然,而是走向世界。

然而,我们这个时代却是一个贫困时代。人们往往忙于算计,老谋

---

① 《海德格尔选集》,孙周兴选编,上海三联书店1996年版,第1180页。

深算、诡计多端、以强凌弱、阳奉阴违、尔虞我诈、弄虚作假、表里不一、营私舞弊……这都是与真正的游戏精神背道而驰的。学会游戏则来源于智慧本身，洞见人生的奥秘，回到人与人、人与物的真实关系之中，共生共存。

参考文献

商务印书研究中心编：《古今汉语词典》，商务印书馆 2000 年版。

［荷兰］约翰·赫伊津哈：《游戏的人》，多人译，中国美术学院出版社 1996 年版。

聂振斌等：《艺术化生存：中西文化审美比较》，四川人民出版社 1997 年版。

成复旺：《神与物游：论中国传统审美方式》，中国人民大学出版社 1989 年版。

（原载于《宁夏社会科学》2009 年第 2 期）

孔子与庄子"游"之比较

"游"是中国传统思想中的一个独特范畴。孔子讲"游于艺""成于乐",而庄子所言说的则是"逍遥游"。视域的不同从根本上决定了二者的差异。孔子所言说的"游"是与其仁学相关联的,思考的是"游于艺"。而在庄子那里,思想的主题是自然的自然性,区别于孔子人伦的自然。庄子是游于道或是游于自然。此外,从"游"的方式、对于技的态度以及从达到"游"的超越途径等来看,二者的"游"亦存在巨大的差异。当然,庄子与孔子的"游"又是互补的。其互补性对于形成整个中国传统的"游"的思想产生了深远的影响。

一 孔子的"游"

孔子曰:"志于道,据于德,依于仁,游于艺。"(《论语·述而》)又曰:"兴于诗,立于礼,成于乐。"(《论语·泰伯》)孔子的"游"乃是"游于艺"之"游"。然何谓"游于艺"?孔子所言说的"艺"并不完全等同于我们日常所言说的艺术,而是所谓的"六艺"(即礼、乐、射、御、书、数),主要是从熟练掌握一定的物质技巧即技艺这个角度来强调的。这是我们思考"游于艺"之"游"的关键切入点。"游于艺"便是说,君子在"志道""据德""依仁"之外,对于与物质技能有关的一切训练要有熟练的掌握,包含了对于自然合规律性的了解和运用,是产生自由感的基础。因而,所谓的"游于艺"的"游"正是突出这种掌握中的自由感,强调的不是庄子的游于无的"逍遥之游",亦不同于西方的"游戏说",而是在"艺"中"从心所欲不逾矩"的"游"。

当然,"游于艺"并未形成孔子思想主题。由人的生存构成的终极境域在孔子那里是天道。孔子将天与人、天道与人道有机地结合起来，认为仁才是人生的最高追求。孔子在讲"游于艺"时，实质上仍是在讲"仁"。而礼乐也不再是简单的"礼乐制度"，礼乐中蕴含着"仁"的精神，仁才是礼乐的本质所在。"人而不仁，如礼何？人而不仁，如乐何？"（《论语·八佾》）"礼云礼云，玉帛云乎哉？乐云乐云，钟鼓云乎哉？"（《论语·阳货》）因而"游于艺"便不再是对礼乐等"艺"的熟练掌握，而具有了超越"礼乐制度"，指向礼的精神和乐的精神，并最终指向"仁"，从而现实地实现了人的自由，完成了"志道""据德""依仁"的人的全面发展和人格历程。"志于道，据于德，依于仁，游于艺"实质上便转换成了"游于艺"——"践仁""弘道""据德"——审美的人生境界。凭借于此转换，"游于艺"便与"成于乐"相关联。孔子不仅看到了人在驾驭客观世界进程中感受和获取"自由感"的重要，而且也看到了"技艺"在实现人格理想中的作用。

"子路问成人，子曰：若臧武仲之知，公绰之不欲，卞庄子之勇，冉求之艺，文之以礼乐，亦可以为成人矣。"（《论语·宪问》）凸显了"乐"对于"成人"的重要作用。"乐所以成性""兴于诗，立于礼，成于乐"实质上阐发了知、情、意的和谐统一。不论是智慧、语言、诗，或者道德、行为，礼都不是人格的最终完成。只有"成于乐"才形成一种审美的结构，是自由感性和感性自由的统一，才能说是人生境界的最高实现。这也正是仁学美学的开放性所在。具体来说，乐是一种情、感、欲的宣泄和满足，乐的精神是和、静、乐、爱、道、志、情之不可变。乐的精神又是与礼的精神和谐地统一在一起的，和顺积中而英华外发。因而，孔子所追求的超越并不是对现实世界的超越，而恰恰就在此活生生的现实世界之中。这种快乐本身便成为人生的最高理想和人格的最终实现。

因而，孔子的"游"不仅仅是"游于艺"之"游"，而更是一种审美的人生境界。首先，从仁学的自然原则来看，孔子认为仁德应是内在而自然的流露，"己欲立而立人，己欲达而达人"的"忠恕之道"，应避免把己之所欲或己之所不欲强加于人；积极入世，但不能违"仁"。"游"是一种对个人与社会矛盾的超越，同时也是一种不为物忧的人生境界。孔子并非如别人所批评的那样，只是一味"知其不可而为之"，他不想强加于人，当然也懂得适可而止、适时而退的道理。孔子曾对子路、冉有、公西华等人哂之，而独欣赏点之"莫春者，春服既成，冠者五六人，童子六七人,浴乎沂,风乎舞雩,咏而归。"(《论语·先进》)"饭疏食,饮水,曲肱而枕之,乐亦在其中,不义富且贵,于我如浮云。"(《论语·述而》)"一箪食,一瓢饮,在陋巷,人不堪其忧,回也不改其乐。"(《论语·雍也》)仁人有道德修养,但并不能在世俗生活中总是尽情直遂,这需要在入世的同时,保持几分洒脱,仍要有一份超越精神。当然,孔子在积极入世之时之所以能保持几分洒脱,或许与其"天道观"有关。"巍巍乎,唯天为大。"人道与天道在孔子那里是相互贯通的,孔子的思想中具有一种以人的生存方式为配天的识度。因而,"游"又是一种知天命的境界。其次,从孔子的死亡哲学来看,"游"对于死亡的态度也具有超越的意味,是"在入世中出世,在出世中入大世"。孔子把对人生不朽的追求消融于现世的自我奋斗中,把对彼岸世界的追求消融于此岸世界中,将个人不朽的观念消融于"类"的延续中。

"仁"的实现是一个不断超越的过程,"游"的人生境界也是一个不断超越的过程。"吾十有五而志于学,三十而立,四十而不惑,五十而知天命,六十而耳顺,七十而从心所欲不逾矩。"(《论语·为政》)孔子执着于生命、生活、人生、世界,追求美的和谐,追求和谐融洽的心灵世界,追求在活生生的现实世界中的人生超越。总体上来说,孔子的人生实质上是一种审美的人生境界。因而,孔子的"游"不仅仅是在"艺"中"从心所欲不逾矩",而更是在人生境界中"从心所欲不逾矩"。

二 庄子的"游"

"若夫乘天地之正,而御六气之辩,以游无穷者,彼且恶乎待哉。"(《庄子·逍遥游》)"乘云气骑日月,而游乎四海之外。死生无变于己,而况利害之端乎?"(《庄子·齐物论》)"与造物者为人,而游乎天地之一气——忘其肝胆,遗其耳目;反覆始终,不知端倪;茫然彷徨乎尘垢之外,逍遥于无为之业。"(《庄子·大宗师》)庄子的"游"乃是"逍遥游"之"游",区别于孔子的"游于艺"。然何谓"逍遥"乎?"逍者,销也,销尽有为累。遥者,远也。游者,游心也。"

"游"作为人的一种行走方式,基本特征是漫无边际,没有目的性,以自身为目的。"逍遥游"作为"游"的一种模态,是其最高形态——自由之游。当然,庄子这里所言说的"自由之游"始终是作为被压抑、被奴役的对立面的"游"的自由。不是"游于艺",而是游于无,游于道,游于天地万物之中。要理解"逍遥游"之"游",关键在于理解游与无的关系。这种"逍遥游"是"无所待",从而是绝对的自由。庄子认为只有通过否定的形式(无所待,无己,无功)才可以经验到无。另外,庄子也言说了思想的否定,然其也只有通过前者才能被体验到。庄子的"逍遥游"实质上言说的是存在与虚无的关系。在其中凸显了人与自然的关系——游于自然之道,以此区分于其他形式的游。对于"逍遥游"而言,小鸟般的游,只不过仍是智、行、德,其最主要的特征便在于混沌,不可能意识到无,也不可能超出无;宋荣子虽已懂得了区分,区分内与外、荣与辱,在他看来,举世誉之与举世非之便构成了他与世界的关系,但他还没有真正建立自我,还有所依赖,还没有超出这个世界,因而还有内外之分;列子御风虽已超出了人在大地上的行走方式,超出了大地和世界,然仍有所待;而鲲鹏之游仍不是真正的"逍遥之游"。庄子认为,只有"无所待""游无穷"才是真正的"逍遥游"。一方面,它合于自然,区别于随心所欲;另一方面,它又否定自我(无己,无名,无功),最终达到一种"天地与我并生,万物与我为一"的境界。最后,庄子又突出了谁是无穷者——至人、神人、圣人,以此区别于芸芸众生。

这种"逍遥游",正因为是游于"无",它才能获得像大自然那样巨大的活力,"抟扶摇而上者九万里","背负青天而莫之夭阏者"(《庄子·逍遥游》)这是一种不可阻挡的自由和快乐。庄子用自由的飞翔和飞翔的自由来比喻精神的快乐和心灵的解放,是极其生动而深刻的。这种快乐不同于孔颜之乐,而是反伦理和超伦理的乐,是与自然同一、与宇宙合规律性的和谐一致的"天乐"。[1] 这种"天乐"否定掉所有这些耳、目、心、意的感受、情绪,是"忘",达到"天地与我并生,万物与我为一"的"至乐"。"至乐无乐",最大的快乐恰恰在于超越了一般的乐或不乐。它已经是"无己",丧失了自我的要求、感受、意志、而与道成为一体,行于道中,唯道集虚。

可以说:"逍遥游"是庄子的总论,是其道论。"游"通过游于道,游于无,而贯穿庄子的始终。首先,从万物来看,一方面,道使万物成

---

[1] 参见李泽厚《美学三书》,安徽文艺出版社1999年版,第293—295页。

为万物；另一方面，人和万物一样都是道的显现，是齐一的，都有自身的根据。因而，"游"也是逍遥游于万物之中。其次，从人自身来看，人与自身的关系表达为人与生命的关系，道始终是作为其最后的根据。因而，"游"也是游于人自身之中。再次，从人与世界、人与他人的关系来看，关键在于人如何按照道生活于世，故"游"也是游于世界之中。又次，从人与德行、人与精神的关系来看，德当为道指引。"游"也是游于德行和精神之中。最后，从人与政治的关系来看，庄子反政治，主张无为而治，让存在者自然存在。因而，"游"也是游于无为之中。而所有这些关系中，游与无才是最根本的，是其他关系的"根据的根据"。

这里仍需特别指出的是，庄子始终是在存在的维度来思考"游"与无的。人的存在立于何处？人生的意义何在？人生面临那样深广的痛苦，如何才能找到解脱的道路？这是庄子思想中的一个根本性的问题，也是我们考察庄子的"游"的关键之处。庄子主张应合于自然之道，游于道中。而作为道的对立面就是非道、无道，是技的态度（如惠子），以此区分于道的态度。在非道与无道中的"游"不是真正意义上的"游"，而是作为"游"的对立面而存在的。技的态度是建立在人的目的之上的。我是目的，世界是我的手段。庄子认为，作为无的对立面，物就是有；作为心的对立面，物就是心外之物；作为人的对立面，物就是身外之物。只要目的与手段的关系一旦确立，目的与手段的关系就会相互置换。目的成为手段，手段成为目的。人奴役物是这个关系的一个方面，物奴役人是这个关系的另一方面。这种人与物奴役关系的终止，只能是人对自己关系的重新思考，对人与世界关系的重新建立。在庄子看来，人对无用者无须担忧，"无用"才是物的意义。泰然处之，游于人的本性之中，游于物的本性之中。真正的"游"是无目的、无功利的"至游"。从思想的本性来看，无只有通过否定才能被体验到。因此，"游"又是对"非游"的否定。只有对"非游"的否定，才能真正游于无中，游于道中。从语言的维度来看，庄子所讲的道就是自然之道，而非语言之道。所言说的只有合于道的语言才是有意义的，否则便是无意义的。当然，道也会遮蔽自己，才会有真假。语言也会遮蔽自己，才会有是非。因而，游于道中又区别于游于非道的语言中，游于是非之中。

三 孔子的"游"与庄子的"游"比较

通过前面的分析可知，孔子与庄子的"游"的思想是与其各自的思想体系相关联的。视域的不同从根本上决定了二者的差异。因而，思考二者"游"的不同又是追问其视域的差异。

儒家思想和道家思想的主题虽然都是自然，然在孔子那里的自然是人伦的自然，而在庄子那里的自然则是自然的自然性。孔子所言说的"游"是与其仁学相关联的，思考的是"游于艺"。"游于艺"首先强调的是对技能熟练掌握的自由感。由于仁学给礼乐制度注入了仁的精神，礼乐制度又不仅仅是礼乐制度，是外在的形式，而成为内容本身，成为礼的精神、乐的精神本身。因而"游于艺"又是与"成于乐"相关联的，强调"游"对心灵的塑造和人格完成的作用。随着"仁"的人生境界的不断提升，"游"不仅仅是在"艺"中"从心所欲不逾矩"，而更是在人生境界中"从心所欲不逾矩"。因而"游"又可以说是一种审美的人生境界。而在庄子那里，思想的主题是自然的自然性，区别于孔子人伦的自然。庄子思考的是"逍遥游"，是游与无的关系。而游与无的关系从根本上规定了游与万物、人本身、他人、德性与精神、政治等的关系。"游"是游于无中，游于道中。而"逍遥游"之乐亦不同于"孔颜之乐"（属伦理又超伦理的乐），而是反伦理又超伦理的乐，是与自然同一，游于道中的"天乐"。可见，孔子所言说的"游"有道德意义，而庄子的"逍遥游"则是一种不言道德而自然合乎道德的超道德的自由境界。

从"游"的方式来看，孔子的"游"首先是"游于艺"而不是游于无。在孔子那里，没有无的问题，天地是明明白白的，具有不可动摇、不可否定的人的本质。孔子首先强调的是"游于艺"中，然后才强调其在仁的实现中的作用，以此区别于庄子的游于无中的绝对的精神自由。在游的境界上，孔子讲的天人合一，其所强调的天是规定人的，人听从天的规定。而庄子所言说的是"天地与我并生，万物与我为一"的境界，则抹平了天与人的规定。一方面，天地包含了万物；另一方面，万物包含了天地。而人则是与天地、万物齐一的。同时，二者对于技的态度是不同的。"游于艺"首先强调的是对技能熟练掌握的自由感，然后才强调

"游"对心灵的塑造和人格完成的作用。而庄子的"游"恰恰是与技的态度相区分的，是道的态度。庖丁解牛之所以能"游刃有余"，并非对于技能熟练掌握的自由感，而是在于合于自然之道。此外，从达到"游"的超越途径来看，孔子主要是通过"践仁""弘道"，不断提升自己的道德修养来实现仁的超越的，而不像庄子那样，主要通过否定的方式（"无所待""游无穷"）来实现"逍遥之游"。

当然，儒道思想看似对立，实际上又具有很大的互补性，分别完成了中国思想的两个不同的维度（社会和自然）。而随着禅宗对第三个维度即心灵的完成，实际上便形成了中国思想和谐而稳定的结构。孔子重在人的心灵情性的陶冶和塑造，重在人化内在的自然，并以"礼"来规范"人情之所不必免"的自然性的生理欲求、感官需要。其所获得的快乐也是属伦理又超伦理的"孔颜之乐"。而庄子却恰恰超越了这一点。"逍遥之游"鄙弃和超越了耳、目、心、意的快乐，以至于"形如槁木，心如死灰"。不仅超功利，超社会，超生死，而且超脱一切内在、外在的限制，达到"天地与我并生，万物与我为一"的境界。庄子与孔子的"游"的互补性对于形成整个中国传统的"游"的思想产生了深远的影响，可以说，此后中国传统思想中对于游于山水（自然）的态度和游于艺术的态度，以及游于人生的态度，基本上是孔子和庄子"游"的思想的发展。

参考文献

李泽厚：《美学三书》，安徽文艺出版社1999年版。

李泽厚：《论语今读》，安徽文艺出版社1998年版。

陈鼓应注译：《庄子今注今译》，中华书局1999年版。

成复旺：《神与物游：中国传统审美之路》，山东人民出版社2007年版。

陈望衡：《中国古典美学史》，湖南教育出版社1998年版。

张利群：《庄子美学》，广西师范大学出版社1992年版。

（原载于《社会科学家》2003年第4期，并被《新华文摘》2003年第11期论点摘要）

中国"游"文化之精神

"游"是中国传统文化中的一个独特而重要的范畴，中国自古便有着非常丰富的"游"的思想：孔子讲"游于艺"，庄子言说"逍遥游"，禅宗则主张"清净本原"，以及因受儒道"游"影响而形成的整个中国传统的"游"文化（包括游于山水/自然、游于艺术、游于人生）。

一　孔子的"游"

孔子曰："志于道，据于德，依于仁，游于艺。"（《论语·述而》）又曰："兴于诗，立于礼，成于乐。"（《论语·泰伯》）孔子的"游"乃是"游于艺"之"游"。"游于艺"即是说，君子在"志道""据德""依仁"之外，对于与物质技能有关的一切训练要熟练掌握，包含了对于自然合规律性的了解和运用，是产生自由感的基础。因而，所谓的"游于艺"的"游"正是突出这种掌握中的自由感，强调的不是庄子的游于无的"逍遥之游"，而是在"艺"中"从心所欲不逾矩"的"游"。

孔子将天与人、天道与人道有机地结合起来，认为仁才是人生的最高追求。"人而不仁如礼何？人而不仁如乐何？"（《论语·八佾》）"礼云礼云，玉帛云乎哉？乐云乐云，钟鼓云乎哉？"（《论语·阳货》）因而，"游于艺"便不再是对礼乐等"艺"的熟练掌握，而具有了超越"礼乐制度"，指向礼的精神和乐的精神，并最终指向"仁"，从而现实地实现了人的自由，完成了"志道""据德""依仁"的人的全面发展和人格历程。

孔子的"游"不仅仅是"游于艺"之"游"，而更是一种审美的人生境界。首先，从仁学的自然原则来看，孔子认为仁德应是内在而自然的流露,"己欲立而立人,己欲达而达人"的"忠恕之道",应避免把己之所欲或己之所不欲强加于人;积极入世,但不能违"仁"。"游"是一种对个人与社会矛盾的超越,同时也是一种不为物忧的人生境界。其次,从孔子的死亡哲学来看,"游"对于死亡的态度也具有超越的意味,是"在入世中出世,在出世中入大世"。

孔子把对人生不朽的追求消融于现世的自我奋斗中,把对彼岸世界的追求消融于此岸世界中,将个人不朽的观念消融于"类"的延续中。

二 庄子的"游"

在庄子那里,"游"作为人的一种行走方式,基本特征是漫无边际,没有目的性,以自身为目的。"若夫乘天地之正,而御六气之辩,以游无穷者,彼且恶乎待哉。"(《庄子·逍遥游》)"乘云气骑日月,而游乎四海之外。死生无变于己,而况利害之端乎?"(《庄子·齐物论》)"与造物者为人,而游乎天地之一气——忘其肝胆,遗其耳目;反复终始,不知端倪;茫然彷徨乎尘垢之外,逍遥于无为之业。"(《庄子·大宗师》)"逍遥游"作为"游"的一种模态,是其最高形态——自由之游。当然,庄子这里所言说的"自由之游"始终是作为被压抑、被奴役的对立面的"游"的自由。不是"游于艺",而是游于无,游于道,游于天地万物之中。要理解"逍遥游"之"游",关键在于理解游与无的关系。这种"逍遥游"是"无所待",从而是绝对的自由。

这种"逍遥游",正因为是游于"无",它才能获得像大自然那样巨大的活力,"抟扶摇而上者九万里","背负青天而莫之夭阏者"(《庄子·逍遥游》)。"逍遥游"带来的自由和快乐是一种精神的快乐和解放。这种快乐不同于孔颜之乐,而是反伦理和超伦理的乐,是与自然同一,与宇宙合规律性的和谐一致的"天乐"。这种"天乐"否定掉所有这些耳、目、心、意的感受、情绪,是"忘",达到"天地与我并生,万物与我为一"的"至乐"。

可以说,"逍遥游"是庄子的总论,是其道论。"游"通过游于道,游于无,而贯穿庄子的始终。首先,从万物来看,一方面,道使万物成为万物;另一方面,人和万物一样都是道的显现,是齐一的,都有自身的根据。因而,"游"也是逍遥游于万物之中。其次,从人自身来看,人与自身的关系表达为人与生命的关系,道始终是作为其最后的根据。因而,"游"也是游于人自身之中。再次,从人与世界、人与他人的关系来看,关键在于人如何按照道生活于世,故"游"也是游于世界之中。又次,从人与德行、人与精神的关系来看,德当为道指引。"游"也是游于德性和精神之中。最后,从人与政治的关系来看,庄子反政治,主张无为而治,让存在者自然存在。因而,"游"也是游于无为之中。而所有这些关系中,游与无才是最根本的,是其他关系的"根据的根据"。

三 "游"的思想之发展

孔子所言说的"游于艺"有道德意义,而庄子的"逍遥游"则是一种不言道德而自然合乎道德的超道德的自由境界。当然,儒道思想看似对立,实际上又具有很大的互补性,分别完成了中国思想的两个不同的维度(社会和自然)。而随着禅宗对第三个维度即心灵的完成,实际上便形成了中国思想和谐而稳定的结构。庄子与孔子的"游"的互补性对于形成整个中国传统的"游"的思想产生了深远的影响,可以说,此后中国传统思想中对于游于山水(自然)的态度和游于艺术的态度以及游于人生的态度,基本上是孔子和庄子"游"的思想的发展。

(一) 游于山水

孔子和庄子的思想中都不乏游于山水的意蕴。孔子曾说"知者乐水,仁者乐山。知者动,仁者静;知者乐,仁者寿。"(《论语·雍也》)水,活泼、流动不息、富有生命意蕴的,而山却是伟岸、坚强、庄严的,这与聪明机灵的智者和品德高尚的、使人敬意顿生的仁者是多么相似啊!可见,在孔子那里,审美的对象不是山水本身,而在于"知者"(智者)和"仁者"蕴含在山水中的伦理道德。庄子游于山水的思想更丰富。如"出入六合,游乎九州。"(《庄子·在宥》)"若夫乘天地之正,而御六气之辩,以游无穷者,彼且恶乎待哉。"(《庄子·逍遥游》)"吾游心于物之初。"(《庄子·田子方》)"独与天地精神往来。"(《庄子·天下》)……不过,与孔子对山水自然美的"比德"不同的是,庄子所说的山水之美不在于"比德",而在于山水自身,在于山水给人带来的审美享受、怡情适性，其所说的"游于山水"之"游"也是"乘物以游心"之"游"。

这种游于山水的思想得到了很大的发展。我们知道，从魏晋南北朝开始，游山玩水渐成赏心怡情之乐事。从"昏旦变气候，山水合清晖。清晖能娱人，游子憺忘归"（《石壁精舍还湖中作》）的谢灵运到"登临山水，终日忘归"（《晋书》本传）的阮籍，"游余心以广观兮，且仿佯乎四裔"（《游海赋》）的王粲，以及"游山泽，观鱼乐，心甚乐之"（《与山巨源绝交书》）、"目送归鸿，手挥五弦，俯仰自得，游心太玄"（《赠秀才参军》）的嵇康，再到"每游山水，往辄忘归""以疾返江陵。叹曰：老病将至，名山恐难遍睹，惟当澄怀观道，卧以游之"（《宋书·宗炳传》）的宗炳，再到"自爱名山入剡中"《秋下荆门》、"五岳寻仙不辞远，一生好入名山游"（《庐山谣寄卢侍御虚舟》）的诗仙李太白等，无不寄情于山水，游目骋怀。甚至到了宋明时期，也以"逍遥于山水，神游于物"为学道修身的最高境界，如周敦颐、二程"有爱莲观草、弄风吟月、忘花随柳之乐"（罗大经：《鹤林玉露》丙编卷2），朱熹也有"每经行处，闻有佳山水，虽迂途数十里，必往游焉。携樽酒，一古银杯，大几容半升，时饮一杯，登临竟日，未尝厌倦"（罗大经：《鹤林玉露》丙编卷3）。

当然，"游于山水"之"游"与我们现在所说的旅游还是有着巨大区别的。我们日常语言所说的旅游主要是指游玩、游历，有消遣娱乐之义，而"游于山水"之"游"更多的是一种审美的人生态度，是"神与物游"之"游"。

（二）游于艺术

通过前面的分析，我们知道，孔子和庄子都有着丰富的"游于艺术"的思想，这里不再赘述。毋庸置疑，这种"游"，无论是对后世的文艺创作，还是对后世的文艺欣赏、审美创造，乃至现实生活中的审美活动都产生了深远的影响。

从汉代起便有所谓的"游神"之说。王褒曾说："登九灵兮游神，静女歌兮微震。"（《九怀》）三国时的曹子建也说："独驰思于云天之际。"（《七启》）后来，萧子显也提出所谓的"游心内运"之说（参见《南齐书·文学传论》）。

南朝大画家宗炳用"畅神"（实质上也是"游"）来说明欣赏山水

和欣赏山水画的感受。他说:"于是闲居理气,拂觞鸣琴,披图幽对,坐究四荒,不违天励之藂,独应无人之野。圣贤映于绝代,万趣融其神思。余复何哉,畅神而已。神之所畅,孰有先焉。"(《画山水序》)对于他来说,山水,行以游之,而山水画,则是卧以游之。行游,动观也,是"澄怀味象";卧游,静观也,是"澄怀观道",二者看似不同,然实质上都是"不违"自然之道,"独应"天地精神的"畅神"之游。这与孔子的"比德"是不同的。如果说孔子的"比德"的伦理道德的意味太浓的话,那么宗炳的"畅神"说便已经算得上是纯粹的审美了。

而陆机则用"游"来说明文艺创作中想象的作用,云:"其始也,皆收视反听,耽思傍讯,精骛八极,心游万仞。其致也,情瞳瞳而弥鲜,物昭晰而互进……"(《文赋》)在想象中,时空的界限被打破了,才会有"精骛八极,心游万仞",才会有"情瞳瞳而弥鲜""物昭晰而互进",心物共游。刘勰的"神思"也是以"游"来说明艺术的想象活动。他说:"古人云:形在江海之上,心存魏阙之下,神思之谓也。文之思也,其神远矣,故寂然凝虑,思接千载;俏焉动容,视通万里;吟咏之间,吐纳珠玉之声;眉睫之前,卷舒风云之色:其思理之致乎!故思理为妙,神与物游。"(《文心雕龙·神思》)之所以能"思接千载","视通万里","神与物游",一是因为这种"思"是一种艺术想象活动;二是因为这种"思"具有超越时空的神奇功能。

宋代苏轼也提出了"游于物之外"的思想。他说:"苟有可观,皆有可乐,非必怪奇伟丽者也。哺糟啜醨,皆可以醉;果蔬草木,皆可以饱。推此类也,吾安往而不乐?夫所谓求福而辞祸者,以福可喜而祸可悲也。人之所欲无穷,而物之可以足吾欲者有尽。美恶之辨战乎中,而去取之择交乎前,则可乐者常少,而可悲者常多,是谓求祸而辞福。夫求祸而辞福,岂人之情也哉?物有以盖之矣。彼游于物之内,而不游于物之外;物非有大小也,自其内而观之,未有不高且大者也。彼挟其高大以临我,则我常眩乱反覆,如隙中之观斗,又焉知胜负之所在?是以美恶横生,而忧乐出焉;可不大哀乎!"(《超然台记》)他还说:"方其寓形于一醉也,齐得丧,忘祸福,混贵贱,等贤愚;同乎万物而与造物者游。"(《韩魏公醉白堂记》)在这里,苏轼指出了人对待物的两种不同态度,即"游于物之外"与"游于物之内",又称之为"寓意于物"和"留意于物"。所谓"游于物之内"实际上是说,人沉溺于物,为物所役使,以至于为物所异化,而"游于物之外",既不视物如命,滞于外物,又不是视物如无,一味超脱,而是审美地观照外物。我们知道,庄子就有"物物而不物于物"的思想。不过,与庄子消极出世的人生态度不同,这里更多地呈现为"在入世中出世,在出世中入大世"。

此外,清人恽南田在《题洁庵图》中也有对"游"的精辟论述。他说:"谛视斯境,一草一树、一丘一壑,皆洁庵(指唐洁庵)灵想之所独辟,总非人间所有。其意象在六合之表,荣落在四时之外,将以尻轮神马,御泠风以游无穷。真所谓藐姑射之山,汾水之阳,尘垢秕糠,淖约冰雪。时俗龌龊,又何能知洁庵游心之所在哉!"而这里所说的"游心之所在",实际上就是他独辟的灵境,创造的意象,作为他艺术创作的中心之中心。

(三)游于人生

不论是孔子的"游于艺",还是庄子的"逍遥游",归根到底都可以说是一种审美的人生境界。孔子执着于生命、生活、人生、世界,追求美的和谐,追求和谐融洽的心灵世界,追求在活生生的现实世界中的人生超越。孔子的"游"不仅仅是在"艺"中"从心所欲不逾矩",而更是在人生境界中"从心所欲不逾矩"。而庄子的"逍遥游",实质上是以"游"的态度面对人生,以超越现实、超越功利、超越物我的审美态度和审美方式来对待人生,应合于自然之道,游于道中,最终达到一种"天地与我并生,万物与我为一"的境界。他们的"游"无疑对于形成整个中国传统的"游于人生"的思想产生了深远的影响。

苏轼的"游于物之外而不游于物之内"的思想,可以说就是一种"游于人生"的思想。这里,既有孔子的积极有为知其不可而为之的气度,又不失庄子的超脱潇洒。

王国维也说:"诗人对宇宙人生,须入乎其内,又须出乎其外。入乎其内,故能写之;出乎其外,故能观之。入乎其内,故有生气;出乎其外;故有高致。"(《人间词话》)显而易见,这种"不出而出,出而不出"的人生观也有孔子与庄子的影子,不过王国维更倾向于"出乎其外"的人生观,这似乎与庄子的"游"更接近。

(四)禅学的"游"

禅宗不但吸收了老庄"游"的思想中的自由、无为之说,持一种自然、适意的人生态度;而且也吸收了"天人合一""物我两忘"的思想,其所追求的"清净本原"即在"山河大地"之中，主张在人与天地自然的情感交流之中悟道成佛。如《五灯会元》说："'问达摩未来此土时，还有佛法也无？'师曰：'未来且置，即今事么生？'曰'某甲不会，乞师指示。'师曰：'万古长空，一朝风月。'……问：'亡僧迁化向甚么处去也？'师曰：'灃岳峰高长积翠，舒江明月色光晖。'问：'如何是道？'师曰：'白云覆青嶂，蜂鸟步庭华。'……问：'如何是和尚利人处？'师曰：'一雨普滋，千山秀色。'"可见，这里虽未直接涉及"游"的概念，然却处处透着"游"的意蕴，其也是一种审美的人生境界。

总之，中国传统文化中"游"的最高精神就是"道"（天道、地道、人道），"游"的境界便是与"道"为一、以"道"观物的"天人合一"的境界。针对当前人们热衷于功利追求的情势，我们似乎应当回到中国的古老智慧"游"：以儒家的"舍我其谁"之精神，积极入世，实现人生之理想；以道家之超脱胸怀，淡泊名利，心游于无穷；以禅宗之"清净本原"，享受人与天地自然之交流的惬意，快意人生。

参考文献

李泽厚：《论语今读》，安徽文艺出版社1998年版。

陈鼓应注译：《庄子今注今译》，中华书局1999年版。

李泽厚：《美学三书》，安徽文艺出版社1999年版。

成复旺：《神与物游：论中国传统审美方式》，中国人民大学出版社1989年版。

彭富春：《什么是物的意义——庄子、海德格尔与我们的对话》，《哲学研究》2002年第3期。

（原载于《理论界》2009年第11期）

西方"游戏说"的演变历程

游戏乃是人类的一个普遍现象和人生的存在方式之一。关于游戏的理论探讨和哲学一样古老而深邃，特别是在现代哲学、后现代哲学那里，游戏说更是成了哲学的热门话题，"游戏"似乎成了探寻思想、存在、语言奥秘的关键通道。那么，什么是西方的游戏说？我们如何梳理西方游戏说的历史分期？

思想主题的差异决定了游戏说的演变历程，我们可以根据各个时代游戏说的不同思想主题而将大体分为五个阶段：古希腊的"游戏说"（其思想主题是世界）、中世纪的"游戏说"（其思想主题是上帝）、近代的"游戏说"（其思想主题是人性）、现代的"游戏说"（其思想主题是存在）和后现代的"游戏说"（其思想主题是语言）。

一 古希腊的"游戏说"

赫拉克利特是西方第一个讨论游戏的哲学家。世界对于赫拉克利特来说，就是天神宙斯的游戏，或者，用更具体的方式表述："是火的自我游戏。"（注意，在赫拉克利特那里，神不是创世主，而是智慧，是火、逻各斯和对立的统一。）

他说："时间是个玩跳棋的儿童，王权执掌在儿童手中。"[1] 换句话说，存在的命运就是一个儿童，他正在下棋，而这个儿童就是始基。这里的存在是指作为整体的世界。那么，什么是始基呢？始基其实就是世界的开端和根据等。柏拉图说："唯有自身运动，而又不失去自己，永远

---

[1] 苗力田主编：《古希腊哲学》，中国人民大学出版社1989年版，第51页。

不会停止运动,而对那些运动的东西来说,则是源泉和始基。"① 因此,当游戏的儿童是始基时,无非便是说,世界是无根据的,其自身建立自身的根据。

人们常常喜欢引用的一条赫拉克利特的著名残篇:"这个宇宙,亦即万物,既非某个神,也非某个人制造出来的,而过去、现在、未来都是永恒的活火,在一定的尺度上燃烧,在一定的尺度上熄灭。"② 可见,无论是世界的起源,还是这个世界中万物的秩序,都具有游戏的特征。作为游戏,世界在深渊上方旋转。因此,世界的王国属于儿童。

火的运动是符合自身本性的运动,受一定的原则或曰尺度的支配。而"逻各斯"就是火的属性,是变化的尺度。按照逻各斯的原则,一切事物都像火那样变动不居,处于永恒的生成变化状态。永恒的唯一的生成,一切现实之物的变动不居——它们只是不断地活动和生成,却并不存在。火的本质就在于它是一个运动过程,而非现成之物。当然,这样一个变化的过程,并非平静的,而是充满了"战争"的,对立的战争与和谐是变化的原因,是"火"作始基推动万物变化的原则。这里的战争生成和消逝、建设和破坏,对之不可作任何道德评定,它们永远同样无罪,在这世界上仅仅属于艺术家和孩子的游戏。如同孩子和艺术家在游戏一样,永恒的活火也游戏着、建设着和破坏着,毫无罪恶感——万古岁月以这游戏自娱。它把自己转化成水和土,就像一个孩子在海边堆积沙堆又毁坏沙堆。它不断重新开始这游戏。它暂时满足了,然后需要又重新抓住了它,就像创作的需要驱动着艺术家一样。不是犯罪的诱力,而是不断重新苏醒的游戏冲动,召唤另外的世界进入了生活。孩子一时摔开玩具,但很快又无忧无虑地玩了起来。而只要他在建设,他就按照内在秩序合乎规律地进行编结、连接和塑造。③

如果说赫拉克利特的游戏说是西方关于游戏的理论的开端的话,那么,柏拉图则是第一个将"游戏"从天上召回人间的人。关于游戏,柏拉图在《国家篇》和《法篇》中都有所论述,但观点似乎有点零碎。因此,我们还很难说柏拉图有着系统的游戏理论(事实上,真正系统的游

---

① 参见彭富春《说游戏说》,《哲学研究》2003 年第 2 期。
② 转引自叶秀山《前苏格拉底哲学研究》,人民出版社 1997 年版,第 99 页。
③ 参见 [德] 尼采《希腊悲剧时代的哲学》,周国平译,商务印书馆 1994 年版,第 15 页。

戏理论是从康德、席勒开始的)。

与其理念论密切相关联,柏拉图的游戏是趋赴神性的。他说:"人是作为上帝的玩具而创造出来的;这就是上帝所恩赐的伟大之点。所以每个男人和女人都应该演好这个角色,并相应地安排他们的一生,这就是他可能从事的最好的娱乐。而且要以一种与他们现在的精神状态十分不同的精神状态来做此事……那么,怎样的生活才是正确的呢?一个人应该在'游玩'中度过他的一生——祭献、唱歌、跳舞。这样,他才能赢得众神的恩宠,保护自己不受敌人的侵犯,并在战斗中征服他们。……他们的保护神将向他们提出关于祭献和舞蹈的进一步建议,告诉他们各种各样的神,在纪念这些神的时候,他们应该做各种各样的游戏,并且在怎样的场合,使他们赢得众神的好感,过他们自己天性要求的生活,使他们在大部分情况下成了玩偶,很少有实在的时候。"①

柏拉图还将儿童的游戏视为教育的工具。他认为,孩子必须参加那些符合法律的正当游戏。若这些游戏变得违法,那么孩子们也会变得违法,其便不可能成为品行端正的守法公民了。他说:"人们也以为它不会起什么作用,而实际上它慢慢地向人的心灵渗透,悄悄地改变人的性格和习惯,再以逐渐增强的力量改变人们的处世方式,然后肆无忌惮地反抗法律和政治制度。……最终它会摧毁公共事务和私人事务的方方面面。"②"如果孩子们从小在玩耍中就通过音乐养成遵守法律和秩序的精神,那么与前一种假设相反的事情就会发生——这种守法精神时时处处支配他们的行为,并影响他们的成长,一旦国家发生什么变革,他们就会起来恢复固有的秩序。"③ 此外,柏拉图还认为,被迫进行的学习不能在心灵上生根,只有寓教于游戏,才能事半功倍。

二 中世纪的"游戏说"

与古希腊的"游戏说"相比,中世纪的游戏不再是世界的游戏,而

---

① [古希腊]柏拉图:《法律篇》,张智仁、何勤华译,上海人民出版社2001年版,第224—225页。
② [古希腊]柏拉图:《柏拉图全集》第二卷,王晓朝译,人民出版社2003年版,第396页。
③ [古希腊]柏拉图:《柏拉图全集》第二卷,王晓朝译,人民出版社2003年版,第397页。

成了上帝的游戏。为什么说这是上帝的游戏呢？因为，上帝是创造者，天地万物（包括人）都是上帝所创造的，世界成了上帝的创造物，上帝就是世界的存在根据和原因。当然，上帝本身则是没有根据的，上帝就是根据本身。我们既不能追问上帝为何存在，也不能追问上帝为何创世。正是在这一意义上，上帝是一位游戏者，而他的创世行为便成了一种游戏行为，如同人们所说的"掷骰子"。

整个世界、天地万物，都是万能的上帝七天之内从"无"中创造出来的。基督教这种"从无创有"的创造观与古希腊的"物质先存"是对立的。在赫拉克利特那里，世界并不是被创造的，而是在儿童的游戏之中自我生成的，它的过去、现在、未来都是永恒的活火。宇宙本身是它自己的创造者，宇宙的秩序也都是由它自身的逻各斯所规定的，而不是神或人所创造的。而上帝则是由于自由的意志和美善的本性，从无到有地创造世界，包括属灵及属物质的。上帝是自有永有的、无限的、必然的；世界是被造的、有限的、偶然的。如果没有上帝的创世，就不可能有世界的存在。上帝就是世界的存在根据和原因。那么，什么又是上帝存在的根据和原因呢？这种追问是没有任何意义的，因为上帝本身是没有根据的，上帝就是根据本身。

上帝创世不用劳动，也不靠生育，只需一句话、一个念头、一个意志即可。创造事件被描绘成通过道言进行创造："上帝说'要有光'，'就有了光'"。其他一系列行为也是这样决定的：上帝看见，上帝把它分开，上帝称作……上帝制造，上帝祝福等等。这里，创造的道言是连接创造主和他的创造物的纽带。创造主和创造物是通过他的命令、指令、指示和决定统一起来的。当然，上帝通过他所说的话语创造他的作品，这也表明上帝对于他创造的东西是自由的。

上帝创世也没有目的，只是他"看着是好的"，他的意志是绝对自由的。上帝的创世具有"偶然性"，上帝的创世行为是一种游戏行为。这意味着世界并非必然存在，它的存在是由于上帝出于自由而创造了它。上帝是自由地而非武断地创造了世界。当然，尽管上帝的创世不是必然的，但并非无意义的。

中世纪的"游戏说"是为基督教神学服务的。为了凸显上帝的全能和自由意志，上帝的创世行为，没有任何目的，完全是一"偶然的"游戏行为。在这里，不是世界而是上帝成了游戏的思想主题。世界成了上帝这个全能的创造者的受造物,而上帝成了世界存在的根据和原因,或者说成了根据本身。

三 近代的"游戏说"

近代的"游戏说"主要以康德和席勒为代表。在这里,游戏既不是世界的游戏,也不是上帝的游戏,而是人性的游戏,它揭示了人的自由本质。当他们将审美理解为自由的时候,游戏便成为美的规定。

康德是第一个真正把"游戏"引入哲学思考的人,他的"游戏说"是建立在他对审美本质认识的基础之上的。他试图调和经验派和理性派,将审美的本质归结为情感判断,认为艺术的这种"自由的游戏"的本质特征就是无目的的合目的性,或自由的合目的性。整个审美活动从始至终都是自由游戏的性质。在审美状态中,人完全抛开了利害考虑,摆脱了伦理道德的羁绊,也没有认识某种事物的迫切需要,整个身心都处于自由状态,并以游戏的态度对待人生,真正处于时间的现在一维中。因此,可以说审美状态就是人的自由游戏的态度。

在审美活动中,人的想象力具有创造性,可以不受限制地随意构造某种表象。康德说:"既然在鉴赏判断里想象力必须在其自由中被考察,那么它一开始就不是被看作再生的,如同它是服从于联想律时那样,而是被看作生产性的和自身主动的(即作为可能的、直观的、任意形式的创造者)。"[1] 可见,在审美中,对象的形式并非外物所固有的真实形态,而是想象力的"创造"。当然,想象力的这种"创造",是不受限制地随意构造某种表象,这种表象是变动不居的,它的各种成分和要素随主体状态的变化而变化,而且其对主体的意义也因人因时而异。所以,一物的逻辑表象本质上虽只有一个,但审美表象却有好几个。从这个意义上说,审美表象是自由的,人与审美对象的关系是游戏性的。

在审美对象被构造出来后,想象力还要将其带到知性面前去。然而,知性却发现,这个表象并没有反映出客体的存在和性质,是充分自由的。因而,知性也就不能像对于逻辑表象那样拿出相应的概念范畴去整理和

---

[1] [德]康德:《判断力批判》,邓晓芒译,人民出版社2002年版,第77页。

规范表象，而是无概念、无目的的自我运动。这时，知性和想象力之间的关系，也不再是以知性为中心（一般认识活动），而是以想象力为中心。"在这里，知性是为想象力服务，而不是想象力为知性服务。"① 在审美表象的推动和激发下，知性和想象力各自保持自由的活动，又互相应和、互相融洽、若即若离。康德把这称为"诸认识能力的谐和"，"心意诸能力在游戏中的协调一致"。由于在这种想象力和知性的自由游戏中，知性和想象力都是自由的、和谐的，不受丝毫的约束和强制，因而我们在审美活动中会感到轻松惬意、快乐舒适，这就是审美愉快。

而且，康德也受启蒙哲学的影响，特别强调人及其价值，强调理性与自由。席勒继承和发展了这一思想，他的审美游戏说是建基在康德的先验论的基础之上的，并对其进行了人性的还原，使其有了更多的人类学的色彩。他认为，人有两种自然要求或冲动，一是"感性冲动"，二是"形式冲动"。在"感性冲动"与"形式冲动"之间应存在某种联系，即"游戏冲动"。席勒和康德一样都强调主体自由。他认为只有实在和形式的统一才完成了人性的概念。"在人的各种状态下，正是游戏，只有游戏，才能使人达到完美并同时发展人的双重天性。"② 他还进一步提出："游戏冲动的对象用一个普遍的概念来说明，可以叫作活的艺术形象。这个概念指现象的一切审美性质，总之是指最广义的美。"③ 这样，艺术就为游戏所概括了，并有了人类学的基础。这时，"游戏"已经从日常语言变成了具有哲学内容的概念。康德和席勒的这种对主体自由的强调统治了西方美学界，他们的理论体现了对主体性精神的张扬。这个主体性精神揭示了在审美经验中重要的、起决定作用的不是对象，而是主体。

康德和席勒的游戏说在斯宾塞、朗格、谷鲁斯等人那里得到进一步的探讨和深入，并进而影响到现代和后现代的游戏说。

我们可以较为清楚地看出近代游戏说的基本特征：其一，近代游戏说的思想主题是人性（即理性），是人性的游戏，它揭示了人的自由本质；其二，近代游戏说的游戏不涉利害，并以此和艺术相联系，试图以此来探讨艺术的本质；其三，近代游戏说是与传统形而上学紧密相关联

---

① ［德］康德：《判断力批判》，邓晓芒译，人民出版社 2002 年版，第 79 页。
② ［德］席勒：《美育书简》，徐恒醇译，中国文联出版公司 1984 年版，第 89 页。
③ ［德］席勒：《美育书简》，徐恒醇译，中国文联出版公司 1984 年版，第 86 页。

的，往往局限于精神感知而与现实生活世界相脱离乃至割裂了艺术理想，具有浓厚的"乌托邦"色彩。

四 现代的"游戏说"

随着尼采宣称"上帝已死""重估一切价值"，在现代思想那里，"游戏说"也被重新探讨，被赋予了新的含义。很多哲学家都从不同的角度对"游戏说"的意义进行了新的透视，"游戏说"得以大大丰富，特别是维特根斯坦的"语言游戏说"和伽达默尔的现象学—解释学方向的"游戏说"影响最大。

后期维特根斯坦放弃了试图寻求一种与日常语言相反的理想语言的努力，提出了著名的"语言游戏说"。在他看来，语言的意义在于用法，语言经由语言游戏或日常的语用获得其意义。语言游戏是语言"内部"的活动，与"外部"的对象无关，它是"自主的"。命题或语句的意义既不是来源于外部对象，也不是来源于真值函项关系，而是来源于它们的使用条件。语言游戏归根结底是一种生活形式，或生活形式的一部分。语言不再是一个与经验世界相对应的逻辑系统，语言与经验属于同一个日常生活的世界。"想象一种语言就叫作想象一种生活形式"[1]，"'语言游戏'这个用语在这里是要强调，用语言来说话是某种行为举止的一部分，或某种生活形式的一部分"[2]。

维特根斯坦的"语言游戏说"具有反本质主义的特征，他认为哲学中产生混乱的重要根源就在于人们根深蒂固的本质主义倾向。在他看来，语言游戏是多种多样的，同一个语词可以出现在不同的语言游戏中，因而在不同的语境中可以具有不同的含义。不同的语言游戏并没有共同的本质，它们之间只是"家族相似"。所谓"家族相似"不是共同的相似，而是这一方面或那一方面的不完全相似。语言游戏具有一定的规则，它是按照一定的规则而进行的使用活动。不同的规则带来了不同的游戏，也决定了不同语言的用法。然而我们是先进入游戏后才知道它的规则，

---

[1] [英] 维特根斯坦：《哲学研究》，陈嘉映译，上海人民出版社2001年版，第13页。
[2] [英] 维特根斯坦：《哲学研究》，陈嘉映译，上海人民出版社2001年版，第19页。

还是先学习规则然后才进入游戏呢？维特根斯坦认为这是一个类似"先有鸡还是先有蛋"式的悖论。"我遵从规则时并不选择，我盲目地遵从规则。"① 遵守规则是一种实践行为，这些规则乃是约定俗成，因为归根到底，语言游戏就是一种生活形式。况且，语言游戏的规则并非固定的、一劳永逸地给定了的东西，而是在实践中生成和变化的。

而伽达默尔（也译为加达默尔）的游戏则是作为艺术作品本体论阐释的入门来看待的。与康德、席勒不同的是，伽达默尔不是从认识论的意义上来谈论主体性的游戏行为，而是将艺术经验与游戏连接起来，着眼于游戏本身的存在方式。他说："如果我们就与艺术经验的关系而谈论游戏，那么游戏并不指行为，甚至不指创造活动和鉴赏活动的情绪状态，更不是指在游戏活动中所表现出来的某种主体性的自由，而是指艺术作品本身的存在方式。"②

伽达默尔认为，游戏的真正主体并不是从事游戏活动的人即游戏者，而是游戏本身，游戏者只有摆脱了自己的目的意识和紧张情绪才能真正说在进行游戏。其原因在于，游戏活动并不受游戏者的支配，而是按照自身的规则来进行的。"游戏最突出的意义就是自我表现。"③ 也就是说，游戏的最基本的特征是一种自律和同一的反复运动。由此，他得出游戏活动根本不能被理解为一种人或主体进行的运动，游戏的主体并不是游戏者。他说："诚属游戏的活动决没有一个使它中止的目的，而只是在不断的重复中更新自身。往返重复运动对于游戏的本质规定来说是如此明显和根本，以致谁或什么东西进行这种运动倒是无关紧要的。这样的游戏活动似乎是没有根基的。游戏就是那种被游戏的或一直被进行游戏的东西——其中决没有任何从事游戏的主体被把握住。"④

伽达默尔始终强调游戏本身对于游戏者之意识的先在性，游戏只有当游戏者在游戏中丧失自我时才实现它的目的，而且他还认为，"一切游戏活动都是一种被游戏过程（alles Spielen ist ein Gespieltwerden）。游戏的

---

① ［英］维特根斯坦：《哲学研究》，陈嘉映译，上海人民出版社2001年版，第130页。
② ［德］汉斯-格奥尔格·加达默尔：《真理与方法》上卷，洪汉鼎译，上海译文出版社1992年版，第130页。
③ ［德］汉斯-格奥尔格·加达默尔：《真理与方法》上卷，洪汉鼎译，上海译文出版社1992年版，第139页。
④ ［德］汉斯-格奥尔格·加达默尔：《真理与方法》上卷，洪汉鼎译，上海译文出版社1992年版，第133页。

魅力，游戏所表现的迷惑力，正在于游戏超越游戏者而成为主宰"。① 因而，他所言说的游戏与其说是一个"对象"，还不如说应被理解为一种"发生"，一种"生存"。

游戏并非一种封闭的运动，实际上却是"为观赏者而存在"的，在观赏者那里它才赢得它的完全意义。"事实上，最真实感受游戏的，并且游戏对之正确表现自己所'意味'的，乃是那种并不参与游戏、而只是观赏游戏的人。在观赏者那里，游戏好像被提升到了他的理想性。"② 可见，观赏者也和游戏者一同参与了游戏，游戏本身是由游戏者和观赏者所组成的统一整体。

正是在此种意义上，伽达默尔找到了从游戏进入艺术经验的阐释学契机。在他看来，艺术作品的存在方式就是游戏——艺术本文与观赏者之间的一种游戏，或曰一种阐释学的对话。艺术作品的存在方式不仅包括本文、观赏者，而且还包括本文与观赏者之间建立起来的阐释学的对话关系。于是，他又从艺术游戏进入对语言游戏的讨论。

在伽达默尔看来，游戏和对话是异质同构的。他说："语言在本质上就是对话，而进行对话就像做游戏，意义的理解就存在于一个起作用的语言游戏框架内，它总是以参与语言游戏为前提的。因此，任何一种对话的进行方式都可以用游戏概念加以描述和表征。"③ 显然，这种对游戏与对话的同构性的揭示，实质上也是对近代以来占支配地位的主体性意识的批判，并且试图由此最终克服自我意识的幻觉和唯心主义的偏见。

伽达默尔认为文本的存在不是文本自身的存在、孤立的存在，而是一种由读者参与的共同存在。"对话就是对话双方在一起相互参与着以获得真理。"④ 他的游戏说便包含了这种参与的思想，而所谓"节日"不过是周期化的、扩大了的游戏。在理论和实践的关系上，伽达默尔强调实践，注重参与。他的"赞美理论"实质上就是赞美实践，当然，实践中也始终存在理论因素。

---

① ［德］汉斯-格奥尔格·加达默尔：《真理与方法》上卷，洪汉鼎译，上海译文出版社1992年版，第137页。
② ［德］汉斯-格奥尔格·加达默尔：《真理与方法》上卷，洪汉鼎译，上海译文出版社1992年版，第141页。
③ 何卫平：《通向解释学辩证法之途》，上海三联书店2001年版，第285页。
④ ［德］汉斯-格奥尔格·伽达默尔：《赞美理论——伽达默尔选集》，夏镇平译，上海三联书店1988年版，第69页。

与传统的"艺术游戏说"相比,现代的游戏说具有如下基本特征。

其一,现代游戏说由理念世界、理论世界回到了活生生的生活世界。"艺术游戏说"与传统形而上学是相关联的,实质上仍是一种理念世界和理论世界的游戏说。这种游戏说仅仅局限于精神感知而与现实生活相脱离乃至割裂了艺术理想,具有浓郁的"乌托邦"色彩。而对于现代哲学而言,世界不再是与人无关的自存实体,而是对人有价值和意义的生活世界。与之相关,现代游戏说也由抽象的科学世界向具体的、活生生的生活世界回归。现代游戏说更加关注人的现实状况和人对生活的现实感受,凸显游戏的"当下性"和"存在性"。

其二,在现代游戏说看来,游戏具有"自主性","游戏"的核心不是"游戏者",而是"游戏"本身。游戏没有游戏者和旁观者之分,游戏在于去游戏,游戏的意义在于每时每刻的生成之中。在康德和席勒那里,游戏的核心是人的主体性自由,而不是"游戏",具有强烈的主观主义倾向。后期维特根斯坦认为,语言游戏是语言"内部"的活动,与"外部"的对象无关,它是"自主的"。命题或语句的意义既不是来源于外部对象,也不是来源于真值函项关系,而是来源于它们的使用条件。

其三,现代游戏说具有反本质主义的特征,强调游戏的"生成性""创造性""多样性"。

其四,现代游戏说具有实践性、活动性。"艺术游戏说"没有摆脱德国古典形而上学的影响,其所谓的游戏是指向内心的,强调的是精神,而不是行动,缺乏一种积极介入现实生活的实践性和对生命活动的"审美塑造"。现代游戏说认为游戏是一种具有实践性的现实活动而不单纯是一种精神追求,它是生命存在的当下参与,而不再只是一种"活的形象显现"。

五 后现代的"游戏说"

在后现代那里,由于主体性的衰落、意义本源的消失、中心的失落,"存在性境域"变成了能指的世界和"镜像"或符号编码复制的"拟象"的世界,"游戏说"亦被以一种更为极端的形式而解读,其代表人物主要有德里达、福柯、利奥塔、布尔迪厄等。

在德里达那里,"游戏说"成了所谓的"无底棋盘上的游戏",其既无根据,亦无原因,且具有反本质主义、反基础主义以及非中心的特征。德里达将西方哲学的传统归结为"逻各斯中心主义"(logocentrism),并且认为其就是在场形而上学和语音中心主义的结合体,它意味着语言能完善地再现和把握思想以及存在。在他看来,一切所谓的精神与物质、自为与自在、主体与客体、真理与假象、肉体与灵魂、文本与意义、同一与差异等的二元对立,无不根源于这种"逻各斯中心主义"。

德里达是从语言学入手来对逻各斯中心主义进行解构的。他指出,形而上学的思维方式深植于语言之中,而西方文化之所以能有效地依靠语音中心主义来推行逻各斯中心主义,就在于语音中心主义具有以"在场"指示、代替和论证"不在场"的优点,具有一种从"直接面对"转向"间接迂回论证"的中介化特征。然而,语言的"能指"和"所指"表面上是两种不同的因素,但实际上却是同一个符号。当传统文化的语言用"能指"去指示或表现"所指"的时候,实际是用在场的"能指"去指示或表现不在场的"所指";而当在场的"所指"直接呈现的时候,原来的"能指"却变成"不在场"。① 所以,德里达说,我们必须彻底揭露"能指"与"所指"这种游戏的虚幻性和虚假性。

按照德里达的理解,逻各斯中心主义虽亦允许差异和游戏的存在,但是,由于在场形而上学将存在规定为在场,同时也就决定了它本身的中心固定论和"结构封闭性"。他说:"因此人们总是以为本质上就是独一无二的中心,在结构中构成了主宰结构同时又逃脱了结构性的那种东西。这正是为什么,对于某种关于结构的古典思想来说,中心可以悖论地被说成是既在结构内又在结构外。中心乃是整体的中心,可是,既然中心不隶属于整体,整体就应在别处有它的中心。中心因此也就并非中心了。"② 由此,德里达下结论说,逻各斯中心主义是一种不能贯彻到底的自相矛盾的思维方式。

德里达接着说:"这样一来,人们无疑就得开始思考下述问题:即中心并不存在,中心也不能以在场者的形式去被思考,中心并无自然的场

---

① 参见高宣扬《德里达反语音中心的解构论》,高宣扬《当代法国思想五十年》,中国人民大学出版社 2005 年版。
② [法] 雅克·德里达:《书写与差异》,张宁译,生活·读书·新知三联书店 2001 年版,第 524 页。

所，中心并非一个固定的地点而是一种功能、一种非场所，而且在这个非场所中符号替换无止境地相互游戏着。那正是语言进犯普遍问题链场域的时刻；那正是在中心或源始缺席的时候一切变成了话语的时刻——条件是在这个话语上人们可以相互了解——也就是说一切变成了系统，在此系统中，处于中心的所指，无论它是始源或先验的，绝对不会在一个差异系统之外呈现。先验所指的缺席无限地伸向意谓的场域和游戏。"① 由此，在场不断地遭到否定，中心亦不复存在。如此下去，必然也造成整体的自行消失，只剩下一种意义的自由游戏。

于是乎，德里达便试图以"差异"原则来取代"中心"概念。他自撰了一个新的概念即"延异"（différance）。Différance 中的 a 所意涵的活动性和生成性，指涉在差异化游戏中的生成运动。差异化游戏的生成运动所包含的上述活动性和生产性，并不是从天上掉下来的；它们既不是只要一次就可以完全记录在封闭的体系中，也不是可以在一次性的共时的分类学的研究过程中就一劳永逸地完成。这些变动中的差异，乃是运动变化的结果，也是认为以静态的、共时的、分类学的、非历史观的结构概念无法理解这种差异的观点的结果。②

当然，德里达基于反语音中心主义或逻各斯中心主义的解构主义立场的游戏说并不是"破坏"和"毁灭"，而是要防止秩序包括思想、文化、道德体系的僵化和极权化，并且试图透过"结构中的结构性"的分析，导引出结构中的隐喻式游戏精神以及深藏于其中的充满娱乐和行动精神的自由创造原则。

晚年福柯的思想发生了很大的变化：从古希腊的"关怀你自己"那里得到启发，提出了"生存美学"（esthétique de l'existence）的思想，主张个体经由伦理—美学的途径自我构成为主体。实际上，这也是一种游戏性的人生态度和思维方式——不再考虑任何法律、规范或约束，不再顾及道德，就可以使每个人，在同时考虑他人快乐的情况下，实现自己的快乐。

福柯认为，随着基督教精神的衰落、主体性哲学的幻灭，人有限的

---

① [法] 雅克·德里达：《书写与差异》，张宁译，生活·读书·新知三联书店 2001 年版，第 505 页。
② 参见高宣扬《德里达反语音中心的解构论》，高宣扬《当代法国思想五十年》，中国人民大学出版社 2005 年版。

生存失去了具有无限意义的价值之源,普遍的必然的道德观念亦不再有效,于是乎,个体的审美生存便应运而生。他说:"道德是对准则的服从,这种道德的观念正在消失,或已经消失了。这种道德观念的消失,必然伴随着,对生存美学的追求。"① 在他看来,只有对道德的不同解释,而没有普遍有效的道德观念。康德所谓的普遍必然的道德律令无异于痴人说梦。道德只不过是人们的一种约定,但其并不等于真理。在福柯的眼里,重要的不是找出适用于每个人的道德律令,而是寻求通向美好生活方式的途径,确立每个个体自己的生存风格。

他还说:"从自我不是被给予的观点出发,我想只有一种实际的结果,即我们必须将自己创造为艺术品。"② 诚然,生活是不完美的,有缺陷的,因此,生活才需要艺术。当然,福柯真正所关心的不是艺术,而是生活。

福柯指出,生存美学所确立的不是个体与世界、社会的关系,而是个体与自身的关系,并且是一种美学关系(以此区分于认识关系)。他向现代社会重新提出了"关怀你自己"的问题。他强调个体的差异,重视个体的日常经验。他所关心的不是神、理念,亦不是普遍、群体,而是现实生活中具体的、实践中的、不可替代的、活生生的"自我"。这种"自我"能够是"自我构成"而不是"被构成"的。显然,福柯非常重视个体的自我创造。因为他认为,只有在创造中,人才能真正拥有自我。

总体上说来,后现代的"游戏说"具有如下特征。

其一,后现代的"游戏说"致力于对同一性、同质性、整体性、中心、意义的消解,宣扬特殊性、多元性、异质性、不可通约性、不可预见性,具有反基础主义、本质主义、哲学本体论的特征。

其二,后现代的"游戏说"反对传统的真理观,对知识和科学的合法化进行重新审视;否定理性的权威性、合法性,积极消解理性的工具性、极权性、压制性、操纵性。

其三,后现代的"游戏说"反对主体主义和人类中心,宣告主体的死亡,甚至所谓的人本身也死了。

---

① 转引自李晓林:《福柯的"生存美学"》,《文史哲》2003 年第 5 期。
② 转引自李晓林:《福柯的"生存美学"》,《文史哲》2003 年第 5 期。

六　结语

从古希腊世界的游戏，到中世纪上帝的游戏，到近代人性的游戏，再到现代存在的游戏以及后现代语言的游戏，西方的"游戏说"不断地丰富和发展，并逐渐焕发出游戏本身巨大的魅力，特别是在现代哲学和后现代哲学那里，游戏说更是成为显学。

我们这个时代却是一个贫困时代。说其贫困乃是因为人的思想变得贫乏甚至无思想，乃是因为人的游戏精神的缺失。时代呼唤着游戏精神的真正回归！

参考文献

彭富春：《说游戏说》，《哲学研究》2003 年第 2 期。

汪子嵩等：《古希腊哲学史》，人民出版社 1988 年版。

[德] 康德：《判断力批判》，邓晓芒译，人民出版社 2002 年版。

[德] 席勒：《美育书简》，徐恒醇译，中国文联出版公司 1984 年版。

[英] 维特根斯坦：《哲学研究》，陈嘉映译，上海人民出版社 2001 年版。

[德] 汉斯-格奥尔格·加达默尔：《真理与方法》上卷，洪汉鼎译，上海译文出版社 1992 年版。

[法] 雅克·德里达：《书写与差异》，张宁译，生活·读书·新知三联书店 2001 年版。

高宣扬：《后现代论》，五南图书出版有限公司 1999 年版。

（原载于《江海学刊》2009 年第 4 期）

后现代游戏说的基本特征

"游戏说"是西方哲学史上的一个重要话题，关于游戏的理论探讨几乎和哲学一样古老而深邃。古希腊的赫拉克利特是西方第一个讨论游戏的哲学家。他说：世界"是火的自我游戏"；"时间是个玩跳棋的儿童，王权执掌在儿童手中"。无论是世界的起源，还是这个世界中万物的秩序，都具有游戏的特征。作为游戏，世界在深渊上方旋转。柏拉图将这一重要思想吸收入理念论，并使世界的游戏趋赴神性。中世纪的游戏是上帝的创世游戏——上帝的创世行为，没有任何目的，完全是一"偶然的"游戏行为，以便凸显上帝的全能和自由意志进而为基督教神学服务。当然，真正把"游戏"引入哲学思考的第一人还是康德。在康德看来，游戏既不是世界的游戏，也不是上帝的游戏，而是人性的游戏，它揭示了人的自由本质。康德的"艺术游戏说"是建立在他对审美本质认识的基础之上的。他试图调和经验派和理性派，将审美的本质归结为情感判断，认为艺术的这种"自由的游戏"的本质特征就是无目的的合目的性，或自由的合目的性。整个审美活动从始至终都是自由游戏的性质。在审美状态中，人完全抛开了利害考虑，摆脱了伦理道德的羁绊，也没有认识某种事物的迫切需要，整个身心都处于自由状态，并以游戏的态度对待人生，真正处于时间的现在一维中。席勒的审美游戏说对康德的"艺术游戏说"进行了人性的还原，使其有了更多的人类学的色彩。而斯宾塞、朗格、谷鲁斯等人进一步继承和发展了康德、席勒的游戏说。到后现代那里，游戏说更是逐渐成了哲学的热门话题，"游戏"似乎成了探寻思想、存在、语言奥秘的关键通道，许多哲学家、心理学家、人类学家纷纷对游戏说进行了新的诠释，如海德格尔、维特根斯坦、伽达默尔、德里达、福柯、利奥塔、布尔迪厄、巴赫金等。那么，与传统游戏说相比，后现代游戏说有如下四大基本特征。

第一，后现代游戏说由理念世界、理论世界回到了活生生的生活世界。"艺术游戏说"与传统形而上学是相关联的,实质上仍是一种理念世界和理论世界的游戏说。这种游戏说仅仅局限于精神感知而与现实生活相脱离乃至割裂了艺术理想,具有浓郁的"乌托邦"色彩。而对于后现代哲学而言,世界不再是与人无关的自存实体,而是对人有价值和意义的生活世界。与之相关,后现代游戏说也由抽象的科学世界向具体的、活生生的生活世界回归。后现代游戏说更加关注人的现实状况和人对生活的现实感受,凸显游戏的"当下性"和"存在性"。

后期维特根斯坦放弃了试图寻求一种与日常语言相反的理想语言的努力。在他看来,世界并不是按照一种特定的方式组织起来的,然后再用语言把它的结构正确或错误地描述出来,其典型代表便是"奥古斯丁图画"。相反,组成世界的可能性首先是通过语言的表达才产生的,有多少种描述世界的方法,就有多少种把世界分为个别事态的方式。在这里,不是语言符合事物,而是语言构造事物;不是外部事物赋予语言以意义,而是事物的存在和意义要由语言来认定。语言的意义在于用法,语言经由语言游戏或日常的语用获得其意义。"语言游戏"与"生活形式"是紧密相关联的,语言游戏归根结底是一种生活形式,或生活形式的一部分。语言不再是一个与经验世界相对应的逻辑系统,语言与经验属于同一个日常生活的世界。"想象一种语言就叫作想象一种生活形式"①,"'语言游戏'这个用语在这里是要强调,用语言来说话是某种行为举止的一部分,或某种生活形式的一部分"②。当然,维特根斯坦所言说的"生活形式"其实就是指在特定的历史背景下通行的,以特定的、历史地继承下来的风俗、习惯、制度、传统等为基础的人们的思维方式和行为方式的总体或局部。

对于伽达默尔而言,世界就是指人居住其中,与之熟悉和交融的生活世界。世界必须进入语言,才能表现为我们的世界。"能理解的存在就是语言。"③ 为了把握对话中语言的本质,伽达默尔引入"游戏"这一概念,并称它是理解和解释的"本体论说明的线索"。与康德、席勒不同的是,伽达默尔不是从认识论的意义上来谈论主体性的游戏行为,而是将

---

① [英]维特根斯坦:《哲学研究》,陈嘉映译,上海人民出版社2001年版,第13页。
② [英]维特根斯坦:《哲学研究》,陈嘉映译,上海人民出版社2001年版,第19页。
③ [德]汉斯-格奥尔格·加达默尔:《真理与方法》上卷,洪汉鼎译,上海译文出版社1992年版,第422页。

艺术经验与游戏连接起来，着眼于游戏本身的存在方式。他说："如果我们就与艺术经验的关系而谈论游戏，那么游戏并不指行为，甚至不指创造活动和鉴赏活动的情绪状态，更不是指在游戏活动中所表现出来的某种主体性的自由，而是指艺术作品本身的存在方式。"①

晚年福柯的思想发生了很大的变化：从古希腊的"关怀你自己"那里得到启发，提出了"生存美学"（esthétique de l'existence）的思想，主张个体经由伦理—美学的途径自我构成为主体。实际上，这也是一种游戏性的人生态度和思维方式——不再考虑任何法律、规范或约束，不再顾及道德，就可以使每个人，在同时考虑他人快乐的情况下，实现自己的快乐。

福柯认为，随着基督教精神的衰落、主体性哲学的幻灭，人有限的生存失去了具有无限意义的价值之源，普遍的必然的道德观念亦不再有效，于是乎，个体的审美生存便应运而生。他说："道德是对准则的服从，这种道德的观念正在消失，或已经消失了。这种道德观念的消失，必然伴随着，对生存美学的追求。"② 在他看来，只有对道德的不同解释，而没有普遍有效的道德观念。康德所谓的普遍必然的道德律令无异于痴人说梦。道德只不过是人们的一种约定，但其并不等于真理。在福柯的眼里，重要的不是找出适用于每个人的道德律令，而是寻求通向美好生活方式的途径，确立每个个体自己的生存风格。

他还说："从自我不是被给予的观点出发，我想只有一种实际的结果，即我们必须将自己创造为艺术品。"③ 诚然，生活是不完美的，有缺陷的，因此，生活才需要艺术。当然，福柯真正所关心的不是艺术，而是生活。

福柯指出，生存美学所确立的不是个体与世界、社会的关系，而是个体与自身的关系，并且是一种美学关系（以此区分于认识关系）。他向现代社会重新提出了"关怀你自己"的问题。他强调个体的差异，重视个体的日常经验。他所关心的不是神、理念，亦不是普遍、群体，而是现实生活中具体的、实践中的、不可替代的、活生生的"自我"。这种

---

① ［德］汉斯-格奥尔格·加达默尔：《真理与方法》上卷，洪汉鼎译，上海译文出版社1992年版，第130页。
② 转引自李晓林《福柯的"生存美学"》，《文史哲》2003年第5期。
③ 转引自李晓林《福柯的"生存美学"》，《文史哲》2003年第5期。

"自我"能够是"自我构成"而不是"被构成"的。显然，福柯非常重视个体的自我创造。因为他认为，只有在创造中，人才能真正拥有自我。

第二，在康德和席勒那里，游戏的核心是人的主体性自由，而不是"游戏"，具有强烈的主观主义倾向。而后现代游戏说反对主体主义和人类中心，宣告主体的死亡，甚至所谓的人本身也死了，因而游戏在他们看来具有"自主性"，"游戏"的核心不是"游戏者"，而是"游戏"本身。游戏没有游戏者和旁观者之分，游戏在于去游戏，游戏的意义在于每时每刻的生成之中。

后期维特根斯坦指出，语言游戏是语言"内部"的活动，与"外部"的对象无关，它是"自主的"。命题或语句的意义既不是来源于外部对象，也不是来源于真值函项关系，而是来源于它们的使用条件。

伽达默尔认为，游戏的真正主体并不是从事游戏活动的人即游戏者，而是游戏本身，游戏者只有摆脱了自己的目的意识和紧张情绪才能真正说在进行游戏。原因在于，游戏活动并不受游戏者的支配，而是按照自身的规则来进行的。"游戏最突出的意义就是自我表现。"① 也就是说，游戏的最基本的特征是一种自律和同一的反复运动。由此，他得出游戏活动根本不能理解为一种人或主体进行的运动，游戏的主体并不是游戏者。他说："诚属游戏的活动决没有一个使它中止的目的，而只是在不断的重复中更新自身。往返重复运动对于游戏的本质规定来说是如此明显和根本，以致谁或什么东西进行这种运动倒是无关紧要的。这样的游戏活动似乎是没有根基的。游戏就是那种被游戏的或一直被进行游戏的东西——其中决没有任何从事游戏的主体被把握住。"②

伽达默尔始终强调游戏本身对于游戏者之意识的先在性，游戏只有当游戏者在游戏中丧失自我时才实现它的目的，而且他还认为，"一切游戏活动都是一种被游戏过程（alles Spielen ist ein Gespieltwerden）。游戏的魅力，游戏所表现的迷惑力，正在于游戏超越游戏者而成为主宰"。③ 因

---

① ［德］汉斯-格奥尔格·加达默尔：《真理与方法》上卷，洪汉鼎译，上海译文出版社1992年版，第139页。
② ［德］汉斯-格奥尔格·加达默尔：《真理与方法》上卷，洪汉鼎译，上海译文出版社1992年版，第133页。
③ ［德］汉斯-格奥尔格·加达默尔：《真理与方法》上卷，洪汉鼎译，上海译文出版社1992年版，第137页。

而，他所言说的游戏与其说是一个"对象"，还不如说应被理解为一种"发生"，一种"生存"。"伽达默尔试图向我们表明，游戏具有一种独特的存在方式，它独立于参加游戏的人的意识，虽然游戏要通过游戏者得到表现，正如存在要通过存在者得到表现的一样，但游戏的真正主体不是参与它活动的个人，而是游戏本身，整个游戏即被游戏，整个被游戏即游戏。它既不涉及游戏的主体，也不涉及游戏的对象。"①

当然，游戏并非一种封闭的运动，实际上却是"为观赏者而存在"的，在观赏者那里它才赢得它的完全意义。"事实上，最真实感受游戏的，并且游戏对之正确表现自己所'意味'的，乃是那种并不参与游戏、而只是观赏游戏的人。在观赏者那里，游戏好像被提升到了他的理想性。"② 可见，观赏者也和游戏者一同参与了游戏，游戏本身是由游戏者和观赏者所组成的统一整体。

而德里达则通过解构"逻各斯中心主义"（logocentrism）来进一步消解游戏的主体性。他将西方哲学的传统归结为"逻各斯中心主义"，并且认为其就是在场形而上学和语音中心主义结合体，它意味着语言能完善地再现和把握思想以及存在。在他看来，一切所谓的精神与物质、自为与自在、主体与客体、真理与假象、肉体与灵魂、文本与意义、同一与差异等等的二元对立，无不根源于这种"逻各斯中心主义"。德里达是从语言学入手来对逻各斯中心主义进行解构的。他指出，形而上学的思维方式深植于语言之中，而西方文化之所以能有效地依靠语音中心主义来推行逻各斯中心主义，就在于语音中心主义具有以"在场"指示、代替和论证"不在场"的优点，具有一种从"直接面对"转向"间接迂回论证"的中介化特征。然而，语言的"能指"和"所指"表面上是两种不同的因素，但实际上却是同一个符号。当传统文化的语言用"能指"去指示或表现"所指"的时候，实际是用在场的"能指"去指示或表现不在场的"所指"；而当在场的"所指"直接呈现的时候，原来的"能指"却变成"不在场"。③ 所以，德里达说，我们必须彻底揭露"能指"与

---

① 何卫平：《通向解释学辩证法之途》，上海三联书店2001年版，第286页。
② ［德］汉斯-格奥尔格·加达默尔：《真理与方法》上卷，洪汉鼎译，上海译文出版社1992年版，第141页。
③ 参见高宣扬《德里达反语音中心的解构论》，高宣扬《当代法国思想五十年》，中国人民大学出版社2005年版。

"所指"的这种游戏的虚幻性和虚假性。按照德里达的理解,逻各斯中心主义虽亦允许差异和游戏的存在,但是,由于在场形而上学将存在规定为在场,同时也就决定了它本身的中心固定论和"结构封闭性"。他说:"因此人们总是以为本质上就是独一无二的中心,在结构中构成了主宰结构同时又逃脱了结构性的那种东西。这正是为什么,对于某种关于结构的古典思想来说,中心可以悖论地被说成是既在结构内又在结构外。中心乃是整体的中心,可是,既然中心不隶属于整体,整体就应在别处有它的中心。中心因此也就并非中心了。"① 由此,德里达下结论说,逻各斯中心主义是一种不能贯彻到底的自相矛盾的思维方式。

德里达接着说:"这样一来,人们无疑就得开始思考下述问题:即中心并不存在,中心也不能以在场者的形式去被思考,中心并无自然的场所,中心并非一个固定的地点而是一种功能、一种非场所,而且在这个非场所中符号替换无止境地相互游戏着。那正是语言进犯普遍问题链场域的时刻;那正是在中心或源始缺席的时候一切变成了话语的时刻——条件是在这个话语上人们可以相互了解——也就是说一切变成了系统,在此系统中,处于中心的所指,无论它是始源或先验的,绝对不会在一个差异系统之外呈现。先验所指的缺席无限地伸向意谓的场域和游戏。"② 由此,在场不断地遭到否定,中心亦不复存在。如此下去,必然也造成整体的自行消失,只剩下一种意义的自由游戏。

第三,传统游戏说实质上是一种本质主义的游戏观。而后现代游戏说则致力于对同一性、同质性、整体性、中心、意义的消解,宣扬特殊性、多元性、异质性、不可通约性、不可预见性,具有反基础主义、反本质主义、反哲学本体论的特征,强调游戏的"生成性""创造性""多样性"。后现代游戏说也反对传统的真理观,对知识和科学的合法化进行重新审视;否定理性的权威性、合法性,积极消解理性的工具性、极权性、压制性、操纵性。

后期维特根斯坦反对传统哲学的本质主义,认为哲学中产生混乱的重要根源就在于人们根深蒂固的本质主义倾向。在他看来,语言游戏是

---

① [法]雅克·德里达:《书写与差异》,张宁译,生活·读书·新知三联书店 2001 年版,第 503 页。

② [法]雅克·德里达:《书写与差异》,张宁译,生活·读书·新知三联书店 2001 年版,第 505 页。

多种多样的，同一个语词可以出现在不同的语言游戏中，因而在不同的语境中可以具有不同的含义。不同的语言游戏并没有共同的本质，它们之间只是"家族相似"。所谓"家族相似"不是共同的相似，而是这一方面或那一方面的不完全相似。语言游戏具有一定的规则，它是按照一定的规则而进行的使用活动。不同的规则带来了不同的游戏，也决定了不同语言的用法。然而我们是先进入游戏后才知道它的规则，还是先学习规则然后才进入游戏呢？维特根斯坦认为这是一个类似"先有鸡还是先有蛋"式的悖论。"当我遵守一条规则的时候，我别无选择，我盲目地遵守规则。"[1] 遵守规则是一种实践行为，这些规则乃是约定俗成，因为归根到底，语言游戏就是一种生活方式。另外，语言游戏的规则并不是固定的、一劳永逸地给定了的东西，是在实践中生成和变化的。利奥塔继承和发展了维特根斯坦的语言游戏说，否定游戏规则的普遍有效性，而强调其特殊性和差异性，在各个游戏之间，其使用的语句之间及其意义之间都不可通约。他认为，语言游戏虽有规则，但这些规则不是固定的，而是参加者通过约定而形成的。参加者之间人人平等，都可以仅按照自己的选择和自由想象去参与游戏和发表己见，无须遵守确定的规则和方法。由于参与游戏者在各自的自由想象中往往存在差异和分歧，彼此需要宽容、尊重，因而不允许存在任何元叙事式的形而上学偏见。这使人能够成为具有独特个性，或者说有异端思想的人，他们也容易由一种游戏过渡到另一种完全不同的游戏。而德里达不仅接受了维特根斯坦的语言游戏说，而且使之更具有主观随意性。因为他实际上已否定了游戏需要遵循一定的规则，认为这些规则并不制约游戏。"游戏的规则已被游戏本身所替代。"

利奥塔继承和发展了维特根斯坦的语言游戏说，否定游戏规则的普遍有效性，而强调其特殊性和差异性。按照利奥塔的理解，后现代知识并不以追求总体性为旨归，语言游戏是多样的，并不存在唯一的权威的话语形式，相反其分裂为各式各样的语言游戏单元，而且在各个游戏单元之间，其使用的语句之间及其意义之间具有不可通约性、不可预见性。实际上，这便否定了"元话语"或"宏大叙事"以及一切与现代性相关的形而上学。

---

[1] ［英］维特根斯坦：《哲学研究》，陈嘉映译，上海人民出版社2001年版，第130页。

利奥塔后现代哲学的核心是"元话语"或"宏大叙事"的解体,那些涉及所有话语的"元话语"或"宏大叙事"被分散为某一学科或领域的语言游戏,它们遵循着不同的知识原则,呈现出异质性和多元性。

在利奥塔看来,所谓的"元话语"或"宏大叙事"指的便是具有最高叙事意义的政治和哲学的叙事,它们被认为具有普遍性、同一性、一元性、权威性、绝对性等特征,其往往被用来解决知识和科学的合法性问题,而这恰恰是现代性的标志。他说:"我所谓的现代,指的是使用元话语来使自身合法化的科学,这样的元话语明显地诉诸宏大叙事,如精神辩证法、意义解释学、理性或劳动的主体,以及财富创造的解放。"① 但是,利奥塔也指出,以前被奉为神圣的宏大叙事(特别是以普遍性为基础的政治和哲学叙事)业已丧失了其原有的可靠性,被合法化的科学也已经遭遇到了前所未有的危机。他认为,所谓的后现代便是"对宏大叙事的不信任"。与现代主义的知识合法化模式相对立,后现代主义所崇尚的则是特殊性、多元性、异质性、不可通约性、不可预见性等等。"后现代知识……能够使我们形形色色的事物获致更细微的感知能力,获致更坚忍的承受力宽容异质标准。后现代知识的法则,不是专家式的一致性;而是属于创造者的悖谬推理或矛盾论。"

第四,后现代游戏说具有实践性、活动性。"艺术游戏说"没有摆脱德国古典形而上学的影响,其所谓的游戏是指向内心的,强调的是精神,而不是行动,缺乏一种积极介入现实生活的实践性和对生命活动的"审美塑造"。后现代游戏说认为游戏是一种具有实践性的现实活动而不单纯是一种精神追求,它是生命存在的当下参与,而不再只是一种"活的形象显现"。

在《哲学研究》中,维特根斯坦提出了"不要想而要看"。他认为,语言游戏是一种生活形式,或生活形式的一部分,而所谓的生活形式就是指在特定的历史背景下通行的,以特定的、历史地继承下来的风俗、习惯、制度、传统等为基础的人们的思维方式和行为方式的总体或局部,语言归根结底是一种社会现象、一种人类生活现象,因而语言游戏具有实践性的特征。因此,他强调进入游戏、参与游戏,回归生活世界,并

---

① [法]让-弗朗索瓦·利奥塔:《后现代状况:关于知识的报告》,岛子译,湖南美术出版社1996年版,第3页。

在游戏的过程中相互理解、理解对象、理解语言。他否认私人语言的存在，强调只有在作为游戏的生活中的语言才称为语言，语言的意义于语言游戏的过程中生成。传统哲学的前提之一就是把每个人自己的思维或语言视为最直接的、自明的和无可怀疑的，如笛卡尔的"我思故我在"和康德的主观的直觉判断（即私人语言）如何成为客观的经验判断（即公共语言）。维特根斯坦通过语言游戏的实践性和活动性从根本上动摇了现代哲学这一前提，对后现代思想产生了深远影响。

伽达默尔认为文本的存在不是文本自身的存在、孤立的存在，而是一种由读者参与的共同存在。"对话就是对话双方在一起相互参与着以获得真理。"他的游戏说便包含了这种参与的思想，而所谓"节日"不过是周期化的、扩大了的游戏。在理论和实践的关系上，伽达默尔强调实践，注重参与。他的"赞美理论"实质上是赞美实践，当然，实践中始终存在理论因素。

总之，后现代游戏说实现了对传统游戏说的巨大超越：关注人的现实状况和人对生活的现实感受；认为游戏具有"自主性"，"游戏"的核心不是"游戏者"，而是"游戏"本身；致力于对同一性、同质性、整体性、中心、意义的消解，宣扬游戏的特殊性、多元性、异质性、不可通约性、不可预见性；强调游戏是一种具有实践性的现实活动，是生命存在的当下参与而不单纯是一种精神追求。如此，游戏者便可摆脱精神与物质、自为与自在、主体与客体、心灵与身体、本质与现象、中心与边缘等的依存关系，摆脱对外在世界和普遍的理性观念的依赖；游戏者积极参与到游戏中去，游戏者之间人人平等，都可以在游戏中自由发挥自己的想象力、创造性及个性，并在平等对话中形成新的游戏规则……它们的这些理论探索是深富价值、发人深省的，不仅标志着游戏说进入了一个更高的阶段，并在一定程度上反映了游戏说的未来发展趋势；而且也成为后现代哲学之所以能超越形而上学思维方式的重要突破口。但是，后现代游戏说并未真正实现游戏说的根本性变革，同样包含着严重的缺陷和矛盾，比如：后现代游戏说在批判和否定传统游戏说的基础主义思维方式时要么因批判和否定不够彻底而陷入另一种形式的基础主义；要么走向纯粹否定性、相对主义、主观主义、虚无主义，以致由否定传统形而上学及传统游戏说进而取消了哲学本身、游戏本身的意义。可以想见，如果这个世界失去了原则和价值，没有了意义和真理，游戏何为？

游戏何用？最终，后现代游戏说必然如"一只在捕蝇瓶里的苍蝇"陷入困境和危机。为此，我们既要借鉴后现代的各种游戏说，又必须重新反思、批判、超越它们，建构出符合时代需要和顺应社会发展新的游戏理论，从而实现游戏说的真正创新。

参考文献

［英］维特根斯坦：《哲学研究》，陈嘉映译，上海人民出版社2001年版。

［德］汉斯-格奥尔格·加达默尔：《真理与方法》上卷，洪汉鼎译，上海译文出版社1992年版。

李晓林：《福柯的"生存美学"》，《文史哲》2003年第5期。

何卫平：《通向解释学辩证法之途》，上海三联书店2001年版。

高宣扬：《德里达反语音中心的解构论》，高宣扬《当代法国思想五十年》，中国人民大学出版社2005年版。

［法］雅克·德里达：《书写与差异》，张宁译，生活·读书·新知三联书店2001年版。

［法］让-弗朗索瓦利奥塔：《后现代状况：关于知识的报告》，岛子译，湖南美术出版社1996年版。

冯俊等：《后现代主义哲学讲演录》，商务印书馆2003年版。

（原载于《中国人民大学学报》2009年第2期，并被《中国社会科学文摘》2009年第7期全文转载）

中西"游"和"游戏说"的融通性

"游戏说"是西方哲学史上的一个重要话题，根据其思想主题的不同，我们可以将其演变历程分为五个阶段：古希腊的游戏说，思想的主题是世界，代表人物为赫拉克利特、柏拉图，世界是没有根据的，它自身建立自身的根据；中世纪的游戏说，思想的主题是上帝，以《圣经》为代表，上帝的创世游戏是为了凸显上帝的全能和自由意志；近代的游戏说，思想的主题是人性，代表人物为康德、席勒，人性的游戏揭示了人的自由本质，当审美被理解为自由的时候，游戏便成为美的规定；现代的游戏说，思想的主题是存在，代表人物为维特根斯坦、伽达默尔，它关注生活世界本身，具有自主性、反本质主义、实践性、活动性等特征；后现代的游戏说，思想的主题是语言，代表人物为德里达、福柯，它致力于对同一性、同质性、整体性、中心、意义的消解，宣扬特殊性、多元性、异质性、不可通约性、不可预见性，具有反基础主义、反本质主义、反哲学本体论等特征。

在中国传统思想中，虽然没有形成一种关于游戏的学说，但也有着丰富的"游"的思想，而其中最有代表性的就是孔子和庄子关于"游"的讨论。孔子曰："志于道，据于德，依于仁，游于艺。"（《论语·述而》）又曰："兴于诗，立于礼，成于乐。"（《论语·泰伯》）庄子则说："若夫乘天地之正，而御六气之辩，以游无穷者，彼且恶乎待哉。"（《庄子·逍遥游》）孔子所言说的"游"具有道德意义："游于艺"首先强调的是对技能熟练掌握的自由感，然后才强调"游"对心灵的塑造和人格完成的作用；他所追求的天人合一，天是规定人的，人听从天的规定；人只有通过"践仁""弘道"，才能不断提升自己的道德修养来实现仁的超越。而庄子的"逍遥游"则是一种不言道德而自然合乎道德的超道德的自由境界："逍遥游"是游于无，游于道，游于天地万物之中；他所追求的是"天地与我并生，万物与我为一"的境界，抹平了天与人的规定；人主要通过否定的方式（"无所待""游无穷"）来实现"逍遥之游"。两者看似对立，实际上又具有很大的互补性，分别完成了中国思想的两个不同的维度（社会和自然），并对整个中国传统的"游"文化（包括游于山水／自然、游于艺术、游于人生）产生了深远的影响。

当然，中西"游"和"游戏说"由于深植于两个相距遥远的文化，两者的巨大差异亦是不言而喻的事实。但是，中西"游"与"游戏说"也存在诸多相同之处，这为两者的对话和融通提供了可能。

一　游戏与文化、文明

游戏乃是人类的一个普遍现象和人生的存在方式之一。正如荷兰学者胡伊青加所指出的那样，"文明是在游戏中并作为游戏而产生和发展起来的"，"人是游戏者"远比"人是理性者"和"人是制作者"更为本源。中西文明同样也是在游戏中并作为游戏而产生和发展起来的。[1] 这是我们这里之所以能进行真正的中西"游"和"游戏说"之比较的深层地基。否则，任何脱离了这一点而大谈中西"游"和"游戏说"之比较，都必将是"海市蜃楼式"的自欺。当然，如果说我们这里所言说的"游"和"游戏说"就是胡伊青加的"游戏"，这也是十分牵强和不准确的。因为胡伊青加的研究视角毋宁说是文化—历史学的，而我们这里更多的是在思想的维度上来对问题本身进行透视。

二　生存关切

对生存本身的关切无疑根源于人生最大的矛盾，即存在与虚无的矛盾：向往永生的人终有一死，终有一死的人向往永生。一方面，其给人带来了无穷无尽的痛苦，而且是万苦之源；另一方面，也正是此矛盾，

---

[1]　关于这一点，我们可以在胡伊青加的著作《人：游戏者》（中译本可参见成穷译本，贵州人民出版社1998年版。胡伊青加，在不同版本中亦被译为"赫伊津哈"。）里找到充足的证据。限于篇幅，这里不再展开讨论。

才深深地从本源处唤醒人的生命力、创造力，使得超越成为人的一个基本点——不断地迈向生命的新天地。可以说，整个人类的历史从根本上说来便是寻求拯救之途的历史，虽然此矛盾不可能得到真正解决，但是人类的探索也因此而永无止境，人类才会不断地进步。因此，作为人类文化的一部分，无论是中国的"游"还是西方的"游戏说"都浸透着对人的生存本身的深沉关切。这使得中西"游"和"游戏说"在存在维度上的深层次对话成为可能。

孔子生活在"礼坏乐崩"的时代。这种"礼坏乐崩"，意味着社会的整体结构，如经济、政治、道德、行为、心理及思维结构都处于大转变、大变革、大动荡中。当然，在那个"觚不觚"的时代，孔子主张恢复周礼绝不是一种不能顺应时代潮流的抱残守缺，而是一种审时度势的明智选择。我们知道，周礼本来是一种依托于"天命"的威慑性的外在规范。但是孔子将天与人、天道与人道有机地结合起来，创造性地将"仁"注入"礼乐制度"之中，仁才是礼乐的本质所在。这样，建立在主体心性道德原则上的"礼"，便从外在加于个人身上的制度仪式，内化入心，转变为主体的道德自律和道德实践。因此，孔子的目光始终都集中于现实社会的伦理关系。重人道而少言天道是孔子思想的一个基本特点。"仁也者，人也。"于心是将心比心的"换位体察"，于行动是"己欲立而立人，己欲达而达人"。由"亲亲"而仁民，由"爱有等差"而"泛爱众"。要求社会既要有"序"，又要有"和"。孔子的"游"中始终都渗透着这种强烈的人道主义和深沉的生存关切。孔子在讲"游于艺"时，实质上仍是在讲"仁"。可以说，孔子所言说的"游"不仅仅是指"游于艺"之"游"，更是"游于人生"之"游"。

庄子始终是在存在的维度来思考"逍遥之游"的。可以说，"逍遥游"的最终目的就是全身避害，从而得以终其天年而无祸。我们知道，在"死者以国量，乎泽若蕉，民其无如矣"（《庄子·人间世》）的残酷现实面前，庄子充满了深深的危机感。他既不愿像孔子那样"知其不可而为之"，亦不愿同流合污。那么，人生的意义到底何在？怎样消解人生苦痛呢？这成了困扰庄子的根本问题。

一方面，在生逢乱世的庄子眼中，只要"可以保身，可以全生，可以养亲，可以尽年"便足矣。为了趋利避害、远祸保身，他极力消解人的主体能动性，主张无用、虚己、随化。另一方面，他也清楚地明白：

对命运的接受虽可以化解人生许多苦难的悲伤，随遇而安的心境亦可以使人生变得洒脱起来，但它们都不能使人真正解脱，获得真正的精神自由。于是，庄子又提出了"逍遥游"，并且认为只要应和于自然之道，游于道中，便可以最终达到一种"天地与我并生，万物与我为一"的绝对自由的境界。

孔子和庄子的人生观看似对立，然其又具有很大的互补性：孔子代表着社会的中坚力量，主张积极进取，挽大厦于将倾，修身、齐家、治国、平天下成了他们义不容辞的理想和责任；而庄子则站在弱者个体的立场上，他们既没有定国安邦的能力，亦无经世济民的理想，如何在险恶压抑的环境中全身避害便成了他们的人生目标。这两种生存智慧不但对整个中国的文化产生了深远的影响，而且亦成为中国"游"思想的内核之一，可以说，"游"便是这种生存智慧的升华。

如果说赫拉克利特的"游戏说"所思考的主题是世界，人依然为世界所规定；柏拉图虽是第一个将"游戏"从天上召回人间的人，但其"游戏"却是趋赴神性的，人是作为神的玩具而创造出来的；中世纪的"游戏说"所思考的主题是上帝，人不过是上帝的"羔羊"而已，那么，只有从近代开始，西方"游戏说"之中"人"才真正被发现，人性的光辉才真正透露出来。康德深受启蒙哲学的影响，特别强调人及其价值，强调理性与自由。他的游戏说始终贯穿着一种强烈的人道主义精神。在席勒看来，文明的进步虽然带来了物质的丰足，却使人成为欲望的奴隶；知识的发展虽然使社会前进，人却失去了天性和谐的自然。而他的审美游戏说便是对这一时代问题的回应，实为一种感性生存哲学：试图在游戏中重新完整分裂的人性、培养和谐的人并进而造就和谐的社会。

现代"游戏说"则从抽象思辨转向现实生活，更加关注人的现实状况和人对生活的现实感受。游戏的主题不再是近代抽象的人性，而是存在本身。海德格尔之强调"在世之在"的意义，维特根斯坦之"语言游戏"与"生活形式"的紧密关联，伽达默尔之将主体性的游戏行为与艺术经验连接起来，着眼于游戏本身的存在方式，以及弗洛伊德、皮亚杰等人之从心理学的角度对游戏进行探讨，都是为了使游戏说转向现实生活，更加关注人的生存本身。

后现代的"游戏说"，虽是对于现代"游戏说"的反叛，但也并未偏离关注生存本身的路线。他们之所以提出"主体之死"，甚至是"人之死",并不是笼统地否定人的存在及其意义,而只是试图使人摆脱主客、心物等依存关系,摆脱对外在世界和普遍的理性观念的依赖。并且在不少极端的后现代主义者的眼中,只有当下的、现实的生活的人才是真正自由和自主的人,才能充分展示人生的价值和意义。福柯的生存美学便是最好的证明。在福柯看来,"关怀你自己"远比"认识你自己"要重要。于是,他提出了当代人的"生存美学"问题:如何建构一个使每个人都按照他自己所喜欢的方式生存的社会?

三 自由意蕴

自从人被抛到这个世界上,人就如卢梭所言:"人生而平等,却又无时不在枷锁之中。"人生而自由,然现实中的人总是被他所处的国家、法制、意识形态、宗教、道德、经济等弄得不自由、不自在。无论你是否愿意,冥冥之中好像有什么东西在支配着自己。难道人真是不自由的吗?非也,因为人的自由正是在对不自由的反抗之中。虽然,枷锁无处不在、无时不有,然而,人却有打破枷锁,追求自由的自由。自由是人之所以为人最宝贵的东西。正因为有了自由,人生才有了意义。

自由问题是西方"游戏说"之中的重要问题之一。我们知道,在赫拉克利特那里,自由的问题并未真正凸显出来。真正说来,对自由意志的研究是从苏格拉底和智者学派开始的。柏拉图认为人的任务就是使自己的灵魂服从于理念的目的,并抑制自己的恶欲,否则便不能自由。中世纪的"游戏说"则是为基督教神学服务的。上帝的创世游戏不过是为了凸显上帝的全能和自由意志。在这里,人不可能拥有真正的自由,因为上帝依然是人的自由意志的根据。

只有到了近代,自由问题才真正闪耀出人性的光辉。康德和席勒的"艺术游戏说"体现了对主体性精神的张扬和对主体性自由的追求。"游戏"是"活动的自由和生命力的畅通",是人的诸认识能力的一种自由协调活动。但是,康德认为这种自由协调活动并非自然达到的,他始终强调是客体的无目的性的合目的性形式符合于人的诸认识能力才使"游戏"得以形成。这种自由游戏中的自由并非无规则的自由,而是主体性高扬的自由。席勒认为,游戏是人的天性,自由是人的本体。人与动物的游戏之差异便在于人的游戏的自由性和属人性。美的本质是自由，游戏的本质是自由，人的本质也是自由。美、游戏、自由、人本该是统一的，人本该是审美的人，游戏本该是人的生存状态。因此，为了保持人的自由本质和人性和谐，"人应该同美一起只是游戏，人应该只同美一起游戏"，"只有当人在充分意义上是人的时候，人才游戏；只有当人游戏的时候，他才是完整的人"①。

在康德和席勒那里，游戏的核心是人的主体性自由，而不是"游戏"本身，这具有强烈的主观主义倾向。而在现代、后现代的游戏说看来，游戏的真正主体并不是从事游戏活动的人即游戏者，而是游戏本身，因为游戏是"自主的"。当然，现代游戏说，特别是后现代游戏说，对主体性的消解，实质上并不是对人的自由的否定，而恰恰是试图消解传统形而上学主客二分式的主体性、普遍性和确定性对人现实的、活生生的自由的压抑。

我们也应看到，中国的"游"也有着丰富的自由意蕴。

在孔子那里，"游于艺"首先便意味着一种掌握中的自由感，包含了对于自然合规律性的了解和运用，这似乎与西方的"自由是对必然的认识"存在某些相似之处。但是，孔子的"游"并没有仅仅停留于这一层面上，随着"仁"的注入，"游于艺"被提升为一种审美的人生境界：在人生境界中"从心所欲不逾矩"。

孔子说："吾十有五而志于学，三十而立，四十而不惑，五十而知天命，六十而耳顺，七十而从心所欲不逾矩。"（《论语·为政》）这既是对孔子人生道路的描述，是其对真善美的追求和对天命的体察过程，更是孔子自由的人生境界之开敞。"从心所欲"不是随心所欲，为所欲为，而是与"克己复礼"的统一。在这里，知、情、意达到了完美的和谐状态，或曰一种自由境界。

不过，我们也应看到，在孔子那里，缺乏将人与自然，把主体与客体对立起来的观点，亦尚未达到自我意识，形成人的自由自决和自我觉醒的主体性原则。因而，无论是在"艺"中，还是在人生境界中，"游于艺"之"游"并没有达到真正意义上的"自由"，这种自由境界是道德性的，依然是有限的、不纯粹的。虽然康德也将最高的自由看成是道德

---

① [德] 席勒：《美育书简》，徐恒醇译，中国文联出版公司1984年版，第90页。

的，然而现代哲学家尼采、海德格尔、伽达默尔等人都积极反对自由境界的道德意义。

与孔子的"游"相比，庄子的"游"更接近西方的游戏说。"逍遥游"是心之游，所游的主体是心灵。在庄子眼里，现实之中的人之所以是不自由的，最根本的原因在于"心"往往处于被压抑、被奴役的状态——"拘于虚""笃于时""束于教"（《庄子·秋水》）。只有冲破世俗、时空和礼教的束缚，无己，无功，无名，才能获得真正的心灵之解放、精神之自由。这样，逍遥无待便只能是精神上一种虚幻之境，让精神得以安闲自适、自由自在地逍遥而游。这种自由不但折射出现实之中人身之不自由的，更是对尘世的种种羁绊和束缚的一种反对。

庄子的"逍遥游"所追求的最终境界便是达到"天地与我并生，万物与我为一"的绝对自由。这是一种与"道"为一、以"道"观物、同于"大通"的天人合一的境界，即一种齐生死、等贵贱、同人我、超出一切区别的"逍遥"之境。这种"逍遥"是一种既不脱离尘世、不脱离现实世界而又超出尘世、超出现实世界的自由境界，也是一种不言道德而自然合乎道德的超道德的自由境界。

四　生成变易

孔子所言说的"游"绝不是静态的，而是动态的、生生不息的。在孔子眼里，不仅宇宙万物都处于流转变化的过程之中，都有其发生、发展、消灭的过程，有如昼夜奔腾不息的河流，而且"游"的人生境界也是一个不断超越的过程。

庄子的"逍遥游"亦非现成识度之"游"，而是在人与世界相互缘起的构成境域之中任势而游，依天乘时而游。在庄子看来，只有在人与世界相互缘起的构成境域之中任势而游，依天乘时而游才是真正的"逍遥之游"。如果执着于现成的智、行、德、内与外、荣与辱，依然"有所待"，则如小鸟、宋荣子、列子御风一样，根本不可能达到那种"天地与我并生，万物与我为一"的玄奥境界。

可以说，中国的"游"文化是一种"生"的文化，生成变易是"游"的一个非常突出的特征。无论是游于山水（如"游余心以广观兮，且仿佯乎四裔"），还是游于艺术（如"登九灵兮游神，静女歌兮微震""独驰思于云天之际"），抑或游于人生（如"诗人对宇宙人生，须入乎其内，又须出乎其外。入乎其内，故能写之；出乎其外，故能观之。入乎其内，故有生气；出乎其外，故有高致"）都不乏这种生成变易、生生不息的识度。

我们知道，在赫拉克利特那里，"一切皆流，无物常住"。一切事物都像火那样变动不居，处于永恒的变化状态。任何变化还必须受一定的原则或曰尺度（即逻各斯）的支配。而变化的根源则在于对立面之间的斗争和统一。

但是，从柏拉图、亚里士多德开始，这种活生生的生成辩证法逐渐蜕变为"逻各斯中心主义"。传统形而上学总是将"存在"规定为"在场"，寻求确定的基础和第一因，其所遵从的是"同一性"原则，把一切变化都看成是同一的。与之相关联，中世纪和近代的"游戏说"骨子里亦是以追求确定的基础和第一因（上帝或理性）为旨归的。

现代的"游戏说"，特别是后现代的"游戏说"，则从"本质先定，一切既成"的现成性思维转向"一切将成"的生成性思维，强调游戏的"生成性""创造性""多样性"。尼采说："生成，没有目的；生成，渗入'存在'。生成，没有存在状态；存在的世界或许就是假象。生成任何时候都是等值的……生成根本无价值。"[①] 在伽达默尔那里，游戏是生成的，而且是不断生成的，一切游戏都是被游戏的过程。后期维特根斯坦认为，语言的意义既不是固定的，也不是源于外物，它是在"语言游戏"中生成的；语言游戏的规则是在实践中生成和变化的，而非固定的、一劳永逸地给定了的东西。德里达则进一步揭露出"逻各斯中心主义"的"游戏"的虚幻性和虚假性。为了强调游戏的活动性和生成性，德里达还特地引入了一个新的概念即"延异"（différance），用以指涉在差异化游戏中的生成运动。利奥塔的"游戏说"则致力于对"元话语"和"宏大叙事"的消解，宣扬特殊性、多元性、异质性、不可通约性、不可预见性。

---

① [德] 弗里德里希·尼采：《权力意志——重估一切价值的尝试》，张念东、凌素心译，商务印书馆1991年版，第434页。

五 结语

可见，中国的"游"和西方的"游戏说"并非如某些"民族（文化）中心论"者所说的那样不可比较，这不仅是出于中西文化的生死存亡所迫而势必为之者，更是由"游"和"游戏说"本身的这些相通性所决定的。

人生就是游戏，而且是最大的游戏：存在与虚无的游戏。游戏没有基础，没有目的，没有手段，游戏始终以自身的根据为根据。存在即去存在，游戏即去游戏。游戏的真正主体不是游戏者，而是游戏本身。整个游戏即被游戏，整个被游戏即游戏。时代呼唤着游戏精神的真正回归！

参考文献

彭富春：《说游戏说》，《哲学研究》2003年第2期。

汪子嵩等：《古希腊哲学史》，人民出版社1988年版。

［德］康德：《判断力批判》，邓晓芒译，人民出版社2002年版。

［德］席勒：《美育书简》，徐恒醇译，中国文联出版公司1984年版。

［英］维特根斯坦：《哲学研究》，陈嘉映译，上海世纪出版集团2001年版。

［德］汉斯-格奥尔格·加达默尔：《真理与方法》上卷，洪汉鼎译，上海译文出版社1992年版。

张世英：《天人之际——中西哲学的困惑和选择》，人民出版社1997年版。

李文阁：《生成性思维：现代哲学的思维方式》，《中国社会科学》2000年第6期。

（原载于《天津社会科学》2009年第4期）

中西"游"和"游戏说"的对话

游戏乃是人类的一个普遍现象和人生的存在方式之一，文明是在游戏中并作为游戏兴起而展开的。西方的许多思想家都非常重视对游戏的思考和研究，从古希腊赫拉克利特的"世界是火的自我游戏"，到中世纪上帝的创世游戏，到近代康德、席勒的审美游戏，再到现代、后现代存在的游戏和语言的游戏（典型人物如尼采、维特根斯坦、海德格尔、伽达默尔、德里达、福柯等）。可以说，"游戏说"是整个西方文化的重要内核之一。

而在中国传统思想中，虽然并没有形成一种关于游戏的学说，但这并不说明中国就没有关于游戏的探讨。事实上，中国也有着丰富的"游"的思想，如孔子讲"游于艺""成于乐"，庄子讲"逍遥游"，以及深受他们影响的整个中国"游"文化，包括游于山水（自然）、游于艺术、游于人生，这种"游"的精神同样对整个中国传统文化产生了广泛而深远的影响。

通过前文分析，我们可以发现中西"游"和"游戏说"之间存在诸多相通之处。当然，我们在看到中西"游"和"游戏说"的相通之处的同时，我们更应清醒地看到两者毕竟深植于两个相距遥远的文化，因而，两者之间的巨大差异便是不言而喻的事实。但是，这并不说明两者之间便没有任何对话的可能。现在，我们便试图突破这种文化之间的壁垒，以探究中西"游"和"游戏说"深层次对话的可能性。

一 思维方式

中西"游"和"游戏说"存在巨大的差异，这种差异主要表现为中西人生态度和思维方式上的不同。就中国思想而言，"人生在世""人生天地间",天地自然有其自然的优先性,是人存在的根据,也是人思想的根据,正所谓"观乎人文,以化成天下"。中国的智慧是一种"天人合一"的智慧。因而,"游"也是一种"天人合一"式的人生态度和思维方式。而就西方思想而言,思想从自身开始的,思想是自身建立的根基。可以说,"游戏说"是一种"主客二分"式的人生态度和思维方式。这是中西文化差异的根本点,也是我们思考中西"游"和"游戏说"边界的出发点和回归点。

对于中国的"游"来说,或许我们可以称之为人与世界相互缘起的"构成性"之游戏,或曰:主客不分、物我交融的天人合一式的"游戏"。

孔子所言说的"游于艺",更多的是从道德的维度而言的,是以"践仁""弘道"为旨归的,缺乏西方的主客二分的思想,缺乏西方的主体性原则,与其说是一个对象,还不如说是一种"发生",是一种人与世界相互缘起的构成性关系。显然,孔子的"游"所达到的"天人合一"具有很深的道德意义。

与孔子重人伦的"游"不同,庄子的"逍遥游"则是一种合于自然之道的审美的人生境界,其所追求的是"天地与我并生,万物与我为一"。通过"无所待""游无穷",达到心境与大道融为一体,人之心性认同于天之"自然而然"之性,从而与大自然融为一体,真正成为万物中的一物。

至于其后的"游于山水""游于艺术"以及"游于人生"的思想,亦无不深受孔子与庄子思想的影响。

为了与中国的"游"区分,我们暂且将西方的"游戏说"称为深植于主客二分、主体性原则的"现成性"游戏。不可否认,西方的"游戏说"也存在"天人合一"的思想,而且其与汉语天地之中所言说的"天人合一"确有相通之处,但是二者之间的差异亦是不言而喻的。

在古希腊早期,人与世界、自然、万物的关系并未真正分离开来,而是物我交融的。但是,这种自然并非儒家之人伦的自然、道家之自然的自然性以及禅宗之心灵的自然,亦不同于我们现在所说的自然界,而是特指事物运动变化的本原。其所言说的"世界"或"宇宙",一是指天地之间一切事物的总和,二是指这些事物的秩序。所谓的"世界游戏",实质上便是探索事物运动变化的本原和秩序的游戏。

从柏拉图开始,便有了所谓的"主客二分"的思想。在他以理念来统一世界的同时，也造就了理念世界与现实世界的对立。笛卡尔的"我思故我在"则使主客体确立起来并有了明确的区分。笛卡尔为近代哲学奠定了基本格调，而整个近代哲学都在其基调上运思。到了康德，这种主客体相分立的原则仍未得到真正的克服，所谓"哥白尼革命"只不过是从客观到主观的思想路线转变为从主观到客观的，不是自然界为人立法，而是人（理性）为自然界立法。他的"艺术游戏说"，准确地说是他的美学（判断力批判），亦不过是为了沟通现象界和物自体之间的鸿沟。这便容易局限于精神感知而与现实生活相脱离乃至割裂了艺术理想，具有浓郁的"乌托邦"色彩。同样，席勒的"游戏说"也难逃康德的这一窠臼。

与康德、席勒的"艺术游戏说"不同的是，现代的"游戏说"，则是以反主客二分，反主体性首要特征的。他们认为人或主体不是独立于世界、独立存在的实体，而是与具体的生活世界相互融合的。在现代游戏说看来，游戏具有"自主性"，"游戏"的核心不是"游戏者"，而是"游戏"本身。游戏没有游戏者和旁观者之分，游戏在于去游戏，游戏的意义在于每时每刻的生成之中。此外，现代游戏说还具有反本质主义的特征，强调游戏的"生成性""创造性""多样性"。至于后现代的"游戏说"则更为极端，其试图解构逻各斯中心主义；宣扬特殊性、多元性、异质性、不可通约性、不可预见性；不仅宣告主体的死亡，甚至所谓的人本身也死了，游戏成了"无底棋盘上的游戏"。当然，这与中国"前主客"的"天人合一"是有根本区别的，其是一种"经过了'主客二分'和包摄了'主客二分'的一种更高级的'天人合一'"①。

现在的问题是，既然二者的思维方式之差异是如此巨大，那么，是否还有对话的必要和可能？道路又在何方呢？

我们知道，中国的传统哲学虽有物我和谐交融的诗化之境，但因缺乏主客二分的思想和主体性原则而没有产生严格意义上的科学和宗教。中国近代的危机便是这一弊端最为突出的表现。而西方的主客二分思想和主体性原则，不仅带来了物质文明的巨大繁荣，而且亦不可避免地引起了一系列的问题，如人的异化问题、生态问题等。可见，根源于中西文化的"游"和"游戏说"都不可避免地存在先天不足。事实上，这正

---

① 张世英：《天人之际——中西哲学的困惑与选择》，人民出版社 2007 年版，第 6—7 页。

是二者对话的必要性之所在。至于二者能在何种程度上和何种层面上取得共识，还有待我们进一步地探索。不过，我个人认为，对于西方的"游戏说"而言，应当淡化主客二分和主体性原则，提倡人物融合的诗化之境；而对于中国的"游"而言，既要引入西方的主客二分和主体性原则，但又不能重蹈西方文化的覆辙，真正的道路或许便是于中西思想的边界处的冒险。

"天之道，其犹张弓与？高者抑之，下者举之；有余者损之，不足者补之。天之道，损有余而补不足。人之道则不然，损不足以奉有余。孰能有余以奉天下，唯有道者。"（《老子·第77章》）

二　审美心态

中西"游"与"游戏说"的差异还表现在二者不同的审美体验方式上。

在我们中国人的思想境域中，天与人、个体与社会、人与物、生与死并非没有真正对峙割裂开来，而是一种生生不息、物我交融的构成性关系。一方面，宇宙万物并不外在于人的世界，人自身亦非外在于宇宙万物的世界；另一方面，中国人将对彼岸世界的追求消融于此岸世界中，执着于生命、生活、人生、世界，追求美的和谐，追求和谐融洽的心灵世界，追求在活生生的现实世界中的人生超越。因而，此境域的消息只能通过体悟的方式才能获知。所谓"悟"，其实就是一种"既非刻意追求，又非不追求；既非有意识，又非无意识；既非泯灭思虑，又非念念不忘；即所谓'在不在中又常住'和无所谓'住不住'中以获得'忽然省悟'。"[①] 对于"游"来说，这种审美体验具体表现为"上下与天地同流""体尽无穷，而游无朕，尽其所受乎天，而无见得，亦虚而已"（《庄子·应帝王》）以及"目送归鸿，手挥五弦，俯仰自得，游心太玄"（嵇康：《赠秀才参军》）的"神与物游"，从而达到对宇宙、人生瞬间感悟的"至乐之境"，是对现实时间和宇宙空间的超越所呈现的心灵空间和精神时间的自由融合。如果说中国的"游"是一种"神与物游"

---

① 李泽厚：《美的历程》，安徽文艺出版社1994年版，第360—361页。

的审美体验方式的话，那么，西方的"游戏说"则是一种"思"的审美体验方式，即一种由理性主义所决定的偏重分析的逻辑思维。

在西方，天与人（或者说是人与自然），并非如我们中国那样处于一种和谐融洽的关系之中，而是蕴含着尖锐的对立。赫拉克利特的"世界游戏"，并非平静的，而是充满了"战争"的，并且对立的战争与和谐是变化的原因，是"火"作始基推动万物变化的原则。而"上帝的游戏"既创造了宇宙的和谐，又表现为人的原罪和人生注定要受难和赎罪之对立。到了近代，则明确将自然作为外在于人的物与人区分并对立起来。人是认识、利用、征服自然的主体，而自然成了被认识、利用、征服的对象。这样，审美体验的主客体始终处于分裂、对立之中：或偏向于客体，如模仿说、镜子说；或偏向于主体，如移情说、想象说、灵感说、直觉说、心理距离说等。这显然与中国的"神与物游"的审美体验方式不可同日而语。

现代和后现代的"游戏说"之建构是在对传统游戏理论的反动与超越中完成的。在传统游戏理论中，审美对象与审美主体被置于主客分立的关系中。由于长期处于二元分立的格局，传统游戏说充当了类似于知识论的角色。

海德格尔指出，人们把"思"变成了知识，企图用概念规定存在，不但是对思本身的遗忘，而且还遮蔽了存在本身。因此，思首先要打破这种"主客二分"的表象性思维，思即是"存在之思"：不是以对象性的方式，而是应和性的，是期待性的。海德格尔所谓的天地人神四元游戏，与其说是一认识论型的游戏，还不如说是一种天地人神相互交融、相互缘起的诗化游戏。他说："大地和天空、诸神和终有一死者，这四方从自身而来统一起来，出于统一的四重整体的纯一性而共属一体。四方中的每一方都以它自己的方式映射着其余三方的现身本质。同时，每一方又都以它自己的方式映射着自身，进入它在四方的纯一性之内的本己之中。"[1] 以此方式，镜子之游戏便不再表明为不同对象的关系，而是一种自身生成的"同戏"和"传戏"。

在海德格尔看来，我们所处的时代却是一个贫困时代，现代技术已将人从地球上连根拔起。人的根基持存性的丧失使得人的思想变得贫乏

---

[1] 孙周兴选编：《海德格尔选集》，上海三联书店1996年版，第1180页。

甚至无思想。无家可归成了现代人的规定。那么,何处是家园呢?海德格尔说,四元世界便是一语言世界,正是语言使人居住于天地人神的四元之中成为可能,语言便是要死者的家园。"诗意的道说首先将四元的面目带向显明。诗意的道说首先让要死者居住于大地之上,苍天之下和神性之前。"① 这样,海德格尔便为我们描绘了一幅和谐而美妙的诗化之景,而人则应诗意地栖居于此天地人神的四元游戏之中。由此可见,海德格尔的"诗化之思"倒与我们中国的"神与物游"有着许多相似之处,或许这可以为中西"游"和"游戏说"之审美心态的融合和对话提供某些指引。

三 语言与道言

现在,我们的讨论便不可避免地要遭遇到中西"游"和"游戏说"之语言差异的问题。首先,这是由语言在游戏中的独特地位所决定的。自从20世纪"语言转向"以来,语言便成为哲学的核心问题。与此相关,语言在"游戏说"之中的地位日益凸显出来。当然,更为重要的是,这是由对话本身的特点所决定的。毋庸置疑,思想只有通过对话才能得到发展,才不会陷于教条和僵化。而对话无非是语言的对话,对话离不开语言。正如巴赫金指出:"思想只有同他人别的思想发生重要的对话关系之后,才能开始自己的生活,亦即才能形成、发展、寻找和更新自己的语言表现形式,衍生新的思想。人的想法要想成为真正的思想,即成为思想观点,必须是在同他人另一个思想的积极交往之中。这他人的另一个思想,体现在他人的声音中,就是体现在通过语言表现出来的连接点上,思想才得以产生并开始生活。"②

我们知道,西方的传统语言观可以说是一种"语音中心主义"的语言观。这种语音中心主义是以说话的人为中心的。德里达指出:"说话的人,根据'语音/意义'的二元对立关系,将理性的原则在处理主客观关

---

① 彭富春编:《无之无化——论海德格尔思想道路的核心问题》,上海三联书店2000年版,第154页。

② [苏]巴赫金:《陀思妥耶夫斯基诗学问题》,白春仁、顾亚玲译,生活·读书·新知三联书店1988年版,第132页。

系的过程中现实化,从而保障了人的主体地位,同时也保障人在处理主客观关系中的理性原则。"① 而西方文化之所以能有效地依靠语音中心主义来推行逻各斯中心主义,就在于语音中心主义具有以"在场"指示、代替和论证"不在场"的优点,具有一种从"直接面对"转向"间接迂回论证"的中介化特征。

如果说西方的语言观的核心即"逻各斯"倾向于"有",是可以言说的,那么,我们中国的"道"言观则倾向于"无",是不可言说的。这两种不同的话语体系从根本上决定了"游"和"游戏说"的差异。

孔子的思想核心是"仁"。他所追求的"仁"是人道与天道的终极合一,人与天的终极合一,道德性与终极性的合一,极高明与道中庸的终极合一。但是,天道本身是难以言说清楚的。"子曰:'予欲无言。'子贡曰:'子如不言,则小子何述焉?'子曰:'天何言哉?四时行焉,百物生焉,天何言哉?'"(《论语·阳货》)只要"无言"理解为"道言"的话,那么它必须与对"言"的简单否定相区分。因为否定只具有陈述的特点,它作为存在者与其他存在者相关,而道言则关涉于人的存在,其来自人与世界相互缘起的构成性境域(仁)本身的消息。另外,孔子认为,由于天本身并不说话,我们便很难与之相沟通,故只能存而不论之和"慎言"。"夫子之文章,可得而闻也;夫子之言性与天道,不可得而闻也。"(《论语·公冶长》)"刚、毅、木、讷,近仁。"(《论语·子路》)"巧言令色,鲜矣仁!"(《论语·学而》)

而庄子则继承了老子的语言观。在老庄那里,作为天地万物的本原的"道"是超言绝象、不可思议、不可表达的,其"视之无形,听之无声,于人之论者,谓之冥冥,所以论道,而非道也!"(《庄子·知北游》)在庄子看来,语言在"道"的面前是蹩脚的,任何一种对道的刻意言说都只会远离道本身,如"昭氏鼓琴"一样"有成与亏"(《庄子·齐物论》)。"道不可言,言而非也。"(《庄子·知北游》)"使道而可献,则人莫不献之于其君;使道而可进,则人莫不进之于其亲;使道而可以告人,则人莫不告其兄弟;使道而可以与人,则人莫不与其子孙。"(《庄子·天运》)"道隐于小成,言隐于荣华"(《庄子·齐物论》)。可见,庄子所讲的道就是自然之道,而非语言之道。所言说的只有合于

---

① 高宣扬:《当代法国思想五十年(上)》,中国人民大学出版社 2005 年版,第 331 页。

道的语言才是有意义的,否则便是无意义的。当然,道也会遮蔽自己,才会有真假。语言也会遮蔽自己,才会有是非。因而,游于道中又区别于游于非道的语言中,游于是非之中。

前面我们区分了中西"游"和"游戏说"之不同的语言观。但这并不等于说,二者便没有任何对话的可能。自从"语言转向"以来,西方传统的语言观受到前所未有的挑战,其不再是那种表象—工具型的现成性的语言观,而成了一种生成性的语言观。我们知道,维特根斯坦的"语言游戏"与"生活形式"是紧密相连的,"语言游戏"归根结底为一种生活形式,或生活形式的一部分。在海德格尔眼中,正是语言使人居住于天地人神的四元之中成为可能,语言便是要死者的家园,而人则应诗意地栖居于此天地人神的四元游戏之中。伽达默尔也指出,语言表达了人与世界的一切关系,人与世界在语言事件中是互生互存、不可分离的。因此,我们只能通过语言来理解存在。他说:"能理解的存在就是语言。"[①] 这似乎与我们中国的"道言"观存在某种契合之处。至于在何种程度上此对话成为可能,仍有待于我们的进一步探讨和挖掘。不过,我们也要看到这两种语言观的根本差异:中国的语言具有自然性的色彩,而西方的语言观则带有世界性的烙印。这就决定了西方所谓的语言转向不是走向自然,而是走向世界。

四　结语

进行中西思想比较并非易事,因为真正的比较乃是文化之根处的比较,而非仅仅满足于一鳞半爪式的沾沾自喜。任何浮躁、虚张声势、任意敷衍式的所谓"中西比较"都是与真正的比较精神背道而驰的。当然,中国的"游"和西方的"游戏说"也并非如某些"民族(文化)中心论"者所说的那样不可比较,这不仅是出于中西文化的生死存亡所迫而势必为之者,更是由"游"和"游戏说"本身的特点所决定的。

我们现在正处于一个由前现代向现代、后现代转型的历史发展阶段。

[①] [德]汉斯-格奥尔格·加达默尔:《真理与方法》,洪汉鼎译,上海译文出版社1992年版,第339页。

这实质上便在于新的游戏和游戏规则的形成和发展。我们既要继承和发展中国古老的智慧"游",同时借鉴西方的"游戏说",又必须重新反思、批判、超越它们,建构出符合时代需要和顺应社会发展新的游戏理论,从而实现游戏说的真正创新。

参考文献

张世英:《天人之际——中西哲学的困惑与选择》,人民出版社2007年版。

李泽厚:《美的历程》,安徽文艺出版社1994年版。

孙周兴选编:《海德格尔选集》,上海三联书店1996年版。

彭富春编:《无之无化——论海德格尔思想道路的核心问题》,上海三联书店2000年版。

[苏]巴赫金:《陀思妥耶夫斯基诗学问题》,白春仁、顾亚玲译,生活·读书·新知三联书店1988年版。

高宣扬:《当代法国思想五十年(上)》,中国人民大学出版社2005年版。

[德]汉斯-格奥尔格·加达默尔:《真理与方法》,洪汉鼎译,上海译文出版社1992年版。

(原载于《晋阳学刊》2009年第4期,并被《新华文摘》2009年第19期论点摘要)

中西"游"和"游戏说"之比较

"游"和"游戏"是中西思想中的一独特范畴。孔子讲"游于艺""成于乐",庄子讲"逍遥游"。二者虽存在很大的差异,然对中国传统的"游"的思想产生了深远的影响。另外,中国思想中的"游"又异于西方的"游戏说"。如果说"游"是一种"天人合一"式的人生态度和思维方式的话,那么,西方的"游戏说"则主要是一种"主客二分"式的人生态度和思维方式。

一 中国的"游"

我们知道,中国传统思想中,并没有形成一种关于游戏的学说,但并不说明中国就没有关于游戏的一些讨论。事实上,中国也有着丰富的"游"的思想。而其中最有代表性的就是孔子和庄子关于"游"讨论。

儒家思想和道家思想的主题虽然都是自然,然在孔子那里的自然是人伦的自然,而在庄子那里的自然则是自然的自然性。孔子所言说的"游"是与其仁学相关联的,思考的是"游于艺"。"游于艺"首先强调的是对技能熟练掌握的自由感。由于仁学给礼乐制度注入了仁的精神,礼乐制度又不仅仅是礼乐制度,是外在的形式,而成为内容本身,成为礼的精神、乐的精神本身。因而"游于艺"又是与"成于乐"相关联的,强调"游"对心灵的塑造和人格完成的作用。随着"仁"的人生境界的不断提升,"游"不仅仅是在"艺"中"从心所欲不逾矩",而更是在人生境界中"从心所欲不逾矩"。因而"游"又可以说是一种审美的人生境界。而在庄子那里,思想的主题是自然的自然性,区别于孔子人伦的自然。庄子思考的是"逍遥游",是游与无的关系。而游与无的关系从根本上规定了游与万物、人本身、他人、德性与精神、政治等的关系。"游"

是游于无中，游于道中。而"逍遥游"之乐亦不同于"孔颜之乐"（属伦理又超伦理的乐），而是反伦理又超伦理的乐，是与自然同一，游于道中的"天乐"。可见，孔子所言说的"游"有道德意义，而庄子的"逍遥游"则是一种不言道德而自然合乎道德的超道德的自由境界。

从"游"的方式来看，孔子的"游"首先是"游于艺"而不是游于无。在孔子那里，没有无的问题，天地是明明白白的，具有不可动摇、不可否定的人的本质。孔子首先强调的是"游于艺"中，然后才强调其在仁的实现中的作用，以此区别于庄子的游于无中的绝对的精神自由。在游的境界上，孔子讲的天人合一，其所强调的天是规定人的，人听从天的规定。而庄子所言说的是"天地与我并生，万物与我为一"的境界，则抹平了天与人的规定。一方面，天地包含了万物；另一方面，万物包含了天地，而人则是与天地、万物齐一的。其次，二者对于技的态度是不同的。"游于艺"首先强调的是对技能熟练掌握的自由感，然后才强调"游"对心灵的塑造和人格完成的作用。而庄子的"游"恰恰是与技的态度相区分的，是道的态度。庖丁解牛之所以能"游刃有余"，并非对于技能熟练掌握的自由感，而是在于合于自然之道。此外，从达到"游"的超越途径来看，孔子主要是通过"践仁""弘道"，不断提升自己的道德修养来实现仁的超越的，而不像庄子那样，主要通过否定的方式（"无所待""游无穷"）来实现"逍遥之游"。

二 西方的"游戏说"

在西方，第一个真正把"游戏"引入哲学思考的人是康德。康德的"游戏说"是建立在他对审美本质认识的基础之上的。他试图调和经验派和理性派，将审美的本质归结为情感判断，认为艺术的这种"自由的游戏"的本质特征就是无目的的合目的性，或自由的合目的性。整个审美活动从始至终都是自由游戏的性质。在审美状态中，人完全抛开了利害考虑，摆脱了伦理道德的羁绊，也没有认识某种事物的迫切需要，整个身心都处于自由状态，并以游戏的态度对待人生，真正处于时间的现代维度中。可以说，审美状态就是人的自由游戏的态度。人的想象力具有创造性，可以不受限制地构造某种表象，它对主体的意义也因人而异。

审美表象是自由的,人与审美对象的关系是游戏性的。在审美对象被构造出来后,想象力还要将其带到知性面前去。"在这里,知性为想象力服务,而不是想象力为知性服务。"在审美中,知性是无概念无目的的自我运动。在审美表象的推动和激发下,知性和想象力各自保持自由的活动,又互相应和、互相融洽、若即若离。康德把这称为"诸认识能力的谐和","心意诸能力在游戏中的协调一致"。而且,康德也受启蒙哲学的影响,特别强调人及其价值,强调理性与自由。席勒继承和发展了这一思想,并使其有了更多的人类学的色彩。他认为,人有两种自然要求或冲动,一是"感性冲动",二是"形式冲动"。在"感性冲动"与"形式冲动"之间应存在某种联系,即"游戏冲动"。席勒和康德一样都强调主体自由。他认为只有实在和形式的统一,才完成了人性的概念。"在人的各种状态下,正是游戏,只有游戏,才能使人达到完美并同时发展人的双重天性。"① 他还进一步提出:"游戏冲动的对象用一个普遍的概念来说明,可以叫作活的艺术形象。这个概念指现象的一切审美性质,总之是指最广义的美。"② 这样,艺术就为游戏所概括了,并有了人类学的基础。这时,"游戏"已经从日常语言变成了具有哲学内容的概念。康德和席勒的这种对主体自由的强调统治了西方美学界,他们的理论体现了对主体性精神的张扬。这个主体性精神揭示了在审美经验中重要的起决定作用的不是对象,而是主体。

随着尼采宣称"上帝已死""重估一切价值",在现代和后现代的思想那里,"游戏说"也被重新探讨,被赋予了新的含义。很多哲学家诸如斯宾塞、尼采、海德格尔、维特根斯坦、伽达默尔、德里达、利奥塔、福科、拉康、布尔迪尔、巴赫金等人都从不同的角度对"游戏说"的意义进行了新的透视,"游戏说"得以大大丰富了。

与传统的"艺术游戏说"相比,现代的游戏说具有如下特征:其一,现代游戏说由理念世界、理论世界回到了活生生的生活世界。"艺术游戏说"与传统形而上学是相关联的,实质上仍是一种理念世界和理论世界的游戏说。这种游戏说仅仅局限于精神感知而与现实生活相脱离乃至割裂了艺术理想,具有浓郁的"乌托邦"色彩。而对于现代哲学而言,世

---

① [德] 席勒:《美育书简》,徐恒醇译,中国文联出版公司 1984 年版,第 89 页。
② [德] 席勒:《美育书简》,徐恒醇译,中国文联出版公司 1984 年版,第 86 页。

界不再是与人无关的自存实体,而是对人有价值和意义的生活世界。与之相关,现代游戏说也由抽象的科学世界向具体的、活生生的生活世界回归。现代游戏说更加关注人的现实状况和人对生活的现实感受,凸显游戏的"当下性"和"存在性"。后期维特根斯坦放弃了试图寻求一种与日常语言相反的理想语言的努力,提出了"语言游戏说"。在他看来,世界并不是按照一种特定的方式组织起来的,然后再用语言把它的结构正确或错误地描述出来。相反,组成世界的可能性首先是通过语言的表达才产生的,有多少种描述世界的方法,就有多少种把世界分为个别事态的方式。在这里,不是语言符合事物,而是语言构造事物;不是外部事物赋予语言以意义,而是事物的存在和意义要由语言来认定。语言的意义在于用法,语言经由语言游戏或日常的语用获得其意义。语言游戏是一种生活世界,或生活世界一部分。"想象一种语言就意味着想象一种生活形式","语言游戏这个词应该显示语言的具体使用是一种生活活动或生活形式的一部分"。[1] 语言不再是一个与经验世界相对应的逻辑系统,语言与经验属于同一个日常生活的世界。对于伽达默尔而言,世界就是指人居住其中、与之熟悉和交融的生活世界。世界必须进入语言,才能表现为我们的世界。"能理解的存在就是语言。"[2] 为了把握对话中语言的本质,伽达默尔引入"游戏"这一概念,并称它是理解和解释的"本体论说明的线索"。其二,在现代游戏说看来,游戏具有"自主性","游戏"的核心不是"游戏者",而是"游戏"本身。游戏没有游戏者和旁观者之分,游戏在于去游戏,游戏的意义在于每时每刻的生成之中。在康德和席勒那里,游戏的核心是人的主体性自由,而不是"游戏",具有强烈的主观主义倾向。后期维特根斯坦认为,语言游戏是语言"内部"的活动,与"外部"的对象无关,它是"自主的"。命题或语句的意义既不是来源于外部对象,也不是来源于真值函项关系,而是来源于它们的使用条件。伽达默尔坚决反对康德、席勒从主观性的角度去理解游戏的做法,在他看来,我们参与其中的游戏具有先在性,决定游戏的不是游戏者的意识,而是游戏本身,游戏只有当游戏者在游戏中失去自我时才实现它的目的。"伽达默尔试图向我们表明,游戏具有一种独特的存在方

---

[1] [英]维特根斯坦:《哲学研究》,陈嘉映译,上海世纪出版集团2001年版,第12页。
[2] [德]汉斯-格奥尔格·加达默尔:《真理与方法》上卷,洪汉鼎译,上海译文出版社1992年版,第422页。

式,它独立于参加游戏的人的意识,虽然游戏要通过游戏者得到表现,正如存在要通过存在者得到表现的一样,但游戏的真正主体不是参与它活动的个人,而是游戏本身,整个游戏即被游戏,整个被游戏即游戏。它既不涉及游戏的主体,也不涉及游戏的对象。"① 而后现代则进一步摒弃"艺术游戏说"的主体性特征。无论是德里达,还是利奥塔等人,都致力于对主体性的消解。后现代主义者继尼采的"上帝已死"的口号后,提出"主体死亡""人已死亡"的口号。其三,现代游戏说具有反本质主义的特征,强调游戏的"生成性""创造性""多样性"。维特根斯坦反对传统哲学的本质主义,认为哲学中产生混乱的重要根源就在于人们根深蒂固的本质主义倾向。在他看来,语言游戏是多种多样的,同一个语词可以出现在不同的语言游戏中,因而在不同的语境中可以具有不同的含义。不同的语言游戏并没有共同的本质,它们之间只是"家族相似"。所谓"家族相似"不是共同的相似,而是这一方面或那一方面的不完全相似。语言游戏具有一定的规则,它是按照一定的规则而进行的使用活动。不同的规则带来了不同的游戏,也决定了不同语言的用法。然我们是先进入游戏后才知道它的规则,还是先学习规则然后才进入游戏呢?维特根斯坦认为这是一个类似"先有鸡还是先有蛋"式的悖论。"当我遵守一条规则的时候,我别无选择,我盲目地遵守规则。"② 遵守规则是一种实践行为,这些规则乃是约定俗成,因为归根到底,语言游戏就是一种生活方式。另外,语言游戏的规则并不是固定的、一劳永逸地给定了的东西,是在实践中生成和变化的。利奥塔继承和发展了维特根斯坦的语言游戏说,否定游戏规则的普遍有效性,而强调其特殊性和差异性,在各个游戏之间,其使用的语句之间及其意义之间都不可通约。他认为,语言游戏虽有规则,但这些规则不是固定的,而是参加者通过约定而形成的。参加者之间人人平等,都可以仅按照自己的选择和自由想象去参与游戏和发表己见,无须遵守确定的规则和方法。由于参与游戏者在各自的自由想象中往往存在差异和分歧,彼此需要宽容、尊重,因而不允许存在任何元叙事式的形而上学偏见。这使人能够成为具有独特个性,或者说有异端思想的人,他们也容易由一种游戏过渡到另一种完全不同

---

① 何卫平:《通向解释学辩证法之途》,上海三联书店 2001 年版,第 286 页。
② [英]维特根斯坦:《哲学研究》,陈嘉映译,上海世纪出版集团 2001 年版,第 219 页。

的游戏。而德里达不仅接受了维特根斯坦的语言游戏说，而且使之更具有主观随意性。因为他实际上已否定了游戏需要遵循一定的规则，认为这些规则并不制约游戏。"游戏的规则已被游戏本身所替代。"其四，现代游戏说具有实践性、活动性。"艺术游戏说"没有摆脱德国古典形而上学的影响，其所谓的游戏是指向内心的，强调的是精神，而不是行动，缺乏一种积极介入现实生活的实践性和对生命活动的"审美塑造"。现代游戏说认为游戏是一种具有实践性的现实活动而不单纯是一种精神追求，它是生命存在的当下参与，而不再只是一种"活的形象显现"。在《哲学研究》中，维特根斯坦提出了"不要想而要看"。他认为，语言游戏是一种生活形式，或生活形式的一部分，而所谓的生活形式就是指在特定的历史背景下通行的，以特定的、历史地继承下来的风俗、习惯、制度、传统等为基础的人们的思维方式和行为方式的总体或局部，语言归根结底是一种社会现象、一种人类生活现象，因而语言游戏具有实践性的特征。

三　中西"游"和"游戏说"之比较

我们知道，从日常语义来看，汉语中的"游"与西方的"游戏"实际上存在巨大的差异。在汉语中，"游"的本义是指"（鱼）在水中游"或"游泳"；如果写作"遊"，则指在陆地上的周游；其又引申为朋友间的交往、思维活动或联想丰富等；作为形容词则表示一种无定向的、无规则的、无根底的状态。若与"戏"相连，便有了"嬉笑娱乐"之义。在西方的日常语义中，游戏（spiel，play）的含义首先是与谋生相区别的。谋生活动是指生产性劳动或经营性劳动，它有着直接的功利目的。若"生活"也是在谋生的意义上说的，那么游戏便是对它的超越。游戏意味着悠闲；意味着嬉戏和休养生息；也意味着基本生存条件的满足和奢侈的浪费。[①] 当然，在英语中还有一个词与 Play 相对，那就是 Game。Play 是自由的、无规则的；Game 是有规则的。而西方的游戏说采用的是 Play，主要指自由的、无规则的游戏。可见，"游"和"游戏"，表面上

---

① 聂振斌等：《艺术化生存》，四川人民出版社 1997 年版，第 67—70 页。

相似，实际上存在巨大的差异。汉语中的"游"有明显的自然性的烙印，而西方的"游戏说"则是与自然相区分的，是精神性的。然而，这并不影响我们这里的比较。游戏是人类的共同现象。根据荷兰学者约翰·赫伊津哈的观点，文明是在游戏中并作为游戏兴起而展开的。"文化乃是以游戏的形式展现出来，从一开始它就处在游戏当中。"[①] 因而，区分"游"和"游戏说"，实际上从根本上关涉于中西两种文化的对话和融通。

"游"和"游戏说"存在巨大的差异，这种差异主要表现为中西人生态度和思维方式上的不同。就中国思想而言，"人生在世""人生天地间"，天地自然有其自然的优先性，是人存在的根据，也是人思想的根据，正所谓"观乎人文，以化成天下"。中国的智慧是一种"天人合一"的智慧。因而，"游"也是一种"天人合一"式的人生态度和思维方式。而就西方思想而言，思想从自身开始的，思想是自身建立的根基。可以说，"游戏说"是一种"主客二分"式的人生态度和思维方式。这是中西文化差异的根本点，也是我们思考中西"游"和"游戏说"的边界的出发点和回归点。在孔子那里，作为思想的主题是人伦的自然，强调的是"游于艺"。孔子将天与人、天道与人道、道德性与终极性、道中庸与极高明有机地结合起来。"游于艺"不仅仅是对于自然合规律性的了解和运用，在"艺"中"从心所欲不逾矩"，更是一种审美的人生境界，是在人生境界中"从心所欲不逾矩"之"游"。孔子所言说的"游"与西方的"主客二分"式的"游戏说"是不同的。在孔子那里，尚缺乏将人与自然、把主体与客体对立起来的观点，亦尚未达到自我意识、形成人的自由自决和自我觉醒的主体性原则。因而，无论是在"艺"中，还是在人生境界中，"游于艺"之"游"并没有达到真正意义上的"自由"，这种自由境界是道德性的，依然是有限的、不纯粹。虽然康德也将最高的自由看成是道德的，然而现代哲学家尼采、海德格尔、伽达默尔等人都反对自由境界的道德意义。而与孔子的"游"相比，庄子的"游"更接近西方的游戏说。庄子认为只有"无所待""游无穷"才是真正的"逍遥游"。一方面，它合于自然，区别于随心所欲；另一方面，它又否定自我（无己，无名，无功），最终达到一种"天地与我并生，万物与我为一"

[①] ［荷兰］约翰·赫伊津哈：《游戏的人》，多人译，中国美术学院出版社1996年版，第49页。

的境界。这是一种与"道"为一、以"道"观物、同于"大通"的天人合一的境界，即一种齐生死、等贵贱、同人我、超出一切区别的"逍遥"之境。他认为只有合于自然之道，游于道中，才可以达到真正的自由。这种"逍遥"是一种既不脱离尘世、不脱离现实世界而又超出尘世、超出现实世界的自由境界，也是一种不言道德而自然合乎道德的超道德的自由境界。我们知道，西方长期以来形成了一种"主客二分"的传统，"游戏说"也不可能不受到其影响。在康德那里，"游戏"是"活动的自由和生命力的畅通"，是人的诸认识能力的一种自由协调活动。但是，康德认为这种自由协调活动并非自然达到的，他始终强调是客体的无目的性的合目的性形式符合于人的诸认识能力才使"游戏"得以形成。这种自由游戏中的自由并非无规则的自由，而是主体性高扬的自由。无论是在孔子那里，还是在庄子那里，这种外在于人的事物对人的服从是不存在的。与"天"和"道"相比，人是渺小的。不是万物服从于人，而是人和万物都服从于"天"或"道"。而在现代和后现代哲学那里，其首要特征是反主客二分、反主体性。其认为人或主体不是独立于世界、独立存在的实体，而是与具体的生活世界相互融合的。当然，这与中国"前主客"的"天人合一"是有根本区别的，其是一种经过了"主客二分"和包摄了"主客二分"的一种更高级的"天人合一"。现代游戏说强调"游戏"的"自主性""当下性""存在性""生存性""创造性""多样性""实践性"和"活动性"。

当然，"游"和"游戏说"之间虽然具有巨大的差异，并非说二者的思想绝对没有一致性。这种共通性主要体现为深沉的生存关切和对人自由状态的追求。康德和席勒的"艺术游戏说"体现了对主体性精神的张扬和对主体性自由的追求。现代游戏说对主体性的消解，实质上并不是对人道主义的关怀的否定，而是试图消解传统形而上学主客二分式的主体性、普遍性和确定性对人现实的、活生生的自由的压抑。孔子少言天道，重人道。"仁也者，人也。"于心是将心比心的"换位体察"，于行动是"己欲立而立人，己欲达而达人"。由"亲亲"而仁民，由"爱有等差"而"泛爱众"。要求社会既要有"序"，又要有"和"。而庄子始终是在存在的维度来思考"游"与无的。他极力消解人的主体能动性，其根本意图是不愿见到力量渺小的人在"道"面前受到挫折和毁灭。

总之，天人合一与主客二分既是人与世界的两种关系，也是两种人生态度，它们的不同从根本上决定了中西"游"和"游戏说"的差异。我们现在正处于一个由前现代向现代、后现代转型的历史发展阶段。这实质上便在于新的游戏和游戏规则的形成和发展。我们既要继承和发展中国古老的智慧"游"，又要借鉴西方的"游戏说"，走出一条中国自己的道路。

参考文献

李泽厚：《论语今读》，安徽文艺出版社 1998 年版。

陈鼓应注译：《庄子今注今译》，中华书局 1999 年版。

李泽厚：《美学三书》，安徽文艺出版社 1999 年版。

何卫平：《通向解释学的辩证法之途》，上海三联书店 2001 年版。

蒋孔阳、朱立元等主编：《西方美学通史》，上海文艺出版社 1999 年版。

张世英：《天人之际——中西哲学的困惑和选择》，人民出版社 2007 年版。

彭富春：《什么是物的意义——庄子、海德格尔与我们的对话》，《哲学研究》2002 年第 3 期。

李旭：《孔子的"游于艺"的超越思想》，《学术研究》2000 年第 9 期。

张志伟：《从维特根斯坦的"语言游戏说"看哲学的困境》，《中国人民大学学报》2001 年第 1 期。

李显杰：《游戏与艺术——席勒"游戏冲动"说的合理内核、历史局限与文化意义》，《武汉科技学院学报》2002 年第 2 期。

李文阁：《生成性思维：现代哲学的思维方式》，《中国社会科学》2000 年第 6 期。

（原载于《湖北大学学报》2004 年第 5 期）

二
激情与政治

二 描述与诠释

西方"激情说"的演变历程

激情（passion；feeling），"［古希腊语 pathos，意为情感、激情，源出于动词 paschein，即承受、受影响、遭受］指什么发生了，要承受某种东西或被某种东西影响。作为对外部刺激的一种反应，pathos 是被动的而不是主动的方式。情感或激情一般被认作是情绪的同义词，即诸如痛苦、愤怒、情爱等直接影响某人行止的强烈冲动。"[1] 情感（emotion），"［源自拉丁语前缀 e（外面、在外）和 movere（运动，意为激烈运动）］亚里士多德宣称情感——他把它称为激情。［在希腊语中为 pathos，即被作用］——是一个过程或运动。情感是一个有着不同程度强度的复杂的精神状态，与心境不同，它涉及某种真实的或想象的对象，也引起了行动或反应。在这方面，它们与意志相联，但区别于一般的感情，因为不是所有种类的感情都是有因可寻的行动。情感往往伴随着或表达为身体的征候或外在的行为。"[2] 一般而言，激情内含于情感，情感的外延要大于激情，激情更多的是指强烈激动的情感。当然，本文所指的激情与其说是 passion，不如说更多的是 emotion。

思想主题的差异决定了"激情说"的演进历程，我们可以根据西方各个时代"激情说"的不同思想主题将其分为四个阶段：古希腊的"激情说"（其思想主题是世界/自然）、中世纪的"激情说"（其思想主题是上帝）、现代的"激情说"（其思想主题是人性）、后现代的"激情说"（其思想主题是存在/语言）。

---

[1] 尼古拉斯·布宁、余纪元编著：《西方哲学英汉对照辞典》，人民出版社 2001 年版，第 369 页。

[2] 尼古拉斯·布宁、余纪元编著：《西方哲学英汉对照辞典》，人民出版社 2001 年版，第 295 页。

一 古希腊的"激情说"

苏格拉底提出"认识你自己"和"德性即知识",第一次从哲学的维度揭示了政治与激情的关系。苏格拉底认为,哲学的对象应是心灵,是人自身,而不是自然。所以,人要认识自身中的善,即德性(包括节制、正义、虔敬、勇敢等品质)。但是,德性的这些品质都不是在激情的支配下产生的,只有在理性的指导下实行,它们才是真正善的,否则便是恶的。苏格拉底"在把德性看作知识时取消了灵魂的非理性部分,因而也取消了激情和性格"[1]。苏格拉底的这些思想为柏拉图与亚里士多德关于激情的理论探讨做了准备。

柏拉图在《理想国》中提出了"灵魂的三部分"说,即认为灵魂包括理性、激情、欲望三个部分。理性进行思考和推理,控制着思想活动。欲望的本性是贪婪的,支配着肉体趋乐避苦的倾向。激情则是介于理性和欲望之间,控制着合乎理性的情感,如果它"不被坏教育所败坏"从而反对理性的话,它是"理性的天然辅助者"。三者之中,理性是智慧的,地位最高,起着指导的作用;激情服从于理性,是理性的助手;欲望贪得无厌,占据了灵魂中最大的部分,必须受到理性和激情的控制,"以免它会因充满了所谓的肉体快乐而变大变强不再恪守本分,企图去控制支配那些它所不应该控制支配的部分,从而毁了人的整个生命"[2]。一个人正义的前提在于拥有健康的灵魂:理性起统治作用,激情和欲望一致支持由理性领导而不反叛,激情、理性、欲望三者各司且只司其职,处于一种和谐状态。如果三者相互争斗,都想争夺统治地位,便造成了灵魂的不正义。柏拉图将灵魂与身体的关系归结为理性与欲望的关系。如果理性支配灵魂,灵魂就能正当地统摄身体;如果欲望支配灵魂,身体就会毁坏灵魂。在这两种情形中,起决定作用的始终都是灵魂自身的原则。

---

[1] 亚里士多德:《大伦理学》1182^{a}15—20。转引自苗力田、李毓章主编《西方哲学史新编》,人民出版社1990年版,第55页。

[2] [古希腊]柏拉图:《理想国》,郭斌和、郭竹明译,商务印书馆1986年版,第169页。

在《斐德罗篇》中,柏拉图将灵魂比喻成两匹飞马和一个驭马人的组合——理性是驭马人,激情是驯服的良马,欲望则是桀骜的劣马。当驭马人看到他所喜爱的人时,整个灵魂被情欲所充满,良马知羞耻不贸然行动,劣马则不听指挥,要带着它的主人去追求被爱者。直到驭马人来到被爱者面前,回忆起美的本性,方能自制,约束劣马,直至劣马丢弃野性并俯首帖耳地听命。灵魂马车的隐喻说明:灵魂始终支配着身体活动,身体对灵魂的影响也是通过欲望而起作用的;灵魂内部理性、激情、欲望是相互冲突和斗争的,理性必须在激情的帮助下制服欲望。

柏拉图还将灵魂的三部分与德性相对应:理性与智慧相对应,激情与勇敢相对应,欲望与节制相对应。智慧、勇敢、节制,再加上正义(即"每个人在国家内做他自己分内的事"),即是西方传统的四主德。灵魂与德性的这种对应关系成为他构建政治等级关系的理论基础。在柏拉图看来,"国家是大写的人",理想国也由三个阶层组成——统治者、军人和生产者,分别对应于灵魂中的理性、激情和欲望,也分别对应于德性中的智慧、勇敢和节制。如果这三个阶层在国家里各做各的事——统治者以智慧治理国家,军人以勇敢保卫国家,生产者以节制协调彼此的行为——不相互干涉、相互替代,就是正义的,就能使国家成为正义的国家。否则,便是"有最大害处的",是"最坏的事情",属于不正义的。"不正义应该就是(灵魂)三种部分之间的争斗不和、相互管闲事和相互干涉,灵魂的一个部分起而反对整个灵魂,企图在内部取得领导地位——它天生就不应该领导的而是应该像奴隶一样为统治部分服务的……不正义、不节制、怯懦、无知,总之,一切的邪恶,正是三者的混淆与迷失。"[①]

柏拉图将灵魂分为理性、激情和欲望,并用理性来统摄激情和欲望,以理性来解决道德教化问题,成为西方政治哲学的主流。

亚里士多德的激情与政治思想是沿着柏拉图的方向发展的。在批判苏格拉底的德性取消了灵魂的非理性部分后,他承认"柏拉图将灵魂分为理性部分和非理性部分,并赋予各自相应合适的美德,他这样做是对的"[②]。

---

① [古希腊]柏拉图:《理想国》,郭斌和、郭竹明译,商务印书馆1986年版,第173页。
② 亚里士多德:《大伦理学》1182^{a}15-20。转引自汪子嵩等《希腊哲学史》第二卷,人民出版社2014年版,第370页。

亚里士多德将灵魂学说贯穿于他的思辨哲学和实践哲学，不论是本体论和知识论，还是伦理学、政治学都与他的灵魂学说密切相关。在他看来，灵魂是自然运动的本原，也是生物运动的本原，"在某种意义上说灵魂就是生命的本原"①。生命是指靠自身摄取营养和有生灭变化的能力。生命的运动过程也包括潜能和现实，潜能是身体的潜在能力，灵魂则将身体的潜在能力转变为现实的生命运动。"灵魂，作为潜在地具有生命的自然躯体的形式，必然是实体，这种实体就是现实性。"② 他将有生命的实体分为植物、动物和人，与之相关联，灵魂也可分成植物灵魂、动物灵魂和人类灵魂。植物灵魂的功能是消化和繁殖。动物灵魂除消化繁殖外，还有感觉、记忆、激情、欲望和位置移动等功能，又因感性活动是动物最普遍的特征，而被称为"感性灵魂"。人类灵魂除包括前两类灵魂的功能外，最重要的是具有理性思维功能，故常被称为"理性灵魂"。可见，亚里士多德的著名论断"人是有理性的动物"就不难理解了。他认为，灵魂中有三种能力，即感知、努斯（理智）、欲望（如果说欲望是种的话，那么激情、生理欲望、希求则是欲望的属）。正是这三种东西主宰着人的行为和帮助人达至真理。在这三者中，感觉不会主宰人的行为。因为动物虽然有感知，却无有目的的、受理性支配的行动。而思想和欲求是这种理性行动的两大源泉。前者的功能是肯定或否定；后者的功能则是追求或躲避。

德性论是亚里士多德实践哲学的核心思想，他的伦理学和政治学都是以他的德性论为基础的。德性是灵魂的德性，既然人的灵魂分为理性部分与非理性部分，那么，亚里士多德把人的德性区分为理智德性（包括智慧、理解和明智）与道德德性（包括慷慨与节制）。如果说理智德性是理性活动上的德性，它的发生和发展离不开教导，需要时间和经验的话；那么，道德德性则是灵魂进行选择的品质，这种选择是经过考虑后的欲求，一个成功的选择必然是逻各斯要为真，欲求要正确，追求被逻各斯肯定的事物。因而，这种选择就是理智与欲望的混合，或者说是思想与欲望的混合，是"欲求的努斯"或"理智的欲求"。"非理性的感受也同样是人的感受，来自激情和欲望的行为，显然同样是人的行为，把

---

① 苗力田主编：《亚里士多德全集》第3卷，中国人民大学出版社1994年版，第3页。
② 苗力田主编：《亚里士多德全集》第3卷，中国人民大学出版社1994年版，第30页。

它们看成非自愿则毫无道理。"① 理性并不是脱离于激情和欲望而单独去决定善，它们因在某种意义上是分有理性的，从而是在服从理性的情况下共同规定着人的德性活动。道德德性在我们身上的养成既不是出于自然本性，也不是反乎于自然的，而是顺乎自然的本性而被接受，进而通过习惯培养和完善的。

在柏拉图、亚里士多德那里，激情不一定是坏的，理性需要激情的帮助从而制服欲望。斯多亚学派认为，激情是超出了理性的界限的冲动，属于"过剩冲动"。激情主要包括忧伤、恐惧、欲求和快乐四种，"忧伤是非理性的压抑，恐惧是非理性的退缩，欲求是非理性的拓展，快乐则是非理性的膨胀"②。与其说激情是高贵的表征，不如说激情是弱者的代名词，因而所有的激情都是灵魂的疾病。在斯多亚学派看来，如果理性为了行动还需要激情的帮助，那么就说明理性本身是孱弱的。同时，激情就其本性而言不会听从理性的控制，非常容易失控，故最好不给激情一丝一毫的地位。因此，他们否认了柏拉图的灵魂三分说，宣称所有的激情都是"理性"的，激情、理性、欲望之间的冲突不过是理性自身内部的冲突。

斯多亚学派强调，激情本质上是认识性的，灵魂疾病的治疗，必须彻底消除激情的影响，达到"不动心"（冷漠）的状态。哲学教育的目标在于治疗心灵的激情疾病，"为的是学会如何合乎自然地使我们关于什么是和什么不是合乎理性的把握性观念适用于特殊的事例"③，从而中止心灵的纷扰，求得心灵的宁静。"不动心"是与激情相对立的状态——对激情的否定。"道德的目标就是寻求在我们之中的自然理性并在行动中予以表现。而使我们不能清楚地看到这自然理性的，是我们的'情欲'。所以应该把这些情欲铲除，即连根拔去。"④ 但是，这并不意味着否定人的自然性存在中的情感性因素，而是意味着去除那些容易使人陷入并诱至"外转"的激情。善恶不是绝对对立的，最大的德性就是以一种顺应自然的方式生活，激情只有在置于理性的控制之下时才是自然的。幸福归根

---

① 苗力田主编：《亚里士多德全集》第8卷，中国人民大学出版社1992年版，第121页。
② H. Von Arnim, *Stoicorum Veterum Fragmenta*, Stuttgar, 1995, Vol. 3, No. 391.
③ [古罗马] 爱比克泰德：《哲学谈话录》，吴欲波等译，中国社会科学出版社2004年版。
④ [法] 莱昂·罗斑：《希腊思想和科学精神的起源》，陈修斋译，段德智修订，广西师范大学出版社2003年版，第367页。

结底是一种心理感受,如果不能控制外在的事件,就应该排除其对心灵的影响,保持平稳而又柔和的心情,达至"不动心"。

二 中世纪的"激情说"

古希腊关于激情与政治的思想在中世纪主要沿着两条路线发展:奥古斯丁在上帝的爱与人的情欲的关系上基本沿袭了柏拉图关于灵肉相对立的观点,得出人是"一个使用可朽及世间肉体的理性灵魂"。阿奎那则追寻了亚里士多德的路线。在他看来,奥古斯丁不能很好地解决爱的应然与实然的关系。于是,他强调理性与激情的和谐一致,主张上帝之爱与人的肉欲之间的张力应以灵魂与肉体的统一来调谐。限于篇幅,我们这里仅讨论阿奎那的激情与政治思想对霍布斯的影响。

阿奎那强调,人的灵魂与身体都是同时由上帝创造的,人的灵魂的创造并不先于身体,"上帝是以最佳的安排生产人的身体的",身体被上帝造成最适宜于与灵魂及其运作匹配的。人的本质在于其形式(灵魂)与其质料(身体)的合成,从而否定了"人是灵魂"的传统观点。他还批判了柏拉图及其追随者关于"理智灵魂如同推动者和被推动者那样结合在一起,灵魂在肉体之中犹如舵手在船只之中"的论点,认为如此一来则灵魂与人的身体被肢解为两种实体的关系,两者在一起只能组成"偶性的整体",而非"实体的整体"。他还批判了亚里士多德所主张的人身上存在营养灵魂、感觉灵魂和理智灵魂三个灵魂,提出理智灵魂才是人的唯一的实质性形式,它与身体一起执行营养灵魂、感觉灵魂及其他一切生命功能,并使这些生命活动都服从于理性活动。整个灵魂存在于整个身体之中,并且存在于身体的各个部分之中,它与身体同时执行生命的功能。

阿奎那将人的灵魂的最基本能力区分为认知能力和欲望能力。前者与我们的认知活动相关涉,包括感性认识和理性认识;后者与我们的欲望活动或实践活动相关涉,包括感性欲望和理性欲望。激情属于感性欲望(自然欲望),意志则是理性欲望,两者是相辅相成的。感性欲望与人的感觉活动大相径庭,因为"这种认知能力的活动并不是像欲望活动那样严格地被称作运动的。因为这种认知能力的运作是在被认知的事物存在于进行认知的主体中的情况下完成的,而欲望能力的运作则是在有欲望的人与生俱来地趋向所欲望的事物的情况下完成的。所以,认知能力的运作类似于静止,而欲望能力的运作则毋宁类似于运动。"① 人的感性欲望是自然的欲望,可区分为情欲("倾向于获得合适的事物")和愤怒("避免有害的事物")。理性欲望高于感性欲望,两者的关系犹如理智知识对于感性知识一样,激情和意志也并不矛盾。阿奎那认为,"自然和意志处于这样一种秩序之中:意志本身即是一种自然。因为凡是在自然中发现的东西都可以被称作一种自然。""因此,在意志中就必定不仅存在有意志所固有的东西,而且也存在有自然所固有的东西。……因此,即使在意志中,也存在有某种自然欲望,以便获取与之相应的善。"②

阿奎那指出,人与动物虽然都具有激情,但人的激情与动物的激情存在根本的差异,非理性的动物的激情活动根源于必然性,而人的激情活动则是在服从理性的范围内,是人的自由选择,激情分有了某种自由。

人的激情是灵魂的感性欲望,表现了现实个体的"实然"状态:激情既可因分有理性而主动服从理性,又可因受到想象与感觉的推动而与理性不一致,甚至反对理性。阿奎那激情理论最本质的特征即是激情分有理性,或者说激情被理性化,人也由此而成为一种具有理性的自由能力和伦理德行的主体。③

三 现代的"激情说"

笛卡尔的激情思想主要体现在他的最后一部著作《灵魂的激情》中,并以此作为他的整个哲学体系的最终完成。该书从生理学、心理学和伦理道德三个层面对激情进行了较为系统的研究,结合了哲学对知、情、意的考察与生理学、科学对心身的考察,从而对后世产生了深远影响。

---

① Thomae de Aquino, *Summa Theologiae*, Ia, Q. 81, a. 1. 转引自段德智《中世纪哲学研究》,人民出版社 2014 年版,第 129 页。
② Thomae de Aquino, *De veritate*, Q22, 5. 转引自段德智《中世纪哲学研究》,人民出版社 2014 年版,第 130 页。
③ 参见黄超《论托马斯·阿奎那激情思想的本质特征》,《武汉大学学报》(人文科学版) 2007 年第 3 期。

在笛卡尔看来，灵魂与身体之间的差异是解开激情本质的密码，因为身体是最直接作用于灵魂的东西。由此，他提出了著名的动物元精（animal spirits）和"松果腺理论"。所谓动物元精，即是"产生于大脑，活动于血液，能使灵魂与肉体、心和身产生相互作用的一种物质力量，它能将外部对象的作用传递到大脑，也把大脑中的信息传达到肢体"[1]。而松果腺理论则认为，位于脑部的松果腺是身体与心灵发生作用的最主要的场所，一方面，它汇集了动物元精，以不同的运动方式产生各种心灵活动，另一方面，心灵活动又以不同的方式通过驱动松果腺，牵动物元精的活动，从而驱动整个身体、四肢。笛卡尔还批判了亚里士多德及经院哲学的活力论，提出了人的身体是一架机器的观点。心脏里的热是运动源泉，肌肉是运动器官，神经是感觉器官。犹如一块表或其他机器的运动是由摆锤和机轮而产生的一样，人体这架机器里的身体职能都是由器官的安排而起作用的，而不必设想除血液与血气之外的有什么设备或感觉的灵魂，抑或所谓的运动基质。不过，笛卡尔不得不借助上帝来解决心身二元论的理论困境——心灵与身体相互一致性是上帝安排的，是由上帝帮助实现的。

笛卡尔认为，思想是灵魂的功能，可以分为灵魂的激情与灵魂的活动（欲望）两大类。欲望又可分为由终止于身体中的活动所组成的欲望（如散步）和终止于灵魂的自身之中的活动所组成的欲望（如爱上帝）。笛卡尔对激情下的定义则是："在考察灵魂的激情与全部其他思想有哪些不同之后，在我看来，我可以把它一般地以为特别地与灵魂相关联的那些知觉、感受或情绪，它们由动物元精的某种运动引起、保持和加强。"[2] 笛卡尔还指出，理智、理性的本性在于思想，与本性是广延的身体无关，而激情位于灵魂中，是在松果腺中与灵魂发生关系的，激情也主要是由动物元精所引起的，是身心相互作用的结果。

在列举了40多种激情后，笛卡尔指出惊奇、爱、恨、渴望、快乐和悲伤是6种原始激情，其余激情都是由这6种原始激情组成的，或者是它们的亚种。惊奇使灵魂聚精会神于稀有的、非同寻常的事物，从而加强

---

[1] 冯俊：《开启理性之门——笛卡尔哲学研究》，中国人民大学出版社2005年版，第200页。

[2] René Descartes, *The Philosophical Works of Descartes*, Vol. 1, Cambridge University Press, 1973, p.344. 转引自冯俊《开启理性之门——笛卡尔哲学研究》，中国人民大学出版社2005年版，第201页。

我们对这些事物的认识，主要与认识论相关。爱、恨、渴望、快乐和悲伤则主要与伦理道德相关，由人的趋善避恶的本性所决定，从而将激情的探讨在从生理学推进到心理学后，继续推进到伦理道德层面研究。笛卡尔在伦理道德层面主要考察了尊重和鄙视、勇敢和怯懦、光荣与羞耻，并将其视为由原始激情而生发出来的一些特殊激情。笛卡尔用善的激情和恶的激情取代了传统激情理论的激情与美德的区分，并指出传统激情理论的根本错误在于：将灵魂分为若干部分，借助于自律的理性在灵魂内部建立一个自然秩序，但他们没有看到理性或"心灵"对于激情或"身体器官的倾向和脾性"的极端依赖性。

霍布斯的"激情说"不仅在广度上大大超越了传统的激情理论，而且在深度上也将激情理论向前推进了一大步。首先，激情在霍布斯那里第一次获得了本源性的地位：感觉和想象虽然是思想活动的基础，但是，思想活动本身是为激情服务的；理性的统治地位被激情所取代，与强大的激情相比，理性是荏弱无力的，但是，理性本身依然可以在激情的驱动下建立生活行动准则；欲望不再是灵魂中与理性和激情相并列的一个部分，欲望和嫌恶本身就是两大最基本的激情；意志是人们在斟酌中最终获胜的那个欲望或嫌恶；等等。其次，霍布斯列举了 50 余种激情，大大细化和拓展了传统的激情谱系。最后，霍布斯还拒斥了至善、理念、上帝等终极目的，认为贯穿人生始终的就是激情不断地运动，从而赋予生命以新的意义。但是，在霍布斯那里，欲望始终追求从一个目标到另一个目标的不断发展，他没有给我们留下批判欲望和合理改造欲望的余地，取消了欲望的应当所是，这成了其"激情说"的致命缺陷。

霍布斯甚至将古典政治哲学关于"人是社会的动物"和"人是理性的动物"的基本判断还原为"人是激情的动物"。一方面，霍布斯从自然主义的原则出发，试图从动物的本性推导出人的虚荣自负，从而将他的政治哲学奠基于人的自然性（动物性）之上，以便尽可能释放被传统政治哲学的理性和信仰压抑的生命力。另一方面，霍布斯又强调虚荣自负虽然源于自然，但是，却会导致人人相互为战的自然状态，此时唯有死亡恐惧将人从相互毁灭的边缘拉回来。死亡恐惧优先于理性，使人得以逃避死亡；同时，死亡恐惧又发挥着理性的功能，使人得以保存自我。霍布斯政治哲学的基础是两大激情（即虚荣自负和死亡恐惧）之间的对立，并且由这两大激情的对立所造成的内在张力使得霍布斯全新的理论建构得以成行。

笛卡尔、霍布斯的"激情说"在斯宾诺莎、洛克、休谟、卢梭那里得到进一步修正：斯宾诺莎说，激情并不是人性中需要克服的某种缺陷，而是自然而然的；人要想摆脱激情的控制，过上幸福的生活，就应该对激情进行清晰的理解，自觉遵循理性的指导。休谟指出，理性是且应当是激情的奴隶，是服务和服从于激情的。到了卢梭那里，激情本身就是主动的，激情夺占了理性的位置，从而彻底完成了对理性的颠覆。

四　后现代的"激情说"

无论是当代心理学，还是当代哲学，都对现代的"激情说"提出了挑战。詹姆斯—朗格理论认为，激情是身体在回应外部环境的刺激产生的身体特征的变化而引起的一种独特的情感，激情是一种身体变化的心理反应，既不是理性的，也不是非理性的，但是其能引起认知，并且是理性的重要补充。弗洛伊德指出："情感是一种对我们无意识中的某种东西的反应，而不是对某种外在东西的反应。"① 如果说霍布斯所谓的激情不过是**存在者层次（心理学）**上的东西，那么，海德格尔所探讨的"情绪"则应从**基本本体论（存在论）**的意义而非心理学的意义上来把握。这意味着当代哲学与现代哲学是在不同的层面上谈论激情。海德格尔则说："自亚里士多德以来，对一般情绪的原则性的存在论阐释几乎不曾能够取得任何值得称道的进步。情况刚刚相反：种种情绪和感情作为课题被划归到心理现象之下，它们通常与表象和意志并列，作为心理现象的第三等级来起作用。它们降格为副现象了。"②

海德格尔认为，情绪是最被熟知和最日常的现象，此在始终被置于情绪之中。此在的三种存在方式中，情绪的敞开各不相同：沉沦态主要由情态来揭示，包括恐惧（非本真状态）和焦虑（本真状态）；抛置态主要由语言来揭示，包括闲谈、好奇、歧义（非本真状态）和言谈（本真

---

① 转引自尼古拉斯·布宁、余纪元编著《西方哲学英汉对照辞典》，人民出版社 2001 年版，第 296 页。

② ［德］马丁·海德格尔：《存在与时间》，陈嘉映、王庆节译，熊伟校，陈嘉映修订，生活·读书·新知三联书店 1999 年版，第 162 页。

状态);生存态主要由理解来揭示,包括等候、观望、忘记(非本真状态)和设计(本真状态)。如果将这三种存在方式综合起来作为"在世存在"的整体来理解的话,则主要由烦来揭示,包括畏(非本真状态)和面向死亡的决断(本真状态)。在海德格尔看来,现代社会的冲突与其说是人与人之间激情相互对抗的结果,还不如说是企图以技术来宰制人的自由的结果。

而罗尔斯则着重从批判建基于现代"激情说"之上的"自然状态"理论入手来解构现代"激情说"。我们知道,霍布斯所谓的自然状态不过是一种由人类最原始的激情所支配着的生活状态。人与人之间天生便在身心两方面的能力上差异不大,彼此是平等的。在这种状态下,没有公共权力使人们服从,没有一条生活竞赛的规则,人们完全按照自己的本性生活——人人相互疑惧,彼此猜忌。于是,最明智的自保之道就在于先发制人,以武力或机诈消除任何威胁他的力量。这样,人与人之间必然陷入"每一个人对每个人的战争"。换句话说,首先是对他人的恐惧而非消灭他人的欲望决定了人们在自保时选择先发制人,或者说对他人的恐惧逻辑优先于消灭他人的欲望。在罗尔斯看来,霍布斯之所以做出如此推论,其理论基石在于——自我保存的欲望是所有欲望中最强的欲望。而罗尔斯则指出:如果综合所有因素的话,自我保存并非总是最强的自然欲望。"正如已经发生的那样,社会制度、社会习惯、教育和文化会把我们朝着某个方向引导,以致作为文明人,我们并不总是顺着我们的自然本性而行动;换言之,我们的行为受到制度和文化的影响,恰如受到理性之命令的影响那样。"[①] 罗尔斯由此对霍布斯自然状态的理据进行了逐条驳斥。他认为,霍布斯的"自然状态"理论是似是而非的,并不真正符合公平的要求。为此,罗尔斯试图用"原初状态"(the original position)概念来代替霍布斯的"自然状态"概念。罗尔斯的"原初状态"之所以把人设想为是有理性的和相互冷淡(mutually disinterested)的,就在于罗尔斯希望以此解构霍布斯建基于虚荣自负和死亡恐惧之上的自然状态,保证每一个人在选择和论证正义原则之时,不受自然的机遇或社会的偶然因素影响,从而实现真正的"作为公平的正义"。在原初状态

[①] [美]约翰·罗尔斯:《政治哲学史讲义》,杨通进、李丽丽、林航译,中国社会科学出版社2011年版,第47页。

中,每一个人的处境都是相同的,谁要想设计出仅仅有利于自身的特殊情况的原则都是不可能的,此时的"正义的原则就是一种公平的协议或契约的结果"。所以,罗尔斯说,唯有原初状态才是最恰当的最初状况,对于任何道德人来说,在此基础之上所达到的基本契约是公平的。生活在原初状态下的个人不再为贪婪、野心、肉欲或其他强烈欲望所役,而是具有最低限度的两种道德能力——"拥有正义感的能力"和"拥有善观念的能力"——"不仅使人能够终身从事互利互惠的社会合作,而且也能够被推动为了他们自己的缘故而履行其公平条款"[1]。

五 中西"激情说"的简单比较

与西方的"激情说"不同,中国哲学的"心"也远比西方哲学中的"心灵"要复杂,大多用来指知觉、识知、思虑、情感、意志等活动,虽然不像后者那样可截然划分为理性、欲望和激情,但是,其也有着类似的表达。[2] 并且,"情"在中国哲学中往往与"性"是密不可分的。[3] 根据许慎的《说文解字》,情是"人之阴气有欲者",而性"人之阳气性善者也"。儒家非常重视情感在道德修养、审美境界中的作用,其所讲的"乐"实质上就是强调情、感、欲的宣泄和满足,追求知、情、意和谐统一的心灵世界,追求在活生生的现实世界中的人生超越。譬如:孔子提倡"直躬者"(《论语·子路》)和"乐而不淫,哀而不伤"(《论语·八佾》);孟子讲"乃若其情,则可以为善矣"(《孟子·告子上》);荀子也说"性者,天之就也,情者,性之质也,欲者,情之应也"(《荀子·正名》);等等。道家虽主张"无情""忘情",但并不是不要情感,而是要以"自然"为情,追求超情感,超功利,超社会,超生死,达到"天地与我并生,万物与我为一"的境界。譬如:"惠子谓庄子曰:'人故

---

[1] [美]罗尔斯:《作为公平的正义——正义新论》,姚大志译,上海三联书店2002年版,第32页。

[2] 有学者指出:"'思'和'知'类似于西方哲学所谓的'理性'范畴;'喜怒哀乐'等类似于西方所谓的'情感'范畴;'意'和'念'类似于西方所谓的'意志'范畴;'物欲'和'私欲'类似于西方所谓的'欲望'范畴。"(陈乔见:《两种个人主义:西方与儒家》,见《原道》第十四辑,首都师范大学出版社2007年版。)

[3] 参见蒙培元《理学范畴系统》,人民出版社1989年版,第250—256页。

无情乎？'庄子曰：'然。'惠子曰：'人而无情，何以谓之人？'庄子曰：'道与之貌，天与之形，恶得不谓之人？'惠子曰：'既谓之人，恶得无情？'庄子曰：'是非吾所谓情也。吾所谓无情者，言人之不以好恶内伤其身，常因自然而不益生也。'惠子曰：'不益生，何以有其身？'庄子曰：'道与之貌，天与之形，无以好恶内伤其身。今子外乎子之神，劳乎子之精，倚树而吟，据槁梧而瞑。天选子之形，子以坚白鸣！'"（《庄子·德充符》）而释家则将人的情感、欲望说成一切烦恼的根源，强调"无妄念"，主张摒弃情欲，实现所谓的"清净"之性。譬如："自性清净心，即是正因，为佛法"（《法华玄义》卷二上）；"无情有性"（《金刚錍》）；"蠢动含灵，无非心性"（《五灯会元》卷七）；等等。可见，相对于西方的"激情说"更强调理性与激情、欲望之间的冲突和控制，中国的"激情说"则更强调理性与激情、欲望之间的合一，不是以理性来控制、压抑激情，而是顺其自然，与道成为一体，行于道中。

六 结语

从古希腊苏格拉底、柏拉图、亚里士多德等人的"激情说"，发展到后现代的海德格尔、罗尔斯等人的"激情说"，西方的"激情说"不断地丰富和发展，并逐渐焕发出激情本身巨大的魅力，特别是在现代哲学和后现代哲学那里，"激情说"更是成为显学。毕竟，整个西方哲学史都是在激情、理性、欲望之不断修正中生成的，甚至人的生命力本身也是在激情、理性、欲望之不断协调中释放的。因而，"激情说"本身就有着永恒的意义。

参考文献

［英］尼古拉斯·布宁、余纪元编著：《西方哲学英汉对照辞典》，人民出版社2001年版。

［古希腊］柏拉图：《理想国》，郭斌和、郭竹明译，商务印书馆1986年版。

苗力田主编：《亚里士多德全集》第3卷，中国人民大学出版社1994年版。

苗力田主编：《亚里士多德全集》第 8 卷，中国人民大学出版社 1992 年版。

黄超：《论托马斯·阿奎那激情思想的本质特征》，《武汉大学学报》（人文科学版）2007 年第 3 期。

冯俊：《开启理性之门——笛卡尔哲学研究》，中国人民大学出版社 2005 年版。

［德］马丁·海德格尔：《存在与时间》，陈嘉映、王庆节译，熊伟校，陈嘉映修订，生活·读书·新知三联书店 1999 年版。

彭富春：《论海德格尔》，人民出版社 2012 年版。

［美］约翰·罗尔斯：《政治哲学史讲义》，杨通进、李丽丽、林航译，中国社会科学出版社 2011 年版。

［美］罗尔斯：《作为公平的正义——正义新论》，姚大志译，上海三联书店 2002 年版。

（原载于《社会科学战线》2014 年第 2 期）

试析霍布斯激情说的本质和谱系

激情（passion；feeling），"［古希腊语 pathos，意为情感、激情，源出于动词 paschein，即承受、受影响、遭受］指什么发生了，要承受某种东西或被某种东西影响。作为对外部刺激的一种反应，pathos 是被动的而不是主动的方式。情感或激情一般被认作是情绪的同义词，即诸如痛苦、愤怒、情爱等直接影响某人行止的强烈冲动。"① 苏格拉底的"德性即知识"强调德性只有在善的指导下才是善的，因而取消了灵魂的非理性部分（包括激情）的地位。柏拉图的灵魂三分法虽然承认了理性之外还有欲望和激情，但他高扬灵魂中理性的统治地位，贬低激情和欲望，认为只有贪得无厌的欲望受到理性及其助手激情的控制才能求得灵魂的和谐。亚里士多德将灵魂分为植物灵魂、动物灵魂、人类灵魂三个等级，将激情、欲望归入动物灵魂，相对于理性而言，激情、欲望属于灵魂的较低层次，但他又认为激情与欲望在某种意义上是分有理性的，从而在服从理性的情况下共同规定着人的德性活动。斯多亚学派则取消了激情的地位，要想根除灵魂的疾病就必须彻底消除激情的影响，进入"不动心"（冷漠）的状态。而在阿奎那那里，激情分有理性，或者说激情被理性化，人也由此而成为一种具有理性的自由能力和伦理德行的主体。笛卡尔虽然看到了理性或"心灵"对于激情或"身体器官的倾向和脾性"的极端依赖性，但他的"我思故我在"无疑还是强调理性相对于激情的优先性，且不可避免地陷入身心二元论之中。只有到了霍布斯那里，欲望、理性与激情的关系被得以重新思考，激情在与感觉、理性、意志、语言的区分中获得了全新的

---

① ［英］尼古拉斯·布宁、余纪元编著：《西方哲学英汉对照辞典》，人民出版社2001年版，第369页。一般而言，激情内含于情感（emotion），情感的外延要大于激情，激情更多的是指强烈激动的情感。但具体到霍布斯那里，passion 既包括了强烈激动的情感（passion），也包括了一般性的情感（emotion）。

规定性，激情理论从此进入一个新的发展阶段，并发生了根本性的转变。

一 激情说的本质

激情在霍布斯那里第一次获得了本源性的地位：感觉和想象虽然是思想活动的基础，但是，思想活动本身是为激情服务的；理性的统治地位被激情所取代，与强大的激情相比，理性是荏弱无力的，但是，理性本身依然可以在激情的驱动下建立生活行动准则；欲望不再是灵魂中与理性和激情相并列的一个部分，欲望和嫌恶本身就是两大最基本的激情；意志是人们在斟酌中最终获胜的那个欲望或嫌恶；等等。

（一）激情与感觉

在霍布斯看来，虽然感觉和想象是人类所有思想活动的基础，但是，感觉和想象均是被动性的运动，两者仅仅是内在开端，无法产生意愿行为。那么，如何在感觉和想象的基础上形成主动性的意愿运动呢？霍布斯引入了激情，并视之为人类思维系列的目的。

霍布斯指出，动物有两种特有的运动：一种是生命运动，如消化、营养、排泄等；另一种是动物运动，又称为自觉运动，如依照心中事先想好的方式行走、说话、移动肢体等。感觉是人类身体的器官和内在部分中的运动，是由人们所见或所闻到的事物的作用引起的；而激情是自觉运动的内在开端。人在行走、说话、移动肢体等自觉运动必须先有关于"往哪里去""走哪条路"和"讲什么话"之类的想法。构想映像的运动虽然看不见，其运动的空间也小得无法感知，但并不妨碍此种运动的实际存在。霍布斯将人体中这种微小的开端运动称为意向。同时，意向又可分为两种：当意向朝向引起它的某种事物时就是欲望，而当意向避离某种事物时就是嫌恶。虽然食物的欲望、排除和排泄的欲望等为数不多的几种欲望是人与生俱来的，但是，更多的欲望则是对具体事物的欲望，来源于人的实践经验，是由于本人或其他人尝试其效果而来的。欲望和嫌恶构成为人类两种最基本的激情，其他激情都是由这两种激情衍生出来的，它们不过是不同形式的欲望和嫌恶。显然，霍布斯在这里颠覆了以柏拉图为代表的欲望、激情、理性灵魂三分法，因为欲望已经被化约为激情的一部分,而这一切均源于霍布斯是从运动来理解人的。

感觉、记忆、想象等内在运动还不断地向心脏运动,我们可以根据是推动抑或阻碍血液流动的不同而将它们区分为快乐和痛苦。只有在人和动物明白什么可能带来快乐和痛苦后才能形成欲望与激情,并与认知、意见、信仰相结合,以便在人有意识的思想活动中引导这些欲望和激情。霍布斯说:"因为思想对于欲望说来,就像斥候兵或侦探一样,四处窥探,以发现通向所希望的事物的道路。一切心理运动的稳定和敏捷性都是由这里产生的。正如没有欲望就是死亡,于是激情淡薄就是愚钝。对每一事物都抱着无所谓、漠不关心的情绪,便是轻浮和精神涣散,而对任何一种事物的激情比旁人一般的情形更强和更激烈,便是所谓的癫狂。"① 可见,激情是思想活动的目的,也是人类赖以存续和发展的动力。没有欲望,就意味着人类丧失生命(死亡);激情淡薄就意味着人类丧失智慧(愚钝)。古典哲学的思想与激情的关系也被霍布斯颠覆——思想是为激情服务的,以便发现通向所希望的事物的道路。

(二)激情与理性

霍布斯之所以强调激情是思想活动的目的,强调激情是生命生活的目的,否定古典哲学的幸福观,其根本原因就在于他颠覆了古典哲学对激情与理性关系的理解。理性既不像感觉和记忆那样是人与生俱来的,也不像慎虑那样单纯来源于经验,它是通过辛勤的努力得来的。不像感觉和记忆可以直接给我们提供事实知识,理性给我们提供的则是学识(即关于结果以及一事实与另一事实之间的依存关系的推理知识)。与古典哲学相比,霍布斯对激情与理性关系的颠覆主要表现在如下四个方面。②

第一,理性滞后于激情。首先,从时间顺序上来看,理性相对滞后于激情。如果说激情处理的是以感觉为开端的思维系列,是感觉和想象之后的"意向";那么,理性处理的是思维系列转换为语言系列之后的推理。其次,激情是理性的原因。激情是思维系列的目的,当思维系列在受某种目的控制时,理性只能表现为洞察由果溯因或由因溯果的能力。

---

① [英]霍布斯:《利维坦》,黎思复、黎廷弼译,杨昌裕校,商务印书馆1985年版,第54页。

② 笔者在论证前三个方面的内容时借鉴了王利的《国家与正义——利维坦释义》(上海世纪出版集团、上海人民出版社2008年版,第234—238页)中的部分观点。

最后，激情是理性的驱动力。"想要知道为什么及怎么样的欲望谓之好奇心。这种欲望只有人才有，所以人之有别于其他动物还不止是由于他有理性，而且还由于他有这种独特的激情。其他动物身上，对食物的欲望以及其他感觉的愉快占支配地位，使之不注意探知原因。这是一种**心灵的欲念**，由于对不断和不知疲倦地增加知识坚持不懈地感到快乐，所以便超过了短暂而强烈的肉体愉快。"① 可见，好奇心是人区别于兽的重要特质，它是一种"想要知道为什么及怎么样的欲望"，就本质而言是一种以追求知识和探讨原因为乐的激情，但它却是理性的驱动力，甚至可以说是一种理性欲望。

第二，理性弱于激情。首先，在单纯的自然状态之下，即使人与人之间订立了信约，单凭理性的力量难以束缚人的激情。"语词的约束过于软弱无力，如果没有对某种强制力量的畏惧心理存在时，就不足以束缚人们的野心、贪欲、愤怒和其他激情。"② 其次，在论述君主政体的优越性时，霍布斯指出当公私利益相冲突时，激情往往会将压倒人们的理性，引导人们先顾及个人利益。"在大多数情形下，当公私利益冲突的时候，他就会先顾个人的利益，因为人们的感情的力量一般说来比理智更为强大。"③ 最后，霍布斯在分析罪行的原因时，强调理智的力量往往难以抵抗人的野心和贪婪，只要出现免于惩罚的情况时铤而走险，走上违法犯罪的道路。"野心和贪婪也是经常存在而且富有压力的激情，而理智则不能经常存在来抵抗它们。"④ 由此可见，理性在激情面前常显得孱弱无力，不能节制激情。

第三，理性成了激情的工具。首先，霍布斯将理性看作一种进行计算的能力，是一种在观念之间进行逻辑推理的能力，也是一种人们可以通过辛勤的劳动可以获得的能力。理性在精神系列的至高无上的地位被霍布斯消解了，更多地沦为一种工具理性。霍布斯还指出，不能进行推

---

① [英]霍布斯：《利维坦》，黎思复、黎廷弼译，杨昌裕校，商务印书馆1985年版，第40页。

② [英]霍布斯：《利维坦》，黎思复、黎廷弼译，杨昌裕校，商务印书馆1985年版，第103页。

③ [英]霍布斯：《利维坦》，黎思复、黎廷弼译，杨昌裕校，商务印书馆1985年版，第144页。

④ [英]霍布斯：《利维坦》，黎思复、黎廷弼译，杨昌裕校，商务印书馆1985年版，第232页。

理的人，仅凭借他们的自然慎虑，情况还算乐观；而推理错误的人或信赖进行错误推理的人，则会堕入虚假和荒谬的一般法则，从而误入歧途，且错误远比没有学识的人严重。其次，霍布斯既看到了理性难以节制激情之荏弱的一面，又看到了理性作为工具之建立生活行动准则的一面。但是，"理性荏弱无力，并不意味着没有能力建立生活行动准则，或者没有能力论证行动准则。"① 事实上，为了实现人类的幸福，激情正是以理性为工具，在"得其一思其二、死而后已、永无休止的权势欲"的本能冲动下，不断地达到一个又一个的欲望……但是，霍布斯最终达成了理性与激情的和解，一方面，激情优先于理性，理性是孱弱无力的；另一方面，理性只要能够效力于最强烈的激情，理性就会无所不能。

第四，高扬激情，消解工具理性对人生命力的压抑。霍布斯之所以强调激情优先于理性、强于理性、以理性为工具，就在于他看到了过度的工具理性对人性的某种压抑，追求激情之间和谐以及激情、理性、感觉、意志之间的和谐，最终目的都是实现自我保存，维护人本身某种绝对无可非议的主观诉求（即自然"权利"），自然权利成为霍布斯政治哲学的起点。

（三）激情与意志

霍布斯认为，如果某人内心交替出现对某一事物的希望、畏惧、欲望、嫌恶，或者接续出现做与不做某件事情的各种结果，"一直到这一事物完成或被认为不可能时为止这一过程中的一切欲望、嫌恶、希望和畏惧的总和，便是我们所谓的斟酌"②。过去的事情，或明知不可能的事情，抑或被认为不可能的事情是无所谓斟酌的，因为人们会认为这种斟酌是无用的。不过，有些不可能的事情在被我们认为有可能时——因为此时我们尚不知道如此做没有用处——倒可能有斟酌的。当被斟酌的事情完成了或已被认为不可能时，斟酌便终止了。斟酌终止前，我们尚拥有凭自己的激情去做或不做该事物的自由，而斟酌终止后，这一自由也就不复存在了。霍布斯因此给意志下了一个定义："在斟酌之中，直接与行动或不行动相连的最后那种欲望或反感，便是我们所谓的意志。它是自愿

---

① ［美］列奥·施特劳斯：《霍布斯的政治哲学：基础与起源》，申彤译，凤凰出版传媒集团、译林出版社2001年版，第110页。

② ［英］霍布斯：《利维坦》，黎思复、黎廷弼译，杨昌裕校，商务印书馆1985年版，第43页。

的行为，而不是自愿的能力。"① 当人们斟酌究竟做还是不做某件事情时，他实际上是在考虑到底是做还是不做某事对自己更有利。意志只不过是在比较和权衡中最终获胜的那个欲望，但意志是人们反复斟酌后决定采取某个行动的决心，而不是指一种固定的官能。意志是斟酌中最后的欲望或嫌恶，但是，其他所有的欲望或嫌恶只是意向或倾向，而不是意志。

霍布斯还指出，既然动物和人类都有斟酌，那么动物便有意志。他认为，经院哲学对意志的定义（"理性的欲望"）便是失之偏颇的，因为如此理解的话，便不会有违背理性的自愿行为了。事实上，自愿的行为是从意志中产生的行为，我们不能简单地说它是合理的欲望，而只能说它是从前一个斟酌中产生出来的欲望。于是，意志的定义便转换为它是斟酌中的最后一个欲望。人类与动物都面临着诸多不同的有关欲望或信仰的选择，以便在此基础上行动，他们需要自我抉择。霍布斯认为，自愿的行为既包括了那些出于贪婪、野心、情欲或对该事物的其他欲望而开始的行为，也包括了那些出于嫌恶或因惧怕不采取行动的后果而开始的行为。只要人类和动物的某一种行动建基于欲望与信仰的基础上，便被霍布斯当作意志的行动，同时也被视为一种自愿的行动。

意志是一个人行动前的最后的欲望。虽然当一个人的行为的原因是一种欲望时，这个人是自由的；同时，我们也可以把这个欲望称作意志；但是，我们却并不能由此推出这种意志是自由的或者说这个人具有自由意志。在霍布斯看来，自由意志的说法毫无意义。一个人欲行则行，欲止则止，我们说他是自由的；但是我们不能说一个有行动自由的人具有意志、欲望或意向的自由，不能说他有要想望的想望。

（四）激情与语言

上文我们讨论了霍布斯的激情与思维系列的关系，接下来让我们探讨他的激情与语言系列的关系。

在霍布斯看来，为人类和动物所共有的、自然的心智只是一种物质的内在运动，区分于笛卡尔的非物质的东西。但是，自然的心智存在两大根本缺陷：一是任何自然的心智过程都是完全特殊主义的，而不具有抽象与一般；二是自然的心智过程仅仅是通过凌乱的、无意识的方式发

---

① ［英］霍布斯：《利维坦》，黎思复、黎廷弼译，杨昌裕校，商务印书馆1985年版，第43页。

展信仰与形成欲望,并不是在行动者的欲望的促使或指导下发展的。正是语言使得我们超越自然心智的局限,形成归类的和有意识的思想。所以,霍布斯说,人类最高贵、最有益处的发明是语言。假如没有语言,人类就不会有国家、社会、契约与和平的存在。可见,语言构成了人类的欲望与动物的欲望的根本分野。具体而言,这与语言的发明使人类获得的三项重要能力密切相关。

一是进行推理的能力。霍布斯将推理视为一种在语言的基础上习得的技能,而非人类进化到某一阶段便已然形成的与生俱来的能力。要想推理可靠地进行,首先,要对所涉及的语词严格地定义,且具有恒常的意义;其次,使用语词时必须前后一致;最后,谨慎分析被指示的各类属之间的联系。霍布斯认为,教经院哲学的人在进行推理时,没有一个是从所用的名词的定义或解释开始的。他甚至借西塞罗的话讥讽道:天下事没有一件是荒谬到在哲学家的书籍里找不出来的。霍布斯总结道:"人类的心灵之光就是清晰的语词,但首先要用严格的定义去检验,清除它的含混意义;推理就是步伐,学识的增长就是道路,而人类的利益则是目标。反之,隐喻、无意义和含糊不清的语词则像是鬼火,根据这种语词推理就等于在无数的谬论中迷走,其结局是争斗、叛乱或屈辱。"①

二是进行自我代表的能力。霍布斯认为,人可以授权自己的语词和行为作为,各自成为自己的代言人,并以此构建契约与义务的全新关系。"与推理一样,代表是人类必须凭借语言能力才能发展出来的一项技能;它包括了说出某一语词,并信守这一语词的能力。人类之外的动物,只能在对于各自性情的消极知识的基础上相互合作;而人类的合作,却可以建立在具有这些已知授权的知识形态之上。正是这一能力,使得共同体的构建成为了可能。"② 人类总是受到虚荣自负的激情和理性本身的荏弱影响,但是契约的双方总是有理由忠实于他们不曾撤回的自我代表,否则,背信弃义便意味着社会的混乱。人们出于相互恐惧而订立契约并不能说明契约的订立就是无意识的,因而人们有义务遵守契约的条款。当然,契约理性只有在具备制裁体系、恐惧性惩罚的情况下才能得到有

---

① [英]霍布斯:《利维坦》,黎思复、黎廷弼译,杨昌裕校,商务印书馆1985年版,第34页。

② [爱尔兰]菲利普·佩迪特:《语词的创造——霍布斯论语言、心智与政治》,于明译,北京大学出版社2010年版,第189页。

效保障。

三是进行联合的能力。霍布斯认为，人类可以通过一个人或一个由多人组成的集体来代表他们的人格的语词，将分散的个体联合起来，人人相互订立信约、每个人都对它的行为授权的方式，将全体真正统一于唯一人格——国家之中，"以便使它能按其认为有利于大家的和平与共同防卫的方式运用全体的力量和手段的一个人格"①。

正是语言的介入大大拓展了人的自然心智，它"使得人们从只具有感觉上的、有序呈现的欲望的动物王国中解放出来"②。一方面，人要与动物相区分，从而超越当下的生活；另一方面，人也要与他人相区分，从而超越私人的生活。

在霍布斯看来，来源于经验的慎虑是人和动物所共同拥有的，但慎虑归根结底只是一种假设，远不如根源于理性推理的学识那样优越。学识可以让人超越其他动物的局限：其他动物对未来缺乏预见性，也不观察和记忆它们所看到的事物顺序、后果及其依存关系，仅仅关注当下的饮食、安逸和肉欲。人类却可以运用理性推理，喜欢对于所见事物进行探究，能够预见性地思考未来。当人类难以把握住事物的真正原因时，他还会根据想象或某个权威而设想出一些原因来。不过，这也使得每一个人，尤其是过分预虑未来的人产生无休止的焦灼，难以安息。同时，语言和理性的介入使得人类逐渐意识到自己与他人的差别。这种差别化的认知，是通过将进入其心智的某事物与其他事物进行比较而实现的，人类由此超越私人关切的界限，密切关注权力和荣誉。动物不具有相互比较的能力，它们甚至无法在事物及其幻影之间进行区分，且感受不到感觉之外的快乐。只有人类具有可以与他人相互比较各自所占有的财富，并且为了占有更多的财富而要求获取更多的权力。这就是霍布斯所说的荣誉激情，即人类由于感到自身受尊敬而产生的快乐。霍布斯指出，若要摆脱荣誉激情造成的困境，便在于以恐惧的激情来规制虚荣的激情。

当然，语言也是一把双刃剑，它在带给人类光明的同时也可能给人带来黑暗。首先，语言可以用来表达人的激情，使得人可以随意支配评

---

① [英]霍布斯：《利维坦》，黎思复、黎廷弼译，杨昌裕校，商务印书馆1985年版，第132页。

② [爱尔兰]菲利普·佩迪特：《语词的创造——霍布斯论语言、心智与政治》，于明译，北京大学出版社2010年版，第118页。

价性的语言，从而导致人们难以达成理性协议。更为糟糕的是，语言还大大扩展了欲望的边界，人们往往因此陷入一方获益必使对方损失的零和博弈之中。

二 激情说的谱系

当然，激情与感觉、理性、意志、语言的区分，只是为激情划定了边界。要想真正明晰激情是什么，还必须进入激情的谱系本身。

我们大体可以将霍布斯激情说的谱系分为如下五类：一是表现为相互对立，如欲望与嫌恶、爱与憎、善与恶、美与丑、愉快与烦恼、希望与失望、自信与不自信等；二是因不同的激情对象而异，如贪婪与野心、勇敢与大方等；三是因程度的高低而异，如爱、亲切、自然的情欲、咏味、爱的激情等；四是由多种激情复合而成，如嫉妒；五是同一种激情在不同情形下可进一步细分，如自荣的欣喜心情可分为虚荣和自信，宗教的激情可分为迷信和真正的宗教。从霍布斯的激情谱系中，我们既可以看到古典政治哲学的影子，又可以发现霍布斯本人的思想独创。

第一，霍布斯的激情的谱系大大细化和拓展了古典政治哲学对于激情种类的划分。虽然列奥·施特劳斯曾指出霍布斯的激情理论深受亚里士多德的影响[1]，但是我们仍可看出霍布斯并没有简单地誊写亚里士多德《修辞学》的相应段落，在诸多方面都作出了全新的诠释。斯多亚学派曾将激情划分为忧伤、恐惧、欲求和快乐四大类，每一大类又可以进一步分析出 26 种激情：忧伤包括怜悯、羡慕、嫉妒、敌视、沉重、压抑、烦恼、痛楚和狂乱；恐惧包括惊骇、畏缩、羞怯、恐慌、恐惧和担心；欲求包括需求、憎恶、好争、生气、爱欲、愤怒和怨恨；快乐包括狂喜、病态的欢喜、开心、兴奋。笛卡尔在《灵魂的激情》中则将激情划分为惊奇、爱、恨、渴望、快乐和悲伤，并一口气列举了 40 多种激情。显然，霍布斯将激情划分为欲望和嫌恶两种最基本的激情，并根据语言是否介入划分为单纯的激情与非单纯的激情，所列举的激情多达 50 余种，

---

[1] 详见［美］列奥·施特劳斯《霍布斯的政治哲学：基础与起源》，申彤译，凤凰出版传媒集团、译林出版社 2001 年版，第 36—52 页。

其细化程度已经超越了此前的哲学家。首先，霍布斯将欲望、爱好、爱情、嫌恶、憎恨、快乐和悲伤等归为单纯的激情。之所以称其为单纯激情，就是因为它们之间是相互独立、互不干扰的，但又是霍布斯激情的谱系中最基本、最简单的类型。① 其次，霍布斯认为，在语言的介入后，人类的单纯的激情"在不同的考虑下"有了不同的名词，从而转变为非单纯的激情。这是因为：一是当单纯的激情一个接一个出现时，人们根据自身对于达到其欲望的可能性的看法的变化而赋予它们不同的名称；二是单纯的激情也会因被爱好或被憎恨的对象而有不同的名称；三是人们习惯将许多激情放在一起考虑；四是考虑到变动或连续状态本身。②

第二，霍布斯通过激情的谱系重新诠释了人类社会善恶的由来。霍布斯认为，在国家建立之后善恶的标准又由国家制定，而在自然状态下善恶的标准则根源于人的激情。对于单纯的激情而言，善的就是他本人所欲望的对象；恶的就是他本人所憎恶或嫌恶的对象；无价值或无足轻重的就是他本人所轻视的对象。对于非单纯的激情而言，因为非单纯的激情是人"在不同的考虑下"形成的，是人们根据不同的原因对单纯激情的种种意见，融合了理性的判断在里面。"而理性一旦参与，就具有了'激情是否符合理性'的可能性，正是在这个意义上，非单纯的激情本身也就存在着被根据理性划分为善恶的可能性。"③ 当霍布斯将理性界定为"自我保存"的原则时，有利于自我保存的激情就是善的，不利于自我保存的就是恶的，介于两者之间的激情就是无价值的。

第三，霍布斯的激情谱系归根结底就是心灵的运动谱系，从而解放了人的生命力。贯穿人生始终的就是努力向前的欲望，除了努力向前外，没有其他选择。否则，离弃跑道，只是死路一条。④ 对于霍布斯而言，生命的意义就在于欲望的生成之中。显然，这与古典政治哲学对至善、理

---

① 参见［英］霍布斯《利维坦》，黎思复、黎廷弼译，杨昌裕校，商务印书馆1985年版，第36—39页。
② 参见［英］霍布斯《利维坦》，黎思复、黎廷弼译，杨昌裕校，商务印书馆1985年版，第39—55页。
③ 王利：《国家与正义——利维坦释义》，上海世纪出版集团、上海人民出版社2008年版，第244页。
④ 霍布斯曾将人生比喻成一场赛跑："努力向前，是欲望。……不断地被人甩在后面，是苦难。不断地超过前面一个，是幸福。而离弃跑道，就是死。"(Thomas Hobbes, *The English Works of Thomas Hobbes of Malmesbury*, Vol. 4, London: Rouledge/Thoemmes Press, 1839-1845, p. 53.)

念、上帝等终极目的的理论设定是不一样的。或许这就是霍布斯的思想为何至今仍有着持久魅力的深层次原因吧！但是，在霍布斯那里，欲望始终追求从一个目标到另一个目标的不断发展，他没有给我们留下批判欲望和合理改造欲望的余地，取消了欲望的应当所是。

三　修正与批判

霍布斯的激情说不仅在广度上大大超越了传统的激情理论，而且在深度上也将激情理论向前推进了一大步。但是，霍布斯的激情说在后世那里也得到不断修正和批判。譬如，斯宾诺莎说，激情并不是人性中需要克服的某种缺陷，而是出于自然的，人要想摆脱激情的控制，过上幸福的生活，就应该对激情进行清晰的理解，自觉遵循理性的指导。休谟指出，理性是且应当是激情的奴隶，是服务和服从于激情的。到了卢梭那里，激情本身就是主动的，激情夺占了理性的位置，从而彻底完成了对理性的颠覆。但是，无论是当代心理学，还是当代哲学，都对霍布斯的激情说提出了挑战。詹姆斯—朗格理论认为，激情是身体在回应外部环境的刺激产生的身体特征的变化而引起的一种独特的情感，激情是一种身体变化的心理反应，既不是理性的，也不是非理性的，但是其能引起认知，并且是理性的重要补充。弗洛伊德指出："情感是一种对我们无意识中的某种东西的反应，而不是对某种外在东西的反应。"[①] 海德格尔认为，"情绪"应从**基本本体论（存在论）**的意义而非心理学的意义上来把握。情绪是最被熟知和最日常的现象，此在始终被置于情绪之中。此在的三种存在方式中，情绪的敞开各不相同：沉沦态主要由情态来揭示，包括恐惧（非本真状态）和焦虑（本真状态）；抛置态主要由语言来揭示，包括闲谈、好奇、歧义（非本真状态）和言谈（本真状态）；生存态主要由理解来揭示，包括等候、观望、忘记（非本真状态）和设计（本真状态）。如果将这三种存在方式综合起来作为"在世存在"的整体来理解的话，则主要由烦来揭示，包括畏（非本真状态）和面向死亡的决断

---

① 转引自尼古拉斯·布宁、余纪元编著《西方哲学英汉对照辞典》，人民出版社 2001 年版，第 296 页。

(本真状态)。值得特别指出的是，海德格尔所说的"畏"与霍布斯所说的"恐惧"(海德格尔认为"恐惧"毋宁说是一种"怕")有着本真的区别："当害怕只与世界内的存在者相关时，畏惧则关涉到世界作为整体。这两个情绪现象的差异甚至在此，即害怕基于畏惧。"[1]

霍布斯最根本的理论缺陷或许在于：虽然他注意到了激情与理性之间的悖论（一方面，"理性"在激情面前是孱弱无力的；另一方面，没有理性的帮助，光靠激情本身无法摆脱由激情所主导的人人相互恐惧、相互冲突的自然状态）；但是，他误将激情的极端状态（虚荣自负与死亡恐惧）当作激情的常态，而且没有看到比人的激情更为本源的是人的实践，容易沦为一种空洞的理论。事实上，激情、理性、欲望都是在实践活动中生成和发展的，实践活动本身远比激情、理性、欲望、意志更为本源。人只有在实践中，才能真正实现激情、理性、欲望的有机统一。

参考文献

尼古拉斯·布宁、余纪元编著：《西方哲学英汉对照辞典》，人民出版社 2001 年版。

[英] 霍布斯：《利维坦》，黎思复、黎廷弼译，杨昌裕校，商务印书馆 1985 年版。

[美] 列奥·施特劳斯：《霍布斯的政治哲学：基础与起源》，申彤译，凤凰出版传媒集团、译林出版社 2001 年版。

王利：《国家与正义——利维坦释义》，上海世纪出版集团、上海人民出版社 2008 年版。

[爱尔兰] 菲利普·佩迪特：《语词的创造——霍布斯论语言、心智与政治》，于明译，北京大学出版社 2010 年版。

（原载于《天津社会科学》2013 年第 3 期）

---

[1] 彭富春：《无之无化——论海德格尔思想道路的核心问题》，上海三联书店 2000 年版，第 19 页。

霍布斯政治哲学的基础：
以激情说为核心的人性论

奥克肖特指出，人类的困境源于人类的天性或自然，而公民社会则是人类为摆脱这种困境而生的。人类有着何种天性或自然，便决定着人类将遭遇何种的困境；同时，人类所遭遇的困境又从根本上决定着人类需要什么样的公民社会模式来救渡。所以，政治哲学应该先研究人性。[①] 人性论虽是霍布斯政治哲学的魅力之源，但也是他的理论中最容易受到攻击和饱受争议的地方。

一 人性之自然：人要与动物相区分

什么是人性（humanitas）？从古希腊的本质主义开始，人性就是人类的本质，这种本质由一个或更多的性质组成，它们决定了什么是人以及人与动物如何区分。简言之，人性就是决定人之为人以及人何以与动物相区分的东西。对此，亚里士多德曾提供了多个答案，如：人是逻各斯的动物，人是政治的动物，人是两脚直立的动物，人是唯一会笑的动物，人是会说话的动物等等。当然，亚里士多德认为，人与动物最重要的本质区分在于"人是逻各斯的动物"与"人是政治的动物"，并且两者是相互统一、相辅相成的。一方面，人具有逻各斯（主要含义是语言和理性），使得人的物质生活和精神生活才越来越丰富，从而过上社会的生活，并且随着人类社会的发展，人又越来越超越于其他动物。同时，人的语言和理性使得人可以揭示利害，区分正义和不正义。另一方面，人

[①] 参见 Michael Oakeshott, *Hobbes on Civil Association*, Indianpolis: Liberty Fund, Inc., 1975, pp. 31–62。

虽不能离开共同体而独立存在，但究竟"什么样的城邦生活，什么样的社会共同体"才是人类最值得追求的，却需要逻各斯的判断和选择。亚里士多德的这一思想影响非常深远，成为古典政治哲学关于人性的经典表述。托马斯·阿奎那继承了亚里士多德的这一思想，但更强调人是政治的和社会的动物。在他看来，人之所以天然是个社会的和政治的动物，与其说是由自然所赋予的，不如说是为人的本性倾向且为人的理性本性的完善所必需的。而笛卡尔从"我思故我在"的普遍的怀疑出发，强调理性"是唯一使我们成为人、使我们异于禽兽的东西，我很愿意相信它在每个人身上都是不折不扣的"，并且，只要人们运用理性并排除偏见，就能"使我的知识逐步增长，一步一步提高到我的平庸才智和短暂生命所能容许达到的最高水平"。①

霍布斯批驳了亚里士多德关于人是政治的动物的观点，认为这只不过是对人的自然状态的浅薄之见。霍布斯说：人们寻求相互陪伴及彼此交往并非人的天性使然，而仅仅是机运（chance）的缘故。"我们天性上不是在寻求朋友，而是在从中追求荣誉或益处（commodum）。这才是我们主要追求的目标，朋友倒是在其次的。"② 譬如，人们聚在一起，若是为了公共的事务，则会形成一种彼此恐惧或爱的政治关系；若是为了娱乐或寻开心，则往往是以别人的尴尬或弱点来衬托自以为是的高明，等等。"因此，所有的社会或者是因为益处或者是因为荣耀之故而存在的，也就是说，它们是爱自己而非爱朋友的结果。"③ 但是，大规模的或持久的社会的起源不再以荣耀的激情为基础，而是以相互恐惧的激情为基础。这是因为人与人之间的自然平等和彼此加害的倾向会使人们进入彼此冲突争斗的战争状态，这时需要以相互恐惧的激情为基础进入相对和平的公民状态。

霍布斯分析了人类与那些曾被亚里士多德视作"政治动物"的蜜蜂、蚂蚁等的区别。他认为，这些动物之所以能过着相对和平的群居生活，就在于它们只是受着各自欲望和判断的指挥，同时也没有语言可以向他方表达自己认为怎样才对公共利益有利。而人则不可能像蜜蜂、蚂蚁等动物一样，因为：一是人类因不断竞求荣誉和地位从而产生嫉妒和仇恨，

---

① ［法］笛卡尔：《谈谈方法》，王太庆译，商务印书馆2000年版，第4页。
② ［英］霍布斯：《论公民》，应星、冯克利译，贵州人民出版社2003年版，第4页。
③ ［英］霍布斯：《论公民》，应星、冯克利译，贵州人民出版社2003年版，第5页。

进而引发战争，而动物则不然；二是人类不可能做到像动物那样"共同利益和个体利益没有分歧"①，他们常拿自己和别人作比较，并以出人头地的事情为乐；三是人类大多自以为是地认为自己比别人更适合管理公共事务，群体易于陷入纷乱和内战之中，而动物则不能像人类那样使用理智来评判公共事务管理的得失；四是人类具有动物所不具备的语词技巧，从而混淆善恶，随意夸大或缩小善恶程度，任意惑乱人心，捣乱和平，而动物则只能用一些声音来相互表示各自的欲望和其他激情；五是人类即使是在最安闲时也爱惹麻烦，他们喜欢显示自己的聪明，且爱管国家当局者的行为，而动物安闲时却不会感受到同伴的冒犯；六是人类的协议只能根据人为的信约而来，这种信约如果没有令大家畏服、并指导其行动以谋求共同利益的共同权力来保障，便会成为一纸空文，而动物的协调一致则是自然的。

霍布斯还批驳了笛卡尔"我思故我在"的观点。虽然霍布斯承认从我思维或从我有一个观念可以推论出我是有思维的，并且我思维和我是在思维的是一回事，但是，他却拒绝从我是思维的得出我存在。他认为，笛卡尔不过是将有理智的东西等同于理智（它是前者的行为）了，或者至少将在理解的东西和理智当成一个东西了。霍布斯还说，笛卡尔试图将思维与存在分离开来，这是由他糟糕的二元论决定的。霍布斯强调，思考并不比散步更接近人类的本质，思考只是人脑的一种思维活动而已。虽然，霍布斯对笛卡尔的这一批驳不一定站得住脚，因为"他没有对笛卡尔的问题作出真正的回应；在笛卡尔看来，'我走'这个假设的真实性是不确定的，而'我思'的真实性是确定的"②；但是，霍布斯以此大大降低了理性的优先性地位。对于霍布斯来说，激情对于理性的优先性决定了人首先是激情的动物，其次才是理性的动物。而这也是霍布斯之所以能颠覆了古典政治哲学"人是政治动物"的根本原因。

一方面，激情优先于理性；另一方面，激情又不构成人与动物的根本区分，人与动物所拥有的激情大体相同。这看似一个悖论？其实，霍布斯之所以强调激情的动物优先于理性的动物，其根本原因在于他认为：

---

① ［英］霍布斯：《利维坦》，黎思复、黎廷弼译，杨昌裕校，商务印书馆1985年版，第130页。
② ［美］A.P.马蒂尼奇：《霍布斯传》，陈玉明译，上海世纪出版集团、上海人民出版社2007年版，第192页。

人的存在首先是动物性的存在——因为我是激情的动物，所以才成为我；人先是一个动物性的存在者，然后才是一个有理性的存在者。也就是说，霍布斯的公民状态和第二自然状态都是奠基于第一自然状态之上的。

那么，人和动物的区分到底是什么呢？奥克肖特说："人和野兽并没有同样的想象和欲望；但两者都同样有想象和欲望。既然这没有什么不同，那人区别于野兽的地方在哪里呢？在两个地方：宗教与推理的能力。"① 推理和宗教既是自然的，因为它们的产生在于感觉和激情；又是人工的，因为它们是人的心智活动的产物。换句话说，因为语言的发明大大拓展了人的自然心智，人类的激情状态也从第一自然状态进入第二自然状态，所以人类才随之产生了推理和宗教，并使得人与动物得以相互区分。

迄今为止，我们所分析的人性主要是人的自然性的那一面，探讨的只是作为离群索居者的个人的内在结构和力量，"他生活在自己的感觉、想象、欲望、厌恶、慎虑、理性和宗教构成的世界中。就他的思想和行动而言，他只对自己负责"②。据此虽能看出人与动物的差异，但这些特性尚不足以构成人与他人的区分，这便需要我们继续深入人的社会性的另一面。

二 人性之社会：人要与他人相区分

关于人性的社会性问题，霍布斯是从这一悖论入手的：一方面是"一个人怎么会声称某物归他自己而非别人所有呢？"另一方面是"当一切东西属于一切人的时候，人们却愿意每个人拥有只属于他自己的东西，这究竟是为了什么好处，这有何必要？"③ 既然人与人之间对物的共同占有不可避免地会引发战争和灾难，那么人出于天性又要努力避免这种暴

---

① [英]奥克肖特：《〈利维坦〉导读》，应星译，见《现代政治与自然》，上海人民出版社2003年版，第199页。
② [英]奥克肖特：《〈利维坦〉导读》，应星译，见《现代政治与自然》，上海人民出版社2003年版，第199页。
③ [英]霍布斯：《论公民》，应星、冯克利译，贵州人民出版社2003年版，"献辞"第4页。

力冲突的发生。于是，霍布斯在苦苦思索后给出了"关于人性的绝对肯定的假设"："一条是人类贪婪的假设，它使人人都极力要把公共财产据为己有。另一条是自然理性的假设，它使人人都把死于暴力作为自然中的至恶努力予以避免。"① 这就是列奥·施特劳斯所谓的"自然欲望公理"和"自然理性公理"。但是，正如麦克弗森所批评的那样，"霍布斯所说的人性确实存在，但那不是人性本身，而是一个占有性市场社会中的人性——是那些占有性个人主义者的人性。……霍布斯的全部政治学说是来自他对人性的分析，其实它只是对资产阶级的人的分析。"② 不过，霍布斯的有限占有权到了洛克那里则被改造成无限占有权，洛克的这一变革对后世资本主义的发展产生了深远的影响，并加剧了现代性的危机。

（一）自然欲望公理：虚荣自负

虚荣自负的根源在于人首先是一个动物性的存在者，他有着和其他动物大体相同的感官享受秉性，且每时每刻都暴露在各种各样的感性知觉面前；正是这些感性知觉无时无刻不在激发着人的欲望或嫌恶，使得人不得不如动物一般在自然欲望的世界中躁动不安，始终有着不同的追求目标和计划；快乐的实现需要我们不断获得我们所追求的目标。但是，人与动物的重要区别在于人的欲望和嫌恶有理性的介入。正是理性使得人不至于像动物那样只管眼前的饥渴，而不顾及将来的饥渴。"人的欲望跟动物的欲望本质上的区别，就在于后者只不过是对外在感性知觉的反应，因此，动物只对有穷尽的客体本身产生欲望，而人则本能地怀有无穷尽的欲望。"③ 可见，相对于其他动物而言，人才是最掠夺成性、最凶猛狡诈的动物。

霍布斯对人的自然欲望的经典表述是：

首先作为全人类共有的普遍倾向提出来的便是，得其一思其二、死而后已、永无休止的权势欲。造成这种情形的原因，并不永远是人们得陇望蜀，希望获得比现已取得的快乐还要更大的快乐，也不是他不满足

---

① ［英］霍布斯：《论公民》，应星、冯克利译，贵州人民出版社2003年版，"献辞"第4页。
② ［英］迈克尔·H. 莱斯诺夫：《二十世纪的政治哲学家》，冯克利译，商务印书馆2001年版，第124—125页。
③ ［美］列奥·施特劳斯：《霍布斯的政治哲学：基础与起源》，申彤译，凤凰出版传媒集团、译林出版社2001年版，第11页。

于一般的权势，而是因为他不事多求就会连现有的权势以及取得美好生活的手段也保不住。①

可见，对权势的热衷是普遍的人类特性，我们本能地怀有的权势欲是无穷无尽的。如果我们得不到我们想要得到的东西，我们可能心灰意冷，但是不久便会有新的欲望和目标刺激着我们。如果我们不断实现着我们所追求的目标，我们绝不会止于斯，因为我们很快便会转入下一个目标中，生命不息，追求不止。人类正是这种永无休止的权势欲的刺激与因欲望得不到满足的挫折中，不得不去确保他已经得到的东西，否则，他便会连现有的权势以及取得美好生活的手段也保不住。霍布斯还将引起人与人之间智慧差异的其他几种激情——财富欲、知识欲和名誉欲也归结为权势欲，并认为它们不过是几种不同的权势而已。

在霍布斯看来，人们的权势欲，既有可能是非理性的，也有可能是理性的，并且非理性的追逐比理性的更为常见。对权势的理性欲求已经过了理性反思，从而不再是自然的，故只有对权势的非理性欲求才被认为是人的自然欲望。"人们自呱呱坠地开始，便会自然地抢夺；对于他们所觊觎的任何东西，只要是他们力之所及，他们便想让整个世界惧怕并服从他们。"② 对此，列奥·施特劳斯分析道：孩子之所以"渴望"得到他所见到的某件具体的东西固然与其对外在世界的感知相关，但是孩子"渴望"对整个世界享有绝对的支配权则是因为"在人那里，动物的欲望被人的欲望接过来并转化了，而人的这种自发的、无穷尽、绝对的欲望，来源于人自身固有的深层本能"③。

一般而言，我们可以允许对权势的理性追逐，但是不能允许对权势的非理性追逐。霍布斯将自然欲望的根源归结为虚荣自负，即人们在端详自身的权势时所体验到的欢愉满足。他说："由于有些人把征服进行得超出了自己的安全所需要的限度之外，以咏味自己在这种征服中的权势为乐；那么其他那些本来乐于安分守已，不愿以侵略扩张其权势的人们，

---

① [英] 霍布斯：《利维坦》，黎思复、黎廷弼译，杨昌裕校，商务印书馆 1985 年版，第 72 页。

② Thomas Hobbes, *The English Works of Thomas Hobbes of Malmesbury* (Vol.7), London: Rouledge/Thoemmes Press, 1839-1845, p. 39.

③ [美] 列奥·施特劳斯：《霍布斯的政治哲学：基础与起源》，申彤译，凤凰出版传媒集团、译林出版社 2001 年版，第 12 页。

他们也不能长期地单纯只靠防卫而生存下去。其结果是这种统治权的扩张成了人们自我保全的必要条件，应当加以允许。"① 追逐荣誉和权力，觊觎名望和地位，是人与动物的自然欲望的区别。

霍布斯认为，激情和癫狂都是人自负或宣泄自卑感的表现，其动机不过是"人希图在审视自己的优势、自己被人承认的优势的时候，体验到欢愉和满足，也就是虚荣自负"②。不过，对于霍布斯是否直截了当地将人的自然欲望归结为虚荣自负，列奥·施特劳斯表示存疑，并认为霍布斯没有完成对这一根本论断的论证。一方面，霍布斯从自然主义的原则出发，试图从动物的本性推导出人的虚荣自负，从而将他的政治哲学奠基于人的自然性（动物性）之上，而不是像古典政治哲学那样（"因为纵或全世界的人们都把屋基打在沙滩上，我们也不能因此就推论说屋基应当这样打"），以便进一步释放被古典政治哲学的理性和信仰压抑的生命力。另一方面，霍布斯又强调虚荣自负虽然源于自然，但是我们却不能据此将这些激情的邪恶效果归咎于自然，因为通过这一策略，他为自己的政治哲学奠定了新的道德基础。

（二）自然理性公理：死亡恐惧

既然人的自然欲望本性使得"人人都极力要把公共财产据为己有"，那么，人类将进入相互为战的自然状态，若没有"使人人都把死于暴力作为自然中的至恶努力予以避免"的自然理性公理的干预，人类必然会在相互的死亡恐惧中走向毁灭，显然，这并不是人人所希望看到的结局。因此，霍布斯构建了人性的悖论——自然欲望与自我保存悖论，或者说从激情的维度来看是虚荣自负与死亡恐惧的悖论。

自然法是道德哲学的总结，而我在这里所给出的自然法法则，仅仅是与我们自身的保存相关、与我们克服人们的不一致所带来的危险相关的部分。③

霍布斯正是从自我保存的原则入手来消解自然欲望带来的负面效应，并构建他的自然法、自然权利以及道德哲学的。不过，因为自我保存是

---

① ［英］霍布斯：《利维坦》，黎思复、黎廷弼译，杨昌裕校，商务印书馆1985年版，第93页。

② ［美］列奥·施特劳斯：《霍布斯的政治哲学：基础与起源》，申彤译，凤凰出版传媒集团、译林出版社2001年版，第14页。

③ ［英］霍布斯：《论公民》，应星、冯克利译，贵州人民出版社2003年版，第40页。

理性选择的结果，而逃避死亡则是惧怕死亡的激情的本能反应（"每一种动物固有的激情"），且死亡恐惧的激情相较于孱弱无力的理性而言无疑是强大的；所以，霍布斯偏好消极性的修辞——死亡恐惧就不难理解了。毕竟，自我保存是一个积极性的修辞。对此，列奥·施特劳斯评论道："因为我们切身所感觉到的，是死亡，而不是生命；因为我们痛切地和直接地惧怕死亡，而只有当理性反思告诉我们，生命是我们幸福的条件时，我们才渴望生命；因为我们对死亡的恐惧，无限度地大于我们对生命的欲望。"① 如果说海德格尔是从存在的有限性的维度上思考死亡的话，那么，霍布斯则是从人性的有限性上思考死亡的。

对于霍布斯而言，死亡本身甚至包括在痛苦折磨中的死亡并不是最可怕的、最首要的、最高的邪恶，真正糟糕的是死于他人暴力的横死（或者说是暴死）。国家与法律的起源不是出于理性对死亡的认识，而是出于对横死极度嫌恶的激情。当然，这个恐惧是一种相互的恐惧。"人如果没有恐惧，就会更急迫地被支配人所吸引而不是被社会吸引。……大规模的、持久的社会的起源不在于人们相互的仁慈而在于相互的恐惧。"②

人与人之间为何会彼此恐惧呢？霍布斯指出，一是根源于人们的自然的平等；二是根源于人们彼此想加害的猜疑。

在霍布斯看来，所有人是天生平等的，而所谓的不平等是民法造成的。首先，就生理力量而言，彼此是平等的。只要摧垮了人脆弱的身体，其余智慧和活力均会随之被摧垮。但是，人与人杀人的力量之间的差距并不大，哪怕是一个体质最弱的人，要杀死一个体质强壮的人也是轻而易举的事情。其次，就头脑的敏锐而言，人与人之间也是平等的。霍布斯所说的头脑敏锐无非是指人在理智之路（亦被称为"科学的方法"）和普通经验之路（亦被称为"审慎的方法"）上的熟练程度。对于多数人而言，往往偏好经验的积累，习惯用审慎的方法，而较少用科学的方法。而每个人积累经验的速率是基本相同的，人与人之间并无多大差距。"因为慎虑就是一种经验，相等的时间就可以使人们在同样从事的事务中获得相等的分量。可能使人不相信这种平等状况的只是对自己

---

① ［美］列奥·施特劳斯：《霍布斯的政治哲学：基础与起源》，申彤译，凤凰出版传媒集团、译林出版社 2001 年版，第 19 页。

② ［英］霍布斯：《论公民》，应星、冯克利译，贵州人民出版社 2003 年版，第 6 页。

智慧的自负而已。"① 难能可贵的是，霍布斯早在17世纪便已宣称"人人生而平等"，堪称振聋发聩，影响深远。

所有人也都有加害人的意愿，他为害的意志或者起于他为其财产和自由与他人争斗的需要，或者出于对自己力量的高估。同时，认识上的分歧也容易引发彼此的恶性冲突。"但人为什么相互为害最常见的原因在于许多人同时想要同一样东西，这东西既无法被共享，也无法被分割。其结果就是它只能归属于强者。谁是强者呢？这就由争夺来决定了。"② 所以，霍布斯认为，所有源于人的天性的贪婪的危险便每时每刻都在威胁着任何人，人人都将其他人视作自己的可能的谋杀者而自危。这种对横死的恐惧归根结底是一种激情，它优先于理性，使人得以逃避死亡；但它又发挥着理性的功能，使人得以保存自我。列奥·施特劳斯说："根据霍布斯的学说，正是这种恐惧，而不是自我保存的理性原则，才是全部正义的以及随之而来的全部道德的根源。他的全部逻辑性结论，都是从这里得出的：他最终否定了所有德行的道德价值，只要它们无助于缔造国家，巩固和平，保护人免遭暴力横死之虞；或者，更确切地说，他否定了所有德行的道德价值，只要它们不是从对暴力造成的死亡的恐惧出发的。"③ 于是，我们需要进一步深入对霍布斯以激情为核心的人性论之道德基础的探讨。

三 人性之道德：欲望乃善恶的尺度

列奥·施特劳斯说：

霍布斯政治哲学的基础，不是来自道德中立的动物欲望（或道德中立的人类权力追逐）与道德中立的自我保存之间的自然主义的对立，而是来自根本上非正义的虚荣自负与根本上正义的暴力死亡恐惧之间的人

---

① ［英］霍布斯：《利维坦》，黎思复、黎廷弼译，杨昌裕校，商务印书馆1985年版，第92页。
② ［英］霍布斯：《论公民》，应星、冯克利译，贵州人民出版社2003年版，第7页。
③ ［美］列奥·施特劳斯：《霍布斯的政治哲学：基础与起源》，申彤译，凤凰出版传媒集团、译林出版社2001年版，第21页。

本主义的道德的对立。①

实际上，这段话讲了三层意思：首先，在自然状态中，人类的权势欲与自我保存与动物并无多大差别，故两者之间的对立只是自然主义的、道德中立的对立："当个人的欲望就是善恶的尺度时，人们便处在单纯的自然状况（即战争状况）下。"② 其次，在国家状态中，虚荣自负是非正义的终极原因，暴力死亡恐惧则是正义的根源，人类得以遵守国家的法律，故两者之间的对立是人本主义的道德的对立。最后，霍布斯通过对虚荣自负和死亡恐惧的人性的考察，将政治哲学奠基于人类生活的直接经验之中，既有别于自然主义的政治哲学，又不致完全陷入道德生活抽象化和忽视道德界限的窠臼之中。

一方面，人的虚荣自负本性，以胜过其他所有人为自我欢愉和自我满足，并希望其他所有人都服从他，害怕他。霍布斯说："既然所有的开心和愉悦都在于自己在较量中能高人一等，造成对自己更有利的舆论，那么人有时就无法避免通过笑、言辞或手势等其他信号表露出彼此的敌意和蔑视。"③ "最常成为犯罪原因的激情中有一种是虚荣，或是愚蠢地过高估计自己的身价，好像身价的区别是智慧、财富、出身、或某种其他天赋气质所产生的结果"。④ 因此，人以持续地胜过其他所有人为目标和幸福。然而，这只是人们根据他人的谀辞或自己的假想而编织的一场光彩夺目的幻梦而已。

另一方面，人们如果不是在遭遇到意外灾祸体验到对暴死的恐惧力量后从而幡然悔悟外，便很难从虚荣自负的迷梦中惊醒。当人的权势欲要求他人给予自己尊敬和荣誉时，人们感受到的往往只是轻怠或蔑视。一旦人们感受到轻怠或蔑视，这必然引发了他们的愤怒，从而陷入相互冲突之中。"由于考虑到人们在自然倾向下给予自己的评价以及他们希望于别人对他们的尊敬，同时又考虑到人们对旁人的评价是怎样的低；由

---

① [美] 列奥·施特劳斯：《霍布斯的政治哲学：基础与起源》，申彤译，凤凰出版传媒集团、译林出版社 2001 年版，第 32—33 页。
② [英] 霍布斯：《利维坦》，黎思复、黎廷弼译，杨昌裕校，商务印书馆 1985 年版，第 121 页。
③ [英] 霍布斯：《论公民》，应星、冯克利译，贵州人民出版社 2003 年版，第 7 页。
④ [英] 霍布斯：《利维坦》，黎思复、黎廷弼译，杨昌裕校，商务印书馆 1985 年版，第 230 页。

此出发就会不断地出现竞争、论争、党争、最后出现战争;造成互相摧毁。"① 人们在冲突过程中所感受的肉体痛苦,激发了人对于丧失生命的恐惧。人们彼此相互疑惧,他们相信自保之道最合理的方式先发制人,以武力或机诈置敌于死地。同时,即使是侵犯者本人也面临着来自他人的同样的危险。如此,普通的冲突便升级至你死我活的生死搏斗。只有当人在意外灾祸中真正感到死神向自己招手时,才会幡然悔悟暴死才是最可怕的、最首要的、最高的邪恶。"任何人所能想象的福音之光或悟性之光都不可能比他已经达到的程度更大。因此便有这样的情形:人们除了根据自己所遭遇的意外灾祸推论以外,便没有其他办法认识自己的黑暗。"② 人出于虚荣自负的天性,必然沉湎于自己的幻想世界,只有在与他人的冲突中,体验到死亡恐惧,才能真正获得现实世界的经验,走出由虚荣自负所编织的虚幻世界。

霍布斯一方面将虚荣自负归结为"人朽木不可雕的终极原因,是偏见迷信的终极原因,同时也是非正义的终极原因";另一方面则将死亡恐惧归结为"全部法律和全部道德的起源……是所有非道德或不道德的动机"。③ 在霍布斯看来,虚荣自负只会导致"每一个人对每一个人的战争"。没有人会在自然状态下自愿地选择死亡,任何符合自我保存的行动以及有利于自我保存的良知判断才是可以被允许的、正义的,否则,便是不被允许的、不义的。对于人类激情相互冲突而引发的战争状况,诉诸武力并不能真正解决问题,唯一可行的道路是订立信约,建立人为的国家。正是死亡恐惧指引着人们进入国家状态,颁布法律,制定规则,创造能自我保护的道德准则,使得人们与国家紧密相连。个人要么恐惧暴死,要么惧怕惩罚,而遵守国家的法律,人与人之间进入相对和平的状态。

显然,霍布斯对虚荣自负和死亡恐惧两大激情的重新诠释,从根本上撼动了古典政治哲学的道德基础。与古典政治哲学的道德基础相比,

---

① [英]霍布斯:《利维坦》,黎思复、黎廷弼译,杨昌裕校,商务印书馆1985年版,第139页。
② [英]霍布斯:《利维坦》,黎思复、黎廷弼译,杨昌裕校,商务印书馆1985年版,第490页。
③ [美]列奥·施特劳斯:《霍布斯的政治哲学:基础与起源》,申彤译,凤凰出版传媒集团、译林出版社2001年版,第27—31页。

霍布斯的道德观发生了如下三大根本性的转换。

一是对快乐的重新诠释。在亚里士多德那里，快乐和痛苦都是政治学家考察的对象。道德生活必定是快乐的，一个真正有德性的人也必然乐于从事他所要从事的事情。亚里士多德认为，动物式的快乐仅仅是感官上的、生理意义上的肉体快乐；只有与幸福相连的快乐才是心理上的、精神上的、道德上的快乐。幸福在于过有德性的生活，思辨的生活是最幸福的。当然，幸福绝不等同于快乐，幸福的生活绝不只是对快乐的追求。霍布斯在论述激情的谱系时，将快乐等同于善，而将痛苦等同于恶。这种"快乐主义"的经典表述是：

任何人的欲望的对象就他本人说来，他都称为善，而憎恶或嫌恶的对象则称为恶；轻视的对象则称为无价值和无足轻重。……这种准则，在没有国家的地方，只能从各人自己身上得出，有国家存在的地方，则是从代表国家的人身上得出的；也可能是从争议双方同意选定，并以其裁决作为有关事物的准则的仲裁人身上得出的。①

同时，霍布斯的"快乐主义"也是"感觉主义"的，"由于人体的结构经常不断地在变化中，所以同一类事物便不可能全都在同一个人身上永远引起同一类欲望和嫌恶；而所有的人对任何一个单一对象都具有相同的欲望就更不可能了。"② 霍布斯指出，当道德个体的激情就是善恶的尺度时，人们尚处于单纯的自然状态下，个体之间由此产生的争论与争执，唯有通过个体之间自愿同意将全体真正统一于唯一人格——利维坦之中才能最终解决。这种快乐主义，在自然状态下由个人的好恶来决定；而在国家状态下则以利维坦的好恶为依据。可见，霍布斯将快乐还原为被亚里士多德贬之为动物式的感官快乐的本原，并以此为基础重新建构了他的新的道德哲学，与之相关联，亚里士多德所追求的最高的善（幸福）在于过思辨的生活也被转变为对现实政治生活的追求。

二是对幸福的重新诠释。正是由于霍布斯将欲望当作人类不断前进的动力，他便彻底颠覆了古典政治哲学对于至善和终极目的的追求以及对幸福的理解。霍布斯说："旧道德哲学家所说的那种极终的目的和最高

---

① [英] 霍布斯：《利维坦》，黎思复、黎廷弼译，杨昌裕校，商务印书馆1985年版，第37页。
② [英] 霍布斯：《利维坦》，黎思复、黎廷弼译，杨昌裕校，商务印书馆1985年版，第37页。

的善根本不存在。欲望终止的人，和感觉与映象停顿的人同样无法生活下去。幸福就是欲望从一个目标到另一个目标不断地发展，达到前一个目标不过是为后一个目标铺平道路。"① 古典政治哲学所追求的幸福是过一种心灵的永恒宁静或心满意足、不求上进的生活，企图以理性来统摄激情和欲望，以理性来解决道德教化问题。而霍布斯则认为，幸福就是欲望的不断发展，心灵的永恒宁静在今世不可能存在，今生的幸福也不可能存在于不求上进的心满意足中。人类的欲望不是享受一次就完了，还要永远确保未来欲望的顺利实现。"如果说笛卡尔是从'思'的角度界定了主体的特质，那么霍布斯则是从'欲望'的角度界定了人的特质。"② 就此而言，笛卡尔的"我思故我在"被霍布斯转换成了"我欲故我在"。激情是不断运动的，人的生命也是不断运动的，人的幸福就是处于不断变化中的未知，而其中源源不断的动力就是"得其一思其二、死而后已、永无休止的权势欲"。

三是对恶的重新诠释。苏格拉底相信无人有意作恶，恶是无知的结果。但是，苏格拉底将恶与理性相关联，从而否定了激情对于形成伦理品德的作用。亚里士多德则指出，伦理知识的目的在于实践，决定人行为善恶的，除知识外，还有激情与欲望的影响，即使是作恶也是自愿的。在经院哲学看来，由于人类的堕落本性，恶可以是蓄意的；恶来源于人的自由意志，善念是上帝注入（灌入）人们心中的，恶念则是魔鬼灌入的。霍布斯则说："道德哲学就是研究人类相互谈论与交往中的善与恶的科学。善与恶是表示我们的欲望与嫌恶的名词，欲望与嫌恶在人们不同的气质、习惯和学说之中是互不相同的。"③ 不同的人对味觉、嗅觉、视觉等的判断存在差异，而且他们对共同生活的行为是否合理的判断中也有着不同的好恶。即使是同一个人在不同的时候的判断也彼此迥异。由此，人与人之间便产生了争论与挣扎，甚至酿成战争。在单纯的自然状态下，欲望是善恶的尺度，和平以及达成和平的方式或手段便是善，而其反面则是恶。霍布斯由此批驳古典政治哲学虽然看到美德和恶行的表

---

① [英]霍布斯：《利维坦》，黎思复、黎廷弼译，杨昌裕校，商务印书馆 1985 年版，第 72 页。

② 汪堂家、孙向晨、丁耘：《十七世纪形而上学》，人民出版社 2005 年版，第 196 页。

③ [英]霍布斯：《利维坦》，黎思复、黎廷弼译，杨昌裕校，商务印书馆 1985 年版，第 121 页。

现,但是却没有看到这些美德的善在于是被作为取得和平、友善和舒适的生活的手段,便认为美德在于激情的适度。对此,霍布斯讥讽道:古典政治哲学的意思不过是在说毅勇不在于勇敢无畏的动机,而在其程度;慷慨大度不在于馈赠的动机,而在于赠物的数量。可见,霍布斯不但不排斥激情对于伦理品德的影响,而且首先是在激情的维度上来谈善恶的,将和平和自然权利视为基本自然法,所谓的善恶,不过是看是否有利于和平和自我保存,根本不存在什么"中道"。霍布斯强调:"自然权利并不把任何出于自卫之需的行为当作邪恶。"① 在没有因恐惧公共权力而受到约束的时候,人的天性注定要彼此猜疑,相互恐惧,并设法防备他人。因而,恶是随时随地存在的,而且将永远存在,因为利维坦是有朽的上帝,人类不可能获得永久的和平,因为人的欲望和嫌恶的激情是永远存在的。当然,霍布斯特别指出,我们不能据此得出人类本性邪恶的观点。因为人生而为动物的事实是无法改变的,因而来自动物天性的激情本身("这使他们追求享乐,因恐惧或愤怒而尽可能逃避或排斥威胁他们的罪恶")也是无所谓邪恶的,尽管它们有时引起的是邪恶。"恶人就像固执的孩子,或孩子气的成人,恶无非就是人到了一定年龄时依然缺少理性。"② 所以,霍布斯说,虽然人类有着无数动物性的激情(如贪婪、恐惧、愤怒等),但是他们并非天生邪恶。

四 结语

霍布斯的人性论是其政治哲学的基础,而人性论又可归结为关于激情的"两条最为确凿无疑的人性公理":"自然欲望公理"(虚荣自负)和"自然理性公理"(死亡恐惧)。凭借激情说的根本转换,霍布斯实现了与古典人性论的彻底决裂——人首先是激情的动物,而不是社会的动物或理性的动物。就人的自然性而言,人与动物所拥有的激情大体相同,只有推理和宗教才真正将人与动物区分开。就人的社会性而言,

---

① [英]霍布斯:《论公民》,应星、冯克利译,贵州人民出版社2003年版,"献辞"第2页。
② [英]霍布斯:《论公民》,应星、冯克利译,贵州人民出版社2003年版,"致读者的前言"第11页。

人既有着极力要将公共财产据为己有的贪婪本性（虚荣自负），又有着将暴力死亡作为最大的恶来避免的天性（死亡恐惧）。就人的道德性而言，激情与自我保存之间的对立在前政治状态（自然状态）下是自然主义的、道德中立的对立，而在政治状态（国家状态）中则是人本主义的、道德的对立。如果说关于善的意见的不和谐将引起人与人之间的冲突和战争的话，那么，死亡恐惧这种至恶则会引导人们建立新的道德秩序和政治秩序，从而实现相对的和平。至此，霍布斯实现了以激情说为纽带，将人性、政治、道德三者有机结合起来的初衷。当然，霍布斯以个人的欲望作为人道德的天然尺度，不可避免地要陷入利己主义的困境。

参考文献

Michael Oakeshotto：*Hobbes on Civil Association*，Indianpolis：Liberty Fund，Inc.，1975.

［英］霍布斯：《利维坦》，黎思复、黎廷弼译，杨昌裕校，商务印书馆1985年版。

［美］列奥·施特劳斯：《霍布斯的政治哲学：基础与起源》，申彤译，凤凰出版传媒集团、译林出版社2001年版。

［英］霍布斯：《论公民》，应星、冯克利译，贵州人民出版社2003年版。

［美］A. P. 马蒂尼奇：《霍布斯传》，陈玉明译，上海世纪出版集团、上海人民出版社2007年版。

（原载于《江海学刊》2015年第4期，人大报刊复印资料中心《政治学文摘》2015年第4期转载）

激情与生存

——霍布斯自然状态理论新释

霍布斯的自然状态不过是对由人类最原始的激情所支配着的生活状态的一种假设①，其思想主题是人性，从而区分于古希腊的"自然状态"（其思想主题是世界/自然）、中世纪的"自然状态"（其思想主题是上帝）。根据人类激情的不同状态，我们可以将霍布斯所理解的人类生存状态区分为三种：第一自然状态，是"激情的安宁"状态；第二自然状态，是"激情的冲突"状态；国家状态，是"激情的秩序"状态。霍布斯不是从历史的意义上来谈"自然状态"理论的，而是将政治哲学的基础上溯至人性论，并根据人性论的核心激情学说得出的理论假说，其根本目的在于论证国家状态之外必然是人人相互冲突、相互恐惧的自然状态。

一　与传统的决裂：激情的转向

早在古希腊时期，智者学派的代表性人物普罗泰戈拉就认为，人类从野蛮状态进入人类社会经历了三个阶段。② 第一阶段，人是分散的个体，尚没有建立城堡，他们没有政治方面的技艺；第二阶段，分散的个体出于防卫自己的需要而聚集起来，开始群居生活；第三阶段，为避免因缺乏政治的技艺而相互残杀互相侵犯，宙斯给人类带来了相互尊重和

---

① 君特·布克曾指出："自然状态学说的意图并不在于通过所有历史进行方法论的归纳来呈现人类社会化的社会原始状态。相反，它倒是想再现一般的人际状态；如果调节社会生活的一切政治控制机构都可以假定被废除，那么，从理论上说，这种人际状态肯定会出现的。"（转引自［德］阿克塞尔·霍耐特《为承认而斗争》，胡继华译，上海世纪出版集团、上海人民出版社2005年版，第13页。）

② 参见［古希腊］柏拉图《普罗泰戈拉篇》，转引自汪子嵩、范明生、陈村富、姚介厚《希腊哲学史》第2卷，人民出版社1997年版，第180页。

正义，城邦得以秩序化，人与人之间方能友好合作。当然，普罗泰戈拉所说的第一阶段也是一种前政治状态，人与动物尚无实质性区分，类似于霍布斯的第一自然状态。普罗泰戈拉所说的第二阶段并强调了人为了"自保"而建立城堡以及人与人之间的战争状态，类似于霍布斯所说的第二自然状态。普罗泰戈拉所说的第三阶段与霍布斯则有着本质的区别，前者说的城邦是神授的，而后者则是人与人之间相互约定的。此外，普罗泰戈拉也强调欲望是人的本性，人有动物性的一面，人性本身并无什么可以非难的。但是，普罗泰戈拉强调人性本善，恶不过是人不去获取那些本可以通过教育和训练获得的品性，反而去行不义的事情。这就与霍布斯的激情理论和性恶说大相径庭了。

柏拉图和亚里士多德发展了普罗泰戈拉关于社会形成的观点，他们将"人自然是政治动物"与人自身的完善相关联。柏拉图指出，人类有着包括衣食住等多方面的生存需要，任何人单凭自身不可能达至自足，必须互相帮助，交换自己的产品。同时，每个人还受时间、精力和技艺等方面的限制，加之生产有时节的限制，人们之间还必须有社会分工。这样，城邦便得以形成。亚里士多德则认为，城邦均是某种共同体，所有共同体都是为了达到某种善而建立的。城邦是所有共同体中最崇高、最有权威并且将其他一切共同体都包含在它之下，所追求的一定是至善。与城邦不同，联盟则是为了确保各自利益的契约。"亚里士多德对政治的思考是从自然出发的——我们权且称为'超政治'的思考，而霍布斯对政治的思考却是从自然状态出发的——我们权且称为'非政治'的思考。"[①] 两者的根本区别在于自然权利的含义发生了根本转换。

当然，真正对"自然状态"进行系统思考的是奥古斯丁，霍布斯的"自然状态"说主要根源于他。奥古斯丁认为，人人得享和谐的纯洁的自然状态是存在的；人的贪婪和统治欲使得人堕落了，人因罪而不得不进入了堕落的自然状态。为此，奥古斯丁还引入了"神的正义"用以替换"自然正义"，而"神的正义"正是"上帝之城"的一种属性。奥古斯丁说，人只有靠"上帝"的恩典才能获救，进入蒙恩状态。从表面上看，奥古斯丁的自然状态说与霍布斯有着诸多类似，但是，奥古斯丁主要是

[①] 应星：《霍布斯与现代政治的概念》，见《现代政治与道德》，上海三联书店2006年版，第190页。

在基督教神学的层面而非政治哲学的层面。霍布斯认为,不是神的恩宠而是利维坦(人造人)才能真正弥补自然状态的缺陷,所进入的也不是蒙恩状态而是公民状态。

阿奎那认为,所谓的"自然法状态"无非就是摩西法的启示前的生活状态,是异教徒们的一种公民社会的状态。阿奎那接受了亚里士多德关于国家的起源在于人区别于其他动物的社会本性的观点。阿奎那说:"如果人宜于按照其他许多动物的方式过一种孤独的生活,他就不需要别的指导者,而是每一个人在上帝即万王之王的管辖下,将成为他自己的君主,并且对于自己的行动,有依靠上帝所赋予的理性的启发而充分加以指挥的自由。然而,当我们考虑到人生的一切必不可少的事项时,我们就显然看出,人天然是个社会的和政治的动物,注定比其他一切动物过更多的合群生活。"[1] 正因为人的社会性,人天生就比那些最爱群居的动物如鹤、蚂蚁或蜜蜂等更需要和同类互相沟通,这是因为由于他有许多需要不能单靠自己的力量求得满足,他就不得不过社会生活。同时,这也导致人天生注定要构成一个使他得以享受完满生活的社会的一部分。由此可见,在阿奎那那里,人的社会性就是人的"享受完满生活"的欲望。但是,阿奎那指出,人除了自然的需要外,还有一个超自然的目的,国家本身并不能解决超自然的目的,国家是上帝所意愿的。此外,国家也不再如奥古斯丁所说是人的罪的产物,阿奎那认为,即使是在无罪的情况下,人也应当生活在社会之中。

被视为自然法之父的格劳秀斯是介于霍布斯的自然与古典政治哲学之间的过渡性人物,他实现了"从形而上学的自然法到唯理主义的自然法的转型"[2]。他将"自然状态"与"基督法状态"相提并论,并认为,自然状态是人们只服从自然法而非人为法的状态,自然状态本身并非"没有人的作为",在本质上也不先于公民社会。

列奥·施特劳斯指出:"霍布斯的自然状态观念是以既拒斥古典派、又拒斥习俗主义者为前提的,因为他否认有某种目的、某种 summum bo-num[至善]的存在。于是他将自然的生活等同于'开端',亦即由最原

---

[1] [意]阿奎那:《论君主政治》,见《阿奎那政治著作选》,马清槐译,商务印书馆1982年版,第43—44页。

[2] [德]海因里希·罗门:《自然法的观念史和哲学》,姚中秋译,上海三联书店2007年版,第65页。

始的欲望支配着的生活；与此同时，他又认为这一开端有着缺陷，而这一缺陷要以公民社会来救治。"① 霍布斯则将公民社会之外的人的状态称之为自然状态，他的自然状态说是从他的激情理论中推演出来的，因为所谓的自然状态不过是由人类最原始的激情所支配着的生活状态。凭借于霍布斯的自然状态理论，我们可以理解现实的政治秩序之形成，也可以设定未来的政治社会的目标。一旦政治社会的目标设定后，政治问题便转变为如何将人和社会组织起来，以便最有效地实现这些目标。

二 第一自然状态：激情的安宁

在霍布斯那里，激情并不是区分人和动物的根本性指标，两者所拥有的激情大体相同，唯一的自然差别就是人类具有更强烈的好奇心。诸如"饥、渴、怒、情欲等肉体的激情"是人和动物所共同具有的基本激情。肉体的激情"作用于我们的肉体感觉器官，我们称其为肉体的激情（sensual）；通过这些最大的欲望，首先，我们可以延续自己的种族；其次，我们还得以保存我们自己"②。

肉体的激情是指向当下的，而非指向将来的，与之相关的愉快或不愉快均不可能存在于对未来将发生的事情的长期预期之中。"愉快或高兴有些是由于现实对象的感觉而产生的，可以称为感觉的愉快。……这一类的愉快，包括一切身体的添增与排除；此外还包括视觉、听觉、嗅觉、味觉和触觉方面的一切愉快事物。"③ 同时，肉体的激情只关心个体本身，而很少及于他人。虽然不同的人与动物的口腹之欲和延续种族的性欲往往碰巧集中于同一对象之上，但是这种冲突并非不可避免。因此，霍布

---

① ［美］列奥·施特劳斯：《自然权利与历史》，彭刚译，生活·读书·新知三联书店2006年版，第188—189页。他指出，在古典政治哲学那里，所谓的自然状态不是公民社会之先的人的状态，而应该是一个健康的公民社会中的人的状态；在习俗主义者那里，公民社会是习俗的或人为的，合于自然的生活在先于公民社会的原始条件下并不存在；合于自然的生活或自然状态比公民社会更值得追求。

② Thomas Hobbes, *The English Works of Thomas Hobbes of Malmesbury* (Vol. 4), London: Rouledge/Thoemmes Press, 1839–1845, p. 34.

③ ［英］霍布斯：《利维坦》，黎思复、黎廷弼译，杨昌裕校，商务印书馆1985年版，第38—39页。

斯认为，动物之间有着共同的欲望，无非是为了安生与果腹而已，因而它们相对宁静。处于第一自然状态之中的人则激情安宁，和平相处，如动物那样："始终生活于良好的秩序与统治中，为了自身的共同利益，同时远离内乱和战争，永享和平、利益和防御，几乎不可能想象更多的东西了。"①

但是，霍布斯本人却否认第一自然状态的真实存在，认为只是他的一种理论策略而已。因为与其他动物相比，人本能地怀有无穷尽的欲望，是当之无愧的最掠夺成性、最凶猛狡诈的动物。人不可能像动物那样安于第一自然状态，必然转入第二自然状态。即使是第二自然状态，霍布斯也并未承认整个世界普遍存在，他只是认为还是有许多地方的人至今依然生活在自然状态中。他说："因为美洲有许多地方的野蛮民族除开小家族以外并无其他政府，而小家族中的协调则又完全取决于自然欲望，他们今天还生活在我在上面所说的那种野蛮残忍的状态中。"②霍布斯宣称，他之所以要构建自然状态理论，其目的是让我们"从原先在一个和平政府之下生活的人们往往会在一次内战中堕落到什么样的生活方式这种活生生的事实中可以看出，在没有共同权力使人畏惧的地方，会存在什么样的生活方式"③。

需要特别指出的是，一方面，霍布斯否认了人天生适合社会；另一方面，他又承认人事实上组成了社会，没有人生活在社会之外，人们追求相聚与彼此的交流。这两者是否自相矛盾呢？对此，霍布斯解释道：说一个人一生来便注定要承受永恒的孤独是错误的，因为无论是婴儿还是成人都离不开他人的帮助。人们在自然的推动下寻求彼此的陪伴。但是，霍布斯所说的公民社会并非简单的人与人之间的相聚，更是一些联盟，这些联盟必须要求对达成联盟有足够的信心和认同。婴儿和未受教育者算不上已经进入社会了，因为他们尚不知道什么是社会；而那些不懂得如果没有社会就将失去什么东西的人则不关心社会，因为他们还没

---

① Thomas Hobbes, *The English Works of Thomas Hobbes of Malmesbury* (Vol. 4), London: Rouledge/Thoemmes Press, 1839–1845, p. 120.

② [英]霍布斯：《利维坦》，黎思复、黎廷弼译，杨昌裕校，商务印书馆1985年版，第95页。

③ [英]霍布斯：《利维坦》，黎思复、黎廷弼译，杨昌裕校，商务印书馆1985年版，第95页。

有意识到社会的好处。所以，霍布斯说："所有人（既然所有人生下来时都是婴儿）生下来时都是不适合社会的，而许多人（也许是大多数）因其精神上的病变和缺乏教育，终其一生也还是不适合社会。……即使人是在一种渴望社会的条件下出生的，这也并不意味着，他生下来就足以适合进入社会。"① 最后，霍布斯得出结论：人是通过教育而非自然变得适合社会的。换句话说，虽然人首先是一种前政治的动物，但是，人是在通过政治教育克服和规制人性激情的弱点之后，才变成一种政治的动物的。显然，政治教育的首要内容便是人不可能像动物安于第一自然状态，人性激情的弱点是从第一自然状态转入第二自然状态的内在根据，而且激情泛滥的第二自然状态也是人类需要克服的灾难。

三　第二自然状态：激情的冲突

我们知道，霍布斯对第二自然状态最经典的表述是：

在人人相互为敌的战争时期所产生的一切，也会在人们只能依靠自己的体力与创造能力来保障生活的时期中产生。在这种状况下，产业是无法存在的，因为其成果不稳定。这样一来，举凡土地的栽培、航海、外洋进口商品的运用、舒适的建筑、移动与卸除须费巨大力量的物体的工具、地貌的知识、时间的记载、文艺、文学、社会等等都将不存在。最糟糕的是人们不断处于暴力死亡的恐惧和危险中，人的生活孤独、贫困、卑污、残忍而短寿。②

为什么自然状态下必然是每一个人对每个人的战争呢？霍布斯认为，其深层次根源恰恰在于是人与人之间两大激情的冲突：一是虚荣自负——追求超越他人的权势，使人倾向于争斗、敌对和战争；二是死亡恐惧——使人痛切地和直接地惧怕死亡，追求生命安全和安逸闲乐。"前者是较高的激情，是外放的自然欲望，是征战的德性；后者是较低的激

---

① ［英］霍布斯：《论公民》，应星、冯克利译，贵州人民出版社2003年版，第11页。
② ［英］霍布斯：《利维坦》，黎思复、黎廷弼译，杨昌裕校，商务印书馆1985年版，第94—95页。

情,是内敛的自然欲望,使人服从和平的德性。"① 那么,现在的问题就转换为虚荣自负和死亡恐惧之间水火不容的根源。

一是从自然能力上的"平等"到激情上的"不平等"。在自然状态下,人与人之间天生便在身心两方面的能力上十分相等,即使有所差异也是微乎其微的。在这种状态下,没有公共权力使人们服从,没有一条生活竞赛的规则,人们完全按照自己的本性生活。这种激情的平等是一种基于自然力量的平等(即使最弱的人也能杀死最强的人),而非上帝面前的人人平等②;这是一种前政治的平等,区分于进入公民社会后的政治或法律上的人人平等。既然每个人都是自己的主人,都可以裁定自身的自然权利,那么,"政府的合法性并不内在于事物的本性之中,因为没有人和团体天生具有权力来统治别人"③。但是,虚荣自负使得人产生不平等的感觉。"几乎所有的人都认为自己比一般人强……因为根据人类的本性说来,不论他们承认有多少人比自己机灵、比自己口才好、比自己学问好,但却不会相信有很多人能像自己这样聪明。因为人们看自己的智慧时是从近旁看的,而看他人的智慧时则是从远处看的。但这倒是证明人们在这一点上平等而不是不平等。"④ 如此,激情上的不平等便产生了。

二是从激情上的"不平等"到激情上的"相互疑惧"。在自然状态下,既然人们在自然能力上是平等的,便会产生"达到目的的希望的平等"。但是,只要有两个人同时都想获取一件东西,而这件东西恰恰又是不能共享的,那么,他们就会变为敌人。人们在自我保全或满足自己的欢乐的过程中,彼此都力图摧毁或征服对方。同时,被侵犯者往往怀疑对方是否培植、建立自己的优势地方,联合他人,以便剥夺自己的劳动成果,甚至是自己的生命或自由。当然,这种危险对于侵犯者来说同样存在。对于这种潜在的危险,首先,理智的方法是屡弱无力的。因为理智的方法虽然能提供理论知识,但不能告诉我们他人的图谋。其次,经

---

① 应星:《霍布斯与现代政治的概念》,见《现代政治与道德》,上海三联书店2006年版,第194页。

② 这句话出自18世纪的英国议员威廉·威伯福斯,主要内涵是:首先,在上帝面前,人无高低贵贱之分,人人都需要为自己的罪受审判,人人都是罪人。其次,没有一个人不是按照上帝的形象被造的,人人同等尊贵。所以,上帝面前人人平等。

③ 汪堂家、孙向晨、丁耘:《十七世纪形而上学》,人民出版社2005年版,第196页。

④ [英]霍布斯:《利维坦》,黎思复、黎廷弼译,杨昌裕校,商务印书馆1985年版,第92—93页。

验的方法也难以弄清真相。因为经验的方法是与我们的激情和欲望密不可分的，我们往往根据自己的欲望和动机来判断他人的欲望和动机。但是，任何人所处的境遇是不同的，彼此的欲望和动机也各异。此外，语言的欺骗能力则使得情况变得更加复杂。既然我们不能通过理智的方法或经验的方法来确定他人的欲望和动机，不能分辨哪些人潜藏着威胁我们权势的祸心，那么，我们唯有以猜疑来对待他人。于是，人们陷入相互疑惧之中，彼此充满着恶意。

三是从激情上的"相互疑惧"到激情上的"冲突"。在自然状态下，人人相互疑惧，彼此猜忌。于是，要想自保，最明智的选择就是先发制人，利用武力或机诈的手段解除威胁自己的任何力量。在霍布斯看来，这是被允许的，因为其并未超出自我保全的限度。如果有些人的征服超出了自我保全的需要，并以此种征服为乐的话，那么，其他人就很难安分守己，不再单纯依赖于仅靠防卫而生存。结果必然是，统治权的扩张成了人们实现自我保全的必要条件。所以，人人都不得不尽可能地扩张自己的统治权，加之没有公共权力让大家慑服，此时，充斥人们之间的是巨大的忧伤而非快乐。人人都期待着自我的估价能与他人对自己的估价能大致相当。只要个人感觉受到他人的轻视或被估价过低时，"自然就会敢于力图尽自己的胆量（在没有共同权力使大家平安相处的地方，这就足以使彼此互相摧毁）加害于人，强使轻视者作更高的估价，并且以诛一儆百的方式从其他人方面得到同样的结果"①。这样人与人之间必然陷入"每一个人对每个人的战争"。

霍布斯接着说，人类中存在三种造成争斗的主要原因：竞争（"使人为了求利"而进行侵犯）；猜疑（"使人为了求安全"而进行侵犯）；荣誉（"使人为了求名誉"而进行侵犯）。"在第一种情形下，人们使用暴力去奴役他人及其妻子儿女与牲畜。在第二种情形下则是为了保全这一切。在第三种情形下，则是由于一些鸡毛蒜皮的小事，如一言一笑、一点意见上的分歧，以及任何其他直接对他们本人的藐视，或是间接对他们的亲友、民族、职业或名誉的藐视。"② 也就是说，人具有求利的侵犯

---

① [英]霍布斯：《利维坦》，黎思复、黎廷弼译，杨昌裕校，商务印书馆1985年版，第94页。
② [英]霍布斯：《利维坦》，黎思复、黎廷弼译，杨昌裕校，商务印书馆1985年版，第94页。

性，导致人与他人的竞争冲突；人担心自身沦为他人扩张的牺牲品，导致人与他人的普遍猜疑；人的虚荣心总是寻求他人的承认，导致人与他人之间的荣誉纷争。这样一来，自我的追求、扩张与他人之间的竞争、猜疑、冲突便成为自然状态下的常态了。

需要注意的是，"荣誉"在霍布斯那里不再如古典政治哲学所认为的那样是贵族式的德性，而是成了他人"承认"自己的优越性，使之更好地为现实的政治服务。"这个变化在根本上意味着，德行已经不再被构想为一种状态（'条件状态'），而仅仅是一种意图了。……意图成为唯一的道德原则，因为他不再相信存在着一个'客观的'原则，使人必须赖以安排他的行动，他也不再相信存在着一个自然法，它先于全部人类意志。"[1] 如此，霍布斯从根本上拒斥了将"荣誉"作为所有德性的起源，代之以死亡恐惧，从而将德性起源上升至自我意识的高度。霍布斯的这一思想对黑格尔的自我意识思想和主仆理论也产生了重要影响。黑格尔在《精神现象学里》中说：在"恐惧"中"我们只看见了奴隶对主人的关系。但是奴隶是自我意识……这种奴隶的意识并不是在这一或那一瞬间害怕这个或那个灾难，而是对于他的整个存在怀着恐惧，因为他曾经感受过死的恐惧、对绝对主人的恐惧。死的恐惧在他的经验中曾经浸透进他的内在灵魂，曾经震撼过他整个躯体，并且一切固定规章命令都使得他发抖。这个纯粹的普遍的运动、一切固定的持存的东西之变化流转却正是自我意识的简单本质、是绝对的否定性、是纯粹的自为存在，这恰好体现在这种意识里。"[2] 与霍布斯不同的是，黑格尔深信人类有时会为了荣誉而甘愿冒生命的危险，而这也是人类自由的起点。

于是，霍布斯归纳道，假如不存在一个共同的权力使得大家慑服，人与人之间的激情便必然处于"冲突"状态之下，人与人之间便处于战争状态之下。对此，霍布斯还补充解释道，所谓的战争状态，除指实际的战役或战斗行动外，还应包括"以战斗进行争夺的意图普遍被人相信的一段时期之中"。既然整个没有和平保障的时期人们都具有战斗的意图，那么，和平时期之外的状态便必然是战争状态。

同时，在自然状态下，人人彼此相互离异、易于互相侵犯摧毁，不

---

[1] ［美］列奥·施特劳斯：《霍布斯的政治哲学：基础与起源》，申彤译，凤凰出版传媒集团、译林出版社 2001 年版，第 65—66 页。

[2] ［德］黑格尔：《精神现象学》，贺麟、王玖兴译，商务印书馆 1981 年版，第 104 页。

存在对公正的诉求，没有什么是不公正的东西，因为公正与否必须依据某种先在的法律。霍布斯说，在人们尚不知道有法律禁止之前，由激情而导致的行为是无辜的；法律的禁止在法律尚未制定之前人们无从知晓，而且法律的制定在人们同意推定制定者前也是不可能的，所以，自然状态下不可能存在法律。所以，在自然状态下，人类的欲望和其他激情本身并没有罪。但是，"这并不意味着人身上不存在驱使他们朝向公民生活的自然冲动和力量，而是意味着反社会的力量同促进公民生活的力量一样是自然的，当未被法律或约定所调和时，它甚至比后者的力量更强劲有力。自然不是充当人类谋取利益的直接指南，而是向人民昭示了应该避免什么。"①

正如诺齐克所说，自然状态理论"其根本的起点就是描述道德上许可的和不许可的行动，描述社会上的一些人为什么会违反这些道德约束，然后继续描述一个国家是如何从自然状态中产生出来的"②。但是，"恐惧是一种激情，并且只要它仍然是一种激情，它便是那些促进或阻碍和平的行为的根据"③。要想摆脱自然状态的困境，唯有建立国家，进入国家状态，使得激情在秩序化（理性化）中处于相对和平的状态。

四 国家状态：激情的秩序

霍布斯认为，人的行动都是出于自己的意志，而意志又出于自己的激情——希望和恐惧。自然法只是理性的一般法则，还不是真正的法律，不能保障他们会被人遵从。自然法在自然状态之中是沉默的，仅凭个人之力根本无法打破自然法在激情面前的这种沉默。此时，死亡恐惧进一步指引人们建立一种共同权力。这种共同权力通过灌输对某种惩罚的恐惧来控制个人，使之履行契约和遵守自然法。于是，人们通过契约的形

---

① ［美］列奥·施特劳斯、［美］约瑟夫·克罗波西主编：《政治哲学史》，李洪润等译，法律出版社2009年版，第398页。

② R. Nozick, *State and Utopia*, New York: Basic Book, 1974, p. 7. 转引自徐向东《自由主义、社会契约与政治辩护》，北京大学出版社2005年版，第9页。

③ "Letter on Hobbes Author（s）: Michael Oakeshott", *Source: Political Theory*, Vol. 29, No. 6 (Dec., 2001), pp. 834-836.

式创造了"国家"。一方面,国家可以抵御外来侵略和制止相互侵害;另一方面,国家又能保障人们以自己的辛勤劳动及其劳动成果为生,并过上美满的生活。下面我们将具体分析,霍布斯如何将出于自我保存的激情的自然人以及通过什么步骤将相互恐惧联结成国家。

霍布斯说,在自然状态中,个人能想到的保障自身安全的唯一途径就是,依靠自己的力量和策略来戒备其他人。譬如,在以小氏族方式生活的一切地方,人们遵从的是荣誉律,奉行互相抢劫,谁抢到的赃物越多便越光荣。与自然律不同,荣誉律禁止的只是残忍,不夺取人的生命,不抢夺生产工具。霍布斯甚至将他那时的城邦和王国讥讽为大型的氏族而已,远非他所说的真正国家。所以,霍布斯说,少数人联合并不能使人们得到有效的安全保障。因为在少数人中,只要某一方的人数稍微有所变化便会打破各方力量的对比,足以影响到最终的胜负。那么,究竟多少人联合的群体能充分地保障人们的安全呢?霍布斯说:"使人确信能充分保障安全的群体大小不决定于任何一定的人数,而只决定于与我们所恐惧的敌人的对比。只有当敌人超过我方的优势不是显著到足以决定战争的结局、并推动其冒险尝试时,才可以说是充分了。"① 可见,霍布斯还是从激情入手来解决这一难题的——群体联合所产生的力量至少不能低于充分克服我们所恐惧的敌人的力量。

霍布斯指出,松散的群体纵使再大,每个人都只是根据各人的判断和欲望来行事,彼此无法互相协助,反而会互相妨碍,他们所产生的合力不足以对内制止人们的互相侵害和对外抵御共同的敌人侵略。显然,在这种情形下是不会有任何世俗政府或国家的。同时,某一群体的联合还必须始终保持同心协力才能长久地保障人们的安全,仅仅在有限时期内如某一次战役或战争中受某一种判断依据的指挥和统辖是远远不够的,因为一旦危机解除该群体又会由于利益的分歧而解体,重新陷入相互为战的状态。

在霍布斯看来,正因为人的虚荣自负激情决定了人根本不可能像动物那样群处相安地生活,人唯有通过建立共同权力的方式才能走出悲惨的自然状态。共同权力的建立只有一种形式,那就是大家将所有的权力

---

① [英]霍布斯:《利维坦》,黎思复、黎廷弼译,杨昌裕校,商务印书馆1985年版,第129页。

和力量托付给某一个人或是将多数人的意见统一为一个集体的意志，不再只是同意和协调，而是将全体真正统一于唯一人格之中。需要注意的是，霍布斯在自然状态下使用的"人"（man），而在国家状态下使用的则是"人格"（person），强调的就是人在社会中的角色。① 一个人的言语和行为，若发自其本身便是"自然人"，若代表了其他人的言语和行为则是"虚拟人"。"代表就是扮演或代表他自己或其他人。代表某人就是承当他的人格或以他的名义行事。"② 所谓的代理人就是那些言行得到被代表者承认的虚拟人，而所谓的授权人则是那些承认代理人的言行的人。单一"人格"是一群人中的每一位成员都个别地同意由一个人代表时而形成的。这种人格的单一性在于代表者的统一性，而不是指被代表者的统一性。霍布斯说，要将全体统一为唯一人格，必得人人相互订立信约："其方式就好像是人人都向每一个其他的人说：我承认这个人或这个集体，并放弃我管理自己的权利，把它授与这人或这个集体，但条件是你也把自己的权利拿出来授与他，并以同样的方式承认他的一切行为"③。霍布斯将那些通过这一授权之后而统一于一个人格之中的一群人称为"国家"（Common-wealth）。霍布斯将国家中承担单一人格的人称为主权者（Sovereign），主权者具有主权（Sovereign power），而将其他人称为主权者的臣民（Subject）。

霍布斯认为，一旦进入了国家状态，每个公民都在国家中安全地享有有限的权利，保持其和平中过得安宁所需的自由，取消其他人的某些自由，他就由此摆脱其他人带给他的恐惧。这样，霍布斯就从自然状态过渡到国家状态，从自然人过渡到主权者和臣民，从纯粹人性意义上的激情过渡到政治意义上的激情了。那么，什么是政治意义上的激情呢？霍布斯说："在国家之外，是激情、战争、恐惧、贫穷、龌龊、孤独、野蛮、无知和残暴的王国；而在国家中，是理性、和平、安全、财富、光彩、交往、高雅、科学和仁厚的王国。"④ 也就是说，政治意义上的激情

---

① 参见汪堂家、孙向晨、丁耘《十七世纪形而上学》，人民出版社2005年版，第207页。
② ［英］霍布斯：《利维坦》，黎思复、黎廷弼译，杨昌裕校，商务印书馆1985年版，第123页。
③ ［英］霍布斯：《利维坦》，黎思复、黎廷弼译，杨昌裕校，商务印书馆1985年版，第131—132页。
④ ［英］霍布斯：《论公民》，应星、冯克利译，贵州人民出版社2003年版，第103页。

是与自然状态下的激情相对的、被理性规训了的激情，或者说是理性化了激情，指向人人追求的国家状态，在那里，没有战争只有和平，没有恐惧只有安全，没有贫穷只有财富……

五　结语

霍布斯的自然状态是从他的人性理论前提"人是激情的动物"推出来的必然结论：自然状态不过是由最原始的激情所支配的生活状态。在这种自然状态理论之中，个人的欲望成了善恶的尺度，但欲望本身并没有罪。任何有助于达至和平的方式或手段都是善，反之，便是恶。这样，霍布斯的自然状态便与古典自然状态理论和基督教的恩典理论区分开来，自然状态既不是一个健康的公民社会中的人的状态，也不是源于罪过且必须依靠上帝的恩典才能治愈的状态。在第一自然状态下，人类的欲望相对安宁。但是，人性的激情弱点决定人不可能像动物一样安于第一自然状态。于是，人又进入激情泛滥的第二自然状态。在第二自然状态中，人经历了由自然能力上的"平等"到激情上的"不平等"，再到激情上的"相互疑惧"，最后到激情上的"相互冲突"的过程，其中，虚荣自负和死亡恐惧就是此转换的内在根据。要走出自然状态，便必须建立一个共同权力，构建起具有强大权力的主权者。将人的激情秩序化，让所有人都统一于单一人格——国家之中。一旦进入国家状态，自我保存的欲望随之被转换为如何更舒适地实现自我保存，同时，死亡恐惧也被转换为对主权权威的恐惧。国家可以有效地克服所有导致人们相互争斗的激情，实现相对的和平。

参考文献

［德］阿克塞尔·霍耐特：《为承认而斗争》，胡继华译，上海世纪出版集团、上海人民出版社 2005 年版。

应星：《霍布斯与现代政治的概念》，见《现代政治与道德》，上海三联书店 2006 年版。

［德］海因里希·罗门：《自然法的观念史和哲学》，姚中秋译，上海三联书店 2007 年版。

［美］列奥·施特劳斯：《自然权利与历史》，彭刚译，生活·读书·新知三联书店 2006 年版。

Thomas Hobbes, *The English Works of Thomas Hobbes of Malmesbury* (Vol.4), London: Rouledge/Thoemmes Press, 1839-1845.

［英］霍布斯：《利维坦》，黎思复、黎廷弼译，杨昌裕校，商务印书馆 1985 年版。

［英］霍布斯：《论公民》，应星、冯克利译，贵州人民出版社 2003 年版。

汪堂家、孙向晨、丁耘：《十七世纪形而上学》，人民出版社 2005 年版。

［美］列奥·施特劳斯：《霍布斯的政治哲学：基础与起源》，申彤译，凤凰出版传媒集团、译林出版社 2001 年版。

［美］列奥·施特劳斯、约瑟夫·克罗波西主编：《政治哲学史》，李洪润等译，法律出版社 2009 年版。

（原载于《云梦学刊》2013 年第 4 期）

论霍布斯源于激情的自然权利观

自然权利无疑是现代政治哲学中首要的议题之一。美国《独立宣言》宣称："我们认为如下真理是不言而喻的：人人生而平等，造物主赋予他们若干不可剥夺的权利，其中包括生命权、自由权和追求幸福的权利。"我们将探讨霍布斯的自然权利理论是如何颠覆古典政治哲学的，自然权利理论对于建构他的公民科学产生了什么样的深远影响，以及自然权利与激情之间有着何种隐秘的深层关联。

一 从自然义务转向自然权利

霍布斯指出，苏格拉底、柏拉图、亚里士多德、西塞罗以及古希腊和古罗马的所有其他哲学家，以及他之前的所有哲学家，在自然权利的问题上不过是错误地夸夸其谈，全都没有正确地理解自然义务与自然权利的关系。

对于古典政治哲学而言，人类天生就被注入了社会本能，不管人是否愿意，都不得不和其他人发生社会关系。由此，人的社会性就是人性本身，并构成为自然权利的基础。一方面，人只有在公民社会中才可能达到完善状态的；另一方面，人要达到完善状态，则要求人们彼此相互熟悉、相互信任，这个社会因而是一个相对封闭的社会："国家大到还能保持统一——我认为这就是最佳限度，不能超过它。……因此，我们必须交给我们国家的护卫者又一项使命，即尽一切办法守卫着我们的城邦，让它既不要太小，也不要仅仅是看上去很大，而要让它成为一个够大的且又统一的城邦。"[①] 在这个封闭的社会中，不同的社会成员因其本性的差异，又可划分为不同的

---

① [古希腊]柏拉图：《理想国》，郭斌和、郭竹明译，商务印书馆1986年版，第137页。

社会阶层，人与人并非天生就是平等的，如：柏拉图的统治者、军人和生产者，亚里士多德的富有者、贫穷者、中产者等。这个封闭的社会，它的实现无须人性中出现什么不同寻常的变化，亦不要求消除人性中恶的东西，因而它是合于自然的，因而也是合于正义的。"人一旦趋于完善就是最优良的动物，而一旦脱离了法律和公正就会堕落成最恶劣的动物。"① 人必须以理性来统摄激情和欲望，以理性来解决道德教化问题。因此，人的完善性在于接受政治家、立法者或创建者的正确指导。但是，这或许永远都无法真正实现，仅仅只是一个"理想国"而已。

列奥·施特劳斯将古典自然权利论划分为三种不同的方式②：一是苏格拉底—柏拉图式的自然权利论，其核心观点是：正义的实质就是给予每个人依据自然他所应得之物；正义所给予的他人之物是根据自然对他人而言善的东西；城邦的正义在于各尽所能，按比例分配。二是亚里士多德式的自然权利，其核心观点是：自然权利是政治权利的一部分；自然权利是可变易的。三是托马斯式的自然权利论，其核心观点是：根据自然的理性，人的自然目的不可能在于哲学思辨，更不用说参与政治活动了；正是神法使得自然法得以完备或完善，自然法与自然神学和启示神学均是不可分的。但是，它们教导的均是人的义务，权利不过是由义务派生出来的。

从人性的理性与激情产生了两大基本学问，数学（mathematical）和教义（dogmatical）。……后者没有什么是不能争论的，因为其运人为筹、比权量利，只要理论有利于自己，人们便绝不会反对该理论。是以谈论正义、政策者莫不各执一词，相互抵牾。为了得出确实可靠的理论和规则，首先必得将理论基石奠定于激情之上，然后在此基础上顺次构建自然法理论（迄今为止的所有自然法理论不过是空中楼阁），直至整个理论坚不可摧。③

霍布斯的自然法、自然权利理论是从人的激情中推演出来的，而古

---

① ［古希腊］亚里士多德：《政治学》，颜一、秦典华译，中国人民大学出版社 2003 年版，第 5 页。

② 参见［美］列奥·施特劳斯《自然权利与历史》，彭刚译，生活·读书·新知三联书店 2006 年版，第 148—167 页。

③ Thomas Hobbes, *The English Works of Thomas Hobbes of Malmesbury* (Vol. 4), London: Rouledge/Thoemmes Press, 1839–1845, The Epistle Dedicatory.

典自然权利论恰恰没有将理论奠基于激情说之上,故它们只是空中楼阁而已。一方面,霍布斯默认了古典自然权利论一些核心观点,既相信存在完全独立于任何人类契约或习俗的自然权利,也承认存在合乎自然的最佳的政治制度。另一方面,霍布斯以一种极端的方式,拒斥了古典自然权利论的理论前提——人天生就是政治的动物,不再从人的完满性出发,而是从实质上支配着人的最本源、最强大的激情力量(人首先是激情的动物),从人们的实际生活情况来重新反思自然权利理论。

一切激情中最强烈的乃是对死亡的恐惧,这是一个亘古不易的自然事实。人正是从"自然的至恶"——死亡中开拓出一条光明大道的。为了避开暴死的危险和威胁,实现自我保全,对暴死的恐惧最原初地激发着人类的本能。换句话说,唯有对暴死的恐惧才最深刻地表达着人类最强烈、最根本的欲求。"如果自然法必须得从自我保全的欲求中推演出来,如果,换句话说,自我保全的欲求乃是一切正义和道德的唯一根源,那么,基本的道德事实就不是一桩义务,而是一项权利;所有的义务都是从根本的和不可离弃的自我保存的权利中派生出来的。"① 显然,在霍布斯看来,自然权利优先于自然义务,只有自我保存才是根本的和不可离弃的权利,任何义务均只有以此作为绝对的无条件的前提时才有约束力。与之相关,个体亦优先于共同体,公民社会的所有职能和界限也必须服从于这个前提才有意义。正是霍布斯的自然权利理论实现了从自然义务到自然权利的根本转向,而其理论前提则根源于死亡恐惧的激情。而要使自然权利理论发挥实际性的效果,也不必再像古典政治哲学那样强调道德感化,而是要解放人性,重视教育。显然,建基于这种新的自然权利论上的道德和政治法规远比古典政治哲学的"理想国"更加行之有效,"因为权利由情感做后盾,所以在某种意义上说,它可以自我巩固加强。因为道德自律和藐视自私的传统学说的基础已经动摇,所以人类通向使自我利益合法化或得以确认的新道路已经被打开。"② 霍布斯之后的思想家差不多都相信,自私的动机比无私更明显、更强有力,同时,开明的自私也更能有效地弥合社会的弊端。

---

① [美]列奥·施特劳斯:《自然权利与历史》,彭刚译,生活·读书·新知三联书店2006年版,第185页。
② [美]列奥·施特劳斯、约瑟夫·克罗波西主编:《政治哲学史》,法律出版社2009年版,第399页。

二　基本自然权利与人的激情

什么是自然权利呢？霍布斯说："著作家们一般称之为自然权利的，就是每一个人按照自己所愿意的方式运用自己的力量保全自己的天性——也就是保全自己的生命——的自由。因此，这种自由就是用他自己的判断和理性认为最适合的手段去做任何事情的自由。"[1] 接着，他又将自然权利进一步简化为"利用一切可能的办法来保卫我们自己"[2]。从这一定义，我们可以看出，自然权利的目的是自我保存（"保存自己的天性"）。那么，最基本的自然权利都有哪些呢？

一是生命权。霍布斯认为，在自然状态中，每一个人对每一事物都具有权利，甚至包括彼此的身体，如此则必然导致了最糟糕的状况：人们"不断处于暴力死亡的恐惧和危险"之中，过着"孤独、贫困、卑污、残忍而短寿"的生活。如果身体被消灭，其他所有自然权利也将不复存在。"当每一个人对每一事物的这种自然权利继续存在时，任何人不论如何强悍或聪明，都不可能获得保障，完全活完大自然通常允许人们生活的时间。"[3] 我们知道，暴力死亡的反面是自然死亡，因此，自然权利最基本、最首要的目的就是保存自己的生命，使得人免于暴力死亡，让人"完全活完大自然通常允许人们生活的时间"。而在暴力死亡成为常态的自然状态（或者说战争状态）中，要想保障每一个人的生命是不可能的事情。因此，根源于死亡恐惧的最首要的自然权利就是生命权。

二是自由权。自然权利的实质是自由，也就是一个人以自己所愿意的方式保存生命的自由。正是自由使得自我保存的实现成为可能。霍布斯说："自由这一语词，按照其确切的意义说来，就是外界障碍不存在的状态。这种障碍往往会使人们失去一部分做自己所要做的事情的力量，

---

[1] ［英］霍布斯：《利维坦》，黎思复、黎廷弼译，杨昌裕校，商务印书馆1985年版，第97页。

[2] ［英］霍布斯：《利维坦》，黎思复、黎廷弼译，杨昌裕校，商务印书馆1985年版，第98页。

[3] ［英］霍布斯：《利维坦》，黎思复、黎廷弼译，杨昌裕校，商务印书馆1985年版，第98页。

但却不能妨碍按照自己的判断和理性所指出的方式运用剩下的力量。"① 自由就其本义来说就是缺乏外在障碍,若将其具体到自然权利时,便是人在其力量和智慧所能办到的事情中,"用他自己的判断和理性认为最适合的手段"去不受障碍地做他所愿意做的事情。正是在自由中,死亡恐惧与自由是完全相容的,激情、理性、意志实现了有机统一:"作为正义激情的恐惧是完全能够作为'意志'引导理性,并以理性作为强大的工具,实现自我保存的目的的。"② 正是在激情、理性、意志的有机统一状态中,人才能依据判断和理性,准确地找到最适合于自我保存的手段,有效地维护自然权利。正是在此意义上,霍布斯被认为是现代自由主义的奠基人。自然权利是自由的,首先便意味着人的激情是自由的,而激情的自由则意味着个人在自然状态中的欲望成为善恶的尺度,和平以及达成和平的方式或手段便是善,而其反面则是恶,那么,霍布斯便得以从古典政治哲学的道德束缚——人类善恶的共同准则独立于人类生活,人对这些超越价值具有服从的义务——中解放出来,自由获得了优先于义务的地位,并得以在自由的基础上重新构建新的道德基础。"自由不仅是自然自由,还是臣民自由的合法依据,自然权利同时成为自然义务和政治义务的起点。自然义务对应的是道德生活,政治义务对应的是政治生活,那么自然权利也就是道德和政治生活的起点。"③ 也就是说,自然权利而不是自然义务成为新的道德生活和政治生活的开端和根据,霍布斯的政治哲学也只有在此意义上才能真正成为新的公民科学。

三是追求幸福的权利。虽然霍布斯对自然权利的这一定义没有明确提及追求幸福的权利,但是他在别的地方专门补充了"劳动成果"④:"任何两个人如果想取得同一东西而又不能同时享用时,彼此就会成为仇

---

① [英]霍布斯:《利维坦》,黎思复、黎廷弼译,杨昌裕校,商务印书馆1985年版,第97页。

② 王利:《国家与正义——利维坦释义》,上海世纪出版集团、上海人民出版社2008年版,第271页。

③ 王利:《国家与正义——利维坦释义》,上海世纪出版集团、上海人民出版社2008年版,第277页。

④ 霍布斯所说的生命、自由、劳动成果类似于洛克所说的生命、自由和财产。洛克说:"自然状态有一种为人人所应遵守的自然法对它起着支配作用;而理性,也就是自然法,教导着有意遵从理性的全人类:人们既然都是平等和独立的,任何人就不得侵害他人的生命、健康、自由或财产。"([英]洛克:《政府论》下篇,叶启芳、瞿菊农译,商务印书馆2005年版,第4页。)

敌。他们的目的主要是自我保全，有时则只是为了自己的欢乐；在达到这一目的的过程中，彼此都力图摧毁或征服对方。这样就出现一种情形，当侵犯者所引为畏惧的只是另一人单枪匹马的力量时，如果有一个人培植、建立或具有一个方便的地位，其他人就可能会准备好联合力量前来，不但要剥夺他的劳动成果，而且要剥夺他的生命或自由。而侵犯者本人也面临着来自别人的同样的危险。"① 显然，根源于死亡恐惧的自然权利不仅仅是保存一时的生命，还得保护好维系生命的"劳动成果"，并在此基础上实现人生的幸福（"舒适生活"）。因为在霍布斯看来，幸福不再是过一种心灵的永恒宁静或心满意足、不求上进的生活，而成了在生活中的欲望接力赛——欲望从一个目标到另一个目标不断地发展，前一个目标的达成不过是为了保障后一个目标的顺利实现。保护好了"劳动成果"，就是保护了幸福之实现的物质基础。或许用当下时髦的话语来说就是，生存权的正当性同样证明了发展权的正当性。只有这样，才能长久地维系生命，并使生命的质量在美好幸福的生活中不断得到提升。正是在此意义上，我们借用了《独立宣言》里所归纳的"生命权、自由权和追求幸福的权利"来诠释霍布斯对自然权利的理解。

四是平等权。既然人人都享有生命权、自由权和追求幸福的权利，加之人人在自然能力上相差不大，那么，霍布斯所说的自然权利还必然包含着平等权。霍布斯说："如果人生而平等，那么这种平等就应当予以承认。如果人生而不平等，那也由于人们认为自己平等，除了在平等的条件下不愿意进入和平状态！因而同样必须承认这种平等。"② 虽然人人生而平等，但是，虚荣自负却容易使人产生"不平等"的感觉，引发人与人之间的相互疑惧，导致人与人之间的冲突。"平等状态就是战争状态，因此，不平等是在得到每个人的同意的情况下被引进来的。"③ 唯有死亡恐惧才能将人从"不平等"的虚幻状态拉回至"自然平等"状态。

在霍布斯那里，没有人自愿选择死亡，自然权利是不可转让的。但是，人在自然状态中却是相互冲突的，必然不断处于暴力死亡的恐惧和

---

① [英]霍布斯：《利维坦》，黎思复、黎廷弼译，杨昌裕校，商务印书馆1985年版，第93页。

② [英]霍布斯：《利维坦》，黎思复、黎廷弼译，杨昌裕校，商务印书馆1985年版，第117页。

③ [英]霍布斯：《论公民》，应星、冯克利译，贵州人民出版社2003年版，第104页。

危险中，而且不可能有任何事情是不公道的。"是"与"非"、"公正"与"不公正"在自然状态中都不存在。因此，想要在自然状态中维护好每一个人的自然权利是不可能的。这样，霍布斯必然将我们引向这一推论——摆脱自然状态的困境。那么，如何摆脱自然状态的困境呢？霍布斯认为，这一方面要靠激情，另一方面要靠理性。他说："使人们倾向于和平的激情是对死亡的畏惧，对舒适生活所必需的事物的欲望，以及通过自己的勤劳取得这一切的希望。于是理智便提示出可以使人同意的方便易行的和平条件。这种和平条件在其他场合下也称为自然律……"[①] 自然权利最终由激情和理性导向了自然法，因为自然权利只是做或不做的自由，而自然法则是约束人的行为使之合乎理性。自然法是理性的诫条或一般法则。首先，自然法的人性论基础就是以死亡恐惧对虚荣自负进行规制和约束，从而协调理性诫条与激情之间的冲突。其次，自然法的目标是"寻求和平、信守和平"。因为在人人相互为战的状态中每一个个体的自然权利都是相互威胁的，个体的自然权利以及个体之间的自然权利都得不到有效的保障，只有和平状态才能最有效地保障尽可能多的个体的自然权利，和平是最大限度地实现个体的自然权利以及个体之间的自然权利的前提。再次，自然法的实现途径是相互转让权利，订立契约。但是，只要契约的双方没有受到因某种强制力量而产生的畏惧心理的束缚，那么，契约便会沦为一纸空文。为此，霍布斯又引入了"共同权力"来约束契约中人的"恶的品性"。最后，自然法的德性是正义问题。自然状态中，不存在正义与否的问题。正义是建立共同权力进入国家状态后的产物。在订立信约后，履行信约就是正义，否则就是不义。愚夫根本否认有所谓正义的存在，他们无论立约与否还是守约与否，均以一己的私利为旨归。在霍布斯看来，如果每一个人都变成了愚夫，那么，人们之间便不可能建立相互信任，必然陷入战争状态。所以，霍布斯得出结论说，最明智的选择显然是遵守信约。

[①] ［英］霍布斯：《利维坦》，黎思复、黎廷弼译，杨昌裕校，商务印书馆1985年版，第97页。

三 霍布斯自然权利观的影响

霍布斯的源于死亡恐惧的自然权利观对后世哲学产生了重要的影响，斯宾诺莎、洛克、卢梭等人都从不同的维度对其进行了修正。

斯宾诺莎就沿着霍布斯的理论进路，进一步提倡所有激情的自然权利。在霍布斯看来，自然状态不过是由人类最原始的激情所支配着的生活状态。斯宾诺莎也基本继承了霍布斯的这一理论前设，通过严格的数学推理得出：个人在自然状态下先于社会而存在。个人根据自然权利的所作所为，皆出自他的本性的必然性。就此而言，人的本性是自私的。如果每一个人都能遵循理性的指导而生活，那么，彼此互不侵害他人的自然权利，从而和平相处。但是，激情的力量远远超过理性的力量和德性，激情之间的冲突导致彼此相互反对。不过，与霍布斯不同的是，在斯宾诺莎那里，社会秩序是永恒存在的，而不是在从自然状态到社会状态的转变过程中产生的；"个体实现自我保存的有力保障是哲学，而不是所有个体所共有的自主的激情"①。同时，斯宾诺莎还将自然权利与自然权力完全等同。列奥·施特劳斯指出："斯宾诺莎的自然主义，比霍布斯的自然主义更为连贯一致，他放弃强权与公理之间的界限，提倡所有激情的自然权利。"② 此外，与霍布斯不同的是，斯宾诺莎强调人们在订立社会契约时，并没有转让全部自然权利。"我们必须承认，每人保留他的权利的一部分，由其自己决定，不由别人决定。"③

洛克继承了霍布斯的快乐主义激情说，都将快乐和痛苦作为善恶的尺度。虽然洛克将人的本性等同于趋乐避苦，但是他并不认为虚荣自负与死亡恐惧是人与人之间的两大基本激情。在洛克看来，自然状态是一个有自由、有平等、有自己财产的和平状态。自然状态虽是一种自由状态，但却不是一种放任状态，在这里自然法起着支配作用。"理性，也就

---

① ［美］列奥·施特劳斯、［美］约瑟夫·克罗波西主编：《政治哲学史》，法律出版社2009年版，第458—459页。
② ［美］列奥·施特劳斯：《霍布斯的政治哲学：基础与起源》，申彤译，凤凰出版传媒集团、译林出版社2001年版，第204页。
③ ［荷兰］斯宾诺莎：《神学政治论》，温锡增译，商务印书馆1963年版，第216页。

是自然法，教导着有意遵从理性的全人类：人们既然都是平等和独立的，任何人就不得侵害他人的生命、健康、自由或财产。"[1] 每个人的自然权利同时也包含着尊重他人的生存的自由权，是与人的理性本质一致的，所以，这就导致每个人相互之间的理性退让，以等同的个人自由的部分放弃为基础相互转让权利，订立契约，进入社会状态，而不致必然陷入霍布斯所说的战争状态。在洛克看来，自然状态与战争状态是不同种类的东西："不存在具有权力的共同裁判者的情况使人们都处于自然状态；不基于权利以强力加诸别人，不论有无共同裁判者，都造成一种战争状态。"[2] 也就是说，自然状态并不是由虚荣自负所主宰的激情状态，而只是因为其没有公共权力充当裁判者以及缺失除自然法之外的其他法律；战争状态也不是虚荣自负的必然结果，而只是武力的不正当使用造成的。从激情说的维度看，在自然状态中，人们对利害关系心存偏见，而对自然法则茫然无知；同时，人们又是偏袒自己的，对关涉自身的事情过分热心，而对他人之手疏忽和漠不关心。这样，生活在自然状态中的人们便常与恐惧和危险相伴，很少有人能长期在这种状态中共同生活，于是，人们便放弃自然权利，相互订立契约，与他人联合为一个共同体，从而进入社会状态。

而卢梭则将霍布斯的源于激情的自然权利观贯穿到底，不仅自然权利植根于激情，而且自然法也同样深植于激情——同情心之中先于理性而存在的。正是激情而不是理性，才将人与人之间连接成和谐的共同体。

当然，霍布斯源于激情的自然权利观在当代哲学那里得到重新思考，哲学家们纷纷从不同的维度对霍布斯进行了批判。

对于开了现代自由主义先河的霍布斯，罗尔斯对其的批判主要集中于作为古典社会契约论和自然权利论的出发点的"自然状态"学说上。

在霍布斯那里，所谓的自然状态不过是一种由人类最原始的激情所支配着的生活状态。人与人之间天生便在身心两方面的能力上差异不大，彼此是平等的。在这种状态下，没有公共权力使人们服从，没有一条生活竞赛的规则，人们完全按照自己的本性生活——人人相互疑惧，彼此猜忌。于是，最明智的自保之道就在于先发制人，以武力或机诈消除任

---

[1] ［英］洛克：《政府论》下篇，叶启芳、瞿菊农译，商务印书馆1964年版，第4页。
[2] ［英］洛克：《政府论》下篇，叶启芳、瞿菊农译，商务印书馆1964年版，第13页。

何威胁他的力量。这样，人与人之间必然陷入"每一个人对每个人的战争"。换句话说，首先是对他人的恐惧而非消灭他人的欲望决定了人们在自保时选择先发制人，或者说对他人的恐惧逻辑优先于消灭他人的欲望。

在罗尔斯看来，霍布斯之所以做出如此推论，其理论基石在于——自我保存的欲望是所有欲望中最强的欲望。而罗尔斯则指出：如果综合所有因素的话，自我保存并非总是最强的自然欲望。"正如已经发生的那样，社会制度、社会习惯、教育和文化会把我们朝着某个方向引导，以至作为文明人，我们并不总是顺着我们的自然本性而行动；换言之，我们的行为受到制度和文化的影响，恰如受到理性之命令的影响那样。"[①] 罗尔斯由此对霍布斯自然状态的理据进行了逐条驳斥：霍布斯假定了每一个生活于自然状态之下的人都以完全理性的方式行动，但是，他没有假定事实上会有不少人以非理性的方式行动；霍布斯假定了人们会被骄傲和虚荣所驱使而追求永无休止的权势欲，但是，也许没有人实际会被这些欲望所驱使，大多数人可能仅仅满足于拥有满足舒适生活的恰当的手段；就霍布斯的世俗道德体系作为一种政治学识而言，它仅仅强调人类生活的某些方面是可以理解的，但是，他的这些假设并非对所有人类行为的真实写照；霍布斯过于强调人类以自我为中心，但是，他没有考虑人类更有可能受如休谟所说的有限的利他主义的驱使；等等。[②] 所以，罗尔斯认为，霍布斯的"自然状态"理论是似是而非的，并不真正符合公平的要求，"因为'自然状态'概念还承认各种不平等的自然天赋、不同程度地掌握自然资源以及有强弱差别的体力。基于这种隐含不平等性的'自然状态'概念而进行的正义性论证，就会导致论证过程中，一部分人会利用自己的优势而获得有利于自身的契约结果，同时也自然地迫使那些体力、天赋和资源方面处于劣势的个人，作出妥协性的让步"。[③] 为此，罗尔斯试图用"原初状态"（the original position）概念来代替霍布斯的"自然状态"概念。

那么，什么是"原初状态"呢？罗尔斯说：

---

① [美]约翰·罗尔斯：《政治哲学史讲义》，杨通进、李丽丽、林航译，中国社会科学出版社2011年版，第47页。

② 参见[美]约翰·罗尔斯《政治哲学史讲义》，杨通进、李丽丽、林航译，中国社会科学出版社2011年版，第49—53页。

③ 高宣扬：《当代政治哲学》上卷，人民出版社2010年版，第135页。

在作为公平的正义中,平等的原初状态相应于传统的社会契约理论中的自然状态。这种原初状态当然不可以被看作一种实际的历史状态,也并非文明之初的那种真实的原始状况,它被理解为一种用来达到某种确定的正义观的纯粹假设的状态。这一状态的一些基本特征是:没有一个人知道他在社会中的地位——无论是阶级地位还是社会出身,也没有人知道他在先天的资质、能力、智力、体力等方面的运气。……各方并不知道他们特定的善的观念或他们的特殊心理倾向。正义的原则是在一种无知之幕(veil of ignorance)后选择的。①

罗尔斯的"原初状态"之所以把人设想为是有理性的和相互冷淡(mutually disinterested)的,就在于罗尔斯希望以此解构霍布斯建基于虚荣自负和死亡恐惧之上的自然状态,保证每一个人在选择和论证正义原则之时,不受自然的机遇或社会的偶然因素影响,从而实现真正的"作为公平的正义"。在原初状态中,每一个人的处境都是相同的,谁要想设计出仅仅有利于自身的特殊情况的原则都是不可能的,此时的"正义的原则就是一种公平的协议或契约的结果"。所以,罗尔斯说,唯有原初状态才是最恰当的最初状况,对于任何道德人来说,在此基础之上所达到的基本契约是公平的。

与霍布斯不同,生活在原初状态下的个人不再为贪婪、野心、肉欲或其他强烈欲望所役,而是具有最低限度的两种道德能力——"拥有正义感的能力"和"拥有善观念的能力"——"不仅使人能够终身从事互利互惠的社会合作,而且也能够被推动为了他们自己的缘故而履行其公平条款"②。同时,罗尔斯还提出了正义的两个原则:自由原则("每个人对与其他人所拥有的、最广泛的基本自由体系相容的类似自由体系,都应有一种平等的权利")和差别原则["社会的和经济的不平等应这样安排,使他们(1)被合理地期望适合于每一个人的利益;并且(2)依系于地位和职务向所有人开放"]。③同时,罗尔斯还补充道,就先后次

---

① [美]约翰·罗尔斯:《正义论》,何怀宏、何包钢、廖申白译,中国社会科学出版社1988年版,第12页。

② [美]约翰·罗尔斯:《作为公平的正义——正义新论》,姚大志译,上海三联书店2002年版,第32页。

③ [美]约翰·罗尔斯:《作为公平的正义——正义新论》,姚大志译,上海三联书店2002年版,第60—61页。

序而言，自由原则优先于差异原则。罗尔斯相信，这两大原则既能有力地保障所有人的平等自由和机会平等，又能纠正社会经济体制可能导致的不公正现象，保证"最大的最小值"或"最好的最坏结果"。

四　结语

霍布斯的自然状态是从他的人性理论前提"人是激情的动物"推出来的必然结论：自然状态不过是由最原始的激情所支配的生活状态。在这种自然状态理论之中，个人的欲望成了善恶的尺度，但欲望本身并没有罪。任何有助于达至和平的方式或手段都是善，反之，便是恶。这样，霍布斯的自然状态便与古典自然状态理论和基督教的恩典理论区分开来，自然状态既不是一个健康的公民社会中的人的状态，也不是源于罪过且必须依靠上帝的恩典才能治愈的状态。在第一自然状态下，人类的欲望相对安宁。但是，人性的激情弱点决定人不可能像动物一样安于第一自然状态。于是，人又进入激情泛滥的第二自然状态。在第二自然状态中，人经历了由自然能力上的"平等"到激情上的"不平等"，再到激情上的"相互疑惧"，最后到激情上的"相互冲突"的过程，其中，虚荣自负和死亡恐惧就是此转换的内在根据。霍布斯的自然状态理论与其说是一种历史性的描述，不如说是一种理论前设，其根本目的在于论证生活在国家状态之外人必然是悲惨的、不幸的、危险的，是人人都想否定的状态。实际上，这与他在人性理论上的做法也是一脉相承的，只不过前者是针对群体而言的，后者是针对个人而言的。凭借自然状态理论，人为的创设艺术（art）取代了"自然"和"恩典"，现代政治哲学得以与古典政治哲学彻底决裂，既揭开了现代性的辉煌篇章，也埋下了现代性危机的种子。

在自然状态下，人们不再受诸善和善的事物或上帝的指引，而是从"自然的至恶"（死亡）中激发出人的本能——避开暴死的危险和威胁，实现自我保全。自我保全是个人根本的和不可离弃的权利。与古典政治哲学认可的善不同，霍布斯乃至整个现代政治哲学都将自然权利作为所有道德和正义的根源。于是，所谓的生命权、自由权、追求幸福的权利、平等权等人权观念成为现代性的基本精神。虽然尊重人权本身具有永恒的意义；但是，正如福柯在《古典时期的疯狂的故事》中所揭露的那样，霍布斯等人的所谓个人的基本权利和自由也有其虚伪的一面。

自然权利本身并不能引导人走出自然状态的困境。霍布斯认为，这一方面要靠激情，另一方面要靠理性。自然权利在（使人倾向和平的）死亡恐惧、（追求舒适生活的）欲望以及（通过劳动获取这一切的）希望的共同作用下导向了自然法。霍布斯的自然法以虚荣自负和死亡恐惧为基础，以寻求和平和信守和平为目标，以订立契约和建立共同权力为途径，以是否履行契约为区分正义与非正义的标准。霍布斯的自然法思想经过洛克等人的继承和改造，对整个西方现代政治哲学及其政治制度都产生了广泛而深远的影响。现代自然法理论之所以拥有如此之伟力，就在于其最终目的还是在为个人的自然权利作辩护。但是，自启蒙运动以来西方国家的基本政治路线，在征服自然的路上与自然法的基本精神越走越远，以致引发了现代性的危机。

参考文献

Thomas Hobbes, *The English Works of Thomas Hobbes of Malmesbury* (Vol. 4), London：Rouledge/Thoemmes Press, 1839－1845, The Epistle Dedicatory.

［英］霍布斯：《利维坦》，黎思复、黎廷弼译，杨昌裕校，商务印书馆1985年版。

［英］霍布斯：《论公民》，应星、冯克利译，贵州人民出版社2003年版。

［美］列奥·施特劳斯：《自然权利与历史》，彭刚译，生活·读书·新知三联书店2006年版。

［美］列奥·施特劳斯：《霍布斯的政治哲学：基础与起源》，申彤译，凤凰出版传媒集团、译林出版社2001年版。

（原载于《黑龙江社会科学》2019年第3期）

霍布斯自然法理论新释

霍布斯不是从历史的意义上来谈"自然状态"理论的，而是将政治哲学的基础上溯至人性论，并根据人性论的核心激情学说得出的理论假说，其根本目的在于论证国家状态之外必然是人人相互冲突、相互恐惧的自然状态。与古典政治哲学不同，霍布斯的自然权利理论实现了从自然义务到自然权利的根本转向，而其理论前提则根源于死亡恐惧的激情。凭借于此，霍布斯也实现了自然法的变革：霍布斯自然法的基础是激情与理性，即以死亡恐惧对虚荣自负进行规制和约束，从而协调理性诫条与激情之间的冲突；自然法的目标是寻求和平与信守和平，即在自然状态下，个人的欲望成了善恶的尺度，倾向和平的激情以及达成和平的自然法都是美德和善；自然法的实现途径是转让权利与订立契约，即人们要想实现和平，就必须订立契约，放弃彼此对事情的自然权利；自然法的德性是正义问题与履行信约，即只有树立起某个权威和制定法律，才能建立起人与人之间的基本信任，解决愚夫推理的困境，最终实现和平。

一 自然法之基础：死亡恐惧与虚荣自负

什么是自然法呢？霍布斯解释道：

自然律是理性所发现的诫条或一般法则。这种诫条或一般法则禁止人们去做损毁自己的生命或剥夺保全自己生命的手段的事情，并禁止人们不去做自己认为最有利于生命保全的事情。[1]

在古典政治哲学那里，自然法是普遍的和永恒的，它超越所有人为

---

[1] ［英］霍布斯：《利维坦》，黎思复、黎廷弼译，杨昌裕校，商务印书馆1985年版，第97页。

法，并构成为道德和法律的基础。到了霍布斯那里，自然法不再作为指导人们行为的道德准则，而仅仅是理性的诫条或一般法则，它通过三个"禁止"来避开那些根源于自然权利和激情并危及自我保存的危险：一是禁止人们去做损毁自己生命的事情，这样就否定了人们去做任何有害于自己生命的事情，如自杀、自残等。二是禁止人们去做剥夺保全自己生命的手段的事情，从而否定了人们去做任何有害于保全自己生命的事情，如绝食、讳疾忌医等。三是禁止人们不去做自己认为最有利于生命保全的事情，从而要求人们去做所有自认为最有利于生命保全的事情。三个禁止是相辅相成、不可分离的，其目的都是实现"自我保存"。归根结底，这三个禁止都是对激情的约束，因为真正有害于自我保存的只能是激情——欲望、意志均被霍布斯化约为激情，感觉与想象是为思想的目的（激情）服务的，理性也不过是激情的工具。

那么，究竟什么是对自我保存有害的激情，什么是对自我保存有益的激情呢？霍布斯说，使人倾向于和平的基本激情有三种："对死亡的畏惧""对舒适生活所必需的事物的欲望""通过自己的勤劳取得这一切的希望"。同时，使人倾向于争斗的基本激情也有三种："竞争""猜疑""荣誉"。但是，使人倾向于和平的激情与使人倾向于争斗的激情之间却是相互冲突的。

为了协调激情之间的冲突，霍布斯将十九条自然法加上他在《利维坦》的"综述与结论"部分所作的补充（"关于第十五章所提出的自然法，我还要加上这样一条：根据自然之理说来，每一个人在战争中对于和平时期内保卫自己的权力当局应当尽力加以保卫"[①]），归纳为一条简易的总则——"己所不欲，勿施于人"[②]。而按自然法行事也可以简化为将自己的行为与他人的行为放到天平里权衡，当天平向着他人倾斜时，就需要将两者互换位置，这样可以避免激情与自重感增加额外的重量，如此行事，则所有自然法就变得简便易行、十分合理了。激情和自重感正是导致自然法在生活中失衡的根本原因。一方面，自然法对欲望和主观努力具有约束力，一个人只要努力履行好这些自然律，便是正义的；

[①] ［英］霍布斯：《利维坦》，黎思复、黎廷弼译，杨昌裕校，商务印书馆1985年版，第569页。

[②] ［英］霍布斯：《利维坦》，黎思复、黎廷弼译，杨昌裕校，商务印书馆1985年版，第120页。

另一方面，自然法对于外部范畴则完全是另外一种情形，因为在自然法付诸行动时，假若自己履行契约而他人违约，个人便会成为他人的牺牲品。在霍布斯看来，自然法的人性论基础在于以死亡恐惧对虚荣自负进行规制和约束，从而协调理性诫条与激情的冲突。同时，为了不让契约沦为一纸空文，霍布斯还引入了共同的权力（即国家）的权威来保证契约的有效履行。

我们可以试着从激情的视角理解霍布斯从自然状态到自然法再到国家的逻辑推论思路：霍布斯的整个论证是从激情"自在自为"状态（自然状态）出发，以激情内在的张力（倾向和平的激情与倾向争斗的激情，或者说虚荣自负与死亡恐惧）使得激情"过渡"到理性的一般法则（自然法），止于在理性的指导下相互转让权利订立契约（进入国家），从而返回到自身的阶段（激情的秩序化）。其间，霍布斯并未引入任何神秘的力量（如上帝），激情的运动是自为的（通过之间的内在张力），这与霍布斯的机械唯物论是一致的，贯穿其政治哲学始终的无非就是激情的运动而已：激情—理性—激情。或许这与黑格尔的"精神现象学"中"意识"的发展有着某种异曲同工之妙。

不过，理解这一思路还必须注意理性与作为"自然理性公理"的死亡恐惧（激情）之间的隐秘关系。对于自然法，理性的选择是从积极的维度（自我保存）来说的，而死亡恐惧则是从消极的维度（逃避死亡）来说的，不过，诉诸死亡恐惧（激情）无限度地优越于孱弱的理性对虚荣自负（激情）的规制。霍布斯这样做不过是为了让理性的一般法则与激情"谐调"起来，而不是"冲突"或"分离"。如果没有某种权威使人们遵从，自然法这个理性的一般法则仍然无法扼住虚荣自负的喉咙。利维坦作为最高的权威，无疑也有着最强的死亡恐惧的力量，正是这个力量才能真正"规制"激情。所以，霍布斯坚信，激情的问题最终得由激情自己来解决。

二　自然法之目标：寻求和平与信守和平

为什么人类不能和平相处呢？为什么充斥人世的是暴力、欺诈、猜忌、战争、死亡呢？为什么国与国之间互相猜忌，始终保持着剑拔弩张的态势呢？为什么和平的好处显而易见实现起来却如此之难呢？正是为了解决这一千古难题，霍布斯的自然法的目标便是寻求和平与信守和平。

霍布斯认为，在自然状态下，个人的欲望成了善恶的尺度，导致人与人之间的争论和争执，并最终酿成战争。"于是所有的人便都同意这样一点：和平是善，因而达成和平的方式或手段，如我在前面所说的正义、感恩、谦谨、公道、仁慈以及其他自然法也是善；换句话说，它们都是美德，而其反面的恶行则是恶。"① 可见，倾向和平的激情以及达成和平的自然法都是美德和善，相反，倾向争斗的激情以及导致战争的行为都是恶。

先看自然法第一条：

每一个人只要有获得和平的希望时，就应当力求和平；在不能得到和平时，他就可以寻求并利用战争的一切有利条件和助力。

这条法则的第一部分包含着第一个同时也是基本的自然律——寻求和平、信守和平。第二部分则是自然权利的概括——利用一切可能的办法来保卫我们自己。②

显然，霍布斯将和平和自我保存放到了自然法中最基本、最重要、最突出的位置，也是整个自然法的出发点和回归点。这里有一个问题那就是：为何一方面霍布斯认为自然权利优先于自然法；另一方面他又在自然法第一条中将和平摆在了自然权利的前面？看似一个悖论，其实不然。霍布斯指出，既然自然法的目的是要维护好人的自然权利，那么，自然权利就应该优先于自然法。当然，自然权利与和平是相通的，两者并不矛盾。因为，在人人相互为战的状态中每一个个体的自然权利都是相互威胁的，个体的自然权利以及个体之间的自然权利都得不到有效的保障，"任何人不论如何强悍或聪明，都不可能获得保障，完全活完大自然通常允许人们生活的时间"③；所以，只有和平状态才最有效地保障尽

---

① ［英］霍布斯：《利维坦》，黎思复、黎廷弼译，杨昌裕校，商务印书馆1985年版，第121—122页。
② ［英］霍布斯：《利维坦》，黎思复、黎廷弼译，杨昌裕校，商务印书馆1985年版，第98页。
③ ［英］霍布斯：《利维坦》，黎思复、黎廷弼译，杨昌裕校，商务印书馆1985年版，第98页。

可能多的个体的自然权利，和平是最大限度地实现个体的自然权利以及个体之间的自然权利的前提。正是在此意义上，霍布斯将"寻求和平、信守和平"摆在了自然权利的前面。

同时，霍布斯还指出，每一个生活在自然状态中的人都是平等的，任何人对所有事物都具有权利，甚至包括彼此的身体，必然出现这种情况："一些人会去攻击另一些人，而后者则会进行反击，而他们这样做都是为权利所驱使的（因为所有人出于自然的必要都要努力去保护他的身体，并为此做一切必要的事）。战争也就由此而来。"① 只要每个人都不想放弃这种对所有东西的权利，那就是与和平背道而驰，所有人都永远生活在战争状态中。显然，这与"寻求和平、信守和平"的基本的自然法是相背离的。

三 自然法之途径：转让权利与订立契约

既然人天生就是不合群的，自然状态也是一个不适合人类生存的悲惨状态，那么，如何从自然状态进入政治状态呢？霍布斯的回答是：人们要想实现和平，就必须订立契约，放弃彼此对事情的自然权利。

于是，我们便可从自然法的第一条引申出自然法的第二条：

在别人也愿意这样做的条件下，当一个人为了和平与自卫的目的认为必要时，会自愿放弃这种对一切事物的权利；而在对他人的自由权方面满足于相当于自己让他人对自己所具有的自由权利。②

现在的问题是，假如单个的个体自愿放弃了自己这种对一切事物的权利，而其他人却没有放弃相应的权利，那么，个体这样做的必然后果只能是成为他人的牺牲品。霍布斯接着补充道：

这就是福音书上那条诫律"你们愿意别人怎样待你们，你们也要怎样待人"，也就是那条一切人的准则，"己所不欲，勿施于人"。③

---

① [英]霍布斯：《论公民》，应星、冯克利译，贵州人民出版社2003年版，第11页。
② [英]霍布斯：《利维坦》，黎思复、黎廷弼译，杨昌裕校，商务印书馆1985年版，第98页。
③ [英]霍布斯：《利维坦》，黎思复、黎廷弼译，杨昌裕校，商务印书馆1985年版，第98页。

这种权利的相互放弃就是通过契约所实现的。霍布斯将放弃权利区分为单纯的放弃（让出的人不管其中的权益归于谁）和转让给其他人（让出的人要把其中的权益赋予某一个或某一些人）两种情况。但是，一个人在放弃或转让其权利之后，就不得妨害接受他所捐弃或允诺让出的权利的人享有这项权益。因为一旦权利被放弃或被转让，任何妨碍此时就失去了合法性，变为"不公正"或"损害"了。所以，保证自己出于自愿的行为不至于归于无效，这也是他的责任所在。霍布斯指出，放弃或转让权利是一种自愿行为，其目的不过是获得对自己的某种好处。一个人在放弃或转让其权利时，如果不是考虑到对方将某种权利回让给他，便是希望自己因此得到某种别的好处。所以，我们不能仅凭个人的一面之词或其他表示就据此断言他已经捐弃或转让了某些权利。譬如，一个人在受到他人武力攻击且有性命之忧时就不得放弃抵抗的权利，否则，我们便没有理由认为他这样做是出于他自己的任何好处；同理，一个人在忍受伤害、枷锁或监禁时的情形亦是如此。这种权利的相互转让是通过社会契约所实现的。

　　我们应该区分某物权利的转让与该物本身的转让，毕竟后者既可以在将来的某个时候再交付，也可以与权利的转移一起交付。信约就是立约的一方将约定之物先行交付，而立约的另一方会在随后的某个时期履行其义务。当然，双方也可以在当前立约，而承诺在往后履行：若将来履行了，便是践约或守信；若将来不履行，则属于失信。在社会生活中，信约要比某物本身的转让更普遍，它是契约的一种普遍形式。此外，赠与或恩惠也是契约的另一种变异形态，即一方出于增进友谊、博取声望、获得天国之报等目的转让了权利，而另一方却没有。

　　霍布斯认为，契约是否有效并不取决于言辞，而取决于人们对毁约后所产生的某种有害后果畏惧。他说："使人们受约束或担负义务的契约……之所以有约束力，并不是由于其本质（因为最容易破坏的莫过于人们的言辞），而不过是由于畏惧毁约后所产生的某种有害后果而来的。"如果自然状态下订立契约的双方开始相互信赖，不马上履行契约；那么，人们大多会依据自己的欲望和动机来猜测他人，由此引发相互怀疑，并最终使契约归于无效。"因为多数人具有恶的品性，一心要用公正的或邪恶的手段来获取自己的利益，而首先履约的人就容易使自己因契约另一方的贪婪而受害。"①

　　语言是软弱无力的，不足以保障信约的履行。不过，霍布斯为我们找到了人性中可用来加强语言的力量的两种激情：一种激情是对食言后果的"恐惧"；另一种激情是因无须食言而感到的"光荣或骄傲"。只可惜，光荣或骄傲极为罕见，在为野心、肉欲、贪婪或其他强烈欲望所役的芸芸众生之中更是异常稀少。这里，霍布斯虽然承认古典政治哲学中的"荣誉"是一种豪爽之感，但是，"荣誉"在人的权势欲显得势单力孤，并不足以构成正义以及其他美德的共同的起源。于是，霍布斯不得不指靠另一种激情——恐惧。在公民社会中，人对失约时将触犯的人的力量的畏惧显然要比对不可见的神鬼力量的畏惧更大。所以，在人们的"恶的品性"面前，只要契约的双方没有受到因某种强制力量而产生的畏惧心理的束缚，那么，契约便会沦为一纸空文——首先践约的一方无法保证另一方在未来将履约，否则，他便违反了不能放弃防护生命与生存手段的权利而将自己置于危险境地。

　　于是，霍布斯引入了"共同权力"来约束契约中人的"恶的品性"。他指出，在公民社会中，由于建立了一种共同权力来对契约的双方施加强力，无论哪一方均被契约要求去先履行应该做的事；因为那种恐惧失约的心理不再存在了——另一方可以被共同权力强迫践约。订立信约要求立约者的意志，它是立约者通过深思熟虑所决定的最后一次行为，所以，信约只能在深思熟虑的行动的基础上达成。信约的内容和主题涉及的是未来的事情，而且被立约者判断为可以履行的事情。于是，所允诺的如果不是有可能的事情，便不会保证立约者以诚实无欺的努力尽力履约。信约的解除方式包括两种：一是履行，这是义务的自然终结；二是宽免，这是施加义务的一方被看作通过宽免而使我们转让给他的权利重新回到我们手中。

四　自然法之德性：正义问题与履行信约

　　霍布斯指出，即使人们已经制定了信约，只要不履行，信约仍会沦

---

① ［英］霍布斯：《论公民》，应星、冯克利译，贵州人民出版社2003年版，第19页。

为一纸空文：所有人对一切事物的权利依然存在，人们依然处于相互为战的状态。于是，霍布斯便据此推论出自然法的第三条：

  所订信约必须履行。……这一自然法中，就包含着正义的泉源。①

  显然，霍布斯将履行信约当作正义的源泉。他说，不存在信约的地方便不会有权利的转让，每一个人对一切事物都享有权利，此时他的任何行为均谈不上正义或不义。"在订立信约之后，失约就成为不义，而非正义的定义就是不履行信约。任何事物不是不义的，就是正义的。"② 在自然状态中，订立信约的一方仍对另一方是否失约心存畏惧，并且这种畏惧的原因是无法消除的。正义是进入国家状态之后的事情。由于国家建立了公共权力，使得人们破坏信约所能期望的利益远小于他们由于不履行信约所面临的惩罚，他们原先畏惧对方不履约的恐惧便会被因国家强制力而引发的恐惧而消除。这样，人们便会对等地履约，并以对等的方式来维持"通过相互约定、作为放弃普遍权利的补偿而获得的所有权"。所以，霍布斯说："正义的性质在于遵守有效的信约，而信约的有效性则要在足以强制人们守约的社会权力建立以后才会开始，所有权也就是在这个时候开始。"③ 可见，霍布斯承认私有制（"所有权"）不过是社会契约的产物，其区别于自然状态下所有人对一切事物均具有权利。

  霍布斯说，愚夫（the fool）根本否认了所谓正义的存在，只要有助于个人私利，无论立约与否还是守约与否都不会违反理性。虽然愚夫并非否认信约的存在，以及履行信约就是正义，不履行信约就是不义；但是他们的问题是："在或者立约一方已经履行契约，或者已有一个使他履行的权力的情况下，履行信约究竟是否违反理性，也就是说，这样是否违反对方的利益。"④ 换句话说，当愚夫确信撕毁契约将为自己谋得利益后，为什么他们还要履行信约？这是否违反理性呢？霍布斯反驳了愚夫的推理：首先，当愚夫去做一件足以毁灭自我的事情时，无论他对事情

---

① ［英］霍布斯：《利维坦》，黎思复、黎廷弼译，杨昌裕校，商务印书馆1985年版，第108页。

② ［英］霍布斯：《利维坦》，黎思复、黎廷弼译，杨昌裕校，商务印书馆1985年版，第108-109页。

③ ［英］霍布斯：《利维坦》，黎思复、黎廷弼译，杨昌裕校，商务印书馆1985年版，第109页。

④ ［英］霍布斯：《利维坦》，黎思复、黎廷弼译，杨昌裕校，商务印书馆1985年版，第111页。

的发展计划得多么周密详尽，依然存在他难以精确地预计的偶然风险，事情还是会出现差错，所以，愚夫若还是坚持要去做上述事情无疑是不合理的或不明智的。其次，在自然状态中，由于缺乏一个使众人畏服的公共权力，人与人之间相互为战。在没有得到联盟帮助的情况下，一个人光凭自己的力量和智慧，要想保存自我是不可能的。在这种联盟中，愚夫与他人都指望通过联合得到相同的防卫。如果有人欺骗那些在联盟中帮助他的人，并且认为这样做是合乎理性的话，那么，他便不为任何结群谋求和平与自保的联盟所接纳，唯一可以指靠的就是以他一个人单独的力量来保障自身的安全。所以，等待愚夫们的最终下场便极有可能是被社会遗弃或驱逐，从而走向自我毁灭。假如有少数愚夫能侥幸生活下去，也只是别人的偶然错误而已。显然，这是有违反自我保全的理性的。霍布斯得出结论说："可以想象得出的道路只有一条，那便是不破坏信约而遵守信约。"① 即使有愚夫通过叛乱攫取主权，在他的统治时期，其他人也会纷纷效尤，从而导致叛乱不断。对于霍布斯的反驳，马歇尔·米斯纳作出了批评。他认为，现实中确实存在大量通过欺骗而成功获利并逃脱惩罚的案例。"如果理性帮助我们发现了最佳选择的话，那么当违背协议明显有利于我们的情况出现时，霍布斯没有为我们提供信守协议的理由。"② 米斯纳分析道，霍布斯之所以未能很好地解决愚夫难题，在于他所言说的理性指的是工具理性——它虽然可以告诉人们完成目标的最佳途径，却不能给人们提供追求的目标。现代决策论花费了大量心血研究"囚徒困境"，其主张在工具理性的基础上，实现合作和对法律的服从，从为愚夫推理问题的解决提供了一定的借鉴意义。不过，在菲利普·佩迪特看来，霍布斯的愚夫推理与其说是"囚徒困境"，不如说是"猎鹿博弈"。因为囚徒困境揭示了这样一种怪圈：单方的违约较双方合作更有诱惑力，双方合作则优于双方背约，而双方背约又胜于单方合作。猎鹿博弈源于卢梭的理论："如果要捕捉一只大家都能看到的鹿，并保证成功的话，要求他必须忠实地守在岗位上；但如果这时突然有一只野兔出现在每一个猎人的视野中，无疑他会毫不犹豫地捕捉野兔，这样很容

---

① ［英］霍布斯：《利维坦》，黎思复、黎廷弼译，杨昌裕校，商务印书馆1985年版，第112页。
② ［美］马歇尔·米斯纳：《霍布斯》，于涛译，中华书局2002年版，第62页。

易就可以捕获猎物，但结果是他的同伴会毫无收获。"① 也就是说，与囚徒困境相比，虽然猎鹿博弈也承认单方合作是最差的结果，但是猎鹿博弈却认为单方背约或双方背约则会劣于双方合作。

如果每个人都是愚夫，那么，人与人之间则不可能有相互信任，从而必然陷入战争状态。正是从人与人之间这种天然的不信任感出发，霍布斯着手建构他的道德哲学与政治哲学理论的。理性在激情面前是羸弱无力的，理性本身并不足以建立起人与人之间的信任感，于是，霍布斯不得不指靠死亡恐惧。米斯纳指出："霍布斯想不绕弯子来确立信任，但无法做到，信任是引导人们走向协作、走向和平的主要动因之一。我们不可能很好地理解别人，去分清他们是否值得信任，但很多人被证明是不可靠的，不过，我们应该对他人有基本信任，至少要树立起某个权威和制定一些法律。"② 可见，只有树立起某个权威和制定一些法律，以死亡恐惧克服工具理性的弊端，才能建立起人与人之间的基本信任，解决愚夫推理的困境，最终实现和平。

霍布斯对正义与不义用于人的方面和行为方面进行了区分：前者表示的是人的品行是否合乎理性；后者表示的则是某些具体行为是否合乎理性。霍布斯说："使人们的行为具有正义色彩的是一种罕见的高贵品质或侠义的勇敢精神，在这种精神下，人们耻于让人看到自己为了生活的满足而进行欺诈或背信。"③ 品行上的正义是一种以正义为德、以不义为恶的正义。而行为上的正义则可以进一步区分为交换正义和分配正义。霍布斯批判了古典政治哲学将交换正义等同于立约的东西价值相等，而将分配正义等同于为条件相等的人分配相等的利益。在霍布斯看来，交换正义就是立约者的正义，即在契约行为中履行契约；而分配正义则是公断人的正义，即什么行为是合乎正义的。无论是交换正义还是分配正义均取决于事先存在的契约。

此外，霍布斯还说，自然法是永恒不变的。无论什么时候，那些有利于人与人之间实现和平、友善和舒适生活的手段的，诸如正义、感

---

① 转引自［爱尔兰］菲利普·佩迪特《语词的创造——霍布斯论语言、心智与政治》，于明译，北京大学出版社 2010 年版，第 146 页。
② ［美］马歇尔·米斯纳：《霍布斯》，于涛译，中华书局 2002 年版，第 66 页。
③ ［英］霍布斯：《利维坦》，黎思复、黎廷弼译，杨昌裕校，商务印书馆 1985 年版，第 113 页。

恩、谦谨、公道、仁慈等都是善，是美德；反之，那些导致人与人争斗不休的，诸如不义、忘恩、骄纵、自傲、不公道、偏袒等，则是恶行。

五　结语

霍布斯的自然状态是从他的人性理论前提"人是激情的动物"推出来的必然结论：自然状态不过是由最原始的激情所支配的生活状态。在这种自然状态理论之中，个人的欲望成了善恶的尺度，但欲望本身并没有罪。任何有助于达至和平的方式或手段都是善，反之，便是恶。在自然状态下，人们不再受诸善和善的事物或上帝的指引，而是从"自然的至恶"（死亡）中激发出人的本能——避开暴死的危险和威胁，实现自我保全。自我保全是个人根本的和不可离弃的权利。但是，自然权利本身并不能引导人走出自然状态的困境。霍布斯认为，这一方面要靠激情，另一方面要靠理性。自然权利在（使人倾向和平的）死亡恐惧、（追求舒适生活的）欲望以及（通过劳动获取这一切的）希望的共同作用下导向了自然法。霍布斯的自然法以虚荣自负和死亡恐惧为基础，以寻求和平和信守和平为目标，以订立契约和建立共同权力为途径，以是否履行契约为区分正义与非正义的标准。霍布斯的自然法思想经过洛克等人的继承和改造，对整个西方现代政治哲学及其政治制度都产生了广泛而深远的影响。现代自然法理论之所以拥有如此之伟力，就在于其最终目的还是在为个人的自然权利做辩护。但是，自启蒙运动以来西方国家的基本政治路线，在征服自然的路上与自然法的基本精神越走越远，以致引发了现代性的危机。

参考文献

［英］霍布斯：《利维坦》，黎思复、黎廷弼译，杨昌裕校，商务印书馆1985年版。

［英］霍布斯：《论公民》，应星、冯克利译，贵州人民出版社2003年版。

［美］马歇尔·米斯纳：《霍布斯》，于涛译，中华书局2002年版。

[爱尔兰]菲利普·佩迪特：《语词的创造——霍布斯论语言、心智与政治》，于明译，北京大学出版社2010年版。

(原载于《理论探索》2013年第3期)

激情与权威

——霍布斯主权理论新释

在霍布斯看来，无论哪种政体，主权者的权威都是唯一的、至上的、绝对的，也是不可转让的、不可分割的，因而他的主权理论是"绝对主义"的。但是，这也是霍布斯饱受争议的地方，其"绝对主义"往往被人歪曲为"专制主义"的，甚至是"极权主义"的。霍布斯的悖论或许在于，刚走出了无政府的自然状态，又往往堕入专制主义的深渊，"我们的命运被两个正相反对的恐怖牢牢抓住：要么生活在不作为的无政府状态之下，要么生活在专制的政府统治之中"①。下面我们主要从激情学说与主权理论的统一、主权理论的基础以及主权理论的行使之间的关联来探讨霍布斯的绝对主义主权理论。

一 主权的革新：将权力回溯至自然激情

现在的问题是，主权者的权威何以能凌驾于臣民之上呢？我们知道，现代之前人们通常是以"君权神授"来解决主权者的权威问题的。中世纪的查士丁尼皇帝是第一个鼓吹君权神授思想的人，而奥古斯丁则进一步为这一思想奠定了理论基础。奥古斯丁根据基督教的伦理学标准将社会区分为"上帝之城"（the City of God）和"世俗之城"（the City of Man）："两种爱组建了两座城，爱自己甚至藐视上帝者组成地上之城，爱上帝甚至藐视自己者组成天上之城，前者荣耀自己，后者荣耀上

---

① Glen Newey, *Routledge Philosophy GuideBook to Hobbes and Leviathan*, London and New York: Routledge, 2008, p. 3.

帝。"① 奥古斯丁认为，上帝之城里居住着上帝的选民，世俗之城里居住着上帝的弃民，但是，两者在世间是始终交织在一起的，都存在于同一国家之中，并且都受上帝主宰。世俗之城的统治者是承蒙上帝的恩典而设立的，谁登基为王由上帝的意志决定。当国家的统治者是基督徒时，统治者和其他基督徒都应服从上帝的永恒律，以上帝之城为目标；当国家的统治者是异教徒时，基督徒应遵循"凯撒之物当归凯撒，上帝之物归上帝"，在服从异教政权统治的同时，坚守自己的信仰。在现实社会中，我们无法区分谁是真正的选民，只有到某日审判时才能实现，世俗之城将会灭亡，而上帝之城则会永存。

到了马基雅维利那里，他不再从神学出发而是注重以人的眼光来解释国家的主权问题，从而开创了现代主权理论的先河。马基雅维利说："一般来说，人类都是忘恩负义、反复无常的，他们妄自追求、伪装善良，见危险就闪，有利益就上。"② 可见，人受激情的影响，贪慕荣耀与财富，人性本身是自私的、恶的。国家就是人们为了避免彼此无休止的争斗而创立的，国家的首要基础就在于良好的法律和良好的军队。马基雅维利还说："命运只是我们行动的半个主宰，其余的一半，或者差不多一半，则归我们自己支配。"③ 因此，马基雅维利强调君主要顺应时势，依靠自己的聪明才智，积极与命运协调一致。显然，马基雅维利的不少思想与霍布斯有着异曲同工之妙。只不过，与霍布斯注重"权利"不同的是，马基雅维利更注重"荣誉"本身。

这样，新的与神学和教会相脱离的主权理论便应运而生，其中尤以让·博丹和格劳秀斯为代表。让·博丹在《国家论六卷》（*Six Livers de la republique*）中系统论述了他的主权理论：国家起源于征服，但是强力并不能自证为正当的，除非主权得到承认；主权是"不受法律约束的、对公民和臣民进行统治的最高权力"④，也是将国家与家庭及其他群体区分开来的根本性标志；主权不是源于上帝或自然法，而是以君主的意志为

---

① ［古罗马］奥古斯丁：《上帝之城》第 14 卷第 28 章，转引自赵敦华《基督教哲学 1500 年》，人民出版社 1994 年版，第 176 页。
② ［意］尼科洛·马基雅维利：《君主论》，李修建译，九州出版社 2007 年版，第 131 页。
③ ［意］尼科洛·马基雅维利：《君主论》，李修建译，九州出版社 2007 年版，第 193 页。
④ 转引自［美］乔治·萨拜因《政治学说史》下卷，［美］托马斯·索尔森修订，邓正来译，上海世纪出版集团、上海人民出版社 2010 年版，第 82 页。

基础；国家法律就是主权者的命令，主权者本身不受国家法律的约束，但主权者应当遵守的是自然法和上帝之法；主权是至上的、绝对的和不可分割的；只有主权完整的国家才是"秩序良好的国家"，混合政体是不可能存在的；等等。显然，霍布斯的主权思想是对让·博丹的思想的发展。

在格劳秀斯看来，人天生就是一个理性的和社会的动物，建立一个和平的、拥有理性秩序的共同体是人们的共同愿望；进入公民社会之前的个体自然地拥有国家的所有权力；国家是由个体自愿结合成公民社会而形成的，国家的权威是集体同意的结果；主权对内而言意味着最高的权力，对外而言意味着独立的权力；主权是至高无上的，不受其他任何权力的限制，同时也是一个不可分割的统一体；"政教合一"必然导致战争和冲突不断，只有将政治和法律奠基于自然法的基础之上才能实现真正的和平；等等。正如理查德·塔克所指出的那样，霍布斯的主权理论实际上继承了格劳秀斯所开创的传统。①

一方面，霍布斯虽然也赞成主权者只对上帝负责，而不必对臣民负责，但是，霍布斯说："当我们建立一个国家时……任何人所担负的义务都是由他自己的行为中产生的，因为所有的人都同样地是生而自由的。"② 由此，霍布斯便否定了主权者与生俱来的权威，从而将"君权神授"转换为"君权人授"：在按约建立的国家中，主权者的权威根源于人们因相互恐惧而订立契约；在以力取得的国家中，主权者的权威或根源于子女以明确的方式所表示的同意（宗法的管辖权）或根源于被征服者与征服者所订立的信约（专制的管辖权）。也就是说，霍布斯试图将国家的权力本性回溯至人性本身——死亡恐惧。虽然黑格尔认为霍布斯的主权理论是肤浅的、经验的，但是，黑格尔也不得不承认霍布斯从人的激情本性出发来思考主权问题是具有独创性的。③

另一方面，霍布斯的主权理论较让·博丹和格劳秀斯的思想多有继

---

① 参见［美］理查德·塔克《战争与和平的权利——从格劳秀斯到康德的政治思想与国际秩序》，罗炯等译，凤凰出版传媒集团2009年版，第132页。
② ［英］霍布斯：《利维坦》，黎思复、黎廷弼译，杨昌裕校，商务印书馆1985年版，第168页。
③ 参见［德］黑格尔《哲学史讲演录》第四卷，贺麟、王太庆译，商务印书馆1978年版，第158页。

承和发展,譬如:主权者可以随心所欲地制定或废除法律,其本身并不受国家法律的约束,主权者是否违反自然法也只有上帝才能评判。当然,更为重要的是,霍布斯从人的自然需要出发将权力本性回溯至自然激情,并将主权建基于人们普遍同意的基础之上。这样,霍布斯的主权者权威便获得了内在的绝对性,而这正是他超越让·博丹和格劳秀斯的深层次原因。

二 主权的特性:以绝对之权力驯顺激情

霍布斯区分了两种取得国家主权的方式:一是以力取得的国家,即人们对以武力使其臣服的、个人或集体的一切行为授权;二是按约建立的国家(亦称为政治的国家),即一群人中的每一个人都与其他所有人订立信约,"把代表全体的人格的权利授与任何个人或一群人组成的集体"[①],并服从于该个人或集体的、一切出于让彼此过上和平的生活并抵御外来侵略的行为和裁断。虽然两者都是出于畏惧而服从,但是两者的差异在于是相互畏惧(以力取得的国家)还是畏惧他们按约建立的主权者(按约建立的国家)。霍布斯在这里还批驳了那些认为所有出于畏惧死亡和暴力的信约一律无效的观点:国家一旦按约建立或以力取得后,一个人虽然由于畏惧死亡或暴力而作出诺言,但是这并非出于恐惧,而是因为他们对所许诺的事情不具有权利而已。假如人们解除了依法应当履行信约而未履行的义务,也不在于信约的无效,而在于主权者的裁断。人们一旦作出诺言后,破坏诺言就是不合法的。

那么,主权者的权威到底具有哪些特性呢?

首先,主权者的权威是唯一的、至上的、绝对的。让我们先来看霍布斯在《利维坦》中所列举的主权者所享有的 12 项权力[②]。

[①] [英]霍布斯:《利维坦》,黎思复、黎廷弼译,杨昌裕校,商务印书馆 1985 年版,第 133 页。

[②] 需要注意的是,霍布斯并未对"权利"与"权力"进行明确区分,两者往往是混用的。"一般而言,'权利'更多的是一个法律概念,更多用在抽象概念上,更多是应然的东西;而'权力'更多是实然的,更多地用在具体内容上,强调其强制性,就两者的关系而言,权利的实施需要权力。"(汪堂家、孙向晨、丁耘:《十七世纪形而上学》,人民出版社 2005 年版,第 209 页注②。)

第一，臣民不得随意更改国家的政体形式，废黜主权者。在未经君主允许的情况下，君主政体下的臣民绝不能擅自选择其他政体或返回到自然状态中。因为要是他们不承认君主所做的一切以及君主认为适于做的一切的话，便是破坏了自己与君主所订立的信约，是不义的；要是废黜君主的话，便是剥夺了君主的东西，也是不义的。霍布斯还将此逻辑贯穿到底：那些企图废黜君主的人，若因此而被君主斩杀或惩办时，他依然是不义的，因为他就是君主所做的一切事情的授权人。

第二，主权者不是订立信约的一方，主权者不存在违反信约的情况，臣民不得以取消主权作为借口解除对主权者的服从。霍布斯说，作为承当大家的人格的主权者并没有与他的臣民订立信约，主权者的权利来源于臣民彼此之间的信约所授予的。一方面，在国家成立之前，主权者还不是一个人格，也就不可能将全体群众作为订约的一方；另一方面，主权者和他们中每一个人单独订约也是不可能的，因为当主权者取得统治权后那些契约就是无效的了。

第三，臣民必须自愿接受主权者的所作所为。因为主权者是由于大多数人彼此同意而宣布的，即使是此前持异议的人也必须以默认的方式同意其他人的意见，否则，他便违反自己的信约，是不义的，而其他人也有正当的理由杀死他。

第四，作为按约建立的主权者的所有行为与裁断的授权者，臣民便没有理由控告主权者不义，因为主权者所做的一切事情都是根据臣民的授权作出的，不会对臣民不构成侵害。同时，"抱怨主权者进行侵害的人就是抱怨自己所授权的事情，于是便不能控告别人而只能控告自己"①。虽然霍布斯也承认具有主权的人可能有不公道的行为，但是他坚决否认这是不义和侵害。

第五，臣民不得处死或以任何方式惩罚主权者。既然臣民是主权者的授权者，那么，臣民若再去惩罚主权者，就无异于因自己的行为去惩罚其他人了。显然，这就是不义的。

霍布斯说："为了保持和平与安全，对内防止分歧，对外对付敌人，他（主权者——引者注）也当然有权事先做出他认为有必要的事情，或

---

① ［英］霍布斯：《利维坦》，黎思复、黎廷弼译，杨昌裕校，商务印书馆 1985 年版，第 136 页。

在和平与安全已失去时，做出一切努力来加以恢复。"① 可见，目的的正当性决定了手段的正当性。霍布斯正是从按约建立国家的目的出发来说明主权者为实现这一目的而具有的对于手段的权利。这样，主权者便有权审定哪些是有利于和平与防卫的手段，哪些妨碍于妨害和平与防卫。

第六，主权者有权"决定哪些学说和意见有害于和平，哪些有利于和平，决定对人民大众讲话时什么人在什么情况下和什么程度内应受到信任以及决定在一切书籍出版前，其中的学说应当由谁来审查等"②。霍布斯显然看到了主流意识形态对于国家和平与安全的重要作用，主权者必须审定哪些是有利于和平的意见和学说，哪些是与和平相冲突的意见和学说，并将后者排除于主流意识形态之外。否则，主权者的疏忽大意或处理不当，任由破坏和平的意见和学说肆虐，则会导致国家的纷争与内战。

第七，主权者有权制定法度，让臣民知晓哪些财务是他们能享有的，哪些行为是他们能做的，并禁止其他臣民干涉他们的正当权益。在自然状态下，人人都享有对一切事物的权利，人的欲望成了善恶的尺度，而在霍布斯看来，这正是自然状态悲剧的根源。进入国家状态后，主权者就有权利和义务斩断这一根源：主权者颁布市民法，让臣民明晰私有财产权的界限；同时，主权者还制定善恶的共同标准，以此取代臣民原先的私有标准。

第八，主权者享有司法权，即"听审并裁决一切有关世俗法和自然法以及有关事实的争执的权利"③。只有有效裁决臣民之间的纷争，才能切实保障臣民之间不至于相互侵害。

第九，主权者有权决定与其他国家和民族宣战媾和。霍布斯认为，保卫臣民离不开军队的力量，同时，军队的高度集中的指挥权决定了谁掌握了国民军指挥权，谁就有权威胁主权者。所以，霍布斯认为，主权者必须始终是军队的最高统帅，决定何时征兵、何时发饷以及向臣民募

---

① [英]霍布斯：《利维坦》，黎思复、黎廷弼译，杨昌裕校，商务印书馆1985年版，第137页。

② [英]霍布斯：《利维坦》，黎思复、黎廷弼译，杨昌裕校，商务印书馆1985年版，第137页。

③ [英]霍布斯：《利维坦》，黎思复、黎廷弼译，杨昌裕校，商务印书馆1985年版，第138页。

集军费等。

第十，主权者有权甄选一切参议人员、大臣、地方长官和官吏。既然主权者全权负责公众的和平与保卫，那么，他就有权选用最适合于完成此一职责的官员。

第十一，主权者有对臣民行赏罚的权力。在已订立法律的地方，主权者可对臣民颁赐荣衔爵禄，也可对臣民施行体刑、罚金、名誉刑；在未订立法律的地方，主权者可鼓励臣民为公共安全服务，也可防止臣民的行为危害公共安全。也就是说，主权者通过行赏罚之权，对臣民的激情进行规制——培育臣民有利于国家和平与安全的激情，遏制臣民不利于国家和平与安全的激情，从而最终实现国家的和平状态。

第十二，主权者有权封赏臣民的品级和地位或规范公私的交际礼仪等。在自然状态下，人的虚荣自负激情偏爱贬损他人而抬高自己：一方面给予自己较高的评价，并希望得到他人的尊敬；另一方面人们相互之间的评价又极低。这样必然导致竞争、论争、党争，最终导致战争。进入国家状态后，主权者只有制定荣衔法规，并以统一的尺度评估对国家立功或有才能为国立功的人的身价，才能平息臣民之间因虚荣自负激情引发的各种争端。当然，臣民的所有品级和地位都是由主权者封赏的，他们在主权者面前就像"众星在太阳光之下一样不那么光芒夺目了"[①]，主权者的荣位高于所有臣民。

从霍布斯的这个权力列表中，我们可以清晰地看到：主权者的权力是唯一的，主权者之外不可能还有谁具有这样的权力；主权者的权力是至上的，人们不可能赋予谁比这更大的权力；主权者的权力是绝对的，当其与臣民的权利、利益、需要、喜好或愿望相冲突时，具有优先性。霍布斯总结道："主权者的权力，不得其允许不能转让给他人，他的主权不能被剥夺，任何臣民都不能控诉他进行侵害，臣民不能惩罚他，和平所必需的事物由他审定，学说由他审定，他是唯一的立法者，也是争执的最高裁判者，他是和战问题的时间与时机的最高审定者，地方长官、参议人员、将帅以及其他一切官员与大臣都由他甄选，荣衔、勋级与赏

[①] ［英］霍布斯：《利维坦》，黎思复、黎廷弼译，杨昌裕校，商务印书馆1985年版，第141页。

罚等也由他决定。"① 正是如此，霍布斯的思想因而也被人视为绝对主义（Absolutism）的。但是，我们绝不能因此而将他的思想等同于专制主义（Despotism）或极权主义，因为专制主义指的是统治者的统治方式无法无天，随意而专断；极权主义则是一种与法西斯主义相联系的统治形式，它是"一种新的专政形式……它过去是以胜利的运动的领导者的支配地位为特征，这一领导者在他属下的精英和所操纵的意识形态的帮助下，来实现对国家、社会和个人的完全控制"②。或者说，极权主义是一种技术统治，区分于霍布斯所说的"人的艺术"。"绝对性虽然将主权者的权利理解为他的意志，但还是承认臣民的自由，也就是当法律沉默的时候，公民仍然拥有主权者许可的自由。主权者虽然具有随意立法的可能性，但事实上还受约束于主权者本身的理性：自然法（公道），所以，并不会对臣民造成无限制的蹂躏。"③ 总之，霍布斯之所以赋予主权者不受任何义务或条件约束、不受法律约束、不必经臣民同意而立法的绝对权威，其目的在于驯顺臣民的激情，使臣民彻底摆脱倾向争斗的激情的控制，使其服从正确理性和法律法规的约束，从而实现保卫利维坦，避免将一切秩序化为原始的暴力与内战的混乱状态。

其次，主权者的权威是不可转让的、不可分割的。霍布斯认为，构成主权的要素主要包括上述所列举的12项权利，同时，这些权利也是识别究竟哪一个人或哪一群人为主权者的重要标志。除此之外的某些权利如铸币权、市场先购权等，即使转让了，也不会影响到主权者保卫臣民的权力。但是，霍布斯指出："分割国家权利就是使国家解体，因为被分割的主权会互相摧毁。"④ 譬如，主权者将国民军交出去，法律则会失去使人慑服的恐惧力量，司法权就没有意义了；主权者将征税权让出去，国民军就失去了经济来源；主权者将主流意识形态的话语权让出去，幽灵鬼怪学说便会肆虐；等等。

---

① ［英］霍布斯：《利维坦》，黎思复、黎廷弼译，杨昌裕校，商务印书馆1985年版，第153—155页。
② ［英］夏皮罗：《极权主义》，转引自［英］尼古拉斯·布宁、余纪元编著《西方哲学英汉对照辞典》，人民出版社2001年版，第1007页。
③ 王利：《国家与正义——利维坦释义》，上海世纪出版集团、上海人民出版社2008年版，第71页。
④ ［英］霍布斯：《利维坦》，黎思复、黎廷弼译，杨昌裕校，商务印书馆1985年版，第254页。

霍布斯批驳了所谓的混合君主国。他认为，与其说这是一个独立的国家，还不如说这是三个独立的集团。因为人的激情注定了彼此之间必然意见歧出，难以实现真正的统一，所以，在世俗的王国里，人不可能像在上帝的王国那样，可以做到三位分立而不致破坏上帝统治下的统一。同时，霍布斯还批驳了所谓的神权王国和俗权王国并存的观点，他认为这种观点只会带来内战和分裂。霍布斯得出结论："其中任何一种权利不论表面上根据什么言辞转让出去了，只要主权本身没有直接宣告放弃、而受让人又没有不再将主权者之名赋与转让权利的人的话，这种让渡便是无效的；因为当这人把一切能让出去的全都转让了之后，我们只要把主权转让回去，这一切便又全都作为不可分割地附属于主权的东西而恢复了。"[①]

现在的问题是，既然主权者具有如此绝对的权力，而且主权者的权力又是不可转让、不可分割的，那么臣民就只能听任具有无限权力的某一个人或某一个集体的激情摆布，岂不是活得太可怜了？霍布斯说："人类的事情决不可能没有一点毛病，而任何政府形式可能对全体人民普遍发生的最大不利跟伴随内战而来的惨状和可怕的灾难相比起来或者跟那种无人统治，没有服从法律与强制力量以约束其人民的掠夺与复仇之手的紊乱状态比起来，简直就是小巫见大巫了。"[②] 可见，与原始的暴力与内战的混乱这个人类最大的恶相比，国家的这些缺陷实在是不足道的。换句话说，即使是最糟糕的政府也比自然状态的混乱要好。此外，霍布斯还分析了臣民激情本身的缺陷，譬如他们对纳税一事是极不情愿的，哪怕是为了自身的防卫计。"因为所有的人都天生具有一个高倍放大镜，这就是他们的激情和自我珍惜；通过这一放大镜来看，缴付任何一点点小款项都显得是一种大的牢骚根源。"[③] 臣民的这种反抗情绪必然给主权者造成巨大的压力。霍布斯相信，主权者往往不会随意损害或削弱臣民，因为他们的力量和光荣存在于臣民之中。于是，霍布斯告诫臣民，应该

---

① ［英］霍布斯：《利维坦》，黎思复、黎廷弼译，杨昌裕校，商务印书馆1985年版，第140页。

② ［英］霍布斯：《利维坦》，黎思复、黎廷弼译，杨昌裕校，商务印书馆1985年版，第141页。

③ ［英］霍布斯：《利维坦》，黎思复、黎廷弼译，杨昌裕校，商务印书馆1985年版，第142页。

用伦理学和政治学这种"望远镜"来看待事情本身，以长远的眼光来理解主权者的行为。

对于霍布斯的绝对权威理论，洛克毫不客气地批评道："这就是认为人们竟如此愚蠢，他们注意不受狸猫或狐狸的可能搅扰，却甘愿被狮子所吞食，并且还认为这是安全的。"① 可见，洛克则是站在霍布斯的前提上来反对霍布斯的结论的：霍布斯的具有绝对权威的利维坦只会给臣民造成新的更大的恐惧，这与自我保存的目的是相悖的。洛克相信唯有具有相对权威的有限政府才更有助于实现人们的自我保存。洛克的这一改造，对现代主权理论产生了非常深远的影响。

当然，霍布斯虽然强调主权者的权威的绝对性，但是并非没有为限制主权者留下任何空间。他说："主权所有的义务都包含在这样一种说法中：人民的安全是最高的法律。"② 一方面，主权存在的根据在于实现人民的安全，主权者必须尽可能在所有事情上遵从正确的理性（自然的、道德的和神圣的法律），尽最大的努力通过合理的手段实现臣民的安康。如果他们将权力用在其他事情而不是人民的安全上，那么，他们就违背了和平的原则和自然法。当然，主权者是否违反自然法，唯有上帝才能评判，上帝对违反自然法的主权者施行"自然的惩罚"形式。"行为放荡会自然地招致疾病之罚、轻率则招致灾祸之罚、不义招致仇敌的暴行之罚、骄傲招致失败之罚、懦弱招致压迫之罚、王国疏于执政招致叛乱之罚，而叛乱则会招致杀戮之罚。"③ 另一方面，臣民虽然放弃了所有他们可以放弃的权利，但是，他们却保留了抵抗任何威胁自身生命的事物的权利。主权者如不谨慎行事，便容易激发臣民的反抗，甚至导致国家解体。

三 主权的运作：用良法为人民求得安全

霍布斯认为，主权者的职责从根本上取决于人们赋予主权时所希望

---

① ［英］洛克：《政府论》下篇，叶启芳、瞿菊农译，商务印书馆1964年版，第57页。
② ［英］霍布斯：《论公民》，应星、冯克利译，贵州人民出版社2003年版，第133页。
③ ［英］霍布斯：《利维坦》，黎思复、黎廷弼译，杨昌裕校，商务印书馆1985年版，第288页。

达到的目的——"为人民求得安全",这是主权者依据自然法而应承担的义务,并且得向上帝(自然法的制定者)负责。当然,这里所说的"人民"指的是被统治的公民群体,一方面,它区别于进行统治的国家自身(单一的人格);另一方面,它也区别于具体的某个公民,而是普遍意义上的多数公民。同时,这里所说的安全不仅是保全性命层面上的,而且还包括保障公民在不危害公共安全和国家利益的前提下,通过以正当的、合法的途径获得生活上的其他满足。主权者不仅应提供给公民满足生活所必需的一切好东西,还应为他们提供享受生活所必需的一切好东西。具体来说,主权者应尽最大的努力帮助公民实现如下这些福祉:不受外敌侵扰;内部和平的维持;获得与公共安全尽可能一致的财富;充分享受合法的自由。① 否则,主权者便违背了自然法,违背了自己的宗旨和目标,辜负了那些将主权交到他们手里的人的信任。

在霍布斯看来,行政和司法往往是通过代理人的形式行使的,"主权者所颁布的法律将命令行政代理人执行,并命令司法代理人进行裁判"②,唯有立法权是不可转让的,这是主权者的主要职责。我们这里主要讨论主权者的立法权。

霍布斯说:主权者要实现"为人民求得安全"这一基本目标,就应做到"除了个人提出控诉时对他加以保护使之不受侵害以外,不只是个别地加以照管,而是要在具有原理和实例的公开教导中包含一种总的安排,以及制定和实行个人可以适用于其本身情形的良法"③。那么,什么是良法呢?

首先,良法并不是指公正的法律,因为主权者的所作所为都得到了人民中每一个人的担保和承认,而参加者全都同意的事情对每一个人来说都是公正的,所以,由主权者所制定的法律便不可能是不公正的。

其次,良法的作用并不是为了限制臣民的自由(约束臣民不做任何自愿行为),而是为了更好地保护臣民的利益与安全。良法必须引导臣民

---

① 参见[英]霍布斯《论公民》,应星、冯克利译,贵州人民出版社2003年版,第134页。
② [爱尔兰]菲利普·佩迪特:《语词的创造——霍布斯论语言、心智与政治》,于明译,北京大学出版社2010年版,第166页。
③ [英]霍布斯:《利维坦》,黎思复、黎廷弼译,杨昌裕校,商务印书馆1985年版,第261页。

如何有效避免因消极性激情（鲁莽愿望、草率从事或行为不慎）而伤害自己。同时，没有必要的法律也不可能是良法。因为主权者的利益与臣民的利益是一致的，那些只利于主权者聚敛钱财而不利于臣民的利益的法律便是不必要的法律，也不可能是良法。

再次，良法必须做到让臣民准确无误地理解主权者的真实意图。由于语言本身的歧义性，用来说明法律的词句可能晦涩含糊，过当或不及的语言均会让臣民误解主权者的意志，造成臣民之间的相互冲突。所以，主权者必须说清自己的动机和原因，条文简洁，用字恰当，意义明确。

最后，良法必须对所有各等级的臣民平等施法。平等施法是由公道所决定的，就公道作为自然法的诫条而言，无论是主权者还是臣民都应服从。虽然主权者的规定造成了臣民地位的实际不平等，但是，所有臣民都享有平等的自然权利，法庭上不应有各等级臣民的贵贱之分。否则，偏袒贵者造成"豁色将滋生骄横、骄横又滋生仇恨、仇恨则使人不顾国家的毁灭，力图推翻一切压迫人和侮辱人的贵族作风"[①]。

此外，良法还具有建设性和调控性的功能。霍布斯说："制定对所有人都相同并向他们公布的规则或准则，就是主权者的义务。这样做是为了让每个人都知道他应该把什么称作自己的，什么称作别人的；把什么称作正义，什么称作不义；把什么称作荣誉，什么称作耻辱；把什么称作好，什么称作坏；总之，什么是他在社会生活中应该做的，什么是他不应该做的。这些规则或准则通常被称作是国家的民法或法律。"[②] 也就是说，主权者通过制定法律和规章，既为臣民确立了私有财产权的界限，明晰你的与我的；又为臣民提供了道德的标准，区分善恶、正义与非正义、荣誉与耻辱，从而最终构建起公民行为准则和道德体系。

需要注意的是，与霍布斯的绝对主义的主权理论相关联，他并不主张实行立法、行政、司法三权分立。因为国家是人民的联合，这种联合要求将全体统一为唯一人格，以唯一人格（即主权者）的权威代表共同体行事；同时，每一个成员也都将主权者的意志视为全体的意志。假如国王或君主、少数人的会议、全民会议均承当人民的人格，那么，他们就是三个人格和三个主权者，而非一个人格和一个主权者。于是，霍布

[①] ［英］霍布斯：《利维坦》，黎思复、黎廷弼译，杨昌裕校，商务印书馆1985年版，第269页。

[②] ［英］霍布斯：《论公民》，应星、冯克利译，贵州人民出版社2003年版，第63—64页。

斯讥讽道:"这种国家的不正常状况可以严格地比之于人体上的什么疾病我还弄不清楚。我曾经见过一个人在身体旁边又长出另一个人来,具有自己的头部、臂膀、胸部和胃部。如果他在另一边再长出一个人来,这比喻就非常恰当了。"①换句话说,这种"国家"尚处于自然状态之下,仍是一个复合体而非唯一的人格。所以,主权者既是唯一的立法者,也是最高的行政长官、最高的司法裁判者。

对此,洛克批评道:如果同一批人既是法律的制定者又是法律的执行者,那么,人性本身的弱点会极大地诱惑他们在制定和执行法律时,使法律偏向于他们的一己私利,从而背离了组建政府的初衷。而孟德斯鸠则进一步明确指出:若行政权和立法权为同一个人或同一个团体所掌握,公民的自由难以继续存在,因为公民们都非常畏怯这个人或团体制定并执行一些残忍凶暴的法律;若司法权和立法权合二为一,公民没有自由可言,因为此时法官就是立法者,其将对公民的生命实施专断权力;若司法权和行政权集于一身,公民的自由也不复存在,因为法官由此便掌握了可压迫公民的力量;若这三种权力都为同一个人或同一个团体所有,必然导致一种可怖的专制独裁。可见,无论哪种情况都不能很好地保护人民的安全。因此,要防止权力被滥用,就应当实行三权分立,用权力来约束权力:立法权应由全体公民集体享有;司法权应是独立的;行政权则应掌握在君主手中,以便快速地行使权力,高效地治理国家。显然,洛克和孟德斯鸠的确切中了霍布斯理论的弊端。

总之,霍布斯本人饱受内战之苦,他将主权的分割视为内战爆发的最深层次根源,从而走向极端,强调主权者的权威高度集中化、绝对化,以便使所有人畏服,因为"人们的欲望以及心灵的激情如果不受某种权利的限制,他们就会永远相互攻讦"②。在这种主权权威绝对化的国家中,主权权威将消解任何试图分裂国家的臣民的虚荣自负,给臣民造成最大的死亡恐惧,从而使他们获得一种心境的平和状态。一个公民只有在这种平和的心境中,才能摆脱激情冲突的自然状态,真正深切地感受到自己是安全的,不再害怕其他公民,进入真正的希望之乡。换句话说,霍

---

① [英]霍布斯:《利维坦》,黎思复、黎廷弼译,杨昌裕校,商务印书馆 1985 年版,第 258 页。

② Thomas Hobbes, *The English Works of Thomas Hobbes of Malmesbury* (Vol.1), London: Rouledge/Thoemmes Press, 1839-1845, p.74.

布斯注重的是以主权者的绝对意志使得臣民的激情得以协调，但是他忽略了主权者本身也有弱点，其虚荣自负的激情倾向于个人私利之时，仅仅诉诸自然法和公道所带来的死亡恐惧并不能彻底消解这种虚荣自负。如果他从人性的维度出发，在强调以激情压服激情的同时，也注意激情内部的相互制衡问题，或许也能得出三权分立的结论，从而进一步克服国家本身的一些缺陷。

参考文献

Glen Newey, *Routledge Philosophy GuideBook to Hobbes and Leviathan*, London and New York：Routledge, 2008.

［美］乔治·萨拜因：《政治学说史》下卷，［美］托马斯·索尔森修订，邓正来译，上海世纪出版集团、上海人民出版社2010年版。

［美］理查德·塔克：《战争与和平的权利——从格劳秀斯到康德的政治思想与国际秩序》，罗炯等译，凤凰出版传媒集团、译林出版社2009年版。

［英］霍布斯：《利维坦》，黎思复、黎廷弼译，杨昌裕校，商务印书馆1985年版。

汪堂家、孙向晨、丁耘：《十七世纪形而上学》，人民出版社2005年版。

尼古拉斯·布宁、余纪元编著：《西方哲学英汉对照辞典》，人民出版社2001年版。

王利：《国家与正义——利维坦释义》，上海世纪出版集团、上海人民出版社2008年版。

［英］霍布斯：《论公民》，应星、冯克利译，贵州人民出版社2003年版。

［爱尔兰］菲利普·佩迪特：《语词的创造——霍布斯论语言、心智与政治》，于明译，北京大学出版社2010年版。

Thomas Hobbes, *The English Works of Thomas Hobbes of Malmesbury* (Vol. 1), London：Rouledge/Thoemmes Press, 1839–1845.

（原载于《石河子大学学报》2014年第1期，并被《北京大学学报·全国高校文科学报概览》2014年第5期摘要）

激情的边界

——霍布斯的消极自由观

在霍布斯那里，既然主权者的权威是绝对的，这种权威要求臣民绝对服从，而臣民也不得以借口拒绝服从，且无权以任何名义反抗暴君，那么，臣民还有自由吗？正如奥克肖特所说："霍布斯虽不是一个自由主义者，但他那里的自由主义哲学比多数自称为自由主义的捍卫者更多。"[1] 霍布斯的自由观被认为开了西方现代自由主义的先河，并由此"被广泛称为现代个人主义的创始人、个人主义之父"[2]。

一 自由的定义：始于激情的消极自由观

根据昆廷·斯金纳的考察，霍布斯关于自由的定义分别有着三种不同的表述：《法律、自然和政治原理》《论公民》《利维坦》。[3]

先来看霍布斯在《法律、自然和政治原理》一书中关于自由的讨论。霍布斯说，我们行为的开端是由欲望（appetitie）和恐惧（fear）所组成的，前者推动我们行动，后者阻止我们行动。在我们斟酌（deliberate）做还是不做的过程中，我们都是在欲望和恐惧之间进行着艰难的抉择，唯有通过最后的一个欲望或者最后的一个恐惧才达成了一个最终的意志（will），这便是想做某事的最终欲望（last appetitie）或不想做某事的最终恐惧

---

[1] ［英］迈克尔·奥克肖特：《〈利维坦〉导读》，应星译，见思想与社会编委会《现代政治与自然》，上海人民出版社2003年版，第230页。

[2] Alan Ryan, "Hobbes and Individualism", in G. A. J. Rogers & Alan Ryan ed., *Perspective on Thomas Hobbes*, Oxford: Clarendon Press, 1988, p.81.

[3] 参见［英］昆廷·斯金纳《霍布斯与共和主义自由》，管可秾译，上海三联书店2011年版。

(last fear)，此时斟酌才戛然而止。当然，无论是最终欲望还是最终恐惧，都不过是我们决定性的、最终选择的代名词而已，均应视为意志的真实表达。即使是外力逼迫下的行为也是我们完全自愿的行为。我们在实施任何行为之前均是完全自由的，因为"唯有我们是自由的（liberty），才谈得上做或不做某事。斟酌本身就是去自由的过程"①。简言之，人的行为是以激情为开端的，斟酌便是在欲望和恐惧两大激情之中的抉择，直至最终的激情转化为意志，斟酌才得以完成，而在此之前人都是自由的。

霍布斯还纯粹从自然的角度出发，将自然状态描述为一种无可指责的自由（blameless liberty）状态。在自然状态下，人人得享"自然自由"（natural liberty），因而这也是一种人人平等的自由。② 霍布斯认为，人们之所以拥有随意支配自身生命与力量的自然自由，乃是为了实现自我保全的自然权利。但是，这种自然自由必然带来人人相互冲突的战争状态（the estate of war）。而要摆脱这种自然困境，唯有订立信约，进入国家状态，并绝对臣服于主权权威。但是，在国家状态中，臣民的自然自由不得不为主权者所制定的各种法律法规所削减。霍布斯说："国家状态下的自由仅仅意味着能得到与其他一些臣民平等的宠幸，而其他人则会陷入被奴役的状态。一个自由人与一个奴仆的差别，仅仅在于其更有望获得更荣耀的职位。这便是对臣民自由的全面理解了。因为在其他一切意义上，自由只是一个非臣民所处的状态而已。"③ 也就是说，自由不可能与臣服并存，国家中的自由不过是统治和支配的代名词。当然，如果臣民希望和平地生活，就不得不接受自身自由的严重丧失。因此，所谓在政府之下做自由人的说法，也不过是虚荣自负所虚构的自欺欺人罢了。

霍布斯的《论公民》基本上沿袭了《法律、自然和政治原理》中的基本论调，但是，《论公民》试图给"自由"本身下一个最普遍的定义，试图超越此前对自由的狭隘理解——止于人类斟酌过程中的自由、自然自由，而未考虑自然体的自由运动。他说：在以前的著作家那里，"自由

---

① Thomas Hobbes, *The English Works of Thomas Hobbes of Malmesbury* (Vol. 4), London: Rouledge/Thoemmes Press, 1839–1845, p. 68.

② Thomas Hobbes, *The English Works of Thomas Hobbes of Malmesbury* (Vol. 4), London: Rouledge/Thoemmes Press, 1839–1845, pp. 83–84.

③ Thomas Hobbes, *The English Works of Thomas Hobbes of Malmesbury* (Vol. 4), London: Rouledge/Thoemmes Press, 1839–1845, p. 158.

通常被看成是可以按自己的自由意志不受惩罚地做任何事情。不能这样做就被看成是奴役。"① 对此，霍布斯批驳道："在一个国家中不可能是这样的，或者说奴役与人类的和平并存，因为没有哪个国家不存在统治的权力和强制的权利。自由［按定义来说］不过是缺乏对运动的阻碍。"② 这一定义显然已将自然体的自由运动涵括进来了。他举例说：水在容器中是不自由的，因为容器阻碍了水的运动，唯有打破容器才能解除这种束缚，获得自由。

霍布斯将阻碍分为外在的、绝对的阻碍和主观的、相对的阻碍。前者指的是使得物体无法以某种方式进行物理运动的阻碍，如：一个旅行者因栅栏或围墙的阻碍而不能进入葡萄园采摘葡萄时，他所受到的阻碍就是外在的、绝对的阻碍。而主观的、相对的阻碍是因人类自身的选择而引发的，如：有人想要从船上跳入大海时，其他人不会阻碍他完成跳海这一物理运动，除非他已经选择跳海，并决意这么做。

那么，究竟何种力量能够阻碍人决意这么做呢？霍布斯认为，人的行动根源于自己的意志，而意志又根源于希望或恐惧。因此，只有恐惧才能够成为人行动的内在阻碍。他举例说："当遵守法律比不遵守法律似乎给他们自己带来更大的好处或更小的坏处时，他们才会愿意去遵守。"③ 也就是说，主权者所制定的法律使得对特定错误的惩罚是如此之重，以至于犯这种错误的后果要比不犯糟糕得多。唯其如此，才会对臣民造成极大的恐惧，强迫他们在考虑是否要违法时，不得不顾及这种恐惧从而选择终止违法行为。对此，昆廷·斯金纳指出："所谓主观障碍，似乎就是指情感力量，它们如此强大，以致每逢我们权衡做或不做某件事情的时候，它们一定足以阻止我们决意并实施某种行为——除非以某种特定方式。"④

单就外在的、绝对的阻碍而言，所有人都或多或少地拥有自由，因为他或多或少地都有一定的行动空间，关在大监狱的囚犯所拥有这种自由无疑要多于关在小监狱的囚犯。但是，就主观的、相对阻碍而言，臣

---

① ［英］霍布斯：《论公民》，应星、冯克利译，贵州人民出版社 2003 年版，第 97 页。
② ［英］霍布斯：《论公民》，应星、冯克利译，贵州人民出版社 2003 年版，第 97 页。
③ ［英］霍布斯：《论公民》，应星、冯克利译，贵州人民出版社 2003 年版，第 97 页。
④ ［英］昆廷·斯金纳：《霍布斯与共和主义自由》，管可秾译，上海三联书店 2011 年版，第 106 页。

民还是拥有一定程度的自由的——"尽其所能、竭尽全力去做一切对保护他的生命和健康所必需的事情"①。

此外,霍布斯还修正了此前关于"自由只是一个非臣民所处的状态"的观点。在他看来,国家状态中,臣民的自然自由无疑受到主权者所制定的法律的约束,但是我们并不能将此等同于奴役,而是被统治,以使生命得以维系。国家状态下的自由公民比奴隶多出的东西在于,他们能够从事更受尊敬的服务,享受更多的休闲。

毋庸置疑,《利维坦》是霍布斯自由理论最成熟的表达。他说:

自由一词就其本义说来,指的是没有阻碍的状况,我所谓的阻碍,指的是运动的外界障碍,对无理性与无生命的造物和对于有理性的造物同样可以适用。不论任何事物,如果由于受束缚或被包围而只能在一定的空间之内运动、而这一空间又由某种外在物体的障碍决定时,我们就说它没有越出这一空间的自由。②

显然,这里的阻碍仅指"运动的外界阻碍",不再包含《论公民》中所说的主观的、相对的阻碍。为什么霍布斯会发生这一转变呢?究其根源在于霍布斯此时已明确将世界划分为自然世界(world of nature)和人造世界(world of artifice)。前者由运动的物体组成,"生命只是肢体的一种运动",受自然法主宰;后者即国家,受主权者所制定的民约法主宰。因为主观阻碍并不适用于"无理性与无生命的造物",所以,霍布斯便将自由定义为"运动没有外界障碍的状况"。这样,新的自由定义便同时适用于自然世界和人造世界。同时,针对人造世界的特殊性——运动的障碍存在于事物本身的构成之中,霍布斯从自由与能力的区别入手来解决这一理论难题的:"不说它缺乏运动的自由,而只说它缺乏运动的力量"③。

霍布斯强调,我们不能将自由滥用于物体以外的事物,因为没有运动的事情就不存在受到阻碍。这样,所谓的"自由意志"就是荒谬的,因为我们只能推论出人的自由(即人不受阻碍地从事自己具有意志、欲

---

① [英]霍布斯:《论公民》,应星、冯克利译,贵州人民出版社2003年版,第97页。
② [英]霍布斯:《利维坦》,黎思复、黎廷弼译,杨昌裕校,商务印书馆1985年版,第162页。
③ [英]霍布斯:《利维坦》,黎思复、黎廷弼译,杨昌裕校,商务印书馆1985年版,第163页。

望或意向想要做的事情），而不能推论意志的自由、欲望的自由或意向的自由。正是基于这一理解，《利维坦》已不再如《论公民》那样将恐惧视为人行动的内在阻碍，而是将人因恐惧而作出的行为都看作人的自愿行为，恐惧与自由是相容的。譬如，一个人害怕船只在大海中沉没，他选择将货物抛入大海时，依然是"十分情愿地这样做的"，因而他还是自由的。这样，霍布斯就解决了遵守法律与自由之间的矛盾："一般说来，人们在国家之内由于畏惧法律而做的一切行为都是行为者有自由不做的行为。"① 对此，昆廷·斯金纳解释道："霍布斯想说的是，当一个人应允主权权力的时候，他'自己原先具有的自然自由并不受到任何限制'。"② 在霍布斯看来，就像建造篱笆的目的不是为了阻挡行为，而是为了使行人往路上走一样，主权者制定法律的目的也不是为了取消臣民的自由，而只是让臣民默认并追随主权者的统治。

霍布斯一方面坚称，一个人在斟酌之后决定实施某行为，意味着终止了自己的自由；另一方面又说，只要这个人是在自己的能力范围内实施该行为，无任何外在障碍阻止他的行动，他仍然是自由的。"虽然他终止了自己的自由，他却是通过自由行动而终止它的。"③ 显然，这一说法已经超越了《法律、自然和政治原理》《论公民》。

霍布斯认为，自由与必然之间并不矛盾。在他看来，水顺着河道往下流，不但是自由的，而且还是必然的。人的自愿行为也是如此。譬如，一个人选择将货物抛入大海中的行为是自由的；同时，促使他作出这种行为的意志都出自某种原因（船体下沉），而这种原因又追溯至另一原因（货物过重），当然，这一原因还可以继续追溯至其他原因，在这一连串原因之链的终端便是所有原因的第一因（上帝），因而我们就可以说这一行为是必然的。霍布斯的这一证明或许并无多大新意，似乎与经院哲学的上帝存在的证明有着异曲同工之妙。在霍布斯看来，人们有自由依据自己的意志行事与如此行事恰巧也是上帝所愿并不矛盾。因

---

① [英]霍布斯：《利维坦》，黎思复、黎廷弼译，杨昌裕校，商务印书馆1985年版，第163页。
② [英]昆廷·斯金纳：《霍布斯与共和主义自由》，管可秾译，上海三联书店2011年版，第139页。
③ [英]昆廷·斯金纳：《霍布斯与共和主义自由》，管可秾译，上海三联书店2011年版，第139页。

为上帝的意志就是人们欲望和激情的根据。如果上帝的意志不保证人的意志的必然性的话，那么，人类的自由就会与上帝的自由和全能相冲突。

在霍布斯看来，根源于亚里士多德和西塞罗等人的古典自由理论是荒谬的，因为这种理论不是从"自然原理"（以激情为核心的人性理论）中直接推出来的，而只是对古希腊、古罗马时期民主国家的实践的记录。古典自由论宣称：唯有生活于民主国中的人才能享受自由，君主国则会将人变成奴隶。亚里士多德的理由是：就自由的标志（"多数人的意见起主宰作用"）而言，民主政体的"公正是依据数目而不是依据价值而定的平等，以此为公正，多数人就必然成为主宰者，为大多数人所认可的东西，就必然是最终目的，是公正"①。就自由的效用（"一个人能随心所欲地生活"）而言，民主政体虽然不能改变人被统治的命运，但是它至少可以实现"轮流统治和被统治"，有利于建立于平等观念之上的自由。霍布斯认为，古典自由理论在政治实践中是有害的，因为从小熟读古典自由理论著作的人，容易在自由的虚伪外表下赞成暴乱，赞成肆无忌惮地控制主权者的行为，最终必然酿成内战，回到悲惨的自然状态。而这无疑是霍布斯最不愿看到的结果，以致他不惜用最严厉的语气来批驳古典自由理论："任何东西所付出的代价都不像我们西方世界学习希腊和拉丁文著述所付出的代价那样大。"②

霍布斯指出："不论一个国家是君主国还是民主国，自由总是一样。"③ 因为自由人按其"公认的本义"来说指的是"在其力量和智慧所能办到的事物中，可以不受阻碍地做他所愿意做的事情的人"④。换句话说，自由人的标志都仅仅是指在没有受到外在的、绝对的阻碍条件下凭借自身的力量和智慧行事，而与是否依附于主权者的意志无关，与何种政体形式无关。即使生活在专制政府之下，臣民亦保留了大范围的自由

---

① ［古希腊］亚里士多德：《政治学》，颜一、秦典华译，中国人民大学出版社2003年版，第210页。
② ［英］霍布斯：《利维坦》，黎思复、黎廷弼译，杨昌裕校，商务印书馆1985年版，第168页。
③ ［英］霍布斯：《利维坦》，黎思复、黎廷弼译，杨昌裕校，商务印书馆1985年版，第167页。
④ ［英］霍布斯：《利维坦》，黎思复、黎廷弼译，杨昌裕校，商务印书馆1985年版，第163页。

和自然权利。昆廷·斯金纳盛赞由霍布斯所实现的这一革命性转变为"现代自由理论发展史上的一座伟大里程碑"①。

从《法律、自然和政治原理》到《论公民》以及《利维坦》,霍布斯不断地修正着自由的定义,也不断地深化着关于自由的认识。其中,既离不开时代的影响,也意味着思想本身不断超越的过程。在《法律、自然和政治原理》中,霍布斯认为,激情是人的行为的开端,人在欲望与恐惧间斟酌,直至形成最终的意志。所谓的自由就是斟酌完成前的状态。自然自由是人在自然状态下的基本情态,并会引发人与人之间的冲突和战争。因此,人们要是希望过上和平的生活,就需要进入国家状态。不过,自由与臣服是不相容的,因为臣服就意味着接受自由的丧失。在《论公民》中,霍布斯试图进一步扩展自由的定义,将运动的物体涵括进来,自由被看作缺乏对运动的阻碍。这种阻碍既有外在的、绝对的阻碍,又有主观的、相对的阻碍。臣服意味着为保命而接受被统治,与奴役成了两码事。到了《利维坦》那里,霍布斯以能力来取代主观的、相对的阻碍,自由只是运动无外界障碍。臣民的自由被修改为人身自由。即使身处臣服状态,臣民的自由存在于"法律的缄默"(the Silence of the law)之处。总之,霍布斯是从激情出发思考自由的,并通过不断扩大定义的外延,使得"自由"足以涵括自然世界和人造世界。当然,霍布斯的最终目的是克服古典自由论及共和主义自由论的缺陷,赋予臣民以消极自由。② 由他所开创的消极自由观对西方现代的自由民主制度产生了深远的影响。

---

① [英]昆廷·斯金纳:《霍布斯与共和主义自由》,管可秾译,上海三联书店2011年版,第139页。

② 关于霍布斯对共和主义自由论的超越,可参见昆廷·斯金纳《霍布斯与共和主义自由》(管可秾译,上海三联书店2011年版),对此不予讨论。到了20世纪,以赛亚·伯林将自由区分为积极自由(即"去做……"的自由,free to do sth.)和消极自由(即"免于……"的自由,free from doing sth.),而霍布斯所说的臣民在法律未加规定的一切行为中有自由依据自己的理性去做最有利于自己的事情,便意味着免于法律规定的地方就是臣民的自由之处。正如伯林所说,积极自由将导致集权和威权制度,导致个人自由的完全丧失;唯有消极自由才更符合人道主义。

二 自由与义务：从建立主权之目的推论

霍布斯认为，唯有自然世界中的自然自由才是纯粹的自由。一旦进入人造世界，人就不仅仅是运动的物体，而成为受主权者保护的臣民了。此时臣民的自由即是民约权利，也就是民约法所留下的自由，而民约法则是臣民的义务，其作用在于取消自然法赋予臣民的自然自由。换句话说，在国家状态下，臣民的自然自由转变为民约权利。于是，霍布斯说："权利与法律的不同正和义务与自由的区别一样。"[①] 或许我们可以用下表来表述自然权利与民约权利、自然法与民约法、自然自由与臣民的自由、自然义务与臣民义务之间的相互对应的关系。

自然状态	国家状态
自然权利（自然自由）	民约权利（臣民的自由）
自然法（自然义务）	民约法（臣民的义务）

在霍布斯看来，国家的法律（即民约法）是人们为了取得和平和自保，以相互订立信约的形式人为制造的锁链，从而将主权者的"嘴唇"与臣民的"耳朵"紧密相连。有意思的是，霍布斯在这里一口气用了两个隐喻：主权者的"嘴唇"实为主权者的命令（或者说是主权者的意志），因为命令是靠嘴唇发出的；而臣民的"耳朵"体现着臣民对主权者命令的服从，因为主权者的命令从主权者的嘴唇发出并进入臣民的耳朵。但是，这些锁链并非坚不可摧、难以折断，那么，它们何以维系主权者和臣民呢？霍布斯说，其奥秘就在于主权者与臣民双方对于折断这些锁链后而带来的危险——人人相互为战的自然状态——的恐惧。

先看臣民的自由。霍布斯指出，臣民的自由取消了臣民的那种"在一切法律的保障有恃无恐的地方""有权利运用自己的力量保卫自己，并先发制人地进攻受怀疑的邻人以自保"的自然自由，是相对于民约法这

---

① [英]霍布斯：《利维坦》，黎思复、黎廷弼译，杨昌裕校，商务印书馆1985年版，第225页。

些锁链而言的。① 简言之，臣民的自由就存在于这些锁链之外，即"在法律未加规定的一切行为中，人们有自由去做自己的理性认为最有利于自己的事情"②。一方面，法律不等于取消臣民的自由，因为就自由的本义来说，唯有锁链锁禁和监禁才真正构成为人身自由的物理阻碍；另一方面，自由也不等于免除法律的惩罚，因为法律一旦没有武力保障其实行，便会沦为一纸空文，无法保障臣民的安全与自由。不过，法律毕竟只是"人造的锁链"，并不具有恐惧激情那样具有发自其本性的力量来阻止人根据自己的意愿而行动。在人造世界，法律主要还是通过约束臣民的激情来调节他们的行为，不可能真正成为臣民自由的外在阻碍，臣民依然保有随时违反法律的自由。当然，一旦回到自然世界，法律这根锁链将彻底失效。

那么，具体说来，臣民的自由有哪些呢？霍布斯说：

臣民的自由只有在主权者未对其行为加以规定的事物中才存在，如买卖或其他契约行为的自由，选择自己的住所、饮食、生业，以及按自己认为适宜的方式教育子女的自由等等都是。③

在上述这段话中，霍布斯所列举的5项臣民的自由都是与臣民的安全和过满意的生活息息相关的。不过，臣民的安全先于过满意的生活，或者说，政治契约先于经济契约。此外，还需要注意的是，霍布斯在《利维坦》第四十七章中还补充了"宗教崇拜的自由"。

霍布斯认为，可以从两个方面来理解臣民的自由与主权者之间的关系。

一方面，就主权者而言，主权者对臣民的生杀予夺之权并不会由于臣民的自由而被取消或被限制。因为主权者对臣民所做的事情即使违反了公道或自然法，也不能据此认为是主权者侵害了臣民或主权者是不义的。

另一方面，就臣民而言，对于主权者所命令的某些事情，臣民可以

---

① 参见［英］霍布斯《利维坦》，黎思复、黎廷弼译，杨昌裕校，商务印书馆1985年版，第225页。

② ［英］霍布斯：《利维坦》，黎思复、黎廷弼译，杨昌裕校，商务印书馆1985年版，第164页。

③ ［英］霍布斯：《利维坦》，黎思复、黎廷弼译，杨昌裕校，商务印书馆1985年版，第165页。

拒绝不做而不为不义。既然"在我们的服从这一行为中，同时包含着我们的义务和我们的自由"①，那么，我们便应当从建立国家时臣民到底转让了哪些权利，或者说放弃了哪些自由入手来思考这一问题。换句话说，我们应当"从建立主权的目的——臣民本身之间的和平和对共同敌人的防御——中去推论"② 什么是臣民的自由与义务。

第一，如果主权者命令某一臣民自杀、自残或不抵抗攻击他的人，或者命令他绝饮食、断呼吸或放弃不用就不能生存下去的东西，臣民有不服从的自由。

第二，在主权者或其掌权者审问臣民所犯的罪行，且臣民没有获得主权者宽恕的保证时，臣民没有承认的义务。

第三，臣民并不因承认主权者就有义务要奉主权者之命杀死自己或他人。虽然臣民有时奉主权者之命而有义务去做危险或不荣誉之事，但是这种义务与其说取决于臣民表示服从之言辞，不如说取决于所做事情的目的之意向。只要不会妨碍建立主权的目的之实现时，臣民有拒绝的自由；相反，臣民就没有拒绝的自由。譬如，一个奉命当兵杀敌的人如能找到另一个足以胜任当兵的人来代替自己便不为不义；两军交战中的逃兵如是出于恐惧而不是为了叛逆，只能说是不荣誉的行为，而算不得不义。但是，对于应募入伍、领受粮饷的人来说，便不得以胆怯为由拒绝参加战斗或在战斗中未经长官允许而擅自逃走。

第四，臣民没有自由为了防卫某人而抵抗国家的武力，因为这种自由会破坏主权者保卫臣民的手段，并摧毁建立主权的本质。当某群人因不义地反抗了主权者并将因此而付出生命的代价时，他们有自由保卫自己的生命，即使是拿起武器联合起来。虽然霍布斯将臣民反抗主权者的行为看作不义，但是，他并没有将臣民纯粹保卫自己的生命的行为视为不义。

第五，臣民的其余自由均存在于法律保持缄默的地方。凡是法律保持缄默的地方，臣民均有自由根据自己的理性判断而行事。不过，这种自由的大小并非一成不变的，而是依主权者的具体意志而定，因时因地

---

① [英]霍布斯：《利维坦》，黎思复、黎廷弼译，杨昌裕校，商务印书馆1985年版，第168页。

② [英]霍布斯：《利维坦》，黎思复、黎廷弼译，杨昌裕校，商务印书馆1985年版，第168页。

而异。

在霍布斯看来，主权者若根据自己的权力而向臣民征收物品时，臣民不得起诉主权者；若不是根据自己的权力而向臣民征取东西，并与臣民存在争议时，臣民有自由根据主权者原先订立的法律为自己的权利进行诉讼。霍布斯还说，主权者授予全体臣民或一部分臣民一种自由时，还必须以这种授予的成立不会导致主权者不能保护臣民的安全为前提。不过，主权者直接声明放弃主权或将主权让与他人的情况除外。

此外，霍布斯还说，古希腊罗马人所推崇的自由并非个人的自由，而只是国家的自由，这种自由必然导致相互冲突和战争，与自然状态下人所具有的自然自由没有本质区别。每一个国家都有绝对的自由做最有利于本国利益的事情，而究竟什么是最有利于本国利益的事情是由国家的代表者所决定的。霍布斯辛辣地讽刺道：说雅典人和罗马人是自由的这句话，不过是在说所谈的代表者有抵抗或侵略其他民族的自由，而不是指任何人有反抗自己的代表者的自由。

再看臣民的义务。霍布斯说："臣民对于主权者的义务应理解为只存在于主权者能用以保卫他们的权力持续存在的时期。"[①] 换句话说，当主权者不能保卫臣民的安全时，臣民的对于主权者的义务便会自然终止，而臣民的天赋自卫权也会被重新激活。这是因为"主权是国家的灵魂，灵魂一旦与身躯脱离后，肢体就不再从灵魂方面接受任何运动了"[②]。对此，霍布斯列举了如下几种极端情况。

第一，沦为战俘的臣民除以臣服战胜者为条件获得自己的生命或自由之外，别无他法保全自己的生命，此时其有自由接受这种条件的。

第二，那些被限制人身自由的人有自由选择逃跑，而不能被视为受信约约束而必须服从。

第三，君主若为自己或其继承人放弃主权时，臣民的自然自由就会恢复。一个不愿意要继承人的君主，臣民的臣服义务在君主死后便会终止。同理，一个既没有众所周知的亲属也没有宣布新的继承人的君主，臣民的臣服义务也因君主的死亡而终止。

[①] ［英］霍布斯：《利维坦》，黎思复、黎廷弼译，杨昌裕校，商务印书馆1985年版，第172页。

[②] ［英］霍布斯：《利维坦》，黎思复、黎廷弼译，杨昌裕校，商务印书馆1985年版，第172页。

第四，臣民在放逐时期不再是主权者的臣民。但是，臣民请假到国外游历或被派往国外履行使命期间，仍是主权者的臣民，并应当服从所在国的一切法律。

第五，君主若因战败而臣服于战胜者时，他的臣民仅对战胜者担负义务；君主若只是被俘或失去人身自由时，他的臣民仍对他担负义务，并应服从该君主原先委派的官员。

需要注意的是，主权者战败后，臣民什么时候开始对征服者担负义务呢？霍布斯说："根据自然之理说来，每一个人在战争中对于和平时期内保卫自己的权力当局应当尽力加以保卫。"[①] 如果主权者不能继续提供给臣民安全与保护，如臣民处于敌人看守和防卫范围之内，臣民就不再对原有主权者负有义务，而是自由服从征服者。真正的征服并不是杀死或拘禁式的制服，而是根据胜利取得另一个人的主权的权利。这种权利是在臣民为了换取生命和自由而对胜利者的允诺服从，并与胜利者订立信约后取得的。

三　霍布斯自由观的当代批判

20世纪70年代以来，社群主义思潮逐渐兴起，成为自由主义最大的批评者。社群主义的代表人物主要有查尔斯·泰勒（Charles Taylor, 1931- ）、阿拉斯代尔·麦金太尔（Alasdair MacIntyre, 1929- ）、迈克尔·桑德尔（Michael Sandel, 1953- ）、迈克尔·瓦尔则（Michael Walzer, 1937- ）等。社群主义的基本观点有：强调作为公民社会真正基础的"共同体"；人是社会的人，社会优先于个人；考察个人时必须将其置于社会、历史、文化的环境中，社会的正义是历史性的；个人主义容易带来道德上的诸多消极后果，削弱社群纽带，进而影响社会的健康发展，"正义"和"权利"应该建立于"共同的善"的基础之上；强调以社群为基础将政治生活的基本原则置于首要地位，尊重每个社会社群的利益、习俗及其文化价值系统；等等。虽然霍布斯也算不上严格意义

[①] [英]霍布斯：《利维坦》，黎思复、黎廷弼译，杨昌裕校，商务印书馆1985年版，第569页。

上的自由主义者①，但是，社群主义提出的诸多问题，特别是其对个人主义的批判，无疑也是霍布斯的激情与政治思想在当代所遭遇的重要挑战之一。

麦金太尔在《伦理学简史》一书中勾勒了霍布斯激情与政治思想的基本特征："个人是终极的社会单元，权力是终极的关切，上帝日益变得与世俗事物不相干，但却仍是驱除不了的存在物，而一种前政治、前社会的永恒的人性，则是变化着的社会形态的背景。"②换句话说，在霍布斯那里，个人优先于社会（"共同体"）；不存在"共同的善"，权力才是终极的关怀；社会建立于永恒的人性之上，是非历史性的。麦金太尔由此揭示了霍布斯思想中所存在的诸多悖论。第一，霍布斯混淆了国家与社会，从而使政治权威构成了社会生活，而不是依存于原本存在的社会生活之上。第二，霍布斯没有看到关心他人和关心自己的动机是并存的，而是强调对他人幸福的关心从属于对我们自己幸福的关心，并且是我们达到自己幸福的手段。第三，霍布斯的原始契约概念是自相矛盾的："他希望原始契约是所有人共有的共同标准和规则的基础；但他还希望它就是契约，而它要成为契约，就必须已经存在着某种人们所共同享有的标准，但这已说明其是不能先于契约而存在的。"③第四，霍布斯将人类欲望理解得非常狭隘，以致将人们接受一种权威解释为惧怕这种权威施行的制裁，进而得出"有权利"等同于"有权力"的错误结论。第五，霍布斯将人类的欲望看作既定的和不可更改的，不存在对欲望进行批判和合理改造的余地。第六，霍布斯的自由理论无视自由作为一种理想和目标出现的意义，而将崇高的精神理想看作追逐统治权的假面具。他对自由意志的批判只不过是强调人类的活动均是被决定的，所谓的政治自由也只存在于主权者的绝对权威所允许的范围内。而麦金太尔在《追寻美德——道德理论研究》一书中，则主要对霍布斯的个人主义进行了批判：在霍布斯那里，社会无非是陌生人的集合，他们都在最小限度的约

---

① 对于霍布斯是否属于自由主义者，学者钱永祥说，霍布斯的自然权利概念，虽然在局部表现了自由主义有关个人权利优先性的思想，但是，其尚不属于严格意义上的自由主义理论的构成部分。参见钱永祥《纵欲与虚无之上——现代情境里的政治伦理》，生活·读书·新知三联书店 2002 年版，第 295—296 页。

② [美] 阿拉斯代尔·麦金太尔：《伦理学简史》，龚群译，商务印书馆 2010 年版，第 181 页。

③ [美] 阿拉斯代尔·麦金太尔：《伦理学简史》，龚群译，商务印书馆 2010 年版，第 189 页。

束之下追逐着各自的利益，但是，霍布斯"排除了有关人类共同体的任何解说，而在这样一种共同体中，与对共同体在追求共同利益中的共同使命作出贡献相关之应得观念，能够为有关美德与非正义的判断提供基础"①。麦金太尔的这些批判无疑不同程度地击中了霍布斯的要害，对于我们理解霍布斯的政治哲学具有重要的启示意义。

在泰勒看来，霍布斯的个人主义属于原子个人主义，因为霍布斯将社会人还原为个人（原子），认为"社会无非就是一堆不停运动着的互相碰撞的原子"，每个原子为了追逐各自的权利和财富都在损害着其他原子，"人对人像狼一样"。霍布斯的这种原子个人主义关注的是个人的消极自由，"按照这种理论，自由就是指我们能做什么，或者说有什么是敞开着给我们做的。……自由只存在于没有障碍的地方。一个人要想获得自由，其充分条件就是没有阻碍的东西。"②泰勒批驳了霍布斯只看到自由的外在障碍，而没有看到内在障碍，并且，内在障碍是不能仅凭主体所认识的那样来定义的。所以，泰勒认为，霍布斯的这种极端的消极自由理论是粗糙的、原始的，存在诸多悖论，必然"导致对自由主义中最能启发灵感的领域——包括个体的自我实现等问题——的放弃"③，进而导致个体生活的狭隘化、庸俗化以及由此带来的意义丧失。正是这样，泰勒则注重从"自我"出发来思考自由所面对的障碍：自我不仅是我们自由的目标，而且也是我们不自由的根源。当然，泰勒也存在因过多地强调自由的主观世界而忽视自由的主体间性问题的不足。

总之，霍布斯是从运动有无外在阻碍的维度来考虑臣民的自由的，从建立主权的目的（求得安全与保护）来考虑臣民的义务的，并采取了现实主义的态度。一方面，主权者通过制定法律的方式来为臣民的激情划定边界，自由就存在于法律沉默之处，但是法律毕竟只是"人造的锁链"，并不能真正成为臣民自由的外在阻碍，法律最终必须作用于臣民的

---

① ［美］阿拉斯戴尔·麦金太尔：《追寻美德：道德理论研究》，宋继杰译，凤凰出版传媒集团、译林出版社2011年版，第319页。

② ［加］查尔斯·泰勒：《消极自由有什么错?》，见达巍、王琛、宋念申编《消极自由有什么错》，文化艺术出版社2001年版，第70—71页。泰勒还区分了消极自由与积极自由的差异：如果说消极自由依赖于"机会概念"的话，那么，积极自由则是一种"操作概念"，一个人唯有自己能有效地控制并塑造自己的生活时才是自由的。

③ ［加］查尔斯·泰勒：《消极自由有什么错?》，见达巍、王琛、宋念申编《消极自由有什么错》，文化艺术出版社2001年版，第91页。

激情才能真正发挥约束臣民的自由；另一方面，主权者如不能实际给予臣民安全与保护的话时，臣民就不再对原有主权者担负义务。如果说斯宾诺莎是积极自由的典型代表的话，那么，霍布斯就是消极自由的典型代表。就自由的本义而言，霍布斯更多的是从自由的外在层面对自由进行界定（"运动没有外界障碍的状况"），但是，他没有对自由内在层面的深入分析。就臣民的自由而言，霍布斯看到了自由存在于"法律的缄默处"，且在任何政体形式之中都是一样的，但是，他所理解的自由更多的是指人身自由，由于过多地强调臣民是为了保命而接受主权的绝对权威，容易对臣民自由造成实质性的损害。

参考文献

Thomas Hobbes, *The English Works of Thomas Hobbes of Malmesbury* (Vol.4), London: Rouledge/Thoemmes Press, 1839-1845.

［英］霍布斯：《论公民》，应星、冯克利译，贵州人民出版社2003年版。

［英］霍布斯：《利维坦》，黎思复、黎廷弼译，杨昌裕校，商务印书馆1985年版。

［英］迈克尔·奥克肖特：《〈利维坦〉导读》，应星译，见《现代政治与自然》，上海人民出版社2003年版。

［英］昆廷·斯金纳：《霍布斯与共和主义自由》，管可秾译，上海三联书店2011年版。

Alan Ryan, "Hobbes and Individualism", in G. A. J. Rogers & Alan Ryan ed., *Perspective on Thomas Hobbes*, Oxford: Clarendon Press, 1988.

［美］阿拉斯代尔·麦金太尔：《伦理学简史》，龚群译，商务印书馆2010年版。

［美］阿拉斯戴尔·麦金太尔：《追寻美德：道德理论研究》，宋继杰译，凤凰出版传媒集团、译林出版社2011年版。

［加］查尔斯·泰勒：《消极自由有什么错？》，见达巍、王琛、宋念申编《消极自由有什么错》，文化艺术出版社2001年版。

（原载于《天津社会科学》2018年第2期）

论霍布斯的义务观

霍布斯被公认为西方历史上最伟大的政治哲学家之一，也是现代政治哲学最重要的奠基者之一。他是循着马基雅维里所开辟的道路，试图在"现实主义"的层面上恢复政治的道德原则——自然法，以此取代古典政治哲学的道德品行和玄思的生活。与古典自然权利论不同，霍布斯将自然法理论奠基于激情说之上。在他看来，自然法之所以能发挥实际作用，就在于其是"从一切情感中最强烈者推演出来的"。正是死亡恐惧最深刻地表达了人最初的、自我保存的欲求。现在的问题是，假如自然法是从自我保存的欲求中推演出来的话，那么，基本的、绝对的道德事实就是一项权利而非一桩义务。

一　自然状态：从自然义务转向自然权利

如果说在亚里士多德那里"人天生是一种政治动物"，那么，在霍布斯看来，人首先是一种"自然"动物，或者更准确地说，人首先是一种前政治的动物，然后才是一种政治的动物。这一根本性的转换是通过人性中最强有力的东西——激情而非理性——而实现的。凭借于对人的天生的政治性的根本否定，霍布斯得出这一结论：虽然古典政治哲学家们对主权者的世俗权力及臣民的义务与权利发表了无数看法，但是，他们往往彼此攻讦，既相互冲突，也难自圆其说。霍布斯认为，只有他自己将道德、国家、正义、权威等化约为理性的规则和可靠无误的真理，并将其建筑在更加稳固、更加本源的地基——以激情为核心的人性论之上，然后再在这一地基之上按照自然法逐步建立新的政治科学，直至其坚不可摧。在霍布斯那里，自然法无非是派生于天赋自然权利、自我保存的权利；根本的道德事实与其说是一项义务，不如说是一项权利。霍布斯由此相信，只有他才算得上是真正的政治哲学家，只有他的政治哲学才是最具普遍性的科学。

虽然霍布斯与古典政治哲学都赞成道德和政治生活的目标和特性应当参照自然，特别是由人的天性来决定，但是，他将理论奠基于"自然状态"（前政治的状态）之上，这与古典政治哲学预设人是政治的动物截然不同。当然，"自然状态"也并非霍布斯的独创，他的独特之处在于他是从激情说推论而得出"自然状态"的，并且得出根本上区别于古典政治哲学的核心论题：自然权利优先于自然义务。

霍布斯指出，苏格拉底、柏拉图、亚里士多德、西塞罗以及古希腊和古罗马的所有其他哲学家，以及他之前的所有哲学家，在自然权利的问题上不过是错误地夸夸其谈，全都没有正确地理解自然义务与自然权利的关系。

对于古典政治哲学而言，人类天生就被注入了社会本能，不管人是否愿意，都不得不和其他人发生社会关系。由此，人的社会性就是人性本身，并构成为自然权利的基础。一方面，人只有在公民社会中才可能达到完善状态的；另一方面，人要达到完善状态，则要求人们彼此相互熟悉、相互信任，这个社会因而是一个相对封闭的社会。在这个封闭的社会中，不同的社会成员因其本性的差异，又可划分为不同的社会阶层，人与人并非天生就是平等的，如：柏拉图的统治者、军人和生产者，亚里士多德的富有者、贫穷者、中产者等。这个封闭的社会，它的实现无须人性中出现什么不同寻常的变化，亦不要求消除人性中的恶的东西，因而它是合于自然的，因而也是合于正义的。"人一旦趋于完善就是最优良的动物，而一旦脱离了法律和公正就会堕落成最恶劣的动物。"① 人必须以理性来统摄激情和欲望，以理性来解决道德教化问题。因此，人的完善性在于接受政治家、立法者或创建者的正确指导。但是，这或许永远都无法真正实现，仅仅只是一个"理想国"而已。

列奥·施特劳斯将古典自然权利论划分为三种不同的方式：一是苏格拉底—柏拉图式的自然权利论：正义的实质就是给予每个人依据自然他所应得之物；正义所给予的他人之物是根据自然对他人而言善的东西；

---

① ［古希腊］亚里士多德：《政治学》，颜一、秦典华译，中国人民大学出版社2003年版，第5页。

城邦的正义在于各尽所能，按比例分配。二是亚里士多德式的自然权利：自然权利是政治权利的一部分；自然权利是可变易的。三是托马斯式的自然权利论：根据自然的理性，人的自然目的不可能在于哲学思辨，更不用说参与政治活动了；正是神法使得自然法得以完备或完善，自然法与自然神学和启示神学均是不可分的。但是，它们教导的均是人的义务，权利不过是由义务派生出来的。

霍布斯的自然法、自然权利理论是从人的激情中推演出来的，而古典自然权利论恰恰没有将理论奠基于激情说之上，故它们只是空中楼阁而已。一方面，他默认了古典自然权利论一些核心观点，既相信存在完全独立于任何人类契约或习俗的自然权利，也承认存在合乎自然的最佳的政治制度。另一方面，他以一种极端的方式，拒斥了古典自然权利论的理论前提——人天生就是政治的动物，不再从人的完满性出发，而是从实质上支配着人的最本源、最强大的激情力量（人首先是激情的动物），从人们的实际生活情况来重新反思自然权利理论。

一切激情中最强烈的乃是对死亡的恐惧，这是一个亘古不易的自然事实。人正是从"自然的至恶"——死亡中开拓出一条光明大道的。为了避开暴死的危险和威胁，实现自我保全，对暴死的恐惧最原初地激发着人类的本能。换句话说，唯有对暴死的恐惧才最深刻地表达着人类最强烈、最根本的欲求。自然权利优先于自然义务，只有自我保存才是根本的和不可离弃的权利，任何义务均只有以此作为绝对的无条件的前提时才有约束力。与之相关，个体亦优先于共同体，公民社会的所有职能和界限也必须服从于这个前提才有意义。正是霍布斯的自然权利理论实现了从自然义务到自然权利的根本转向，而其理论前提则根源于死亡恐惧的激情。而要使自然权利理论发挥实际性的效果，也不必再像古典政治哲学那样强调道德感化，而是要解放人性，重视教育。显然，建基于这种新的自然权利论上的道德和政治法规远比古典政治哲学的"理想国"更加行之有效，"因为权利由情感做后盾，所以在某种意义上说，它可以自我巩固加强。因为道德自律和藐视自私的传统学说的基础已经动摇，所以人类通向使自我利益合法化或得以确认的新道路已经被打开。"[①] 霍

[①] ［美］列奥·施特劳斯、［美］约瑟夫·克罗波西主编：《政治哲学史》，李洪润等译，法律出版社 2009 年版，第 399 页。

布斯之后的思想家差不多都相信，自私的动机比无私更明显、更强有力，同时，开明的自私也更能有效地弥合社会的弊端。

那么，什么是自然权利呢？霍布斯说："著作家们一般称之为自然权利的，就是每一个人按照自己所愿意的方式运用自己的力量保全自己的天性——也就是保全自己的生命——的自由。因此，这种自由就是用他自己的判断和理性认为最适合的手段去做任何事情的自由。"① 接着，他又将自然权利进一步简化为"利用一切可能的办法来保卫我们自己"②。从这一定义，我们可以看出，自然权利的目的是自我保存（"保存自己的天性"）。其中，最基本的自然权利主要有生命权、自由权、追求幸福的权利以及平等权。

自然权利的实质是自由，也就是一个人以自己所愿意的方式保存生命的自由。正是自由使得自我保存的实现成为可能。霍布斯说：自由就其本义来说就是缺乏外在障碍，若将其具体到自然权利时，便是人在其力量和智慧所能办到的事情中，"用他自己的判断和理性认为最适合的手段"去不受障碍地做他所愿意做的事情。正是在自由中，死亡恐惧与自由是完全相容的，激情、理性、意志实现了有机统一。正是在激情、理性、意志的有机统一状态中，人才能依据判断和理性，准确地找到最适合于自我保存的手段，有效地维护自然权利。正是在此意义上，霍布斯被认为是现代自由主义的奠基人。自然权利是自由的，首先便意味着人的激情是自由的，而激情的自由则意味着个人在自然状态中的欲望成为善恶的尺度，和平以及达成和平的方式或手段便是善，而其反面则是恶，那么，他便得以从古典政治哲学的道德束缚——人类善恶的共同准则独立于人类生活，人对这些超越价值具有服从的义务——中解放出来，自由获得了优先于义务的地位，并得以在自由的基础上重新构建新的道德基础。自然权利而不是自然义务成为新的道德生活和政治生活的开端和根据，他的政治哲学也只有在此意义上才能真正成为新的公民科学。

人天生就是不合群的，自然状态也是一个不适合人类生存的悲惨状

---

① ［英］霍布斯：《利维坦》，黎思复、黎廷弼译，杨昌裕校，商务印书馆1985年版，第97页。
② ［英］霍布斯：《利维坦》，黎思复、黎廷弼译，杨昌裕校，商务印书馆1985年版，第98页。

态，那么，如何从自然状态进入政治状态呢？霍布斯的回答是：人们要想实现和平，就必须订立契约，放弃彼此对事情的自然权利。

二 国家状态：臣民的自由与义务

霍布斯认为，唯有自然世界中的自然自由才是纯粹的自由。一旦进入人造世界（国家状态），人就不仅仅是运动的物体，而成为受主权者保护的臣民了。此时臣民的自由即是民约权利，也就是民约法所留下的自由。而民约法则是臣民的义务，其作用在于取消自然法赋予臣民的自然自由。换句话说，在国家状态下，臣民的自然自由转变为民约权利。于是，"权利与法律的不同正和义务与自由的区别一样"①。如果说自然状态下的自然权利（自然自由）对应于国家状态下的民约权利（臣民的自由）的话，那么自然状态下的自然法（自然义务）则对应于国家状态下的民约法（臣民的义务）。

在霍布斯看来，国家的法律（即民约法）是人们为了取得和平和自保，以相互订立信约的形式人为制造的锁链，从而将主权者的"嘴唇"与臣民的"耳朵"紧密相连。但是，这些锁链并非坚不可摧、难以折断，那么，它们何以维系主权者和臣民呢？奥秘就在于主权者与臣民双方对于折断这些锁链后而带来的危险——人人相互为战的自然状态——的恐惧。

先看臣民的自由。一方面，法律不等于取消臣民的自由，因为就自由的本义来说唯有锁链锁禁和监禁才真正构成为人身自由的物理阻碍；另一方面，自由也不等于免除法律的惩罚，因为法律一旦没有武力保障其实行，便会沦为一纸空文，无法保障臣民的安全与自由。不过，法律毕竟只是"人造的锁链"，并不具有恐惧激情那样具有发自其本性的力量来阻止人根据自己的意愿而行动。在人造世界，法律主要还是通过约束臣民的激情来调节他们的行为，不可能真正成为臣民自由的外在阻碍，臣民依然保有随时违反法律的自由。当然，一旦回到自然世界，法律这

---

① ［英］霍布斯：《利维坦》，黎思复、黎廷弼译，杨昌裕校，商务印书馆 1985 年版，第 225 页。

根锁链将彻底失效。

霍布斯认为，可以从两个方面来理解臣民的自由与主权者之间的关系：一方面，就主权者而言，主权者对臣民的生杀予夺之权并不会由于臣民的自由而被取消或被限制。因为主权者对臣民所做的事情，即使违反了公道或自然法，也不能据此认为是主权者侵害了臣民或主权者是不义的。另一方面，就臣民而言，对于主权者所命令的某些事情，臣民可以拒绝不做而不为不义。既然"在我们的服从这一行为中，同时包含着我们的义务和我们的自由"①，那么，我们便应当从建立国家时臣民到底转让了哪些权利或者说放弃了哪些自由入手来思考这一问题。换句话说，我们应当"从建立主权的目的——臣民本身之间的和平和对共同敌人的防御——中去推论"② 什么是臣民的自由与义务。第一，如果主权者命令某一臣民自杀、自残或不抵抗攻击他的人，或者命令他绝饮食、断呼吸或放弃不用就不能生存下去的东西，臣民有不服从的自由。第二，在主权者或其掌权者审问臣民所犯的罪行且臣民没有获得主权者宽恕的保证时，臣民没有承认的义务。第三，臣民并不因承认主权者就有义务要奉主权者之命杀死自己或他人。虽然臣民有时奉主权者之命而有义务去做危险或不荣誉之事，但是这种义务与其说取决于臣民表示服从之言辞，不如说取决于所做事情的目的之意向。只要不会妨碍建立主权的目的之实现时，臣民有拒绝的自由；相反，臣民就没有拒绝的自由。譬如，一个奉命当兵杀敌的人如能找到另一个足以胜任当兵的人来代替自己便不为不义；两军交战中的逃兵如是出于恐惧而不是为了叛逆，只能说是不荣誉的行为，而算不得不义。但是，对于应募入伍、领受粮饷的人来说，便不得以胆怯为由拒绝参加战斗或在战斗中未经长官允许而擅自逃走。第四，臣民没有自由为了防卫某人而抵抗国家的武力，因为这种自由会破坏主权者保卫臣民的手段，并摧毁建立主权的本质。当某群人因不义地反抗了主权者并将因此而付出生命的代价时，他们有自由保卫自己的生命，即使是拿起武器联合起来。虽然他将臣民反抗主权者的行为看作不义的，但是，他并没有将臣民纯粹保卫自己的生命的行为视为不义的。第五，臣

---

① [英]霍布斯：《利维坦》，黎思复、黎廷弼译，杨昌裕校，商务印书馆1985年版，第168页。

② [英]霍布斯：《利维坦》，黎思复、黎廷弼译，杨昌裕校，商务印书馆1985年版，第168页。

民的其余自由均存在于法律的保持缄默的地方。凡是法律保持缄默的地方，臣民均有自由根据自己的理性判断而行事。不过，这种自由的大小并非一成不变的，而是依主权者的具体意志而定，因时因地而异。

再看臣民的义务。当主权者不能保卫臣民的安全时，臣民的对于主权者的义务便会自然终止，而臣民的天赋自卫权也会被重新激活。这是因为"主权是国家的灵魂，灵魂一旦与身躯脱离后，肢体就不再从灵魂方面接受任何运动了"[①]。对此，霍布斯列举了如下几种极端情况：一是沦为战俘的臣民除以臣服战胜者为条件获得自己的生命或自由之外，别无他法保全自己的生命，此时其有自由接受这种条件的。二是那些被限制人身自由的人有自由选择逃跑，而不能被视为受信约约束而必须服从。三是君主若为自己或其继承人放弃主权时，臣民的自然自由就会恢复。一个不愿意要继承人的君主，臣民的臣服义务在君主死后便会终止。同理，一个既没有众所周知的亲属也没有宣布新的继承人的君主，臣民的臣服义务也因君主的死亡而终止。四是臣民在放逐时期不再是主权者的臣民。但是，臣民请假到国外游历或被派往国外履行使命期间，仍是主权者的臣民，并应当服从所在国的一切法律。五是君主若因战败而臣服于战胜者时，他的臣民仅对战胜者担负义务；君主若只是被俘或失去人身自由时，他的臣民仍对他担负义务，并应服从该君主原先委派的官员。

总之，霍布斯是从运动无外在阻碍的维度来考虑臣民的自由的，从建立主权的目的（求得安全与保护）来考虑臣民的义务的，并采取了现实主义的态度。一方面，主权者通过制定法律的方式来为臣民的激情划定边界，自由就存在于法律沉默之处，但是法律毕竟只是"人造的锁链"，并不能真正成为臣民自由的外在阻碍，法律最终必须作用于臣民的激情才能真正发挥约束臣民的自由；另一方面，主权者如不能实际给予臣民安全与保护的话时，臣民就不再对原有主权者担负义务。

三 神学政治：之于上帝的义务

霍布斯认为，如果宗教的自然种子是经由人根据自己的独创而加以

[①] ［英］霍布斯：《利维坦》，黎思复、黎廷弼译，杨昌裕校，商务印书馆1985年版，第172页。

栽培和整理，那么，这种宗教便属于人的政治（human politics）；如果这些宗教的自然终止是人根据上帝的命令和上帝的启示加以栽培和整理，那么，这种宗教便属于神的政治（divine politics）。前者宣讲的是主权者要求于臣民的一部分义务，后者包含的则是许身为天国子民的人的诫律，但两者的目的都是为了让臣民对主权者更服从、守法、平安相处、互爱和合群。人的政治包括所有异教人的建国者和立法者；而神的政治则包括亚伯拉罕、摩西和救主基督。无论人的政治还是神的政治都说明，宗教并不能脱离政治而单独存在，宗教不仅需要得到政治的培育，还要为政治服务。他从政治的维度对宗教的政治性进行了重新诠释，策略性地批判了异教人的政教统一体和罗马教皇孜孜以求的"黑暗的王国"。

在人的政治中，几乎一切有名称的事物都被异教人当作神或鬼，或者被假想为神灵附体；异端邪教的创立者利用人们对原因的愚昧无知，不讲第二因，而只讲第二级掌职之神；异教人的宗教创立者在对未来的征兆问题上，"一部分根据自称具有的经验，一部分根据自称具有的神启，又加上了许许多多其他迷信的占卜"①。于是，异教人的主权者千方百计地让自己的臣民相信：人们所具有的宗教观念是神灵的指令，而不是人为搞出来的；法律所禁止的任何事情都是神灵所不悦的；宗教的仪式、祈祷、祭祀牺牲与节日可以平息神怒。在人的政治中，异教人的主权者非常重视通过温和的宗教手段利用臣民的无知和恐惧来维护自身的统治。

在神的政治中，上帝亲自以超自然的神启建立了一个特殊王国，为人与神、人与人之间的行为都订立了法度。这样，世俗的政策和法律本身就是宗教的一部分。不过，我们需要注意自然的上帝王国和根据契约成立的上帝王国的区别："上帝成为全世界之王是根据权力而来的，但他成为选民之王则是根据契约而来的。"②《圣经》中所指的上帝的王国大多是指后者，上帝的王国也是一个世俗王国，同样也需要根据契约建立起世俗政府，不同的是，这个政府不仅管理人与人之间的关系，而且管理人与上帝的关系，上帝是国王，摩西以及其死后的大祭司则是上帝的

---

① ［英］霍布斯：《利维坦》，黎思复、黎廷弼译，杨昌裕校，商务印书馆1985年版，第85页。
② ［英］霍布斯：《利维坦》，黎思复、黎廷弼译，杨昌裕校，商务印书馆1985年版，第88页。

代治者。

对神的力量的恐惧，使人意识到自身的软弱，并使人明晰了自身对于上帝的义务（以便获得心灵的安宁和死后的得救）以及上帝在地上的代治者的义务（以便获得世俗社会中的和平与安全）。换句话说，虽然臣民对于主权者的服从根源于自然法，但是，自然法作为理性的一般法则，在强大的激情面前往往显得孱弱无力，在基督教国家中，除了主权者的权威所带来的外在慑服外，还必须借助于上帝及《圣经》的内在慑服。这样，我们就不难理解霍布斯为何要用《圣经》中的巨兽"利维坦"来比喻国家了："这就是伟大的利维坦（Leviathan）的诞生，——用更尊敬的方式来说，这就是活的上帝的诞生；我们在永生不朽的上帝之下所获得的和平和安全保障就是从它那里得来的。"①

对于自己神学政治的初衷，霍布斯坦承并非在于提出任何自己的论点，而只是要说明：从基督教政治学的原理（即《圣经》）中究竟能推论出一些什么结论，来证实世俗主权者的权力和他们的臣民的义务。由此可见，他的政治哲学之所以没有仅仅停留于自然理性和激情的层面上，而是继续深入到神学政治的层面，究其原因就在于：一方面，他要从神学政治的层面赋予世俗主权者以足够的权威，以此来彻底清除基督教对现实政治的消极性影响；另一方面，他又要发挥宗教的积极性作用，将启示宗教改造成新的公民宗教。

四 结语

与古典政治哲学以自然义务为中心、将权利视为义务的派生物不同，霍布斯乃至整个现代政治哲学都以自然权利为中心、将自然权利作为所有道德和正义的根源。公民的所有义务不过是从自我保存的自然权利中派生出来的，义务只有在其施行不至于影响自我保存时才具有约束力，超出契约界限时人就不可能负担义务了。相反，当义务的施行要以牺牲自我保存为代价时，义务也就丧失了，因为没有任何契约能使人去伤害

---

① [英]霍布斯：《利维坦》，黎思复、黎廷弼译，杨昌裕校，商务印书馆1985年版，第132页。

自己。因此，国家的职能在于保卫或维护每一个人的自然权利，如主权者不能实际给予臣民安全与保护的话时，臣民就不再对原有主权者担负义务。于是，所谓的生命权、自由权、追求幸福的权利、平等权等人权观念成为现代性的基本精神。霍布斯的自然权利优先于自然义务的理论经过洛克等人的继承和改造，对整个西方现代政治哲学及其政治制度都产生了广泛而深远的影响。譬如，洛克就相信，人除了有保存肉体的欲望外，还有享受生活、追求财富的欲望。于是，洛克用无止境地获取财富的欲望代替了霍布斯自我保存的欲望，用"无限制获取的权利"代替了霍布斯自我保存的权利。一方面，现代义务观之所以拥有如此之伟力，就在于其最终目的还是在为个人的自然权利作辩护；另一方面，霍布斯和洛克都不是从涵括所有人的伦理一体性模式来思考"人类共同体"，而是将人的社会化的自然基础看作彼此孤立主体的组合，没有解决好如何从"自然伦理"状态过渡到社会组织形式的问题，以致在征服自然的路上与自然法的基本精神越走越远，而这正是现代性危机的根源之一。

参考文献

［古希腊］亚里士多德：《政治学》，颜一、秦典华译，中国人民大学出版社 2003 年版。

［美］列奥·施特劳斯、［美］约瑟夫·克罗波西主编：《政治哲学史》，李洪润等译，法律出版社 2009 年版。

［英］霍布斯：《利维坦》，黎思复、黎廷弼译，杨昌裕校，商务印书馆 1985 年版。

（原载于《理论界》2021 年第 11 期）

激情与规训

——论霍布斯政治教育思想

霍布斯将国家形象地譬喻为"有死的上帝":国家毕竟只是"人造的人",它在带来和平与安宁的同时,也同样面临着内忧外患的威胁,从而解体。而国家解体的最主要因素,在于野心家和阴谋家用各种引发叛乱的教诲与激情煽动臣民们的"反社会的激情"。要实现国家的长治久安,主权者必须通过奖赏和惩罚两种政治的方式(而不是非政治的方式)将臣民的自然激情转化为政治激情,使得臣民为国效力。同时,主权者还必须对臣民进行政治教育,以使臣民的激情从"畏服"(惩罚)和"被鼓励"(奖赏)层面进一步上升到心甘情愿的政治自觉(教育)层面。霍布斯相信,由他所构建的公民科学向主权者和臣民正确而清晰地阐明了保护与服从的关系,因而是全新的公民科学,必将带来长久的和平与繁荣。

下面,我们将从国家解体的原因、政治教育的引导、惩罚与奖赏的约束以及新的政治科学四个层面,系统分析霍布斯如何规训人的激情使得国运长久。

一 国家的解体:引发叛乱的教诲与激情

霍布斯说:"虽然从建立主权的人的意图说,主权是永存不灭的,但根据其本身的性质,它不但会由于外患而有暴亡之虞,同时也会由于人们的无知和激情而从刚一建立时起就包含着许多因内部不调而发生自然死亡的种子。"[①] 也就是说,如果不是由于人的无知和激情在国家建立之

---

① [英]霍布斯:《利维坦》,黎思复、黎廷弼译,杨昌裕校,商务印书馆1985年版,第172页。

初就埋下了自然死亡的种子，国家便很难因内发性疾病而消亡。正因为国家是人的技艺对人本身的模仿，是"人造的人"，所以，国家和地上其他生物一样也是会死亡的，而且也会腐朽。霍布斯认为，导致国家解体的内因就在于：一是主权者缺乏足够的技艺，所制定的法律难以约束臣民的行为；二是国家的建筑者们未能很好地规训臣民的激情，培养他们的谦恭和忍耐，以致国家大厦处于风雨飘摇之中。

霍布斯着重讨论了按约建立的国家的几类先天性缺陷而造成的国家疾病。

首先，因主权者的无知，对于自身在保障和平与国家的防卫所需的权力不足毫无察觉，而造成的缺陷。因为一旦主权者想要为公共安全而重新运用被放弃的权力时，叛乱便随之而来。

其次，因煽动叛乱的言论而造成的缺陷。[1] 一是"每一个平民都是善恶行为的判断者"，负面效应：臣民藐视国法，完全以个人的判断来决定是否应服从主权者，致使国家陷入混乱。二是"一个人违反良知意识所做的任何事情都是罪恶"，负面效应：臣民遵从的不是国法这个公众良知意识，而诉诸分歧复杂的个人良知意识（实为个人的意见），带来国家的混乱。三是"信仰和圣洁之品不可能通过学习和理性获得，而只能通过超自然的神感或传渡获得"，负面效应：臣民拿自己的神感作为行为的准则，自行判断善恶，或是将自称获得超自然神感的个人作为善恶的判断者，使所有民约政府趋于解体。四是"有主权的人要服从民约法"，负面效应：由于将法律凌驾于主权者之上，并要求有一个法官和能惩办主权者的权力当局凌驾于他之上，这样必然造就一个新的主权者，如此循环往复，永无止境，国家将变得混乱和解体。五是"每一个平民对其财物都具有可以排斥主权者权利的绝对所有权"[2]，负面效应：主权者无法行使安内攘外的职责，国家也就不复存在了。六是"主权可以分割"，负面效应：主权因分割而互相摧毁，国家也因此瓦解。霍布斯认为，如果用这些观点去教学校里的年轻人或坐在讲坛下的其他人，那么，必然使那些原本忠诚于国家的人也慢慢转变为国家的叛乱分子。

---

[1] 参见［英］霍布斯《利维坦》，黎思复、黎廷弼译，杨昌裕校，商务印书馆1985年版，第251—254页。

[2] ［英］霍布斯：《利维坦》，黎思复、黎廷弼译，杨昌裕校，商务印书馆1985年版，第253页。

再次，因神权与俗权对立而造成的缺陷。霍布斯说，如果俗权与神权对立，神律与法律并存，那么，所有臣民不得不服从两个统治者。事实上，只可能有一个王国，在这个王国中，要么神权王国必须服从俗权王国，俗权是最高的权力；要么俗权王国必须服从神权王国，神权是最高的权力。神权和俗权的对立，只会使国家陷入内战和解体的危机之中。

最后，除上述这些国家最严重的疾病外，还有一些不那么严重的病。譬如：国家在有危险和需要时难以筹款；国家的包税和专卖为一个或少数私人所掌控；既得众望又有野心的臣民的叛乱；城市过大；贪得无厌的领土扩张；国家因在内战和对外战争中最终战败而无法对效忠的臣民再加保卫。

正如施米特所说："霍布斯……看到，人远比动物更为'反社会'（unsozial）；满怀恐惧并且忧虑未来，不仅受现实的而且还受将来的饥饿驱使（fame future famelicus）；受荣誉感和争强好胜感指使，已经时刻准备好要踩理性和逻辑一脚，以确保自己目前的短暂优势。"① 霍布斯所建构的国家并非人间天堂，它所带给人的和平与安宁只是相对的、暂时的，而不是绝对的、永远的，究其原因就在于人既有"社会的激情"（死亡恐惧），也具有"反社会的激情"（虚荣自负），并且"反社会的激情"随时都准备要踩"社会的激情"一脚。所以，霍布斯说："当国家不是由于外界的暴力、而是由于内部失调以致解体时，毛病便不在于作为质料（matter）的人身上，而在于作为建造者（maker）与安排者的人身上。"② 也就是说，只要野心家成功地煽动臣民们的"反社会的激情"，那么，国家便会岌岌可危，甚至被颠覆。显然，这是霍布斯最不愿意看到的结果，他忠告主权者务必时刻引以为戒。

二　奖赏与惩罚：规训臣民激情之两手段

既然人的反社会激情是国家解体的根本原因，那么，主权者又是如

---

① ［德］施米特：《霍布斯国家学说中的利维坦》，应星、朱雁冰译，华东师范大学出版社2008年版，第73页。
② ［英］霍布斯：《利维坦》，黎思复、黎廷弼译，杨昌裕校，商务印书馆1985年版，第249页。

何以政治的方式（而不是非政治的方式）将臣民的自然激情转化为政治激情，使得臣民为国效力的呢？毋庸置疑，这一问题便成了霍布斯国家学说不得不需要考量的重要话题了。在霍布斯看来，将臣民的自然激情转化为政治激情的途径有两种：奖赏和惩罚。如果说惩罚是从负面的否定来纠正臣民的消极性激情，以体刑、财产刑、名誉之刑、监禁、放逐等多种形式诛一儆百，使得臣民畏服的话；那么，奖赏则是从正面的肯定来鼓励臣民的积极性激情，以荣誉或薪酬的形式赋予臣民为了国家利益担负新的义务，带动其他人为国尽忠效力。

先看惩罚。霍布斯说："惩罚就是公共当局认为某人做或不做某事、是违法行为、并为了使人们的意志因此更好地服从起见而施加的痛苦。"① 可见，惩罚的定义包含了三层含义：其一，惩罚的前提是公共当局对臣民的行为进行界定；其二，惩罚的性质是臣民的行为违反了法律；其三，惩罚的目的是通过对违法者施加痛苦以使其更好地服从法律。正是从惩罚的这三层含义出发，霍布斯对敌视行为与惩罚进行了严格区分。虽然敌视行为也对他人施加了痛苦，但是敌视行为仅仅部分地满足惩罚的含义，其目的是报复或发泄怒气，而不是纠正犯法者或效尤者，因而算不上真正的惩罚。② 敌视行为包括：私人报复；在公共当局的优惠中被忽视或未优先授予；公共当局事先未加以审判确定为违法行为的；篡权的权力当局与无主权者的权力作为根据的法官所施加的痛苦；所施加的痛苦不是为了使人服从法律或劝诫其他人服从法律；天罚；比犯法的利益还轻的；逾量之罚；对禁令制定前的行为施加的损害；施加于国家代表者身上的损害；对于公敌所施加的损害。值得特别指出的是，对于那些"曾经以自己的行为充当臣民，又明知故犯地叛变、否认主权"的国家公敌来说，霍布斯认为主权者无论对其施加何种损害都不为过，因为他们叛乱的目的就是恢复战争。"一个臣民如果不论原先对叛国罪

---

① ［英］霍布斯：《利维坦》，黎思复、黎廷弼译，杨昌裕校，商务印书馆1985年版，第241页。
② 霍布斯根据惩罚是来源于上帝的意志还是人的意志，将其区分为神的惩罚和人的惩罚两种。前者是根据上帝的意志对人施加的惩罚，是自然惩罚，如"行为放荡会自然地招致疾病之罚、轻率则招致灾祸之罚、不义招致仇敌的暴行之罚、骄傲招致失败之罚、懦弱招致压迫之罚、王国疏于执政招致叛乱之罚，而叛乱则会招致杀戮之罚"（［英］霍布斯：《利维坦》，黎思复、黎廷弼译，杨昌裕校，商务印书馆1985年版，第288页）。后者则是根据人的命令对人施加的惩罚，包括体刑、财产刑、名誉刑、监禁、放逐等，或者是它们的混合。

规定了什么惩罚，仍然明知故犯地以言语或行为否认国家代表者的权力，代表者就可以合法地按照自己的意志使他遭受任何损害。因为他拒绝服从就是否认法律已经规定的惩罚，因之他作为国家的公敌便罪有应得，也就是要随代表者自己的意志而受惩处。"① 也就是说，霍布斯对于任何试图颠覆利维坦的行为均持零容忍的态度，这与惩罚属于不同层面的问题。

在霍布斯看来，惩罚的权利或权力并不是臣民让与或赠与的，而是臣民留下的，并且臣民仅仅将其留给了主权者，"除开自然法对他所设下的限制以外，留给他的这一权利就像在单纯的自然状况和人人相互为战的状况下一样完整"②。换句话说，主权者的权利等同于人在自然状态下的自然权利。一方面，在立约建国时，每一个人都未赋予他人以暴力的形式伤害自己的权利：虽然他放弃了防卫他人的权利，但是他并未放弃防卫自己的权利；虽然他有义务帮助主权者惩罚他人，但是他并无义务惩罚自己。另一方面，在自然状态中，每一个人都有权做他认为于保全自己有必要之事，哪怕是征服、伤害或杀死任何人。而臣民的这种权利在进入国家状态后均被放弃了，但是主权者却保有了这种权利，即有权做他认为于保全全体臣民有必要之事。

霍布斯强调，惩罚绝不能施加于并未犯法的无辜臣民之上，因为惩罚无辜臣民与自然法第四条、第七条、第十一条是相抵牾的：自然法第四条要求禁止忘恩负义，而惩罚无辜臣民则是以怨报德；自然法第七条要求禁止以除为了未来的利益之外的其他目的进行报复，而惩罚无辜臣民则不能给国家的未来带来任何利益；自然法第十一条要求遵守公道，而惩罚无辜臣民则未公平量法。但是，霍布斯又强调："国家对其认为可能损害本身的敌人进行战争，根据原始的自然权利说来乃是合法的。"③ 这样，对于那些不是臣民的无辜者来说，如果是为了国家的利益而对其施加损害，那么就没有违反自然法。

---

① [英]霍布斯：《利维坦》，黎思复、黎廷弼译，杨昌裕校，商务印书馆1985年版，第244页。
② [英]霍布斯：《利维坦》，黎思复、黎廷弼译，杨昌裕校，商务印书馆1985年版，第241页。
③ [英]霍布斯：《利维坦》，黎思复、黎廷弼译，杨昌裕校，商务印书馆1985年版，第247页。

霍布斯的国家学说始终都是围绕着"保卫利维坦"和"捍卫自然权利"两大主题进行的：首先，在自然状态下，人的自然权利无法得到有效保障，需要进入国家状态，利维坦由此诞生。其次，在国家状态中，一方面，保卫利维坦的目的是更好地捍卫每一个人的自然权利；另一方面，在为了保卫利维坦而不得不损害部分人的自然权利时，霍布斯又会毫不犹豫地选择放弃这些人的自然权利。最后，当利维坦不保时，霍布斯又会全力捍卫每一个人的自然权利。

再看奖赏。霍布斯认为，奖赏可分为两种：一是主权者赐予的荣誉，体现的是赐予者为鼓励人们或使人们能为他服务而给予的恩惠；二是主权者为某一公职而支付的俸禄或工薪，体现的是对于已完成或允诺完成的服务所付出的利益。① 霍布斯说："当国家的主权者对某一公职规定薪俸时，领受者从信义上说便有义务执行其职务；不然，他便只是从荣誉上说须要感激，并尽力回报。"② 当臣民被命令舍弃私人的事业而为公家服务，且公家不向其支付报酬或薪酬时，臣民并没有义务这样做，除非这项工作非这样做不可。换句话说，当主权者想要臣民完成政治义务之外的事务时，他们之间必须在根本契约之上确立新的契约关系，俸禄和工薪无论大小都代表了臣民对于主权者所应担负的义务，否则，臣民便可拒绝从事该事务。

但是，主权者因恐惧臣民所具有的权势会危害到国家而给予臣民的利益，与其说是奖赏（reward），不如说是牺牲（sacrifices）——"主权者作为自然人而言（不是作为国家法人而言）为了平息他认为比自己强的人的不满而对之作出的牺牲"③。因为所有臣民都有义务不危害国家，一方面，他们不可能与主权者订立所谓的危害国家的契约，主权者给予他们的利益便不可能是薪俸；另一方面，主权者给予他们的利益实际上不是主权者的恩惠，而是他们向主权者强行索要的。不过，主权者的绥

---

① 霍布斯区分了两种俸禄：固定的俸禄，由国库支付；不固定的俸禄，臣民只有在执行了规定该俸禄的职务时才能拿到。霍布斯还以司法为例，说明不固定的俸禄有时会危害国家：如果法官及其他司法人员的利益与送审案件的多寡相关时，容易滋生诉讼或司法人员抢夺案件审理权。不过，这一流弊对于行政官署而言并不存在，因为他们的工作不会随自身的努力而增加。
② [英]霍布斯:《利维坦》，黎思复、黎廷弼译，杨昌裕校，商务印书馆1985年版，第247页。
③ [英]霍布斯:《利维坦》，黎思复、黎廷弼译，杨昌裕校，商务印书馆1985年版，第248页。

靖并不会鼓励臣民的服从，只会刺激臣民的贪欲，促使更多的人起而效尤，最终危害于人民。

总之，霍布斯将惩罚与奖赏比喻为主权者推动国家的每一关节（官员和其他司法、行政人员）和成员执行其任务的"神经"和"肌腱"。为了实现国家良性运行这一目的，主权者必须善于正确地运用惩罚和奖赏两种手段，对臣民的行为进行规训：一方面，主权者必须借助惩罚以纠正犯法者和效尤者，以最严厉的惩罚施之于最危害公众的罪行上，譬如，对现有政府心怀恶意、引起公众公愤的行为、不加惩罚便会被误认为得到主权者承认的行为等；另一方面，主权者又必须善于利用奖赏，鼓励臣民从事有益于国家的事情，切不可用利禄贿买孚众望而有野心的臣民。主权者正是在惩罚和奖赏两大"权杖"的运用中规训臣民的激情，使之为国家效力的。

三 政治的教育：化被动激情为主动激情

虽然奖赏和惩罚从正负两方面对臣民的激情进行规训，但是，这尚不能彻底规训臣民的激情，主权者还必须对臣民进行政治教育，以使臣民的激情从"畏服"（惩罚）和"被鼓励"（奖赏）被动层面进一步上升到心甘情愿的政治自觉（教育）主动层面。

霍布斯说："当主权者的权力完整时，除开他们自己或他委托治理国家的人有过失以外，教导人民认识这些根本权利（即自然的基本性法律）并没有什么困难。因此，他便有义务让他们受到这样的教导，这不仅是他的义务，而且也是他的利益所在；同时这也是一种安全保障，可以防止叛乱对他的自然人身所带来的危险。"[①] 首先，主权者对臣民进行政治教育是他的义务，否则，臣民容易受到野心家和阴谋家的诱骗，在国家需要臣民之时被他们引诱去反抗主权者；其次，主权者对臣民进行政治教育是他的切身利益之所系，否则，臣民纷纷参与叛乱和反抗，便会导致国家的解体；最后，主权者对臣民进行政治教育也是为他的自身

---

① ［英］霍布斯：《利维坦》，黎思复、黎廷弼译，杨昌裕校，商务印书馆1985年版，第263页。

安全计划，否则，臣民的叛乱不仅会导致国家解体，还会严重威胁到主权者作为自然人的人身安全。

先看政治教育的内容，主要包括如下六个方面。

一是教导臣民不要见异思迁，误认为邻邦的政府形式好于自己的政府形式。霍布斯认为，国家繁荣昌盛的根本原因与其说取决于政体，不如说取决于臣民对主权者的服从与协调。任何一个国家，只要臣民不服从和不协调，就会导致国家的解体，更谈不上繁荣昌盛了。那些光要改革并不服从主权者的臣民只会葬送整个国家。

二是教导臣民不得以尊主权者之礼尊敬任何其他臣民以及主权会议之外的任何会议，不得以服从主权者的形式服从于他们，不得受他们从主权当局方面所传达的影响之外的其他影响。

三是教导臣民不得非议、议论或抗拒主权代表者的权力，不得以任何不尊敬的方式轻视主权代表者，使得臣民松懈国家安危所系的服从关系。

四是教导臣民从日常劳动中挤出一定的时间听取主权者指定的人员讲解臣民的义务、国家的法律等。

五是教导臣民学习正义之德，不得以暴力或欺诈手段获取根据主权当局的规定而属于其他人之所有，如他人人身安全、夫妇的贞德、他人的财物等。

六是教导臣民"爱邻如爱己"，不得有任何不义的行为、不义的企图。

再看政治教育的方法。霍布斯认为，那些容易引发叛乱的"教诲"之所以能对臣民进行灌输和腐蚀，就在于大多数臣民往往"出于必要或贪财而专心致志于自己的行业和劳动"或者"由于奢侈怠惰而耽于声色之乐"而不深思。譬如，他们的义务概念是从神职人员那里得来的，他们的良知意识和法律观念是从自夸学识之士那里得来的，而这两类人的知识"则是从各大学、各法律学校以及这些学校与大学中知名人士所出版的书籍中得来的"[①]。所以，霍布斯说，对臣民的政治教育完全取决于正确地教育大学中的青年，必须肃清容易引发臣民叛乱、导致国家解体

---

① ［英］霍布斯：《利维坦》，黎思复、黎廷弼译，杨昌裕校，商务印书馆1985年版，第267页。

的荒谬学说,并以新的科学的政治理论教导他们。

最后看政治教育的目的。霍布斯认为,之所以对臣民进行政治教育,就在于教化臣民,使得臣民以殷勤顺从的方式从内心深处服从和尊敬主权者的权威,认真履行自身的政治义务,自觉抵制任何对国家有害的种种学说的侵扰,最终将"自为的"自然激情转化为"自觉的"政治激情,尽心竭力地效忠于主权者。

总之,通过政治的教育和训练,激情之间的各种冲突得以调和。因此,霍布斯得出结论说:"人类天性和世俗义务之间便没有某些人所想象的那种矛盾存在。……明晰的判断力和广阔的想象力、深入的推理能力和优美的口才、作战的勇气和对法律的畏服等等出色地结合在一个人身上。"① 也就是说,正是通过政治的教育,霍布斯找到了解决激情与理性、理性与想象、推理与修辞、人性与世俗义务、虚荣与恐惧等冲突的道路,从而进入一种良性的、健康的、和谐的国家状态。

四 新公民科学:保护与服从关系新诠释

对于由他所创立的新的公民科学,霍布斯在《利维坦》的"综述与结论"中掩饰不住自己的喜悦之情:首先,新公民科学的原理是正确的和恰当的,与之相关的推论也是确实可靠的,因为他将理论奠基于人性论和自然法之上;其次,新公民科学也是有利于和平与忠君爱国之心的新学说;最后,新的公民科学是清晰明白的,没有丝毫含糊的地方,也没有引用古代诗人、演说家和哲学家的话作为润色。因此,霍布斯相信,人们绝不会宁愿拘泥于以前的种种错误的公民科学而不会接受他的"业经确证的新真理"。②

为何霍布斯坚信由他所创立的新公民科学绝非在重复古典公民科学的老路,而是对古典公民科学的根本超越呢?一是新公民科学中的一切真理都是依据理性和《圣经》得出的;二是新公民科学探讨的是公理的

---

① [英]霍布斯:《利维坦》,黎思复、黎廷弼译,杨昌裕校,商务印书馆1985年版,第563页。
② [英]霍布斯:《利维坦》,黎思复、黎廷弼译,杨昌裕校,商务印书馆1985年版,第575—576页。

问题，而非事实问题，不需要见证人；三是新公民科学绝非信而好古而被接受的意见；四是新公民科学也不是用他人的机智之言来装点自己的腐朽学说，没有暗藏任何不可告人的目的；五是新公民科学引用前辈著述家的话是为了批判，而不是装饰门面；六是新公民科学对以拉丁文、希腊文写成的古典公民科学的吸收绝非囫囵吞枣式的消化不良；七是新公民科学并没有因为古代著作家时代久远就厚古薄今。正因为如此，霍布斯说：新公民科学"没有任何东西违背上帝的道，也没有任何东西有失大雅，更没有任何东西足以蛊惑人心，扰乱公共安宁"[1]。

霍布斯认为，用他的公民科学治国必然是大有裨益的：对于主权者而言，他们只要能保障臣民的自由，使之不受外敌侵犯和侵略即可，而无须虚糜公帑维持过大的军队；对于臣民而言，他们会懂得自身的责任和义务，不致沦为少数野心家、阴谋家危害国家的工具，同时，也会理解为和平与防务而缴纳的捐税，不再牢骚满腹。新的公民科学向主权者和臣民正确而清晰地阐明了保护与服从的关系，从而有利于远离战乱频仍的自然状态，实现国家的长治久安，促进社会经济的繁荣。

在笔者看来，霍布斯政治教育思想认识到了人的"反社会性"——人的无知和激情在国家建立之初就埋下了自然死亡的种子，这对于我们今天如何培养合格的公民以及保持国家的稳定与繁荣依然有着重要的借鉴意义。但是，他又因噎废食，过度强调以主权者的绝对权威来消解任何试图分裂国家的臣民的虚荣自负，以便给臣民造成最大的死亡恐惧，从而又可能最终牺牲臣民的自由。正因如此，霍布斯的政治教育在后世受到不断修正和批判。

参考文献

［英］霍布斯：《利维坦》，黎思复、黎廷弼译，杨昌裕校，商务印书馆1985年版。

［英］霍布斯：《论公民》，应星、冯克利译，贵州人民出版社2003年版。

Thomas Hobbes, *The English Works of Thomas Hobbes of Malmesbury*

---

[1] ［英］霍布斯：《利维坦》，黎思复、黎廷弼译，杨昌裕校，商务印书馆1985年版，第577页。

(Vol.4), London: Rouledge/Thoemmes Press, 1839–1845.

［德］施米特：《霍布斯国家学说中的利维坦》，应星、朱雁冰译，华东师范大学出版社 2008 年版。

［美］列奥·施特劳斯：《霍布斯的政治哲学：基础与起源》，申彤译，译林出版社 2001 年版。

（原载于《学术探索》2014 年第 5 期）

激情与利维坦

——霍布斯国家学说新释

在霍布斯那里,激情是人性中最本源也是最强大的因素。我们完全可以从激情的维度来重新诠释霍布斯的国家学说乃至整个政治哲学:自然状态就是激情"自在自为"的状态。其间,倾向争斗的激情使得人的自然权利无法得到有力保障。激情凭借内在的张力(倾向和平的激情与倾向争斗的激情,或者说虚荣自负与死亡恐惧)"过渡"到理性的一般法则(自然法),激情在理性的指导下得到约束,人们相互转让权利、订立契约(进入国家),在国家状态中人的激情被秩序化,所有人都统一于单一人格——国家之中,最终实现理性、意志、激情三者的有机统一。

一 国家状态:激情之秩序性

正如施米特所说:"霍布斯建构国家的出发点是对自然状态的恐惧;其目标和终点则是文明的国家状态的安全。"[①] 霍布斯思考国家学说的出发点是激情(恐惧),其目标和终点则是激情的秩序化(安全)。因此,要透彻地理解霍布斯的国家状态理论,必须从激情的维度发掘出理解国家的成因、国家的本质、国家的类型、国家的法律等问题的切入点。

(一) 国家的成因:从相互恐惧到单一人格

霍布斯认为,人的行动都是出于自己的意志,而意志又出于自己的激情——希望和恐惧。自然法只是理性的一般法则,还不是真正的法律,不能保障它们会被人遵从。自然法在自然状态之中是沉默的,仅凭个人

---

① [德] 施米特:《霍布斯国家学说中的利维坦》,应星、朱雁冰译,华东师范大学出版社2008年版,第67页。

之力根本无法打破自然法在激情面前的这种沉默。此时，死亡恐惧进一步指引人们建立一种共同权力。这种共同权力通过灌输对某种惩罚的恐惧来控制个人，使之履行契约和遵守自然法。于是，人们通过契约的形式创造了"国家"。一方面，国家可以抵御外来侵略和制止相互侵害；另一方面，国家又能保障人们以自己的辛勤劳动及其劳动成果为生，并过上美满的生活。

一旦进入了国家状态，每个公民都在国家中安全地享有有限的权利，保持其在和平中过得安宁所需的自由，取消其他人的某些自由，他就由此摆脱其他人带给他的恐惧。这样，霍布斯就从自然状态过渡到国家状态，从自然人过渡到主权者和臣民，从纯粹人性意义上的激情过渡到政治意义上的激情了。政治意义上的激情是与自然状态下的激情相对的被理性规训了的激情，或者说是理性化了激情，指向人人追求的国家状态，在那里，没有战争只有和平，没有恐惧只有安全，没有贫穷只有财富……

（二）国家的本质：利维坦的四重恐怖意象

霍布斯之所以将国家的形成视为"利维坦"的诞生，就在于"利维坦"包含着海兽、巨人、活的上帝、机器四重意象，这四重意象是相辅相成、相互统一的，并且其共同特点就是拥有令人恐怖的力量。

第一，利维坦是一种可以吞食一切的海兽，有着令人恐惧的巨大力量。

第二，利维坦是一个巨大的"人造人"，是人理智和创造力的产物。国家是一大群人经由相互订立契约后，形成一个代表法人，从而将订立契约的若干人统一成单一人格。当然，既然是人造人，它就不可避免地有着与人类似的激情、理性、意志。

第三，利维坦是活的上帝，是"骄傲之王"，有着无可比拟的权力，是全能的，因而具有神圣的特征。这样霍布斯便从根本上否定了君权神授——君权因为全能所以神圣，而非因为神圣所以全能。国家通过主权者掌握着不可分割的最高世俗强权，从而无所惧怕，相反，任何人都因惧怕它的强权而不得不臣服于它，并信守契约，和平相处。霍布斯说，在自然状态下，人待人如豺狼；而在国家状态下，人待人如上帝，因为

"在正义和仁慈这些和平的德性方面，公民和上帝有些相似"①。也就是说，在国家状态下，正义就是信守契约，仁慈就是促进和平，这与至仁至公的上帝类似。当然，这个上帝是法律意义而非形而上意义的，它是会死的上帝，因为其总有一天会被内战或叛乱所打碎。

第四，利维坦是一台由主权充当灵魂的巨型机器。施米特指出："'国家'这个人为造就的人工产品（Kunstprodukt）的内在逻辑所导致的结果，不是人而是机器。……这种国家不仅为后来的技术—工业时代创造了本质上精神史的或社会学的前提，而且本身就是新的技术时代的典型作品，甚至可以说是模型作品。"② 正是在此意义上，施米特认为霍布斯将笛卡尔的"人是机器"贯彻到国家学说中，从而完成了其国家学说建构的核心，铸就了后来的技术中立化国家——"法治国家"。在技术中立化国家中，"正当变成了实定法，正当性变成了合法性，合法性变成了国家机关的实证运作模式"③。也就是说，这台机器的"正义"和"真理"的根据只在于自身的绩效和功能之中。

（三）国家的类型：人性因素对政体之影响

根据代表全体群众和其中每一个人的主权者的构成差异，霍布斯将国家区分为三种类型：君主政体（主权者为一个人）；贵族政体（主权者为部分公民组成的会议）；民主政体（主权者为所有公民组成的会议）。而霍布斯之所以偏爱君主制，原因就在于：第一，"霍布斯在社会中保留了个人的彻底的自主性，个人渴求生存的积极努力往往反而妨害了自身成功的生存，因此必须有一个高度集权的政府来制约平衡这种自然的且难以驯服的多元主义，他正是基于对个体的分析而拥护君主政体，认为君主优于分散的个人，可以治疗公众的恐惧心理。"④ 第二，君主制还可以实现个体之间彻底的平等，"君主的意志——独一无二、不可分割的意志，正是各个平等的个体的意志的反映。所以，君主制是最有安全感的，

---

① ［英］霍布斯：《论公民》，应星、冯克利译，贵州人民出版社 2003 年版，第 2 页。
② ［德］施米特：《霍布斯国家学说中的利维坦》，应星、朱雁冰译，华东师范大学出版社 2008 年版，第 71 页。
③ ［德］施米特：《霍布斯国家学说中的利维坦》，应星、朱雁冰译，华东师范大学出版社 2008 年版，第 138 页。
④ ［美］列奥·施特劳斯、［美］约瑟夫·克罗波西主编：《政治哲学史》，法律出版社 2009 年版，第 459 页。

因而是最理想的政体。"①

与古典政治哲学相比,霍布斯的国家类型说发生了重要转折。首先,古典政治哲学追求的是以美德为目标的最佳政体:柏拉图所追求的是以掌握了理念论的哲学家们为王的理想国家;亚里士多德认为,选取什么样的生活方式远比选取什么样的政体更为本源,理想的城邦应该能让其人民有好的行为,过上幸福的生活。霍布斯的国家类型说则有意降低了政治的目标:他主要还是从如何更好地维护每一个人的自然权利以及如何更好地保障共同的和平与防卫敌人的角度出发来思考什么是最佳的国家类型。在霍布斯看来,相较于贵族政体和民主政体而言,君主政体能够将公私利益结合得更加紧密,从而更加高效地确保每一个人的自然权利和实现公共安全。其次,古典政治哲学用理性来统摄激情和欲望,以理性来解决道德教化问题,最佳政体就是由理性主导的政体。正如列奥·施特劳斯所说:"只要他们能为开明的自利所引导,根本的政治问题纯粹就是一个'人的确有能力达到的良好的国家组织'的问题。"② 霍布斯充分注意到了人性存在虚荣自负和自利的一面,也看到了激情相对于理性的优先性,他试图理解和操纵激情,以期最终战胜人性。霍布斯指出,相较于贵族政体和民主政体而言,君主政体能最大限度地降低人性的虚荣自负和自利的影响,同时,避免其他两类政体形式的弊端。

(四)国家的法律:以主权者意志协调激情

霍布斯指出,在自然状态下,人是由最原始的激情所支配着的生活状态,人人都有权谋求自保,这必然导致人与人之间的纷争。人们虽然可以根据自然理性认识到自然法,但是,自然法由于缺乏强制的权力而沦为一纸空文。进入国家状态后,主权者的意志便以民约法的形式得到体现,民约法规定了所有臣民无一例外地需要遵守的行为规则——确立了人在什么情况下可以合法地称什么东西是自己的,在什么情况下需要承认他人在这方面的权利——并以强制的权力保证民约法之有效实施,从而从根本上消除了人类纷争的最大原因。

正如米尔索姆所说:"从霍布斯到边沁,希望建立的是一种理性法

---

① [美]列奥·施特劳斯、[美]约瑟夫·克罗波西主编:《政治哲学史》,法律出版社2009年版,第459页。
② [美]列奥·施特劳斯:《自然权利与历史》,彭刚译,生活·读书·新知三联书店2006年版,第198页。

律。他们希望能够从有关人类与社会的本性出发，找到建立社会秩序的一般原理，根据这种理性的原理建立一套完美无缺的法律制度。从这一普遍性的制度出发，规定每个社会成员的行为规则和拥有的权利。"[1] 也就是说，霍布斯的目的是：将主权者的意志确立为理性的法律，并以法律的形式对每个社会成员的行为规则和拥有的权利进行规制，从而有效协调了臣民的激情，最终实现理性、意志、激情三者的有机统一。

二 主权理论：激情之绝对性

在霍布斯看来，无论哪种政体，主权者的权威都是唯一的、至上的、绝对的，也是不可转让、不可分割的，因而他的主权理论是"绝对主义"的。霍布斯的悖论或许在于，刚走出了无政府的自然状态，又往往堕入专制主义的深渊，"我们的命运被两个正相反对的恐怖牢牢抓住：要么生活在不作为的无政府状态之下，要么生活在专制的政府统治之中"[2]。下面我们主要从激情学说与主权理论的统一、主权理论的基础以及主权理论的行使之间的关联来探讨霍布斯的绝对主义主权理论。

（一）主权的革新：将权力回溯至自然激情

我们知道，现代之前人们通常是以"君权神授"来解决主权者的权威问题的。中世纪的查士丁尼皇帝是第一个鼓吹君权神授思想的人，而奥古斯丁则进一步为这一思想奠定了理论基础。奥古斯丁根据基督教的伦理学标准将社会区分为"上帝之城"和"世俗之城"。奥古斯丁认为，上帝之城里居住着上帝的选民，世俗之城里居住着上帝的弃民，但是，两者在世间是始终交织在一起的，都存在于同一国家之中，并且都受上帝主宰。世俗之城的统治者是承蒙上帝的恩典而设立的，谁登基为王由上帝的意志决定。当国家的统治者是基督徒时，统治者和其他基督徒都应服从上帝的永恒律，以上帝之城为目标；当国家的统治者是异教徒时，基督徒应遵循"凯撒之物当归凯撒，上帝之物归上帝"，在服从异教政权

---

[1] S. F. C. Misom, "The Past and the Future of Tudge-made Law", in *Studies in the History of the Common Law*, London: The Hanbledon Press, 1985, p. 216.

[2] Glen Newey, *Routledge Philosophy GuideBook to Hobbes and Leviathan*, London and New York: Routledge, 2008, p. 3.

统治的同时，坚守自己的信仰。在现实社会中，我们无法区分谁是真正的选民，只有到某日审判时才能实现，世俗之城将会灭亡，而上帝之城则会永存。

到了马基雅维利那里，他不再从神学出发而是注重以人的眼光来解释国家的主权问题，从而开创了现代主权理论的先河。霍布斯的主权理论继承和发展了由马基雅维利所开创的传统。霍布斯虽然也赞成主权者只对上帝负责，而不必对臣民负责，但是，霍布斯说："当我们建立一个国家时……任何人所担负的义务都是由他自己的行为中产生的，因为所有的人都同样地是生而自由的。"① 由此，霍布斯便否定了主权者与生俱来的权威，从而将"君权神授"转换为"君权人授"：在按约建立的国家中，主权者的权威根源于人们因相互恐惧而订立契约；在以力取得的国家中，主权者的权威或根源于子女以明确的方式所表示的同意（宗法的管辖权）或根源于被征服者与征服者所订立的信约（专制的管辖权）。也就是说，霍布斯试图将国家的权力本性回溯至人性本身——死亡恐惧，并将主权建基于人们普遍同意的基础之上。这样，霍布斯的主权者权威便获得了内在的绝对性。

（二）主权的特性：以绝对之权力驯顺激情

在霍布斯看来，主权者的权力是唯一的，主权者之外不可能还有谁具有这样的权力；主权者的权力是至上的，人们不可能赋予谁比这更大的权力；主权者的权力是绝对的，当其与臣民的权利、利益、需要、喜好或愿望相冲突时，具有优先性。"主权者的权力，不得其允许不能转让给他人，他的主权不能被剥夺，任何臣民都不能控诉他进行侵害，臣民不能惩罚他，和平所必需的事物由他审定，学说由他审定，他是唯一的立法者，也是争执的最高裁判者，他是和战问题的时间与时机的最高审定者，地方长官、参议人员、将帅以及其他一切官员与大臣都由他甄选，荣衔、勋级与赏罚等也由他决定。"② 正是如此，霍布斯的思想因而也被人视为绝对主义（Absolutism）的。但是，我们绝不能因此而将他的思想等同于专制主义（Despotism）或极权主义。因为专制主义指的是统治者

---

① [英]霍布斯：《利维坦》，黎思复、黎廷弼译，杨昌裕校，商务印书馆1985年版，第168页。
② [英]霍布斯：《利维坦》，黎思复、黎廷弼译，杨昌裕校，商务印书馆1985年版，第153—155页。

的统治方式无法无天,随意而专断;极权主义则是一种与法西斯主义相联系的统治形式。"绝对性虽然将主权者的权利理解为他的意志,但还是承认臣民的自由,也就是当法律沉默的时候,公民仍然拥有主权者许可的自由。主权者虽然具有随意立法的可能性,但事实上还受约束于主权者本身的理性:自然法(公道),所以,并不会对臣民造成无限制的蹂躏。"[①] 事实上,霍布斯之所以赋予主权者不受任何义务或条件约束、不受法律约束、不必经臣民同意而立法的绝对权威,其目的在于驯顺臣民的激情,使臣民彻底摆脱倾向争斗的激情的控制,使其服从正确理性和法律法规的约束,从而实现保卫利维坦,避免将一切秩序化为原始的暴力与内战的混乱状态。

(三) 主权的运作:用良法为人民求得安全

霍布斯认为,主权者的职责从根本上取决于人们赋予主权时所希望达到的目的——"为人民求得安全",这是主权者依据自然法而应承担的义务,并且得向上帝(自然法的制定者)负责。而主权者要实现"为人民求得安全"这一基本目标,就应做到"除了个人提出控诉时对他加以保护使之不受侵害以外,不只是个别地加以照管,而是要在具有原理和实例的公开教导中包含一种总的安排,以及制定和实行个人可以适用于其本身情形的良法"[②]。主权者通过制定法律和规章,既为臣民确立了私有财产权的界限,明晰你的与我的;又为臣民提供了道德的标准,区分善恶、正义与非正义、荣誉与耻辱,从而最终构建起公民行为准则和道德体系。

三 臣民自由:激情之边界性

既然主权者的权威是绝对的,这个权威要求臣民绝对服从,而臣民也不得以借口拒绝服从,且无权以任何名义反抗暴君,那么,臣民还有自由吗?

---

① 王利:《国家与正义——利维坦释义》,上海世纪出版集团、上海人民出版社2008年版,第71页。
② [英]霍布斯:《利维坦》,黎思复、黎廷弼译,杨昌裕校,商务印书馆1985年版,第261页。

(一) 自由的定义：始于激情的消极自由观

从《法律、自然和政治原理》到《论公民》以及《利维坦》，霍布斯不断地修正着自由的定义，也不断地深化着关于自由的认识。其中，既离不开时代的影响，也意味着思想本身不断超越的过程。在《法律、自然和政治原理》中，霍布斯认为，激情是人的行为的开端，人在欲望与恐惧间斟酌，直至形成最终的意志。所谓的自由就是斟酌完成前的状态。自然自由是人在自然状态下的基本情态，并会引发人与人之间的冲突和战争。因此，人们要是希望过上和平的生活，就需要进入国家状态。不过，自由与臣服是不相容的，因为臣服就意味着接受自由的丧失。在《论公民》中，霍布斯试图进一步扩展自由的定义，将运动的物体涵括进来，自由被看作是缺乏对运动的阻碍。这种阻碍既有外在的、绝对的阻碍，又有主观的、相对的阻碍。臣服意味着为保命而接受被统治，与奴役成了两码事。到了《利维坦》那里，霍布斯以能力来取代主观的、相对的阻碍，自由只是运动无外界障碍。臣民的自由被修改为人身自由。即使身处臣服状态，臣民的自由存在于"法律的缄默"（the Silence of the law）之处。总之，霍布斯是从激情出发思考自由的，并通过不断扩大定义的外延，使得"自由"足以涵括自然世界和人造世界。当然，霍布斯的最终目的是克服古典自由论及共和主义自由论的缺陷，赋予臣民以消极自由。[①] 由他所开创的消极自由观对西方现代的自由民主制度产生了深远的影响。

(二) 自由与义务：从建立主权之目的推论

霍布斯认为，唯有自然世界中的自然自由才是纯粹的自由。一旦进入人造世界，人就不仅仅是运动的物体，而成为受主权者保护的臣民了。此时臣民的自由即是民约权利，也就是民约法所留下的自由。而民约法则是臣民的义务，其作用在于取消自然法赋予臣民的自然自由。换句话说，在国家状态下，臣民的自然自由转变为民约权利。于是，霍布斯说："权利与法律的不同正和义务与自由的区别一样。"[②] 或许我们可以用下表来表述自然权利与民约权利、自然法与民约法、自然自由与臣民的自由、

[①] 关于霍布斯对共和主义自由论的超越，可参见［英］昆廷·斯金纳《霍布斯与共和主义自由》（管可秾译，上海三联书店 2011 年版，本文对此不予讨论。

[②] ［英］霍布斯：《利维坦》，黎思复、黎廷弼译，杨昌裕校，商务印书馆 1985 年版，第 225 页。

自然义务与臣民的义务之间的相互对应的关系。

自然状态	国家状态
自然权利（自然自由）	民约权利（臣民的自由）
自然法（自然义务）	民约法（臣民的义务）

在霍布斯看来，国家的法律（即民约法）是人们为了取得和平和自保，以相互订立信约的形式人为制造的锁链，从而将主权者的"嘴唇"与臣民的"耳朵"紧密相连。有意思的是，霍布斯在这里一口气用了两个隐喻：主权者的"嘴唇"实为主权者的命令（或者说是主权者的意志），因为命令是靠嘴唇发出的；而臣民的"耳朵"体现着臣民对主权者命令的服从，因为主权者的命令从主权者的嘴唇发出并进入臣民的耳朵。但是，这些锁链并非坚不可摧、难以折断，那么，它们何以维系主权者和臣民呢？霍布斯说，其奥秘就在于主权者与臣民双方对于折断这些锁链后而带来的危险——人人相互为战的自然状态——的恐惧。

霍布斯是从运动无外在阻碍的维度来考虑臣民的自由的，从建立主权的目的（求得安全与保护）来考虑臣民的义务的，并采取了现实主义的态度。一方面，主权者通过制定法律的方式来为臣民的激情划定边界，自由就存在于法律沉默之处，但是法律毕竟只是"人造的锁链"，并不能真正成为臣民自由的外在阻碍，法律最终必须作用于臣民的激情才能真正发挥约束臣民的自由；另一方面，主权者如不能实际给予臣民安全与保护时，臣民就不再对原有主权者担负义务。

四　政治教育：激情之规训性

霍布斯将国家形象地譬喻为"有死的上帝"：国家毕竟只是"人造的人"，它在带来和平与安宁的同时，也同样面临着内忧外患的威胁，从而解体。因此，在系统讨论了霍布斯国家状态、主权理论、臣民自由后，接下来我们将从国家解体的原因、政治教育的引导、惩罚与奖赏的约束以及新的政治科学四个层面进一步分析如何规训人的激情使得国运长久。

（一）国家的解体：引发叛乱的教诲与激情

霍布斯说："虽然从建立主权的人的意图说，主权是永存不灭的，但根据其本身的性质，它不但会由于外患而有暴亡之虞，同时也会由于人们的无知和激情而从刚一建立时起就包含着许多因内部不调而发生自然死亡的种子。"① 也就是说，如果不是由于人的无知和激情在国家建立之初就埋下了自然死亡的种子，国家便很难因内发性疾病而消亡。正因为国家是人的技艺对人本身的模仿，是"人造的人"，所以，国家和地上其他生物一样也是会死亡的，而且也会腐朽。霍布斯认为，导致国家解体的内因就在于：一是主权者缺乏足够的技艺，所制定的法律难以约束臣民的行为；二是国家的建筑者们未能很好地规训臣民的激情，培养他们的谦恭和忍耐，以致国家大厦处于风雨飘摇之中。

霍布斯所建构的国家并非人间天堂，它所带给人的和平与安宁只是相对的、暂时的，而不是绝对的、永远的，究其原因就在于人既有"社会的激情"（死亡恐惧），也具有"反社会的激情"（虚荣自负），并且"反社会的激情"随时都准备要踩"社会的激情"一脚。所以，霍布斯说："当国家不是由于外界的暴力、而是由于内部失调以致解体时，毛病便不在于作为质料（matter）的人身上，而在于作为建造者（maker）与安排者的人身上。"② 也就是说，只要野心家成功地煽动臣民们的"反社会的激情"，那么，国家便会岌岌可危，甚至被颠覆。显然，这是霍布斯最不愿意看到的结果，他忠告主权者务必时刻引以为戒。

（二）奖赏与惩罚：规训臣民激情之两手段

既然人的反社会激情是国家解体的根本原因，那么，主权者又是如何以政治的方式（而不是非政治的方式）将臣民的自然激情转化为政治激情，使得臣民为国效力的呢？毋庸置疑，这一问题便成了霍布斯国家学说不得不需要考量的重要话题了。在霍布斯看来，将臣民的自然激情转化为政治激情的途径有两种：奖赏和惩罚。如果说惩罚是从负面的否定来纠正臣民的消极性激情，以体刑、财产刑、名誉之刑、监禁、放逐等多种形式诛一儆百，使得臣民畏服的话；那么，奖赏则是从正面的肯

---

① ［英］霍布斯：《利维坦》，黎思复、黎廷弼译，杨昌裕校，商务印书馆1985年版，第172页。

② ［英］霍布斯：《利维坦》，黎思复、黎廷弼译，杨昌裕校，商务印书馆1985年版，第249页。

定来鼓励臣民的积极性激情，以荣誉或薪酬的形式赋予臣民为了国家利益担负新的义务，带动其他人为国尽忠效力。

霍布斯将惩罚与奖赏譬喻为主权者推动国家的每一关节（官员和其他司法、行政人员）和成员执行其任务的"神经"和"肌腱"。为了实现国家良性运行这一目的，主权者必须善于正确地运用惩罚和奖赏两种手段对臣民的行为进行规训：一方面，主权者必须借助于惩罚用以纠正犯法者和效尤者，以最严厉的惩罚施之于最危害公众的罪行上；另一方面，主权者又必须善于利用奖赏鼓励臣民从事有益于国家的事情，切不可用利禄贿买孚众望而有野心的臣民。主权者正是在惩罚和奖赏两大"权杖"的运用中来规训臣民的激情，使之为国家效力的。

（三）政治的教育：化被动激情为主动激情

虽然奖赏和惩罚从正负两方面对臣民的激情进行了规训，但是，这尚不能彻底规训臣民的激情，主权者还必须对臣民进行政治教育，以使臣民的激情从"畏服"（惩罚）和"被鼓励"（奖赏）被动层面进一步上升到心甘情愿的政治自觉（教育）主动层面。

通过政治的教育和训练，激情之间的各种冲突得以调和起来。因此，霍布斯得出结论说："人类天性和世俗义务之间便没有某些人所想象的那种矛盾存在。……明晰的判断力和广阔的想象力、深入的推理能力和优美的口才、作战的勇气和对法律的畏服等等出色地结合在一个人身上"。① 也就是说，正是通过政治的教育，霍布斯找到了解决激情与激情、理性与想象、推理与修辞、人性与世俗义务、虚荣与恐惧等冲突的道路，从而进入一种良性的、健康的、和谐的国家状态。

（四）新公民科学：保护与服从关系新诠释

对于由他所创立的新的公民科学，霍布斯在《利维坦》的"综述与结论"中掩饰不住自己的喜悦之情：首先，新公民科学的原理是正确的和恰当的，与之相关的推论也是确实可靠的，因为他将理论奠基于人性论和自然法之上；其次，新公民科学也是有利于和平与忠君爱国之心的新学说；最后，新的公民科学是清晰明白的，没有丝毫含糊的地方，也没有引用古代诗人、演说家和哲学家的话作为润色。因此，霍布斯相信，

---

① ［英］霍布斯：《利维坦》，黎思复、黎廷弼译，杨昌裕校，商务印书馆1985年版，第563页。

人们绝不会宁愿拘泥于以前的种种错误的公民科学而不会接受他的"业经确证的新真理的"。[①]

霍布斯认为，如果用他的公民科学治国必然是大有裨益的：对于主权者而言，他们只要能保障臣民的自由使之不受外敌侵犯和侵略即可，而无须虚糜公帑维持过大的军队；对于臣民而言，他们就会懂得自身的责任和义务，不致沦为少数野心家、阴谋家危害国家的工具，同时，也会理解为和平与防务而缴纳的捐税，不再牢骚满腹。新的公民科学向主权者和臣民正确而清晰地阐明了保护与服从的关系，从而有利于远离战乱频仍的自然状态，实现国家的长治久安，促进社会经济的繁荣。

五　结语

在笔者看来，霍布斯国家学说最根本的理论缺陷或许在于：虽然他认识到了人的"反社会性"——人的无知和激情在国家建立之初就埋下了自然死亡的种子，但是，饱尝内战之苦的他又因噎废食，过度强调以主权者的绝对权威来消解任何试图分裂国家的臣民的虚荣自负，以便给臣民造成最大的死亡恐惧，从而又可能最终牺牲臣民的自由。正因如此，霍布斯的国家学说在后世受到不断修正和批判。譬如，洛克就曾尖锐地指出：霍布斯的具有绝对权威的利维坦只会给臣民造成新的更大的恐惧，这与自我保存的目的是相悖的；唯有具有相对权威的有限政府才更有助于实现人们的自我保存。阿伦特指出，正是霍布斯的《利维坦》为帝国主义无止境的权力积累提供了理论来源，霍布斯的利维坦巨兽实际上便最终走向了永恒的暴政。福柯则尖锐地批判了霍布斯对权力的掩饰和扭曲，从而将权力抽象化、神秘化、神圣化的思维模式。而社群主义提出的诸多问题，特别是其对个人主义的批判，无疑也是霍布斯的激情与政治思想在当代所遭遇的重要挑战之一：麦金太尔说，霍布斯混淆了国家与社会，从而使政治权威构成了社会生活，而不是依存于原本存在的社会生活之上；泰勒则主要批评了霍布斯的原子个人主义和消极自由理论；

[①] ［英］霍布斯：《利维坦》，黎思复、黎廷弼译，杨昌裕校，商务印书馆1985年版，第575—576页。

等等。

参考文献

［德］施米特：《霍布斯国家学说中的利维坦》，应星、朱雁冰译，华东师范大学出版社 2008 年版。

［英］霍布斯：《论公民》，应星、冯克利译，贵州人民出版社 2003 年版。

［美］列奥·施特劳斯、［美］约瑟夫·克罗波西主编：《政治哲学史》，法律出版社 2009 年版。

［美］列奥·施特劳斯：《自然权利与历史》，彭刚译，生活·读书·新知三联书店 2006 年版。

S. F. C. Misom, "The Past and the Future of Tudge-made Law", in *Studies in the History of the Common Law*, London: The Hanbledon Press, 1985.

Glen Newey, *Routledge Philosophy GuideBook to Hobbes and Leviathan*, London and New York: Routledge, 2008.

［英］霍布斯：《利维坦》，黎思复、黎廷弼译，杨昌裕校，商务印书馆 1985 年版。

王利：《国家与正义——利维坦释义》，上海世纪出版集团、上海人民出版社 2008 年版。

［英］昆廷·斯金纳：《霍布斯与共和主义自由》，管可秾译，上海三联书店 2011 年版。

（原载于《社科纵横》2013 年第 6 期）

激情与宗教

——霍布斯神学政治新释

霍布斯曾坦承，他的政治哲学在从"根据经验证明为正确的、或在语辞用法上公认为正确的自然原理"①引申出其政治哲学的基本观点后并未完结，这仅仅是一般性地探讨了国家的性质和权力，具体到基督教体系国家时，还"有许多地方要取决于神的意志的超自然启示；这一讨论必然不但要以上帝的自然传谕之道为根据，而且也要以上帝的预言传谕之道为根据"②。霍布斯这样做的目的在于，不仅要确保他的政治哲学没有违反"上帝的自然传谕之道"——自然理性，也要确保他的政治哲学没有违背超乎自然理性的"上帝的预言传谕之道"——《圣经》；不仅拥有自然理性的普通人（"凡是自以为理智足以管理家务的人"）可以接受，而且基督教徒也能接受。就此而言，霍布斯三部主要的政治哲学著作（即《法律、自然和政治原理》《论公民》《利维坦》）都可视为神学政治论。

对于神学政治在霍布斯整个政治哲学中的地位，列奥·施特劳斯深刻地指出，相较于古典政治哲学而言，宗教才是霍布斯真正的敌人，因为若不真正驳倒宗教所宣扬的比暴死更大的恶——"死后地狱中的永罚"，其政治哲学的理论基石"暴死是最大的恶"就难以成立。③为了更好地理解霍布斯的这个意图，我们将从激情与宗教、政治同构与异化两个维度，对霍布斯的神学政治理论进行全新的诠释。

---

① ［英］霍布斯：《利维坦》，黎思复、黎廷弼译，杨昌裕校，商务印书馆1985年版，第290页。

② ［英］霍布斯：《利维坦》，黎思复、黎廷弼译，杨昌裕校，商务印书馆1985年版，第290页。

③ 参见［美］列奥·施特劳斯《霍布斯的宗教批判——论理解启蒙》，杨丽等译，黄瑞成校，华夏出版社2012年版，第85—86页；［美］列奥·施特劳斯《霍布斯的政治哲学：基础与起源》，申彤译，凤凰出版传媒集团、译林出版社2001年版，第85页。

一 基督教国家：激情与政治、宗教之同构

现代欧洲基本上都是基督教国家，神权与俗权、神律与法律的关系问题是任何现代政治哲学家都不可回避的一个重要问题。

一方面，霍布斯并不主张政教分离，他认为这种观点的理论根据在于提出与主权对立的最高权力、与法律并立的神律、与俗权并存的神权。霍布斯指出，那种让人相信世俗王国之外还有一个不可见的王国并行的观点是毫无意义、惑乱人心的，因为当神权与俗权对立时国家便会陷入极大的内战和解体的危机之中。另一方面，霍布斯也不赞成神权高于俗权。他认为，当神权高于俗权时，世俗政权不是被压垮了台，就是陷入内战。显然，这也是霍布斯不愿看到的结果。

（一）激情—政治—宗教同构：以恐惧作为纽带

对于神的观念的产生和宗教的起源，霍布斯也从人性本身出发，从激情的维度给予解释，因为他相信"宗教的种子也只存在于人类身上"[①]。既然宗教的种子是内在地植根于人的本性之中的，那么，宗教就是不可根除的。因此，霍布斯说，宗教的奥义只有像"治病的灵丹一样"整丸地吞下去才有效果，要是嚼碎了往往就会呕吐出来，丧失药效。

首先，宗教与激情是同构的。先看霍布斯给宗教所下的定义：

头脑中假想出的，或根据公开认可的传说构想出的对于不可见的力量的畏惧谓之宗教。

所根据的如果不是公开认可的传说，便是迷信。

当所想象的力量真正如我们所想象的一样时，便是真正的宗教。[②]

可见，宗教也是一种激情——畏惧，这种畏惧是对可能给人造成伤害的不可见力量的嫌恶，这种力量要么来源于人脑的想象，要么来源于公开认可的传说。霍布斯的这一定义无疑是具有革命性意义的，因为"按照这种观点，那么基督教在古罗马的200多年的历史中就是迷信，而

[①] ［英］霍布斯：《利维坦》，黎思复、黎廷弼译，杨昌裕校，商务印书馆1985年版，第79页。

[②] ［英］霍布斯：《利维坦》，黎思复、黎廷弼译，杨昌裕校，商务印书馆1985年版，第41页。

伊斯兰教在土耳其不是迷信"①。不过，有一点是非常清楚的，霍布斯强调俗权高于神权，神权的权威唯有得到主权者的"公开认可"才能算得上是真正的宗教；否则，非公开认可的、私下秘密的传说便是迷信。此外，霍布斯在《论公民》中谈到了无神论。他认为无神论是"缺少畏惧的理性观"，与迷信是"缺少正确理性的畏惧"相对，无论是迷信还是无神论都是没有正确处理好激情与理性的关系。②

接下来看人的身上所特有的四种宗教的自然种子：一是人类对于所见事物有一探究竟的本性，特别是喜欢穷究与自身生命攸关的事情的原因。二是人类相信所有事情都有原因，在见到任何事物的起始之时，便会追问有一个原因决定它在彼时开始，而不是更早或更迟。三是人类对自己所畏惧的不可见的力量敬拜的方式通常是祭献、祈求、谢恩等。四是人类无法捉摸到不可见的力量是如何将未来将要发生的事情，特别是有关一般祸福或某一事业的成败的事提示人，便容易将偶然事物当作征兆。

霍布斯特别提及，前两项原因使得人相信所有已出现的和将要出现的事物都有其原因，让人萌生焦灼（anxiety）之感：趋向所望之福，避开所惧之祸。这样，每一个就像普罗米修斯般总是无休止地焦虑，难以安息。在人无法预知原因的情形下，这种恐惧感如影随形，就像无边的黑暗一样。而身处这种黑暗之中的我们，根本无法找到祸福的根源，唯有将其归之于某种不可见的力量。正是在此意义上，霍布斯说："神最初是由人类的恐惧创造出来的。"③ 同时，对于那种想象所构造的不可见的力量，人类的思维因恐惧而变得黯淡，除了认为其与人类灵魂相同外，不可能得出任何其他的概念。"人们不知道这种幻影不过是自己幻想的产物，因而认为是真实和外在的实体，于是便称之为鬼神。"④

虽然对于不可见的力量可以用"恐惧"来诠释，但是，对于无限、全能和永恒的上帝，则是人们的推论得来的。"说上帝不依存于别的东

---

① [美] A. P. 马蒂尼奇：《霍布斯传》，陈玉明译，上海世纪出版集团、上海人民出版社2007年版，第279页。
② 参见 [英] 霍布斯《论公民》，应星、冯克利译，贵州人民出版社2003年版，第180页。
③ [英] 霍布斯：《利维坦》，黎思复、黎廷弼译，杨昌裕校，商务印书馆1985年版，第80页。
④ [英] 霍布斯：《利维坦》，黎思复、黎廷弼译，杨昌裕校，商务印书馆1985年版，第81页。

西，这除了说明上帝属于我不知道其来源的那些东西以外，不说明别的。说上帝是无限的也是这样，这和我们说的是属于我们所不能领会其界限的那些东西一样。这样上帝的全部观念都被否定掉了。"① 既然上帝是不可思议的，其伟大的力量也是不可想象的，那么，称上帝之名的目的只是为了使人更好地尊敬上帝。

其次，宗教与政治是同构的。霍布斯认为，如果宗教的自然种子是经由人根据自己的独创而加以栽培和整理，那么，这种宗教便属于人的政治（human politics）；如果这些宗教的自然种子是人根据上帝的命令和上帝的启示加以栽培和整理，那么，这种宗教便属于神的政治（divine politics）。前者宣讲的是主权者要求于臣民的一部分义务，后者包含的则是许身为天国子民的人的诫律，但两者的目的都是为了让臣民对主权者更服从、守法、平安相处、互爱和合群。人的政治包括所有异教人的建国者和立法者；而神的政治则包括亚伯拉罕、摩西和救主基督。无论人的政治还是神的政治都说明，宗教并不能脱离政治而单独存在，宗教不仅需要得到政治的培育，还要为政治服务。对此，孙向晨评论道：虽然现代政治的基本原则是政教分离，但是，在霍布斯那里首要的不是简单区隔政治与宗教，而是辨明宗教的政治性。② 霍布斯从政治的维度对宗教的政治性进行了重新诠释，策略性地批判了异教人的政教统一体和罗马教皇孜孜以求的"黑暗的王国"。

在人的政治中，一是几乎一切有名称的事物都被异教人当作神或鬼，或者被假想为神灵附体，如天、海、鸟、森林、河流、白天、黑夜、男人、女人等；二是异端邪教的创立者利用人们对原因的愚昧无知，不讲第二因，而只讲第二级掌职之神，如将维纳斯看作受胎之神，将墨丘里看作阴险狡诈之神等；三是异教人的宗教创立者在对未来的征兆问题上，"一部分根据自称具有的经验，一部分根据自称具有的神启，又加上了许许多多其他迷信的占卜"③，如占星术、预兆术、灵雀验征术等。于是，异教人的主权者千方百计地让自己的臣民相信：人们所具有的宗教观念是神灵的指令，而不是人为搞出来的；法律所禁止的任何事情都是神灵

---

① 转引自［法］笛卡尔《第一哲学沉思集》，庞景仁译，商务印书馆1986年版，第188页。
② 参见汪堂家、孙向晨、丁耘《十七世纪形而上学》，人民出版社2005年版，第223页。
③ ［英］霍布斯：《利维坦》，黎思复、黎廷弼译，杨昌裕校，商务印书馆1985年版，第85页。

所不悦的；宗教的仪式、祈祷、祭祀牺牲与节日可以平息神怒。总之，在人的政治中，异教人的主权者非常重视通过温和的宗教手段利用臣民的无知和恐惧来维护自身的统治。

在神的政治中，上帝亲自以超自然的神启建立了一个特殊王国，为人与神、人与人之间的行为都订立了法度。这样，世俗的政策和法律本身就是宗教的一部分。不过，我们需要注意自然的上帝王国和根据契约成立的上帝王国的区别："上帝成为全世界之王是根据权力而来的，但他成为选民之王则是根据契约而来的。"① 《圣经》中所指的上帝的王国大多是指后者，霍布斯说，上帝的王国也是一个世俗王国，同样也需要根据契约建立起世俗政府，不同的是，这个政府不仅管理人与人之间的关系，而且管理人与上帝的关系，上帝是国王，摩西以及其死后的大祭司则是上帝的代治者。

再次，激情与政治是同构的。在霍布斯那里，激情是人性理论中最本源也是最强大的因素。自然状态就是激情"自在自为"的状态。其间，倾向争斗的激情使得人的自然权利无法得到有力保障。激情凭借内在的张力（倾向和平的激情与倾向争斗的激情，或者说虚荣自负与死亡恐惧）"过渡"到理性的一般法则（自然法），激情在理性的指导下得到约束，人们相互转让权利订立契约（进入国家），在国家状态中人的激情被秩序化，所有人都统一于单一人格——国家之中，最终实现理性、意志、激情三者的有机统一。

最后，宗教、激情和政治是同构的。既然宗教是对不可见力量的恐惧；政治则是：在进入国家状态前，人出于对自然状态中的死亡恐惧而进入国家状态，而进入国家状态后，人出于对主权者的绝对权威的恐惧而过着相对安宁的生活；那么，宗教、激情和政治便通过恐惧这个纽带而紧密地联系在一起了。

对神的力量的恐惧，使人意识到自身的软弱，并使人明晰了自身对于上帝的义务（以便获得心灵的安宁和死后的救赎）以及上帝在地上的代治者的义务（以便获得世俗社会中的和平与安全）。换句话说，虽然臣民对于主权者的服从根源于自然法，但是，自然法作为理性的一般法则，

---

① [英]霍布斯：《利维坦》，黎思复、黎廷弼译，杨昌裕校，商务印书馆1985年版，第88页。

在强大的激情面前往往显得孱弱无力，在基督教国家中，除了主权者的权威所带来的外在慑服外，还必须借助上帝及《圣经》的内在慑服。这样，我们就不难理解霍布斯为何要用《圣经》中的巨兽"利维坦"来比喻国家了。

（二）启示宗教的政治原理：维护国家的稳定

霍布斯认为，人类由于激情和无知的影响，难以区分偶像和真正的上帝，所导向的往往是迷信而非宗教。唯有启示才是通向真正的宗教的可靠途径。

启示可分为直接启示和间接启示：前者是上帝直接传示的，如亚伯拉罕、摩西、耶稣等；后者则是上帝通过另一个曾经直接听过他谕旨的人转达的，包括了绝大多数基督徒。至于上帝是如何直接传谕于人的，其他人是无从知晓的。如果有人宣称上帝向他直接传了谕，那么，我们是有足够的理由表示怀疑的，即使是主权者也不能强制我们相信或服从。对于大多数基督徒而言，他们都不得不依靠《圣经》来接受上帝的间接启示。我们绝不能推论说：如果一个人宣称在《圣经》中接受了上帝的传谕，那么，这种传谕就是上帝的直接启示；如果一个人宣称上帝在梦境中对他传了谕，那么，这种传谕就是上帝的直接启示；等等。在霍布斯看来，"上帝在梦中对某人传了谕"和"某人梦见上帝对他传了谕"实际上是一个意思。霍布斯还说，上帝可以通过梦境、异象、异声和神感对一个人降谕是一码事，而相信上帝对自称有此事对人降了谕则是另一码事，因为这是个凡人，而凡人则会错误地认为上帝对他降了谕，或者根本就是他在撒谎。

真先知必须同时满足两个条件：一是行奇迹；二是只传布已建立的宗教，而不传布其他宗教。一方面，会行奇迹的人并不必然就是真先知；另一方面，假先知也有行奇迹的能力，但其目的是煽动人们背叛主权者。因此，行奇迹而不传布上帝已立的教义与布真教义而不行奇迹，都不足以证明他获得了直接的神启，也不足以让其他人尊重他所说的话。

那么，什么是奇迹呢？霍布斯说：奇迹的目的是要在上帝决定让其成为自己的臣民的人中产生信念，增加上帝的选民。既然奇迹不是获得上帝之道的唯一方式，而且奇迹容易被轻信和假冒，那么，对于奇迹真伪的判断，必须运用上帝的最高代理人（世俗主权者）的理性，而不是仅凭个人的良知和理性。因为，既然我们已将权利转让，让主权者去做任何有利于和平与安全的事情,那么我们就应将其当作审判者。

就宗教本身而言,霍布斯清醒地意识到,启示、先知、奇迹等是宗教的重要组成部分,绝不能对此简单地否定,否则会动摇臣民对上帝的信仰。就政治本身而言,霍布斯又宣称,在国家建立后便不再存在新的启示、先知和奇迹,从而防止人类的骄傲,以主权者的权威(政治)来否定私人权威(激情)和裁夺宗教权威(宗教)。两者看似矛盾,实则调和了宗教、政治、激情之间的冲突,以维护三者的稳定与和谐。

(三) 利维坦与教会的关系:教权服从于俗权

霍布斯强调用《圣经》来解决各种宗教的冲突和争端,但是,《圣经》的权威来自何处呢?一方面,《圣经》中所有不异于自然法的部分,均源自上帝的权威;另一方面,对于那些没有得到上帝直接启示的人而言,《圣经》的权威则来源于公众的权威,即国家或教会的权威。教会必须在得到主权者的承认下聚会才是合法的,否则就是不合法的。显然,教会本身的权威还得来自世俗主权者的权威。霍布斯还由此推论说:既然没有一个世俗主权是全世界人民需要共同服从的,那么,也就不存在一个统一的教会是所有基督徒都要服从的。每一个基督徒都不得服从除自己祖国的主权者之外的任何其他人的命令。"这样说来,能够发布命令、审判案件、宣告无罪、判定罪行或作出任何其他行为的教会便形成一个由基督徒组成的世俗国家了,它之所以被称为世俗国家,是因为组成者是人,它之所以被称为教会,是因为其臣民是基督徒。"[①] 非要在世俗政府之外,再生造出性灵政府这一名词,只会让人眼花缭乱、认不清谁是合法的主权者。虽然基督徒的躯体在复活以后是属灵的、永远不朽的,但是,其在今生之内则是凡俗的、有朽的。在今世之中,世俗主权者才是唯一的统治者,否则,"教会与国家之间、性灵方面与世俗方面之间以及法律之剑与信仰之盾之间"[②] 就会冲突不断,国家也将因此而陷入党争和内战。

霍布斯还指出,既然教皇和教会都不是全世界基督徒的世俗主权者,那么所有基督徒便没有义务承认教皇和教会在行为问题上的裁决权,是

---

① [英] 霍布斯:《利维坦》,黎思复、黎廷弼译,杨昌裕校,商务印书馆 1985 年版,第 373 页。

② [英] 霍布斯:《利维坦》,黎思复、黎廷弼译,杨昌裕校,商务印书馆 1985 年版,第 374 页。

否符合世俗主权者的法律就是唯一标准。"我们的救主既然否认他的国属于这个世界,并说他来不是审判这个世界而是拯救这个世界,于是他除开使我们服从国法以外并没有叫我们服从任何其他法律。"① 世俗主权者的命令就是国家的法律,除他之外任何人都不能制定法律,否则,整个国家以及整个和平与正义必然走向毁灭,而这恰恰是与所有人的法律和神的法律背道而驰的。此外,异端作为违反国家代表者下令教诲的学说而顽固坚持的私人见解的人,也只有世俗主权者才有权审判。

世俗政府与性灵政府的区分是无意义的、有害的,唯有让臣民对国家法律的恐惧远胜于其对灵界王国的恐惧,让世俗主权者的权威凌驾于教会的权威之上,实现政治与宗教合一,才能有效地保卫利维坦。

(四)上帝之国与世俗之国:构建新公民宗教

自奥古斯丁将社会划分为上帝之城与世俗之城以来,西方政治哲学家关于人的政治与神的政治之间的关系问题便各执一词,争论不休。霍布斯同样面临着如何将人的政治与神的政治统一起来的问题。也就是说,要想从根本上避免教会与国家、神权与俗权、基督徒与非基督徒之间的冲突和内战,必须在世俗主权者那里实现神权与俗权的统一。

先看自然的上帝之国。在霍布斯看来,要想更好地完善臣民的世俗义务,就必须弄清什么是神律。唯其于此,人们才能在世俗权力当局命令他们做任何事情时,明白自己是否违背了神律。霍布斯认为,既要避免在服从世俗的权威之时触犯上帝的权威,又要避免在惧怕上帝的权威之时违反世俗的权威。上帝之所以有统治人类的王国并惩罚违反神律的人的权利,与其说源自上帝的创世,还不如说源自上帝那不可抗拒的力量。上帝所统治的不是无理性、无生命之物,也不是无神论者或不相信上帝统治现世的人,而是接受上帝统治世界,相信上帝为人们所制定的诫条,并对违反者施以惩罚的人。上帝正是根据自然理性的指令统治这些人的。而人类则是在面对上帝的力量时感到恐惧,人类只有清醒地意识到自身的软弱性,才能承担起服从上帝的义务。

再看先知的上帝之国。既然上帝是根据自然理性的指令统治人类的,那么,上帝为何又要选定犹太民族作为自己的臣民呢?霍布斯指出,由

---

① [英]霍布斯:《利维坦》,黎思复、黎廷弼译,杨昌裕校,商务印书馆1985年版,第420页。

于人类对理性的不完美运用，以及激情的影响，导致人类很难正确地崇拜神。如果没有上帝的帮助，那么，人类几乎不可能走出无神论和迷信的泥淖，大多人纷纷陷入偶像崇拜。于是，上帝从人间呼唤出一个名叫亚伯拉罕的人，与他及其子嗣立下了约（即《旧约》）。虽然亚伯拉罕尚未称上帝为王，但是，亚伯拉罕是真正信仰的起源，并按约建立了主权。不过，上帝是以超自然的方式而不是理性的方式直接统治人类的。而至摩西在西奈山上与上帝重立此约，犹太人的特殊上帝王国便得以正式建立。此后，以色列人废除了有君尊的大祭司，从而废除了上帝的直接统治。

最后看《新约》建立的上帝之国。上帝派基督来替百姓跟上帝重新立约（即《新约》）。虽然基督本质上与上帝等同，但他在王国的权力上却要低一等——不是做君王，而只是做君王的副手。因为上帝派基督来恢复的上帝之国"是在基督再次降临、其实是在审判日那天开始的"①，所以，基督在世俗王国之时，还没有被称为国，而只是被称为"复兴"，把那些被这个国所接纳的人召唤出来。上帝并没有授予尘世的基督如先知的上帝王国那样的权威，也没有授予基督审判的权利，而只是授予基督去启示这个世界。基督在尘世王国中不是用权力而是用晓谕和劝告向人布道，除了规定圣事外，没有补充新的律法。任何涉及国家和平与安全的事情都得由世俗权威来决定。

对于自己神学政治的初衷，霍布斯坦承："在这方面我并不自称是提出任何自己的论点，而只是要说明：在我看来，从基督教政治学的原理（即《圣经》）中究竟能推论出一些什么结论来证实世俗主权者的权力和他们的臣民的义务。"② 由此可见，霍布斯的政治哲学之所以没有仅仅停留于自然理性和激情的层面上，而是继续深入神学政治的层面，究其原因就在于：一方面，他要从神学政治的层面赋予世俗主权者以足够的权威，以此来彻底清除基督教对现实政治的消极性影响；另一方面，他又要发挥宗教的积极性作用，将启示宗教改造成新的公民宗教。这种新的公民宗教既能满足人性对宗教的内在需求，为人的信仰留下地盘；又能为世俗政治服务，消除黑暗的王国对利维坦的威胁。

---

① ［英］霍布斯：《论公民》，应星、冯克利译，贵州人民出版社 2003 年版，第 199 页。
② ［英］霍布斯：《利维坦》，黎思复、黎廷弼译，杨昌裕校，商务印书馆 1985 年版，第 488 页。

二 黑暗的王国：激情与政治、宗教之异化

上一节我们探讨了激情与政治、宗教相同构的情形，现在我们需要进一步从激情与政治、宗教相异化的情形反面论证霍布斯的激情说与其神学政治之间的内在关联。霍布斯的理论思路就是：唯有彻底弄清基督教国家是如何堕落为黑暗的王国的，才能真正消除黑暗的王国对基督教国家的解构性力量。

（一）三类根源：黑暗的激情对人天性之遮蔽

霍布斯认为，黑暗的王国之所以产生，具有如下三类根源。

一是因误解《圣经》而造成的黑暗，是对宗教与政治关系的异化。《圣经》所说的"撒旦的王国"——撒旦为了攫取今世的统治权，以黑暗和错误的说法千方百计地阻碍人们进入未来的光明的上帝之国，从而熄灭他们身上的天性和福音之光，因此是一个不折不扣的骗子联盟。撒旦的王国中最黑暗的部分则存在于不信耶稣是基督的那一部分人之中。在霍布斯看来，人们之所以产生灵的黑暗，就在于我们天性的无知在撒播着性灵错误的种子。

二是因引入外邦人的魔鬼学及其他宗教残余而造成的黑暗，是对激情与宗教关系的异化。霍布斯指出，异教徒国家的统治者常常利用臣民对那些不可知的、具有无限力量降灾降福于他们的东西的畏惧，而编造魔鬼学说，以便操纵臣民的这种激情，使得其臣服并维持公共和平。

三是因空虚的哲学和神怪传说而造成的黑暗，是对激情与政治关系的异化。这里的"空虚的哲学"指的就是亚里士多德、西塞罗等人的虚妄而错误的哲学，同时，其与《圣经》混杂在一起，又产生了经院学派的神学。在霍布斯看来，亚里士多德等人仅仅停留于叙述私人激情的层面上，而没有从私人激情上升为公共激情（法律，即国家的意志和欲望），用自然法（世俗政府范围之外）和世俗法（世俗政府范围之内）来规训私人激情。唯有自然法和世俗法而不是私人激情，才是评判正直与不正直的、公正与不公正的、善的与恶的公共标准。霍布斯说："这种善的私人尺度非但是虚妄的说法，而且是对于公众的国家说来也是

有害的。"① 因为私人的激情是千差万别的，如果没有普遍同意的事情存在的话，人人必将各行其是，而国家也会最终解体。由此可见，霍布斯的激情说与古典激情说的根本区别在于，霍布斯将激情由私人激情（人性论）提升为公共激情（政治哲学），并强调用公共激情来规训私人激情，从而达致相对的和平与安全。

正是这三大根源使得基督教国家堕落为黑暗的王国。在那里，世俗主权者的权威被撼动；臣民被蛊惑；罗马教廷、教会与世俗主权冲突不断，国家纷纷陷入内战和争斗之中；异教的学说和空虚的哲学得以流行等等。而这一切均可归咎于，人们激情中黑暗的一面被利用和放大了，如厚厚的黑暗一般，遮蔽了人们的天性和福音之光。而霍布斯试图通过重新界定宗教、政治和激情的关系，拿出"正确而又显然有利于和平与忠君爱国之心的学说"这一新酒，装在公民宗教这一旧瓶之中。

（二）利益归属：对罗马教会和教皇进行批判

在霍布斯看来，要想弄清究竟是哪些人在基督教世界里利用与人类和平社会相冲突的学说迷惑了人们，就得考察是谁在黑暗的王国中获利了。因为"把行为者的情形说明得最清楚的莫过于行为的利益"②。为此，霍布斯详细分析了十二种黑暗学说的获益者，限于篇幅这里仅列举三例以期管中窥豹：其一，主张"教会就是今世在地上的上帝之国，而不是神恩之国"的获益者是罗马教会和长老会的教士。其二，主张"所有其他主教的权利来自教皇，而不是直接来源于上帝，也不是间接来源于世俗主权者"的获益者就是教皇。其三，主张"所有主教、教士、修士、辅理修士享有豁免世俗法权的管辖"的获益者是这些神职人员。霍布斯认为，这些获益者们为了一己之私而攫取非法权力，动摇了基督教国家的合法地基——主权者的权利与臣民的义务，遮蔽了人们的天性和福音之光，侵害了臣民的自由，滋长了阴谋家和野心家们的欲望，从而成为利维坦的敌人。③

---

① ［英］霍布斯：《利维坦》，黎思复、黎廷弼译，杨昌裕校，商务印书馆 1985 年版，第 551 页。

② ［英］霍布斯：《利维坦》，黎思复、黎廷弼译，杨昌裕校，商务印书馆 1985 年版，第 558 页。

③ 参见［英］霍布斯《利维坦》，黎思复、黎廷弼译，杨昌裕校，商务印书馆 1985 年版，第 560—561 页。

三 结语

霍布斯认为，新的政治科学的建立必须处理好激情、政治、宗教之间的关系。这不仅仅是因为宗教的种子深植于人性之中，宗教本身是无法消除的；也不仅仅是因为不驳倒宗教所宣扬的"死后地狱中的永罚"是比暴死更大的恶，就无法为其政治理论的基石"暴死是最大的恶"扫清道路，更是因为激情、政治、宗教之间的同构性。霍布斯等人对宗教的批判，既为现代政治制度从神学政治转向世俗政治扫清了障碍，也为现代政治哲学的最终确立奠定了坚实的基础。就此而言，神学政治就不仅是霍布斯政治哲学的一个理论后验，更是霍布斯政治哲学的根本奠基。

对于如何处理好神权与俗权、神律与法律之间的关系，霍布斯既没有选择政教分离的模式（即神权与俗权并存、神律与法律并存），也没有沿着"黑暗王国"的老路（即神权高于俗权、神律高于法律）亦步亦趋，而是另辟蹊径地开创了一条激情—政治—宗教同构的新路（即神权服从于俗权、神律服从于法律），策略性地解决了究竟是服从于上帝还是服从于世俗主权者的两难。在霍布斯看来，第一条道路只会分裂国家，让人无所适从，容易造成混乱；第二条道路则会压垮世俗政治，将国家带入内战状态；第三条道路则可以完全依靠人的政治行动将人改造为国家公民，将启示宗教改造成新的公民宗教。这种新的公民宗教既可以为人的信仰留下地盘，满足人对宗教的内在需求；又可以为世俗政治服务，发挥宗教的积极作用。就此而言，霍布斯的神学政治便有着划时代的非凡意义。斯宾诺莎、洛克、卢梭等人进一步发展了霍布斯的神学政治，为现代政治与宗教的关系奠定了基础。现代政治虽然在经历启蒙运动和法国大革命后主张实行政教分离，但是，这并不意味着现代政治已经否认了政治与宗教的同构性，相反，现代政治在实际生活中越来越重视宗教的政治功能，宗教也从不同的维度上深刻地影响着现实政治。"在全球化阶段，国际政治与宗教之间的紧密关系，越来越采取微妙的形式，在国际生活的各个领域中，发生深刻的影响。"[1] 或许这从某种程度上恰恰说

---

[1] 高宣扬：《当代政治哲学》下卷，人民出版社2010年版，第914页。

明了霍布斯神学政治论的魅力和生命力吧！

参考文献

［英］霍布斯：《利维坦》，黎思复、黎廷弼译，杨昌裕校，商务印书馆 1985 年版。

［美］列奥·施特劳斯：《霍布斯的宗教批判——论理解启蒙》，杨丽等译，黄瑞成校，华夏出版社 2012 年版。

［美］列奥·施特劳斯：《霍布斯的政治哲学：基础与起源》，申彤译，凤凰出版传媒集团、译林出版社 2001 年版。

［美］A. P. 马蒂尼奇：《霍布斯传》，陈玉明译，上海世纪出版集团、上海人民出版社 2007 年版。

［英］霍布斯：《论公民》，应星、冯克利译，贵州人民出版社 2003 年版。

［法］笛卡尔：《第一哲学沉思集》，庞景仁译，商务印书馆 1986 年版。

汪堂家、孙向晨、丁耘：《十七世纪形而上学》，人民出版社 2005 年版。

高宣扬：《当代政治哲学》下卷，人民出版社 2010 年版。

（原载于《世界宗教研究》2014 年第 4 期）

语言与政治

——霍布斯语言哲学研究

一直以来,霍布斯的语言观因其具有浓厚的唯名论色彩尚未引起学术界的足够重视。但是,如果我们从政治哲学的维度来重新审视霍布斯语言观的话,却能发现语言问题在霍布斯的政治哲学之中竟然占据如此重要的位置,甚至对于西方现代政治哲学也有着异常深远的影响。

一　语言的本质与功能

关于语言的起源,霍布斯认为第一个创造语言的是上帝,但他只承认上帝授予亚当一切图形、数字、度量、颜色、声音、幻想和关系的名称,不承认上帝曾授予诸如普遍、特殊等名称以及经院学派的实有、意向性、本质等无意义之词。而且,巴别塔之后,这种语言又全部失去了。于是,人们在自身需要的基础上逐步酝酿产生的,并经过实践的发展而越来越丰富。

就语言的本质而言,霍布斯是一个十足的唯名论者。他认为,语言的本质是由名词或名称以及其连接构成的。语言既可以用来记录我们的思维系列,作为记忆的标记;又可以用来交流,相互表达自己对每一事物所想象或想到的是什么或表示自己所想望、惧怕或具有其他激情的东西。语言的特殊功能有如下四种:一是获得学术知识,表示人们通过思考所发现的任何现存或过去事物的原因或其可能产生的结果;二是商讨和互教各自所获得的知识;三是让彼此知道各自的意愿和目的;四是炫耀自娱。同时,他也谈及语言的滥用现象,如:用词意义不准确,表达思想错误;不按规定的意义运用语词造成误解;将不是自己意愿的事物宣称为自己的意愿;用语言相互伤害;等等。

在霍布斯看来，专有名词只为某一对象特有，普遍名词却有许多不同的具体对象。世界上除了名词以外便没有普遍，因为被命名的对象每一个都是一个个体和单一体。我们之所以给许多东西冠以普遍名词，是由于它们在某种性质或其他偶性方面的类似性。有的普遍名词范围大，有的普遍名词则范围小，较大的包含较小的，也有一些范围相等、互相包含的。当我们加上这些意义范围或大或小的名词之后，便能将心中构想的事物系列的计算转变为名词系列的计算，从而实现由思维系列到语言系列的转换。可见，思维离不开语言，思维必须在语言材料的基础上才能产生和存在。

霍布斯还提出了名称理论，这成为当代语言哲学的重要论题。他说：名称是一个随意拿来用作标记的词，它能在我们的心中唤起和先前我们曾有过的某个思想一样的思想，将其向别人述说时，对于这些人就可能成为表示述说者曾有过的思想的符号或他心中不曾有过的思想的符号。与其说名称是事物本身的符号，不如说名称是思维的符号。虽然名称的起源是随意的，但是，名称要从标记（为了记忆自己的思想）上升到符号（为了使自己的思想为他人所知）还需要得到他人的公开接受，名称又具有社会约定性。名称既可以使得人类在许多不同的名称下思考某一单一事物，每一名称都是一种不同的概念，也可以使得人类在同一名称和同一概念下思考不同的事物。

在霍布斯看来，真实和虚假只是语言的属性，而不是事物的属性。真实只在于断言中的名称是否正确排列，我们必须记住自己所用的每一个名词所代表的是什么，并据此加以排列。下定义是确定意义的过程，也是人类进行计算的开端。定义错误必然引导人们得出荒谬的结论。如果说名词的正确定义是语言的首要用处的话，那么，错误的定义或没有下定义则是语言的首要滥用。霍布斯批判经院哲学和陷入迷津的哲学家，指出他们错误的根源在于造出了大量无意义的词：一是新出的名词，意义尚无定义加以解释；二是将两个意义矛盾而不相一致的名词放在一起生造的词，如无形体的物体、无形体的实体等。

虽然在语言的本质方面，我们并不能看出霍布斯比其他唯名论者高明多少；但是，他的独创之处恰恰在于是从他对语言的功能分析开始的，并将语言的发明视为人类心智的根本性革新。自然的心智（包括感觉、激情、欲望、意志、经验等），既非人所独有的，也非笛卡尔所说的"非物质的东西",而是一种人和动物所共有的物质的运动。但是自然的心智存在两大缺陷,一是完全特殊主义的,不具备抽象和一般功能;二是欲望的生发和信仰的形成并不受行动者欲望的支配或指导,而是以一种无意识的形式发生的,是凌乱的。正是语言的发明,使得人类具有了进行推理的能力、进行自我代表的能力、进行联合的能力,从而超越了自然的心智本身,形成了归类和有意识的思想,进而建立国家、维持社会、订立契约与维护和平等,从而超越了自然心智,使得人与动物相区分,因而语言是人类最高贵、最有益处的发明。

所谓进行推理的能力,就是人类必须凭借语言将心中的各个部分(数目)相加以求和,或相减以求差额。在这一过程中语词有着重要的意义,因为人们既可以将各个部分的名词排列起来以连成一个整体的名词,也可以从整体名词或部分名词出发得出另一部分的名词。在霍布斯看来,推理并非人类与生俱来的能力,而是在语言的基础上所习得的重要技能。要想进行可靠的推理,必须遵守三大原则:一是严格定义所涉及的词语,使之具有恒常的意义;二是运用词语进行推理时,必须使之保持前后一致性;三是对被指示的各类属之间的关联进行谨慎的分析。既然经院哲学并非从所用的名词的定义或解释出发进行推理,那么其荒谬性就是显而易见的了。在霍布斯看来,清晰的语词才是人类的心灵之光,必须以严格的定义清除语词的含混不清的意义。推理和学识的增长都是为了获取人类的利益服务的。以隐喻、无意义和含糊不清的语词进行的推理只能得出荒谬的结论,导致争斗和冲突。

所谓进行自我代表的能力,即人类说出某一语词,并信守这一语词的能力,由此各自成为自己的代言人,并以此构建契约与义务的全新关系。由于没有语言,动物受制于"对于各自性情的消极知识",它们之间的合作必然是松散的。而人类的合作则建基于"具有这些已知授权的知识形态之上",使得共同体的建构得以完成。人们往往容易受虚荣自负的影响,加之理性的荏弱无力,背信弃义便成了家常便饭,社会必然混乱不堪,毫无秩序可言。霍布斯指出,只有因相互恐惧而订立的契约,人人才有理由忠实于自己不曾撤回的自我代表、有义务遵守契约的条款。

所谓进行联合的能力,即人类通过相互订立信约,相互授权,将分散的个体联合起来,统一于国家这个唯一人格之中,以便国家可以运用全体的力量和手段来维护和平,保卫自然权利。

正是语言的介入大大拓展了人的自然心智，它"使得人们从只具有感觉上的、有序呈现的欲望的动物王国中解放出来"[①]。一方面，人要与动物相区分，从而超越当下的生活；另一方面，人也要与他人相区分，从而超越私人的生活。

二　语言与人性理论

在《法律、自然和政治原理》之中，霍布斯坦言他之所以要对人性进行详尽的考察，就在于他试图为政治规则和法律奠定坚实的地基，将其建基于最原始、最简单的元素之上，这就是他所说的激情。在《论公民》中，霍布斯则是从两条他自认为是最无可怀疑的假设出发的，一条是"自然欲望公理"（即人类贪婪的假设），另一条是"自然理性公理"（即死亡恐惧的假设）。而他在《利维坦》"引言"中将利维坦或国家看作"人造的人"，无论是它的制造材料还是它的制造者都是人。真正的政治智慧不是从读书得来的，而是靠了解"人"得来的。霍布斯还重提"认识你自己"这一格言，并强调其目的在于强调人类的天赋倾向和思想感情是相似的，当我们猜测或害怕别人做什么或不做什么时，别人也一定这样猜测或害怕我们。通过对主观的反省和理性的推理，我们可以了解和知道别人的思想、情感和行为，进而获得关于国家、社会方面的知识。所以，要想治理好国家必须先了解全人类的人性。霍布斯宣称他的政治哲学是奠基于人性论的基础之上的，即使是那些"自以为理智足以管理家务"的普通人无须烦琐的证明推理，仅凭主观的内省便可得到验证，从而有更多的人来接受他的新的政治科学。当然，人性论虽是霍布斯政治哲学的魅力之源，但也是他的理论中最容易受到攻击和饱受争议的地方。

在以亚里士多德为代表的古典政治哲学看来，一方面，人是政治的动物，人的理性和语言（即逻各斯）使得人超越于其他动物式的群居，过上社会化的生活，并且学会揭示利害，区分正义和非正义；另一方面，

[①] ［爱尔兰］菲利普·佩迪特：《语词的创造——霍布斯论语言、心智与政治》，于明译，北京大学出版社2010年版，第118页。

人又是逻各斯的动物，选择什么样的城邦生活或者社会共同体则需要逻各斯（理性和语言）的指引。因此，"人是逻各斯的动物"与"人是政治的动物"是人与动物的最本质的区别。而在霍布斯看来，人首先是激情的动物，而不是社会的动物或逻各斯的动物。人是自私的动物，人与人之间的彼此交往和相互陪伴，与其说是为了友谊，不如说其首要的目标是追求荣誉或对自己的益处。换句话说，如果认为人们之所以聚在一起是爱朋友而非爱自己，那就大错特错了，因为这样做的根本目的还是在于爱自己远胜于爱他人。霍布斯还说，相互恐惧的激情是大规模的或持久的社会起源的根本原因，因为只有以相互恐惧的激情为基础，人类才能克服自己因自然平等和彼此加害的倾向所导致的战争状态，从而进入相对和平的公民状态。

霍布斯认为，蜜蜂和蚂蚁由于没有理性和语言，只是受各自欲望和判断的指挥，因而，共同利益和个体利益之间不存在分歧，从而可以过着相对和平的群居生活。但是，人类却因受虚荣自负激情和语言的影响，而陷入争斗，甚至引发战争，譬如：喜好与他人相互比较；容易相互嫉妒和仇恨；自以为是地评判公共事务的得失；以语词技巧惑乱人心；在安闲时也爱惹麻烦；在相互达成信约后因没有共同权力来保障而沦为一纸空文；如此等等。

虽然人和动物都拥有来源于经验的慎虑，但慎虑的可靠性远不如学识，慎虑只是一种可靠性极低的假设，而根源于理性推理的学识则具有极高的可靠性。动物式的慎虑关注的是当下的饮食、安逸和肉欲，既无法预见未来，也难以观察和记忆事物的顺序、后果及其依存关系。人的学识则具有很多动物式的慎虑无法比拟的优越性，如：理性推理可以帮助人通过对所见事物的深入探究从而预见未来；即使在人类无法真正把握事物的原因时，他也能凭空想象出一个原因来；等等。不过，这也使得每一个人，尤其是过分预虑未来的人焦灼不安，因为人人都想得到所望之福，避免所惧之祸。由此可见，正是语言的发明大大拓展了人类的心智，使得人进入自然状态，从而得以与动物相区分。

三 语言与自然状态

在语言发明后,语言和理性的介入使得人类不仅要与动物相区分,而且人与人之间也要互相区分。与动物无法区分事物及其幻影、无法感受感觉之外的快乐不同,语言使得人类从动物王国那种纯粹感觉上的、有序呈现欲望的状态中解放出来,逐渐意识到自己与他人的差别。为了在与他人相互攀比中占有更多的财富,人类也意识到需要攫取更大的权力,由此超越了私人关切的界限,产生了荣誉感和权力欲。"一种心智的不满足困扰着那些处于舒适生活中的人们,他们不必害怕物质匮乏,亦不必恐惧暴力,仅仅根源于一种希望获得他们认为应当属于自己的权力与荣誉的感觉。由于心智的所有快乐和悲伤都在于与自己相比较的他人的优越性的满足与否。"[①] 事实上,这就是霍布斯所说的人类由于感到自身受尊敬而产生的快乐,也就是他所说的虚荣自负。

菲利普·佩迪特根据语词是否介入,进一步将霍布斯的自然状态区分为第一自然状态和第二自然状态。[②] 他的这一区分是卓越的,对本文也同样具有非凡的启发意义,不过菲利普·佩迪特着重从语词的维度来构建,而本文则侧重于从激情的维度来理解。我们同样可以根据人类激情的状态将人类的生存状态区分为三种:第一自然状态,属于"激情的安宁"状态,人类与动物无异,欲望相对安宁;第二自然状态,属于"激情的冲突"状态,人类与动物有了本质区分,欲望泛滥,处在所谓的战争状态之下;国家状态,属于"激情的秩序"状态,人类的欲望被秩序化,人们处在相对和平的国家状态。

在第二自然状态下,人与人之间就自然能力而言是平等的,就达到目的的希望而言也是平等的。那么,现在问题就来了:只要有两个以上的人想获取同一件无法共享的东西时,他们之间就不可避免地要产生争斗,变为彼此都力图摧毁或征服对方的敌人。为了最大限度地保住自己

[①] Thomas Hobbes, *The English Works of Thomas Hobbes of Malmesbury* (Vol. 4), London: Rouledge/Thoemmes Press, 1839-1845, pp. 201-202.

[②] 参见[爱尔兰]菲利普·佩迪特《语词的创造——霍布斯论语言、心智与政治》,于明译,北京大学出版社2010年版,第128页。

的劳动成果，维护生命安全和保障自由，人们都要尽可能地多联合他人，以便在争斗中占据上风。在这种情况下，经验的方法是因各自欲望和动机的不同而千差万别的，无法根据自身的欲望和动机揣度他人。同样，理智的方法也难以行得通，因为理智本身是孱弱无力的，也无法真正弄清他人的图谋。加之，语言的欺骗性使得问题本身变得更加扑朔迷离。于是，人类陷入相互猜疑和恐惧之中，彼此包藏着威胁对方权势的祸心。于是，先发制人以求得自保，以武力或阴谋诡计解除威胁自己的力量，就成了上策。如果有些人以此种征服为乐的话，就显然超出了自我保全的需要，其他人此时也很难仅靠防卫而生存。这样，不得不尽可能地扩大自己的统治权便成了人们实现自我保持的必要条件了。在没有共同权力维护和平秩序的时候，个人在感受到被他人轻视或低估时，就会出于本能地想要摧毁对方，强迫对方承认或高估自己，必然陷入争斗和冲突之中。我们不能从历史的维度去理解霍布斯的自然状态理论，那样的话，我们无法把握到霍布斯政治哲学的真正奥秘。因为霍布斯的政治哲学是建基于人性论的两条假设——"自然欲望公理"和"自然理性公理"之上的，他的根本目的在于论证只有国家才能实现理性、意志、激情的有机统一，走出相互争斗的自然状态，实现相对的和平。

那么，人们如何走出悲惨的自然状态，实现和平呢？在霍布斯看来，唯有以相互订立契约的形式，放弃彼此对事物的自然权利。契约是不能脱离语言而单独存在的，必须以语言的形式实现。一方面，这种对自然权利的放弃不能是单方面的，必须是以社会契约的形式实现的相互放弃，否则就有可能沦为他人的牺牲品。另一方面，一旦权利被放弃或转让，就应遵守契约，不得妨害享有自己所捐弃或允诺让出的权利的人享有相关权益，否则就是对契约的损毁，是不义的。由于语言具有欺骗性，我们也不能单凭他人的一面之词或其他表示就断言他人已经捐弃或允诺让出了某些权利。放弃或转让权利是人的自愿行为，其目的不过是希望对方将某种权利回让给自己或者由此得到某种别的好处。多数人具有恶的品性，习惯于以自身的欲望和动机来猜测他人，一心要用公正的或邪恶的手段来获取自己的利益，而首先履约的人就容易使自己因契约另一方的贪婪而受害。由于语言的孱弱性，言辞本身无法保证契约的有效性。为了加强语言的力量，霍布斯找到了人性中的两种激情，即因无须食言而感到的"光荣和骄傲"和对因毁约所带来的某种有害后果的"恐惧"。

不过，对于受野心、肉欲、贪婪支配的凡夫俗子来说，这种"光荣和骄傲"是极为罕见的，因而是不可靠的，无法成为正义或其他美德的共同来源。因此，霍布斯不得不将目光投向"恐惧"。在"恶的品性"面前，订立契约的双方为了避免契约沦为一纸空文，就必得受到因某种强制力量而产生的畏惧心理的束缚。也就是说，为了保证契约的有效性，必须构造一种人造的强制力来最大限度地激发人们对失约时将触犯的人的力量的畏惧，由此，就必须从自然状态进入国家状态。

四　语言与国家学说

在霍布斯看来，自然法是人实现持久地自我保存的正确理性的指令，仅在道德层面上对人有约束力。一方面，这种"正确理性"在激情面前是荏弱无力的，往往沦为个人的明哲保身之道，而无法协调人与人之间的冲突。他说：就人在自然状态中的正确理性而言，许多人意指的是某种永无过失的天赋，而他所意指的则是对自身行动的理性思考，这种理性思考的结果要么给自己带来好处，要么给他人造成损失。另一方面，这种"正确理性"也不是法律，因为"严格意义的法律就是一个人通过正当的命令要求人们做什么或不做什么"①，从而无法具体裁定人的行为。加之，没有共同的权力能让大家的激情慑服，人与人之间所订契约也只能是一纸空文，根本无法摆脱人人相互为战的悲惨状态。因为，如果信约没有从公众的武力之中得到力量来约束、遏制、强制或保护任何人，就不会有其他任何力量可以约束信任，信约也就成为空洞的言辞。这里"所谓从公众的武力中得到的力量，指的是从具有主权的一个人或一群人组成的不受束缚的集体的手中取得的力量"②。因此，霍布斯现在要思考的是如何构建起一个强有力的主权者，将所有人统一于单一人格（秩序化语词的国家）中，通过语言将主权者的意志确立为理性的法律，并以法律的形式对每个社会成员的行为规则和拥有的权利进行规制，使得人类的两大自然激情（虚荣自负和死亡恐惧）转换为如何更舒适地实现自

---

① ［英］霍布斯：《论公民》，应星、冯克利译，贵州人民出版社2003年版，第40页。
② ［英］霍布斯：《利维坦》，黎思复、黎廷弼译，杨昌裕校，商务印书馆1985年版，第135页。

我保存和对主权者的恐惧，从而有效克服人性的缺陷。

在国家状态中，法律是一种由国家、主权者颁布的命令，它的立法者是主权者，并且，也只有主权者才有权废除某种法律。法律是关于正义与不义问题的法规，它是臣民区分是与非的根据。法律必须以语言、文字或其他充分的表达方式表达出来让人们知晓，否则便是自然法。一是对任何臣民都具有约束力的某法，只要在其尚未明文或以其他方式公布之前，它就不过是自然法而已。因为唯有自然法是无须宣布或公示的，自然法的真谛——"己所不欲，勿施于人"是任何人仅凭理性便可认识到的。二是只对人们的某些情况或某一个人有约束力的某法，要是没有明文记载或口头宣布，人们此时要想认知它，便只能通过自己的理智，如此，则它也同样是自然法。可见，与自然法不同，法律必须在制定后由主权者向每一个有义务服从的臣民公布，因为别人的意志除开根据他自己的语言或行动来了解，或是根据他的目标与范围加以推测来了解以外，便无从得知。这种目标和范围从国家法人方面来说，被认为永远是符合公道和理性的。同时，霍布斯还指出，法律仅仅是公开宣布还不够，人们受激情的作用仍不会心甘情愿地为法律所规制，此时需要有充足的证据证明其权力来自主权者的意志。当然，语言的晦涩和歧义很难保证人们不受自我珍惜或其他激情的蒙蔽，人们往往按照自己的欲望和利益曲解法律条文，所以，主权者还必须对法律进行权威解释，确定它在偶然性的环境中的意义，以使违犯者无词可托。

在霍布斯看来，"民约法和自然法并不是不同种类的法律，而是法律的不同部分，其中以文字载明的部分称为民约法，而没有载明的部分则称为自然法"。[①] 一方面，自然法可以转变为国法。在单纯的自然状态下，自然法由于并不具有强制力量，难以规制和约束激情，唯一的作用就是有利于人们养成倾向于和平与服从的品质。一旦进入国家状态，主权者便可将自然法转变为实际的法律，并以主权者的权威强制人们服从。正是在此意义上，我们可以说，霍布斯的政治思想都是根据人的理性推论出来的，还只是一种自然法，只有当他的理论上升到主权者所颁布的命令的层面，才有可能转变成国家的法律。另一方面，根据自然法的正

---

① [英]霍布斯：《利维坦》，黎思复、黎廷弼译，杨昌裕校，商务印书馆1985年版，第208页。

义——履行信约的要求,人们应该遵守国家的法律,否则便是不义的。

在自然状态下,每个人都是由最原始的激情所支配着的生活状态,都有权利运用自己的力量保卫自己。如果怀疑邻人要侵犯自己的权利,可以先发制人地进攻以求自保,这必须导致人与人之间的纷争。虽然人可以依凭自然理性认识到自然法,但语言和理性的软弱无法给自然法提供强有力的制约,使得自然状态下的契约沦为一纸空文。在国家状态中,将所有人统一于单一的人格(国家)之中,从而指引人们建立了一种共同权力,将主权者的意志以语言的形式确立为理性的法律(即民约法),并以强制的力量保障以民约法的形式对所有臣民的行为和拥有的权利进行有效规制。如此,自然状态下的那种自由在一切法律保障有恃无恐的地方都被取消了。这就是我们通常所说的,法无禁止即可为,法无授权即禁止。正因为有法律的规制和具有强大权力的主权者的保障,人们才确立了人在什么情况下可以合法地称什么东西是自己的,在什么情况下需要承认他人在这方面的权利,将人的激情秩序化,从而有效协调了臣民之间的争斗,实现相对的和平。

五　语言与神学政治

霍布斯还将他的唯名论贯穿到他的神学政治之中,认为无限、全能和永恒的上帝不过是人们通过语言推论得来的。但是,他又认为,宗教本身是无法消除的,因为宗教的种子就深深地埋藏于人性之中。在政教分离和神权高于俗权之外,霍布斯选择了"第三条道路"——俗权高于神权,从而为现代政治哲学从神学政治转向世俗政治奠定了坚实的基础。霍布斯的贡献在于:将超越的永恒的上帝转换为尘世的会死的上帝,并且不得不依赖于世俗政治,从而高扬了俗权的至上性。是服从于世俗主权者还是服从于上帝的两难,就这样被他策略性地轻松化解了。就行为规范而言,所有臣民都应遵守由主权者制定的法律;就内在信仰而言,所有基督徒都应信奉上帝和《圣经》。而且,内在信仰有利于强化臣民对主权者的道德义务。只要臣民对法律的恐惧远大于对灵界王国的恐惧,主权者的权威就不会受到冲击,国家与教会就不会陷入纷争之中。

要弄清教权究竟是什么,需要将救主升天后的时期划分为两段:一是在国王和世俗主权者的人皈依基督教之前，教权掌握在使徒以及其他传福音的教士手中，但是他们不是世俗的管辖者，他们的诫条只是有益的劝谕，不具有法律效力。二是在国王和世俗主权者的人皈依基督教之后，国王和世俗主权者依然是万民之牧（教士），有权随意任命教士教导交付给自己管辖的臣民。所有其他教士的传道、教诲和有关教士职位的其他一切职权，都来自国王和世俗主权者。这一点不是因为教导者是他的臣民，乃是因为被教导者是他的臣民。基督徒主权者不但具有统治臣民的权力，而且也具有管辖臣民政治与宗教的外在行为的一切权力，在他本身的领域之内是最高的主权者。换句话说，在基督教国家中，政治和宗教在世俗主权者那里合为一体了，国民和教民也合为一体了。如果世俗主权者乐意，他既可以将臣民的宗教事务的管辖权赋予教皇，也可以解除这项职权。

《圣经》中将世界划分为上古的世界、现在的世界和未来的世界：上古的世界指的是自亚当至淹没天下的大洪水时代的世界；未来的世界是基督重临人世并将所有选民招聚至天父之下为他们的王的世界；现在的世界则是处于上古的世界和未来的世界之间的世界。霍布斯将救主基督划分为三重职分：赎罪者（或救主）、牧者（或劝谕者、宣教者）、国王。① 但是，基督说"我的国不属于这个世界"，基督的王国现在尚未出现，唯有普遍的复活之后才会开始，那么，现在的世界便是由世俗主权者统治利维坦，即真正的尘世之国。

在霍布斯看来，在现实生活中，基督教国家之所以堕落成黑暗的王国，就在于三大原因：一是对《圣经》的种种误解，这实际上属于语言的误用。对《圣经》最大的和主要的误解在于将上帝之国牵强附会地解释为"现存的教会""现在活着的基督徒群众""在最后的审判日将要复活的死去的人"等。根据这一错误说法，可以推论出：应当有一个人或一个会议代表现在在天上的救主说话并制定律法，这人或会议对所有基督徒代表他的人格；要不然就应当有不同的人或不同的会议对基督教世界的不同部分代表他的人格。于是，教皇便趁机声称在全世界范围内这种基督之下的王权应归其享有，各国的教士会议也声称在该国享有这种

---

① 在中世纪的神学家那里（如阿奎那），救主基督的三重职分是：立法者、国王和牧师。霍布斯否定了基督作为立法者的职分，因为唯有世俗主权者才能制定法律，而基督的国不属于世俗之国，也就不可能是世俗之国的主权者。

王权。结果，教皇与其他基督教君主在政治上经常冲突；教士、辅祭和所有其他教会的辅理人员自认为圣职人员而向基督徒索取赋税；教皇在世俗法之外又颁布了所谓的宗教法，臣民的天性之光被熄灭了，人类的悟性也因此造成了极大的黑暗，以致他们无法分清应服从谁了。事实上，《圣经》只将王权赋予了世俗主权者，而非教皇或教士会议。正是在此意义上，霍布斯将其视为所有其他的错误之所以产生的深层次根源。二是引入外邦人所编造的魔鬼学说或其他异教学说，利用臣民对降灾降福的无限力量的无知和恐惧来操纵臣民。三是将本身就是"虚妄而错误的"亚里士多德、西塞罗等人的哲学与《圣经》混杂，搞出了所谓的经院学派的神学。霍布斯认为，正是这三大根源无限放大了人性之中黑暗的一面。为了消除黑暗王国的影响，最大限度地防止语言被误用，霍布斯认为神学政治的任务在于，批判所有虚妄的哲学，那些空洞无物的概念和荒谬的说法，让人们摆脱空虚的哲学的愚弄，将启示宗教改造成新的公民宗教，使得臣民服从国家的法律，从而消除黑暗王国对利维坦的威胁，保卫利维坦。

六　结语

霍布斯由语言的功能出发开创了新的政治哲学范式——人天生是由最原始的激情所支配的前政治性动物，而且是一种既贪婪自私且喜欢争斗的动物，从而消解了古典政治哲学所谓人是社会的动物或政治的动物。这一范式经过斯宾诺莎、洛克、休谟、卢梭等人的不断修正、丰富和发展，成为现代政治哲学和现代政治制度的基本原则。但是，同样不可否认，霍布斯语言观也存在诸多理论缺陷。比如，霍布斯的唯名论倾向，使其放大了语言功能性的一面，而忽视了语言植根于人的实践，容易沦为一种空洞的理论。又如，语言受激情的支配，使得人可以对他人进行猜测，理性的协议往往容易沦为一纸空文。此外，语言还无限拓展了人的欲望，使得人们陷入损人利己式的零和博弈之中。霍布斯过分夸大了语言"反社会性"的一面，但他没有看到人与人之间的冲突和争端还可以经由沟通、商谈、对话的方式来解决。

参考文献

［英］霍布斯：《利维坦》，黎思复、黎廷弼译，杨昌裕校，商务印书馆 1985 年版。

［英］霍布斯：《论公民》，应星、冯克利译，贵州人民出版社 2003 年版。

Thomas Hobbes, *The English Works of Thomas Hobbes of Malmesbury*, ed. Sir William Molesworth, London：Rouledge/Thoemmes Press，1839-1845.

［美］列奥·施特劳斯：《霍布斯的政治哲学：基础与起源》，申彤译，译林出版社 2001 年版。

［美］列奥·施特劳斯：《自然权利与历史》，彭刚译，生活·读书·新知三联书店 2006 年版。

［爱尔兰］菲利普·佩迪特：《语词的创造——霍布斯论语言、心智与政治》，于明译，北京大学出版社 2010 年版。

（原载于《黑龙江社会科学》2022 年第 1 期）

激情与政治

——霍布斯政治哲学的一种新诠释

当今,"激情与政治"这一古老的话题常常容易被人忽视和遗忘,因为激情与政治之间的关系,往往为理性与政治,或者意志与政治,抑或欲望与政治的关系所掩盖而变得晦暗不明。事实上,在现代政治哲学最重要的奠基人之一霍布斯那里,激情与政治有着如此密不可分的关系,并变得如此重要,以至于我们完全可以从激情与政治的纬度来重新诠释他的政治哲学思想。但问题是:

1. 激情与政治思想为何对霍布斯而言形成了主题?
2. 霍布斯的激情说与政治哲学之间(包括人性论、自然状态、国家学说、神学政治)有着何种隐秘关联?
3. 霍布斯的激情与政治思想在当代受到了哪些批判?其于当今时代又有着什么重要价值?

关于第一个问题:霍布斯将古典政治哲学关于"人是社会的动物"和"人是理性的动物"的基本判断还原为"人是激情的动物"。一方面,霍布斯从自然主义的原则出发,试图从动物的本性推导出人的虚荣自负,从而将他的政治哲学奠基于人的自然性(动物性)之上,以便尽可能释放被传统政治哲学的理性和信仰压抑的生命力。在霍布斯那里,激情比理性更加本原,人首先是一个激情的存在物,其次才是一个有理性的存在物,而其中语言起到了关键性的作用。另一方面,霍布斯又强调虚荣自负虽然源于自然,但是,却会导致人人相互为战的自然状态,此时唯有死亡恐惧将人从相互毁灭的边缘拉回来。死亡恐惧优先于理性,使人得以逃避死亡;同时,死亡恐惧又发挥着理性的功能,使人得以保存自我。霍布斯政治哲学的基础是两大激情(即虚荣自负和死亡恐惧)之间的对立,并且由这两大激情的对立所造成的内在张力使得霍布斯全新的理论建构得以成行。

关于第二个问题：我们可以试着从激情的视角理解霍布斯从自然状态到自然法再到国家以及神学政治的逻辑推论思路：激情是人性中最本源也是最强大的因素，其中，倾向争斗的激情导致了自然状态，而在自然状态中人的自然权利无法得到有力保障，然而仅靠激情无法走出自身的困境，此时倾向和平的激情将我们指引向理性的一般法则（自然法），而自然法又进一步将我们指引向国家，最终实现以和平的方式在社群中保存自我。至于宗教也是一种激情——畏惧，这种畏惧是对可能对人造成伤害的不可见力量的嫌恶；在基督教国家中，宗教与激情、政治是同构的。其间，霍布斯并未引入任何神秘的力量（如上帝），激情的运动是自为的（通过激情自身的内在张力），这与霍布斯的机械唯物论是一致的，贯穿其政治哲学始终的无非就是激情的运动而已：激情—理性—激情。所以，我们就必须从人性理论、自然状态、国家学说、神学政治四个层面揭示霍布斯激情与政治的内在隐秘关系，并试图以此重构霍布斯关于人和国家的新的政治科学。

其一，人性论是霍布斯政治哲学的理论基础。

霍布斯的政治哲学是奠基于以激情理论为核心的人性论的基础之上的，他相信只要是"自以为理智足以管理家务"的普通人便不难接受他的新的政治科学。就人性之自然而言，人和动物的激情大体相同，激情并不是两者区分的根本性指标。就人性之社会而言，霍布斯给出了"关于人性的绝对肯定的假设"：自然欲望公理（虚荣自负）和自然理性公理（死亡恐惧）。正是这两条人性论的公理，奠定了霍布斯人性之道德的新基础。与古典政治哲学的道德基础相比，霍布斯的道德观发生了三大根本性的转换：一是对快乐的重新诠释。霍布斯将快乐等同于善，而将痛苦等同于恶。所谓的善恶，在自然状态下由个人的好恶来决定；而在国家状态下则以利维坦的好恶为依据。二是对幸福的重新诠释。霍布斯所理解的幸福不再是心灵的永恒宁静或心满意足、不求上进的生活，而是"欲望从一个目标到另一个目标不断地发展"。三是对恶的重新诠释。霍布斯指出，古典政治哲学虽然看到了美德和恶行的表现，但是却没有看到这些美德的善在于是被作为取得和平、友善和舒适的生活的手段，便认为美德在于激情的适度。恶是随时随地存在的，而且将永远存在，因为利维坦是有朽的上帝，人类不可能获得永久的和平，因为人的欲望和嫌恶的激情是永远存在的。

在霍布斯那里，传统政治哲学的道德观所说的那种终极的目的和最高的善根本不存在，全新的道德不过就是由死亡恐惧所激起的对和平状态的追求。由此，霍布斯有充足的理由相信这种新的道德绝不是海市蜃楼，它为他的政治哲学所奠定的基础是牢靠的，也必将为大多数人所接受。

虽然霍布斯的激情与政治思想对人性做出了全新的理解，颠覆了传统哲学的激情、理性、欲望三者之间的关系，论证了个人自由的至高价值，从而进一步解放了人本身的生命力，实现了现代政治哲学的转折。但是，霍布斯将个人还原为原子式的单位，脱离人的社会性来孤立地考察，将人化约为具有普遍性的一般概念，而没有看到个人是"社会的个人""历史的个人"和"生成着的个人"。他所说的人性脱离了具体的生活世界，脱离了活生生的实践，只不过是一种抽象的假设。事实上，实践是人的生活方式本身，也是人与动物的根本区分。激情、理性、欲望都是在实践活动中生成和发展的，所以，实践活动本身远比激情、理性、欲望、意志更为本源。人只有在实践中，才能真正实现激情、理性、欲望的有机统一。没有一成不变的人性，人性是人在自身的生存过程中自我生成、自我展示和自我诠释的。正因如此，不单是霍布斯的人性理论，甚至包括整个现代人性理论，都被福柯、德勒兹、德里达、利奥塔等人重新评估。在他们看来，"近现代一切有关人的论述，充其量也只是以语言、理性和法制所分割、区分和限定的逻辑结论；实际的人的一切活生生的血肉、情感、性格、爱好、欲望和思想等，都被抽得一干二净；他们的肉体被肢解、被监视、被规训，彻头彻尾地成为了生物科学、道德科学和政治科学的研究对象，成为创造财富的劳动工具，像被关押在全方位立体敞视所监控的监狱中的'囚徒'一样，其一切思想言行都受到严格监视和控制"。[①] 可以说，现代人性理论的根本弊端在于以主客二分的思维模式来考察人的主体性、激情、理性、自由、自然权利、人与社会之间的关系等问题。霍布斯等人所赞赏的那种"人"只存在于概念中，在现实生活中不可能真正存在。

其二，自然状态学说是霍布斯政治哲学的理论前设。

霍布斯的自然状态，不过是对由人类最原始的激情所支配着的生活

---

① 高宣扬：《当代政治哲学》下卷，人民出版社 2010 年版，第 553 页。

状态的一种假设①，其思想主题是人性，从而区分于古希腊的"自然状态"（其思想主题是世界/自然）、中世纪的"自然状态"（其思想主题是上帝）。根据人类激情的不同状态，我们可以将霍布斯所理解的人类的生存状态区分为三种：第一自然状态，是"激情的安宁"状态；第二自然状态，是"激情的冲突"状态；公民状态，是"激情的秩序"状态。霍布斯不是从历史的意义上来谈"自然状态"理论的，而是将政治哲学的基础上溯至人性论，并根据人性论的核心激情学说得出的理论假说，其根本目的在于论证国家状态之外必然是人人相互冲突、相互恐惧的自然状态。

与传统政治哲学不同，霍布斯的自然权利理论实现了从自然义务到自然权利的根本转向，而其理论前提则根源于死亡恐惧的激情。而要使自然权利理论发挥实际性的效果，就不必再像古典政治哲学那样强调道德感化，而是要解放人性，重视教育。霍布斯将自然权利简化为"利用一切可能的办法来保卫我们自己"。自然权利的目的是自我保存（"保存自己的天性"）。最基本的自然权利主要有生命权、自由权、追求幸福的权利以及平等权。

自然法是理性的诫条或一般法则。首先，自然法的人性论基础就是以死亡恐惧对虚荣自负进行规制和约束，从而协调理性诫条与激情之间的冲突。其次，自然法的目标是"寻求和平、信守和平"。因为在人人相互为战的状态中，每一个个体的自然权利都是相互威胁的，个体的自然权利以及个体之间的自然权利都得不到有效的保障，只有和平状态才最有效地保障尽可能多的个体的自然权利，和平是最大限度地实现个体的自然权利以及个体之间的自然权利的前提。再次，自然法的实现途径是相互转让权利，订立契约。但是，只要契约的双方没有受到因某种强制力量而产生的畏惧心理的束缚，那么，契约便会沦为一纸空文。为此，霍布斯又引入了"共同权力"来约束契约中人的"恶的品性"。最后，自然法的德性是正义问题。自然状态中，不存在正义与否的问题。正义是

---

① 君特·布克曾指出："自然状态学说的意图并不在于通过所有历史进行方法论的归纳来呈现人类社会化的社会原始状态。相反，它倒是想再现一般的人际状态；如果调节社会生活的一切政治控制机构都可以假定被废除，那么，从理论上说，这种人际状态肯定会出现的。"（转引自阿克塞尔·霍耐特《为承认而斗争》，胡继华译，上海世纪出版集团、上海人民出版社2005年版，第13页。）

建立共同权力进入国家状态后的产物。在订立信约后，履行信约就是正义，否则就是不义。愚夫根本否认有所谓正义的存在，他们无论立约与否还是守约与否均以一己的私利为旨归。在霍布斯看来，如果每一个人都变成了愚夫，那么，人们之间便不可能建立相互信任，必然陷入战争状态。所以，霍布斯得出结论说，最明智的选择显然是不破坏信约而遵守信约。

洛克将霍布斯的自然状态理论修正为：每个人都有寻求生存的自由之自然权利，但这种自然权利并不会带来人与人之间的冲突，相反，只会导致每个人相互之间的理性退让，以等同的个人自由的部分放弃为基础，相互转让权利，订立契约，进入社会状态。休谟则从经验主义、功利主义出发对霍布斯进行了批判，得出自然状态不过是哲学家们无聊的虚构而已的结论。卢梭将霍布斯的激情说被贯穿到底，不仅认为自然权利植根于激情，而且认为自然法也同样深植于激情——同情心之中，并且是先于理性而存在的。在卢梭看来，人的本性是善良的，一切加诸人心的邪恶都并非源自人的本性，霍布斯的错误在于没有看到自爱心与自私心的本质区别。罗尔斯则认为，霍布斯的"自然状态"理论是似是而非的，并不真正符合公平的要求。于是，罗尔斯用"原初状态"（the original position）概念来代替霍布斯的"自然状态"概念，以保证每一个人在选择和论证正义原则的时候不受自然的机遇或社会环境中的偶然因素影响，实现真正的"作为公平的正义"。

其三，国家学说是霍布斯政治哲学的理论创建。

国家学说是霍布斯政治哲学最核心的内容。国家形成的根本原因在于：自然法在自然状态下是沉默的，此时唯有人与人之间相互的死亡恐惧才能打破这种沉默，指引人们建立一种共同权力，使得个人履行契约和遵守自然法。他将国家比喻为"利维坦"，《圣经·约伯记》中的一种无比凶猛、无比可怕的海洋巨兽，并赋予其四重意象：海兽；巨人；活的上帝；机器。这四重意象的共同特征就是都拥有令人可怖的力量。霍布斯认为，国家可区分为君主政体、贵族政体、民主政体三种类型。但是，唯有君主政体才能最大限度地降低人性的虚荣自负和自利的影响，并避免其他两类政体形式的弊端。霍布斯通过将主权者的意志确立为理性的法律，并以法律的形式对每个社会成员的行为规则和拥有的权利进行规制，从而有效协调了臣民的激情，理性、意志、激情也得到了有机统一。

霍布斯的主权理论是"绝对主义的",但绝不是"专制主义"或"极权主义"的。他将权力本性回溯至自然激情,否定了主权者与生俱来的权威,从而将"君权神授"转换为"君权人授"。通过赋予主权者不受任何义务或条件约束、不受法律约束、不必经臣民同意而立法的绝对权威,利维坦驯顺臣民的激情,使臣民彻底摆脱倾向争斗的激情的控制,服从正确理性和法律法规的约束,从而保卫利维坦,避免将一切秩序化为原始的暴力与内战的混乱状态。一方面,主权者的权威是唯一的、至上的、绝对的。另一方面,主权者的权威是不可转让的、不可分割的。主权者的职责从根本上取决于人们赋予主权时所希望达到的目的"为人民求得安全"。为实现这一基本目标,主权者首先应制定良法。霍布斯认为,在这种主权权威绝对化的国家中,主权权威将消解任何试图分裂国家的臣民的虚荣自负,给臣民造成最大的死亡恐惧,从而使他们获得一种心境的平和状态。但是,他反对实行三权分立。

霍布斯是从激情出发思考自由的,并通过不断扩大定义的外延,使得"自由"足以涵括自然世界和人造世界,以此克服古典自由论及共和主义自由论的缺陷,赋予臣民以消极自由。同时,与从运动无外在阻碍的维度来考虑臣民的自由不同,霍布斯是从建立主权的目的(求得安全与保护)来考虑臣民的义务的,并采取现实主义的态度。

霍布斯并不认为,国家是不死的,相反,他将国家形象地譬喻为"会死的上帝"。国家这个"人造的人",在带来和平与安宁的同时,也同样面临着内忧外患的威胁,甚至有走向解体之虞。而国家解体的最主要因素在于野心家和阴谋家用各种引发叛乱的教诲与激情煽动臣民们的"反社会的激情"。要实现国家的长治久安,主权者必须通过奖赏和惩罚两种政治的方式(而不是非政治的方式)将臣民的自然激情转化为政治激情,使得臣民为国效力。同时,主权者还必须对臣民进行政治教育,以使臣民的激情从"畏服"(惩罚)和"被鼓励"(奖赏)层面进一步上升到心甘情愿的政治自觉(教育)层面。霍布斯相信,由他所构建的公民科学向主权者和臣民正确而清晰地阐明了保护与服从的关系,因而是全新的公民科学,必将带来长久的和平与繁荣。

斯宾诺莎并不认同霍布斯对君主制的推崇,他相信民主制是更为合理的政体。因为斯宾诺莎并不赞成霍布斯所说的个体之间存在彻底的平等,而是转而承认个体之间存在自然差异。洛克则是站在霍布斯的前提上来反对霍布斯的结论的：霍布斯的具有绝对权威的利维坦只会给臣民造成新的更大的恐惧，这与自我保存的目的是相悖的；唯有具有相对权威的有限政府才更有助于实现人们的自我保存。与霍布斯的社会契约理论不同的是，在卢梭那里，社会契约是在社会中制定的，而不是在自然状态中订立的；社会契约要求所有人将全部权利转让给所有人，而不必保留生命权；社会契约建立的是集强制的权力和自由的权利于一体的"公意"，而不是拥有绝对权威的"利维坦"。阿伦特指出，正是霍布斯的《利维坦》为帝国主义无止境的权力积累提供了理论来源，霍布斯的利维坦巨兽实际上便最终走向了永恒的暴政。福柯则尖锐地批判了霍布斯对权力的掩饰和扭曲，从而将权力抽象化、神秘化、神圣化的思维模式。福柯认为，对权力的分析必须从政治领域扩展到整个生活世界的复杂关系网络中，将权力运作与生活世界中的政治、经济、文化和各个社群以及实际生活的众多因素相关联。而社群主义提出的诸多问题，特别是其对个人主义的批判，无疑也是霍布斯的激情与政治思想在当代所遭遇的重要挑战之一：麦金太尔说，霍布斯混淆了国家与社会，从而使政治权威构成了社会生活，而不是依存于原本存在的社会生活之上；泰勒则主要批评了霍布斯的原子个人主义和消极自由理论；等等。

其四，神学政治是霍布斯政治哲学的理论后验。

如果说以激情为核心的人性论是霍布斯政治哲学的理论基础，自然状态学说是霍布斯政治哲学的理论前设，国家学说是霍布斯政治哲学的理论创建的话，那么，神学政治则是霍布斯政治哲学的理论后验。无论霍布斯所构建的政治哲学有多么精妙，只要不能与"上帝的预言传谕之道"——《圣经》相契合，便无法为基督徒所接受，更无法在基督教盛行的欧洲国家得以实践。更何况宗教的种子深植于人性之中，宗教本身是无法根除的。

霍布斯的神学政治是以激情说为主线，从正面（基督教国家）和反面（黑暗的王国），或者说是应然（基督教国家）与实然（黑暗的王国）两个维度来系统展开的。前者的基本特征是政治、宗教、激情的同构，而后者的基本特征是政治、宗教、激情的分离。霍布斯并不主张政教分离，也不赞成神权高于俗权，而是强调俗权的至上性，至于神权则是低于俗权并服务于俗权的，从而策略性地解决了究竟是服从于上帝还是世俗主权者的两难。由世俗主权者制定的国家法律是所有臣民都必须遵守的外在行为准则，而上帝和《圣经》则是所有基督教徒都应遵守的内在信仰，两者都是保卫利维坦的两种不可或缺的手段。臣民的内在信仰本身不仅不会影响到主权者的绝对权威，反而强化了臣民服从于主权者的道德义务。虽然启示、先知、奇迹等是宗教的重要组成部分，但是在国家建成后，不存在新的启示、先知和奇迹，必须以主权者的权威（政治）来否定私人权威（激情）和裁夺宗教权威（宗教）。至于世俗政府与性灵政府的区分则是无意义的、有害的，只有臣民对国家法律的恐惧远胜于其对灵界王国的恐惧，国家与教会之间才不会陷入冲突和内战。

在现实生活中，基督教国家因为《圣经》被误解、外邦人的魔鬼学说和其他宗教残余被引入、亚里士多德之流的空虚哲学的流行，而堕落为黑暗的王国。人们激情中黑暗的一面被利用和放大了，如厚厚的黑暗一般，遮蔽了人们的天性和福音之光。显然，黑暗的王国则是保卫利维坦所必须坚决予以否定的。

霍布斯既要从神学政治的层面赋予世俗主权者以足够的权威，以此来彻底清除基督教对现实政治的消极性影响；又要发挥宗教的积极性作用，将启示宗教改造成新的公民宗教。这种新的公民宗教既能满足人性对宗教的内在需求，为人的信仰留下地盘；又能为世俗政治服务，消除黑暗的王国对利维坦的威胁。斯宾诺莎、洛克、卢梭等人进一步发展了霍布斯的神学政治，为现代政治与宗教的关系奠定了基础。现代政治虽然在经历启蒙运动和法国大革命后主张实行政教分离，但是，这并不意味着现代政治已经否认了政治与宗教的同构性，相反，现代政治在实际生活中越来越重视宗教的政治功能，宗教也从不同的维度上深刻地影响着现实政治。"在全球化阶段，国际政治与宗教之间的紧密关系，越来越采取微妙的形式，在国际生活的各个领域中，发生深刻的影响。"[1] 或许这从某种程度上恰恰说明了霍布斯神学政治论的魅力和生命力吧！

关于第三个问题：如果说我们过去多是从启蒙的维度对霍布斯的激情与政治思想进行评判的话，那么，现在我们更应该从现代性的维度来重估霍布斯的当代价值。

霍布斯以一种极端的方式，拒斥了古典政治哲学的理论基础——人是政治的动物或人是理性的动物。他不再从传统的目的论的人的概念

---

[1] 高宣扬：《当代政治哲学》下卷，人民出版社 2010 年版，第 914 页。

(完满性或理性)入手,而是从实质上支配着人的最本源、最强大的激情力量(人首先是激情的动物,或者说是一种"非政治"的动物)出发重新反思人性、自然法、国家及宗教。凭借虚荣自负和死亡恐惧这两大对立激情的内在张力,霍布斯得以实现现代政治哲学的两大根本转折(人为取代了自然,自然权利取代了自然义务),建构起新的政治哲学,实现与传统的彻底决裂,开始了西方的现代性浪潮。① 但是,霍布斯的激情与政治思想经过斯宾诺莎、洛克、休谟等人的修正和改造后,遭到一定程度的扭曲:他们都不是从涵括所有人的伦理一体性模式来思考"人类共同体",而是将人的社会化的自然基础看作彼此孤立主体的组合,没有解决好如何从"自然伦理"状态过渡到社会组织形式的问题。譬如,洛克就相信,人除了有保存肉体的欲望外,还有享受生活、追求财富的欲望。于是,洛克用无止境地获取财富的欲望代替了霍布斯自我保存的欲望,用"无限制获取的权利"代替了霍布斯自我保存的权利。洛克的这一改造对资本主义产生了非常深远的影响。卢梭意识到了霍布斯、洛克自然权利说的理论困境。卢梭指出,人在自然状态中是前理性的、前道德的,属于次人(subhuman),但次人是根本不可能拥有任何自然法的知识的。正如列奥·施特劳斯所说:"卢梭表明了,人类在其开端使其缺乏所有的人的特质。因此,由霍布斯的前提出发,就必然要全盘抛弃在自然、在人性中找寻权利的基础的图谋。……人类的特质并非自然的赐予,而是人们为了克服或改变自然而有所作为(或被迫有所作为)的结果:人道乃是历史过程的产物。"② 换言之,霍布斯的政治哲学都是从人的自然

---

① 列奥·施特劳斯认为,所谓现代性,是"一种世俗化了圣经信仰;彼岸的圣经信仰已经彻底此岸化了。……不再希望天堂生活,而是凭借纯粹人类的手段在尘世上建立天堂"。西方的现代性大体经历了三次浪潮:第一次浪潮以马基雅维利、霍布斯为代表,其将道德问题和政治问题归结为技术问题,相信科技的进步可以不断给人类带来光明和福祉;第二次浪潮以卢梭为代表,其看到了科技的进步和社会发展给人类带来的灾难,指出所谓的人性与其说是自然而然的,还不如说是一个历史过程;第三次浪潮以尼采为代表,其高呼应该"重估一切价值",根本否认了历史发展是有方向的、有目标的,认为只有超克他人的权力意志才是人的自然本性。但是,现代西方正遭遇着所谓的现代性危机,即"现代西方人再也不知道想要什么——再也不相信自己能够知道什么是好的,什么是坏的;什么是对的,什么是错的"。于是,反思现代性成为我们这个时代的最强音。参见[美]列奥·施特劳斯《现代性的三次浪潮》,丁耘译,见刘小枫主编《苏格拉底问题与现代性》,华夏出版社 2008 年版。

② [美]列奥·施特劳斯:《自然权利与历史》,彭刚译,生活·读书·新知三联书店 2006 年版,第 280 页。

（激情）推演出来的，但问题是人的自然到了卢梭那里却成了问题，卢梭由此转向了历史，以致导致了现代性的第一次危机。而在青年黑格尔看来，"最初的人"所追求的既不是霍布斯式的自我保存，也不是洛克式的占有物质财富，而是为寻求他人对自己的地位、尊严和自由的认可而斗争。通过创造性地改造霍布斯的原始斗争模式（"每一个人对每一个人的战争"），黑格尔由此发展出了一种新的社会理论，并致力于构建"一个自由公民组成的伦理共同体"："主体间的实践冲突可以被理解为发生在社会生活关系中的一个伦理的活动环节。……不仅涵盖了道德张力领域，而且涵盖了通过冲突平息道德紧张的社会媒介。"[1] 当然，黑格尔所说的"为承认而斗争"毕竟只是少数人为了荣誉而超越自然和生理层面的极端情形而已。至于福山在《历史的终结及最后之人》（黄胜强等译，中国社会科学出版社2003年版）一书中借黑格尔的语言宣称推动历史的驱动力（人类为承认而斗争的欲望）在资本主义社会中已经得到满足，并据此鼓吹"历史终结论"，无非是打着"民主"与"人权"的旗号行自由民主制度的全球政治战略之实罢了！

　　随着两次世界大战的爆发，现代性在当代西方社会遭遇到了前所未有的危机。一方面，作为主体的人是世界的规定者和构建者，而作为客体的世界则成了人造的结构，甚至沦为任人宰割的对象，人类不断追求以创造的方式实现自我超越。另一方面，人本身也在改造自然和社会的过程中被异化，原本活生生的人又被化解为无自由、无尊严、无自主性、无血肉的"死人"，不仅主体已死，而且"人"本身也死亡了，最终坠入虚无主义的深渊。那么，现代性危机的症结究竟在哪里？对此问题的追溯要求人们返回到现代性的开端那里，重新评判霍布斯的激情与政治思想。

　　在对现代性危机的反思中，新自由主义与社群主义之争是最值得我们关注的学术事实之一。如何看待霍布斯更是成了这场旷日持久的争论的焦点之一。一方面，新自由主义力图复兴霍布斯的激情与政治思想，并且不断修正着霍布斯的理论缺陷；另一方面，社群主义为了更有力地驳斥新自由主义，也不得不注意从霍布斯那里去汲取灵感。这场争论无

---

[1] ［德］阿克塞尔·霍耐特：《为承认而斗争》，胡继华译，世纪出版集团、上海人民出版社2005年版，第22—23页。

疑"复活"了霍布斯，在让霍布斯的思想绽放出新的生机和活力的同时，也试图将霍布斯的理论死穴大白于天下。

霍布斯最根本的理论缺陷或许在于：就激情说而言，霍布斯注意到了激情与理性之间的悖论①；但是，他误将激情的极端状态（虚荣自负与死亡恐惧）当作激情的常态，而且没有看到比人的激情更为本源的是人的实践，容易沦为一种空洞的理论。就政治哲学而言，霍布斯认识到了人的"反社会性"——人的无知和激情在国家建立之初就埋下了自然死亡的种子，但是，饱尝内战之苦的他又因噎废食，过度强调以主权者的绝对权威来消解任何试图分裂国家的臣民的虚荣自负，以便给臣民造成最大的死亡恐惧，从而又可能最终牺牲臣民的自由。就国际关系而言，依霍布斯的政治哲学建立起来的国家虽然可以结束国内的战争状态；但是，正如他本人所说，这种民族国家之间仍然处于彼此争斗的自然状态，那么，世界何以实现和平呢？②

总之，霍布斯的激情与政治思想如他自己所援引的利维坦巨兽一样，既有着令人无法抗拒的巨大魅力，也存在不少致命的缺陷。无论后世的思想家们对其褒扬还是贬损，但是都绕不开霍布斯所开辟的道路，甚至我们今天依然谈不上已经完全超越了霍布斯。毕竟，霍布斯的激情与政治思想作为政治哲学发展历程中的重要一环，具有永恒的意义。

参考文献

［英］霍布斯：《利维坦》，黎思复、黎廷弼译，杨昌裕校，商务印书馆 1985 年版。

［英］霍布斯：《论公民》，应星、冯克利译，贵州人民出版社 2003 年版。

---

① 在霍布斯看来，激情与理性之间的悖论在于：一方面，为启蒙运动所迷信的"理性"在激情面前实际上是孱弱无力的；另一方面，没有理性的帮助，光靠激情本身无法摆脱由激情所主导的人人相互恐惧、相互冲突的自然状态。

② 对此，哈贝马斯的交往行为理论和商谈伦理或许对我们具有一定的启发意义。在哈贝马斯看来，根本不存在前社会、前政治的自然状态和自然权利，个人主义权利观的吊诡之处就在于其从个人中心主义出发，却不可避免地要陷入国家中心主义。人从来都是社会中的人，与之相关，个人的权利也不能脱离人与人之间的关系而孤立地存在，权利必须根源于主体之间的沟通和商谈。同理，国与国之间的冲突与争端也可以经由沟通、商谈、对话的方式来解决。具体可参见［德］哈贝马斯《在事实与规范之间：关于法律和民主法治国的商谈理论》，童世骏译，生活·读书·新知三联书店 2003 年版。

Thomas Hobbes, *The English Works of Thomas Hobbes of Malmesbury*, ed. Sir William Molesworth, London：Rouledge/Thoemmes Press, 1839—1845.

［美］列奥·施特劳斯：《霍布斯的政治哲学：基础与起源》，申彤译，译林出版社2001年版。

［美］列奥·施特劳斯：《自然权利与历史》，彭刚译，生活·读书·新知三联书店2006年版。

［美］列奥·施特劳斯：《现代性的三次浪潮》，丁耘译，见刘小枫主编《苏格拉底问题与现代性》，华夏出版社2008年版。

高宣扬：《当代政治哲学》下卷，人民出版社2010年版。

［德］阿克塞尔·霍耐特：《为承认而斗争》，胡继华译，上海世纪出版集团、上海人民出版社2005年版。

［德］哈贝马斯：《在事实与规范之间：关于法律和民主法治国的商谈理论》，童世骏译，生活·读书·新知三联书店2003年版。

（原载于《理论界》2014年第1期）

三
理论与实务

三　殺文と殺理

图书策划中的起名艺术

近年来的开卷全国读者调查报告表明，书名是影响读者选购图书最重要的因素之一。书名兼及内容创意和营销流通两大方面，既是图书的灵魂，也是沟通策划者、营销者以及读者的桥梁和纽带。对于策划者而言，好书名体现了策划者对于图书内容的准确把握，将图书的内容和特色以最简洁、最明快、最有力的方式提炼出来，从而将图书的文本信息传递给营销者和读者。对于营销者而言，好书名能帮助营销者准确理解策划者的意图，充分估量图书的市场潜力，从而采取最有效的营销手段向目标读者宣传推广图书。对于读者而言，好书名能迅速激发读者的阅读兴趣，调动读者的消费欲望，为读者购买这本书提供充足理由，从而使策划者、营销者的预期目标得以最终完成。

《藏地密码》的策划人闫超认为，好的书名有以下几个因素：最好有动词，最好有悬念，最好有现场感，最好"会说话"，最好会利用品牌寄生原理为书名服务。如《鬼吹灯》，有动词；《邮差只按三次铃》，有悬念；这两个书名同时也有现场感。《我们台湾这些年》，书名就"会说话"。《藏地密码》《我们台湾这些年》，同时也利用了品牌寄生原理：《藏地密码》是寄生在西藏这个大品牌上；《我们台湾这些年》，则寄生在台湾这个大品牌上。虽然闫超的这一理解比较透彻，但真正的好书名并不完全拘泥于此，在具体运用中需要更灵活处理。下面我结合自己的工作实践，仅从如何在市场半饱和的情况下从书名上深入挖掘市场潜力、如何为出版周期跨度较大的姊妹篇图书取名以及如何通过书名充分利用同类型图书已有品牌效应三方面，来谈谈我对书名策划艺术的理解。

一　全新理念，深度拓展

在市场半饱和的情况下，要想通过书名的全新定位突出重围，深入挖掘图书市场的潜力，的确是比较难的。一些策划者采用跟风的形式，盲目重复建设和低劣模仿，往往不能抓住市场已经预热的大好时机，深度拓展新的市场增长点。结果是一部畅销的图书出来，随即冒出无数"李鬼"，而不是立足于打造新的"李逵"。营销者在难辨真伪高下的情况下，找不到新的宣传点，面对提前枯萎的市场只能是干着急。而读者在阅读欲望被激发后，往往觉得不解渴，想要寻觅新的拓展阅读作品时却陷入迷惘：要么挑花了眼，不知该买哪本；要么审美疲劳，干脆哪本都不买。因此，避免跟风，就要从书名策划上跳出原有的思路和模式，树立全新理念，深度拓展。

2006年11月13—24日，12集大型电视纪录片《大国崛起》在央视二套首播，11月27日开始重播。该片犹如一颗重磅炸弹，迅速刮起了一股"大国崛起"旋风，引发了国人的广泛关注和思考。节目组也及时推出配套图书——《〈大国崛起〉系列丛书》（共8册，中国民主法制出版社2006年版）。不过，该丛书总定价太高（全价346.00元），大大超出了普通读者的购买力。唐晋主编的《大国崛起》（人民出版社2007年版）正是利用了定价优势（定价56.00元）而异军突起，受到读者的热捧，迅速占领市场，登上各类图书排行榜。当然，该书的作者并非参与央视《大国崛起》的专家，所以，唐晋主编的《大国崛起》从内容上便与央视纪录片《大国崛起》没有多大实质性关系。有鉴于此，我觉得这两套书都没有把市场潜力挖掘透，读者仍然找不到一个原汁原味的普及性读本。于是我向8位央视《大国崛起》的历史学专家请教，他们要么是电视专题片的历史脚本负责人，要么是《〈大国崛起〉系列丛书》的学术指导和审读专家。他们都认为，纪录片播出后，"大国崛起"已经超出电视领域和图书领域，成为一个国人普遍关注的热门话题，它所揭示的诸多问题引起了不小的争议，有必要对这些争议及时回应和深入思考。

于是我确立了自己的策划思路：其一，图书的基本观点和主旨必须能浓缩央视《大国崛起》和《〈大国崛起〉系列丛书》的精华，是它们的浓缩本、精华本。其二，广泛吸收这场大讨论的成果，重新反思这 9 个大国崛起案例的经验教训及其给我们中国人的启示，不仅从立意上更加深入，更加注重以史为鉴，而且视角要发生很大的转变，并以讲座而非电视解说词的形式来重新诠释这一主题，绝不是对央视《大国崛起》和《〈大国崛起〉系列丛书》的简单重复，而是它们的深度解读本。其三，将这场讨论的主题进一步引向深入，树立全新理念，从"大国"层面深入"强国"层面。我们中国历来就是一个大国，只是在经历了近代的屈辱和落后之后，中国才不再是真正意义上的强国。因为真正的强国不仅是幅员辽阔、人口众多、经济总规模大意义上的"大"国，而更应该是强调政治、经济、文化、军事等各方面协调发展，强调以综合国力为主的国际核心竞争力，强调科技、文化、制度的创新能力，强调对整个人类文明进步负责任的"大国"。基于这三重考虑，我与主管宣传营销的社领导和发行部门商议，将书名最终定位为《强国之鉴——八位央视〈大国崛起〉专家之深度解读》。此时，它的上市时间已是 2007 年 4 月初，虽然已错过最佳销售期，但是依然取得了相当好的成绩：首印 7 万册，并重印 2 次；登上 2007 年度全国书市零售排行榜总榜第 10 名；被评为"2007 中国图书榜中榜社科类最佳图书营销奖"（系该奖项唯一获奖作品）。

二　相得益彰，创意拓展

不少策划者在处理出版周期跨度比较大的姊妹篇图书的书名时，要么另起炉灶，增加营销成本，要么狗尾续貂，导致无人问津。图书市场的活力常常是不断被新书刺激的，即使是畅销一时的图书，时间长了也很容易被人淡忘，真正能让读者怀旧的图书并不多见。如何既将出版周期跨度大的姊妹篇图书紧密关联起来，降低传播成本，又让营销者和读者觉得两者只是从不同的维度互补，形成新的市场热点，甚至超越前作呢？这就需要策划者认真比较姊妹篇图书的异同，从书名上做到相得益彰，创意拓展。

2011 年年初，人民出版社与外研社合作推出了一本《吾曹不出如苍生何——梁漱溟晚年口述》。这本书的姊妹篇《这个世界会好吗——梁漱溟晚年口述》自 2006 年上市以来，曾一度排在各大书店排行榜的前几名，产生了很大的社会反响。我们这部书的原始书名是《吾曹不出如苍生何——梁漱溟晚年口述续篇》。上市之前，我与外研社的合作者对这个书名讨论了很长时间：一是担心"吾曹不出如苍生何"太雅，不如"这个世界会好吗"通俗易懂；二是觉得"续篇"二字欠妥。于是，我们开始琢磨书名，如《吾曹不出如苍生何——梁漱溟遗世绝响》《吾曹不出如苍生何——梁漱溟口述历史》《儒者或佛徒——梁漱溟口述历史》《最后一个儒家——梁漱溟口述历史》《给"中国"把脉治病——梁漱溟口述历史》《梁漱溟口述人生与人心》等 20 多个，然后反复讨论。

斟酌再三，最终还是觉得用主书名"吾曹不出如苍生何"最好。首先，这是最能概括梁漱溟精气神的一句话，也是他一生经历的缩影。其次，一般读者很难从字面上领悟到梁漱溟与这句话之间的深刻关联，从而具有一定的悬念。再次，书名虽稍显雅气，但是任何俗语都无法达至此境界。最后，这本书的定位本身就是高品位的学术畅销书。不过，为了让读者能理解到我们选择此书名时的良苦用心，我们特意在封面后勒口加了一个"书名原典"："1917 年 10 月，梁漱溟自长沙回北京途中，见军阀交战、民不聊生，遂写就《吾曹不出如苍生何》长文，并印册分送。梁先生每见民生困厄，'此心如饮苦药'，遂'投袂而起，誓为天下生灵拔济此厄'。有鉴于此，梁先生呼吁民众自水深火热中奋起：'余以为若不办，安得有办法。若要办即刻有办法。今但决于大家之办不办，大家之中自吾曹始，吾曹之中必自我始。个个之人各有其我，即必各自其我始。我今不为，而望谁为之乎？嗟乎！吾曹不出如苍生何？'"有此诠释，普通读者不但能准确领悟书名"吾曹不出如苍生何"的奥妙之处，而且更会为梁漱溟的这种为天下苍生舍我其谁的精神所感动，购买欲望便被自然激发了。

鉴于《吾曹不出如苍生何》和《这个世界会好吗》都是根据美国芝加哥大学艾恺教授于 20 世纪 80 年代访谈梁老的录音资料整理而成，两者的品质没有高下之分，只是侧重点不同。如果说后者重在解读梁漱溟的思想，那么前者则重在诠释梁先生的行动，以口述历史的形式真实地揭秘了梁老漫长而曲折的一生，再现了他为人生理想而不断求索的艰难历程。如将新书的主副书名都换成全新的，则不能与《这个世界会好吗——梁漱溟晚年口述》做到相辅相成，所谓的姊妹篇便会变得风马牛不相及，增大营销成本。因此，如果说我们将主书名换成新的是为了突出两者的侧重点各异，那么，在副书名上便需要体现继承关系。当然，如果实践中姊妹篇没有副书名，便可在续篇书名后加注说明，或者在封面最醒目的地方凸显此信息。这样，我们便将副书名中的"续篇"去掉，否则，难免使人产生狗尾续貂之嫌。显然，《吾曹不出如苍生何——梁漱溟晚年口述》与《这个世界会好吗——梁漱溟晚年口述》相互映衬、相得益彰。此外，我们在书腰上再辅以醒目的文字注明"《这个世界会好吗》之姊妹篇"。事实上，《吾曹不出如苍生何》于 2011 年 1 月底上市，首印 4 万册，在几乎没有做宣传的情况下，借《这个世界会好吗》所形成的光环效应来推动《吾曹不出如苍生何》的营销，目前该书的销售状况良好。

三　借力打力，品牌拓展

上面谈了书名策划如何拒绝跟风炒作和妥善处理姊妹篇书名的问题，但这绝不等于说否定借力打力。有时借力打力也不失为成功策划的一条捷径。在规模图书已被市场广泛认可并成为品牌的情况下，策划者可以将类似新品种的书名处理得与已出品牌图书协调一致，从而搭上规模图书的便车，节约宣传成本，让营销者和读者轻松接受这个新品种，借力打力，品牌拓展。值得特别说明的是，这一策略更多地适用于同一出版单位的不同策划者之间。

2005—2006 年，正是央视《百家讲坛》最火爆的时候，此时与之相配套的图书也无不热销，比如我社副牌东方出版社推出的《刘心武揭秘〈红楼梦〉》系列、《易中天品读汉代风云人物》、《马瑞芳揭秘聊斋志异》等图书，均有着很大的市场影响力。这些图书都是由我社另一前辈策划的。2006 年 7 月，才刚刚进入出版行业两年的我，一个偶然的机会发现大学本科时候的老师——武汉大学哲学学院的赵林教授也曾在《百家讲坛》开坛讲座。于是，我立即联系赵教授，所幸他的讲座底稿尚无出版者问津，他同意由我帮他出版。赵教授提供的原始书名是《畅游西方文化之旅》。虽然原始书名和内容是相契合的，仅从书名看也不失为一个好书名，但是缺点在于营销者和读者都很难将其与我社其他品牌图书联系起来，书稿也只有《文明冲突与文化融合（上）》《文明冲突与文化融合（下）》《中西文化的精神差异》《奥林匹克竞技会》《特洛伊与英雄史诗》5讲内容，仅7万多字，单独成书显得过于单薄，篇幅上很难和我社的其他《百家讲坛》系列图书媲美。前三讲是作者2002年12月和2003年6月在央视《百家讲坛》所做的讲座，后两讲是他于2005年12月所做的讲座，遗憾的是这些讲座并非集中播出，严重影响了他的讲座影响力。同时，与其他《百家讲坛》主讲人相比，作者更多的是一个学院派式的主讲人，所讲内容又偏西方。流畅地理解其讲座内容，往往要求目标受众为大专以上学历，而当时《百家讲坛》的粉丝大多为高中及以下学历，他们的兴趣点也多是不需要太多知识背景便能听懂的本土化话题。所以，他的这些讲座播出后便成了阳春白雪。

在这种情况下，不借力打力，仅凭原始书名，要想在图书市场上形成新的热点就变得非常困难了。慎虑之下，我将书名改为《赵林谈文明冲突与文化演进》，装帧设计风格也向我社其他《百家讲坛》品牌图书靠拢，借其品牌效应走出困境。为避免因篇幅过于单薄从而影响销量，我又让作者增加了能与他这5篇讲座文稿相互补充的另外5篇讲座文稿，全书字数一下便增加至约20万字，达到了当时畅销书的字数标准。幸运的是，2006年10月《于丹〈论语〉心得》上市，恰如一场及时雨，将《百家讲坛》的配套图书推向了一个新的高潮。《赵林谈文明冲突与文化演进》2006年11月适时推出，并将宣传重点主要定位于高校。可喜的是，该书虽为一部学术味很浓的图书，但依然取得了出人意料的佳绩：首印1.5万册，在短短2个月的时间里，便已重印3次，总印数达4万册。

总之，图书能否取得预期的销量和获得最大的社会反响，书名无疑是一个决定性的关键因素，不少图书光靠书名就能畅销。可以说，一个好的书名等于成功了一半。因此，要想成为一名优秀的图书策划者，便需要在图书的起名上将内容创意和营销流通有机结合，既要有精益求精的功夫，又要有开拓创新的艺术。

参考文献

王加丰等：《强国之鉴——八位央视〈大国崛起〉专家之深度解读》，人民出版社2006年版。

梁漱溟、[美]艾恺：《吾曹不出如苍生何——梁漱溟晚年口述》，人民出版社、外语教学与研究出版社 2011 年版。

赵林：《赵林谈文明冲突与文化演进》，东方出版社 2006 年版。

（原载于《云梦学刊》2011 年第 4 期）

出版人的中国梦

一　出版人在中国梦中扮演着什么样的角色

今天，我们踏上了复兴之路、国家富强之路、人民幸福之路。而这正是中华民族伟大的复兴之梦。文化是国家和民族的灵魂，要真正实现中华民族伟大复兴，不仅要依靠经济的增长，更要靠文化的发展与繁荣，而文化的发展与繁荣离不开出版的有力支撑。可以说，中国梦归根结底是中华民族的文化复兴梦。很难想见，一个出版业萧条，全民阅读率急剧下降，思想萎缩，创造力枯竭的国家或民族，如何实现复兴?！所以说，中国梦不是出版人可有可无的梦，而是出版人义不容辞的使命和责任。每一位出版人都应为中国梦贡献自己的智慧和力量，以生产和传播优秀的出版物来坚定中国道路、弘扬中国精神、凝聚中国力量。

二　出版人如何在文化体制改革中更好地担负起中国梦的责任与使命

1. 要围绕党和国家的大局，结合实际做好主题出版工作。 就法律图书编辑工作而言，应着重做好如下几项工作：首先，要出版好法律单行本和重要法律的释义和案例解析；其次，要策划一批配合党和国家重大政治任务的法学理论读物；再次，要策划一批适合农家书屋、社区书屋的普法类通俗读物；最后，要策划一批完善中国特色社会主义法律体系的学术著作。

**2. 转换思路，树立市场意识，制定以巩固和提升品牌影响力、核心

竞争力的发展战略。随着生活水平的提高，消费者的品牌消费习惯正在形成。譬如，读者在购买图书时，往往选择品牌出版社，因为品牌出版社就是质量的保证；作者在投稿时，往往选择品牌出版社，因为品牌出版社就是服务的保证；甚至年轻人在找工作时，也往往选择品牌出版社，因为品牌出版社就是发展平台的保证。品牌影响力已经远远地超出了我们以前所说的经济效益和社会效益范畴。品牌成了出版社的灵魂，决定着出版社的生死存亡。所以，一个出版社要做大做强，要重视品牌建设，一个编辑部要长远发展，也要重视品牌建设。为了更好地提升我社法学类图书和国际类图书的品牌影响力和核心竞争力，要"抓两头"，加大精品学术书和市场畅销书所占比重；"带中间"，在充分保障精品书的前提下，拉动有双效益的常规学术书和普通畅销书，压缩经济效益和社会效益不大的图书，不做没有价值的图书，变追求数量的粗放式增长为追求质量的效益型增长。

3. 团队合作，营造轻松和谐、共同向上的工作氛围。在民主协商的基础上，制定管理细则，最大限度地调动每一位成员的积极性；强调加强团队成员之间的分工协作，做到人尽其才；重视培养本部门人员的团队合作精神，着力于建设一个团结、和谐、向上的小团队，为每一位成员营造一个公平、公正、和谐、愉快的工作氛围。

4. 加强学习，提升自我，向学者型出版人转变。只有加强学习，才能在复杂多变的意识形态背景下把握正确选择，履行好出版的文化使命和社会责任；才能站在本领域或本专业的前沿，策划出引领时代潮流的好选题；才能在出版服务社会、服务文化、服务受众之中，实现自身价值。

（原载中宣部出版局编：《坚持正确导向牢记出版使命：出版编辑培训班论文选（第五辑）》，学习出版社2013年版）

做好主题出版的四大意识

如今，主题出版已经成为各大出版社，特别是以党政类图书为主的出版社，提升社会影响力的重要途径，也是出版市场新的经济增长点。但是，对于如何做好主题出版图书，既叫好又叫座，的确是一件让不少编辑头疼的事情。因为主题出版图书有其独特的要求，必须做到权威性、政治性、可读性的完美结合。与学术类图书相比，主题出版图书内容上更注重与党政干部及老百姓的阅读兴趣相结合，要求做到文字流畅，语言活泼，时效性强；与大众畅销书相比，主题出版图书是为大局服务的，是宣传国家大政方针的有力抓手，政治倾向一定要鲜明。作为主题出版的策划人和编辑，一定要有使命感，以优秀的出版物积极为推动国家方针政策、法律法规的贯彻落实作出贡献。

一　政治意识：做好主题出版的先决条件

我国古人非常讲求"势"，强调因势而动，顺势而为。什么是势？简单地说，势就是得天时、占地利、享人和。具体到主题出版而言，就是要准确地理解党和国家的大政方针（得天时），敏锐地捕捉社会的热点问题（占地利），策划出满足目标读者群需求的图书（占人和）。这是做好主题出版工作的先决条件。策划编辑的必修课是：认真学习历次党代会、中央全会报告、公报、决议、决定等能反映会议主旨和精神的重要文件，时刻关注全国人大和国务院以及中央部委等颁布的法律、行政法规和部门规章，紧密追踪全国两会上最能反映民意期待的焦点提案。策划编辑的选修课是：平时应该留意央视《新闻联播》、《人民日报》、新华社、人民网等主流媒体发布的各种政策信息和有关时政新闻。不做好这两门功课，所谓的时政类图书策划就是一句空话，不但很难取得预期的经济效益，而且还可能跑偏，出现与党的大政方针背道而驰的情况。当然，主题出版的策划编辑，除了要求有较强的政治意识外，还要培养一批权威的作者队伍，更要把好内容的政治关，毕竟主题出版无小事。

《中国三沙市》一书的策划源于央视《新闻联播》播出的一则新闻：2012年6月21日，民政部宣布经国务院批准撤销海南省西沙群岛、南沙群岛、中沙群岛办事处，设立地级三沙市，隶属海南省；管辖西沙群岛、中沙群岛、南沙群岛的岛礁及其海域；三沙市人民政府驻西沙永兴岛。我相信，大多数观众看完这则新闻的第一反应是我国政府在南海问题上有了新的举措，有利于进一步彰显中国南海诸岛主权，全面提升行政管辖能力；第二反应是希望了解三沙这个新设立的地级市究竟有多大面积，多少人口，它的历史沿革是怎样的，有什么自然资源、历史资源及人文资源，我国在南海的国防建设情况如何，南海争端的实质是什么。而这些正是策划编辑需要注意捕捉的最重要的信息。

二　角色意识：做好主题出版的关键因素

把握了时代大背景，理解了党和国家的大政方针，关注了社会热点问题，仅仅是提供了选题策划的大方向，并不必然构成具体的可操作的选题，只能算是完成了时政类图书策划的第一步。要实现时政类图书的成功策划，还需要我们进一步实现角色转换。因为我们不是单纯的观众、听众、读者、网民，任何时候都要牢记自己是一名图书策划编辑，必须注意从信息的被动接收者转换为信息的主动传递者。这就需要我们运用辩证的思维方法：一种是综合法，即把事物的各个部分、方面、要素构建成一个整体，达到从总体上把握事物的本质与规律的思维方法，主要适用于这种情况：已经掌握了大量零散的信息但尚未上升到本质性、规律性的选题；另一种是分析法，即把事物的整体分解为各种部分、方面、要素，然后逐个地加以研究的思维方法，主要适用于这种情况：已经有本质性、规律性的选题但不知道该如何让该选题变得内容丰满、形式活泼。主题出版最忌跟风和简单模仿，虽然有时也能取得一些短期效益，但是，从长久看，策划者会逐渐丧失创新力。如果一个选题有市场，但别人已经做了，这时就要求策划编辑跳出原有的思路和模式，树立全新理念,做深度开发,做补充,从不同角度去思考,去拓宽自己的选题范围,全方位地、全面地满足不同读者的需求。

《舌尖上的陷阱》一书就是对央视热播纪录片《舌尖上的中国(1—2)》的深度策划,不是跟着讲美食,也不是接着谈美食,而是"反弹琵琶",从关注美食转换到关注美食背后愈演愈烈的食品安全问题,策划思路也实现了从舌尖上的诱惑到舌尖上的陷阱最后到舌尖上的健康之跨越。而该书上市之时,又恰逢《中华人民共和国食品安全法》面临首次大修而引起社会各界的广泛关注,可谓占尽天时、地利、人和。

三 服务意识:做好主题出版的细节秘诀

主题出版图书,要想获得读者的认可,还要求策划编辑具有较强的服务意识,从内容到形式做好图书的每一个细节,让读者爱看、常看,甚至做到手不释卷、争相传阅。我们知道,主题出版图书的主要读者对象是党政干部。随着党政干部群体的年轻化、知识化,他们的阅读品位也在不断提高,这要求主题出版图书摆脱以往简单说教的生硬冷面孔:在包装形式上要向大众类图书靠拢,做到生动活泼,在内容设计上要向学术类图书靠拢,做到以理服人。简言之,就是既要做到内容为王,又要重视装帧设计创新。近年来,运作成功的主题出版图书大多有这样一个共同特点,即密切关注领导干部和老百姓关心的问题,用清新亲切的姿态,扫除旧有文风,让人感觉理论就在自己身边。如果策划者、编辑者根据新的形势不断调整自己的策划思路,下真功夫用心编辑,主题出版图书是完全可以做到社会效益和经济效益的有机结合的;如果策划者、编辑者不适应这一新的形势变化,固守以前的老思路,将很难得到读者的认可。

《听毛泽东谈哲学》一书,作者最初提供的书名叫《毛泽东谈哲学用哲学》,不仅有跟风李瑞环同志的《学哲学 用哲学》之嫌,而且因为该书是由200多则毛泽东活用哲学的小故事组成,所以最初的目录显得非常琐碎和凌乱,这样的图书很难得到读者的认可。在编辑过程中,我首先删掉了几十则读者不太感兴趣的小故事,然后将这些小故事按生活智慧、思想武器、辩证思维、实事求是、群众史观进行分类,并按读者感兴趣的程度排列。我重新命名每则小故事的标题，做到格式、字数统一，将里面最闪亮的哲学思想提炼到标题下面，最大限度地吸引读者的阅读兴趣。为了避免琐碎，目录只上一级标题，每一标题下面再精选出该系列小故事中最能反映毛泽东活用哲学的语言作为激发读者兴趣的"引子"。经过如此精心打磨，一部逻辑混乱、亮点不突出的书稿，便变成一部逻辑清晰、特色鲜明、重点突出的时政类畅销书。该书于搜狐·读书频道连载时，总点击量迄今已达341802次，1981人参与评分，总分为9分（满分10分）。由此，足以旁证策划编辑若时刻从读者的需求出发，不但可以化腐朽为神奇，并得到作者的充分肯定，而且也能获得市场的高度认可，取得不错的经济效益和社会效益。

四　营销意识：做好主题出版的重要推手

一本书编完了，编辑策划的使命远没有结束，还要有营销意识。现在市场上的主题出版图书多如牛毛、良莠不齐，读者有如雾里看花，很难识别真正值得购买的图书。如果没有行之有效的营销手段，再好的图书也很难在短期内充分占领市场。如果说策划赋予图书灵魂的话，那么，营销则赋予图书生命力。没有好的策划，图书就没有好的灵魂；没有好的灵魂，图书营销得再起劲也不过是忽悠。相反，没有好的营销，图书就没有旺盛的生命力；没有旺盛的生命力，图书策划所付出的心血将得不到应有的回报。营销要讲究策略，针对不同的目标群体开展不同的营销形式。譬如，针对中老年读者，主要采用传统的报刊、电视、广播、新书发布会、签售等传统模式；而针对年轻读者，则应主要采用网络、微信、微博等新型模式；如果目标读者是多样化的，那么，营销手段也要相应地采用多元化的形式。此外，主题出版图书的作者大多是某一系统或行业的权威，具有一定的号召力和影响力，我们在营销时应充分调动作者的积极性，可以联系媒体做深度访谈，激发读者的购买欲望。当然，营销也要讲究节奏，不要一下将所有招数全出光，要有计划地、分步骤地形成持续的市场热度。

《十八大以来廉政新规定》一书之所以能在短短的一周时间由首印数仅2.5万册上升为62.5万册并在1个月后突破70万册，与其成功的营销策略是密不可分的。营销第一波：新书上市当天，新华社发了通稿，《人民日报》《光明日报》等30多家主流媒体进行了转载。营销第二波：《北京青年报》以"中央廉政新规被抢订一空 公务员不翻或碰红线"为主题的深度报道被新华网、人民网、搜狐网等各大网站转载并迅速攀升至头条位置，引起社会的广泛关注。营销第三波：紧接着是央视《新闻联播》的报道，将《十八大以来廉政新规定》的宣传推向高潮。在前三波营销攻势取得很好的宣传效果后，营销就该转入深度营销阶段，即营销第四波：邀请著名理论家李君如教授撰写书评在《人民日报·理论版》刊登，并邀请李君如和中国浦东干部学院常务副院长冯俊做深度专访。一时间，订单纷至沓来，不久市场上就有了多种跟风书。但由于营销工作到位，备货充足，销售没有受到太大影响。一个半月后，在市场已经相对饱和的情况下，也为了方便读者阅读和携带，出版社又推出了口袋本，上市不久就销售了2.5万册，在市场上形成了新的亮点。

参考文献

李国强：《中国三沙市》，人民出版社2013年版。
施化果：《舌尖上的陷阱》，人民出版社2014年版。
孙宝义等编著：《听毛泽东谈哲学》，人民出版社2012年版。
人民出版社编：《十八大以来廉政新规定》，人民出版社2014年版。

（原载于《出版参考》2014年10月）

"浅阅读"时代的学术出版之路

近年来，随着互联网特别是微博、微信的兴起，人们的阅读习惯正逐渐由深入的、系统的、一贯的"深阅读"转变为浅层的、碎片化的、跳跃式的"浅阅读"。在浅阅读时代，传统意义上的"知识分子"已经蜕化为"知道分子"。"知道分子"不再像"知识分子"那样，可以静下心来抱着砖头一样厚的学术图书认真"啃"读，而是迷失于互联网上那些"新""奇""异""怪"的海量信息。与之相关联，学术类图书虽然品种和数量在逐年上升，但其所占市场份额却是逐年下降的。对于学术类图书编辑而言，既不能对读者的浅阅读趋势视而不见，一条道走到黑；又不能放弃自己的学术出版阵地，一味迎合浅阅读。这就需要我们将学术书细分为通俗类学术书和严肃类学术书，并对两者采取不同的策略。

一　通俗类学术书

所谓通俗类学术书，是指主题为大众所关注、语言通俗易懂、形式生动活泼的学术性图书。对于这类图书，需要我们格外关注读者的浅阅读倾向，在形式上做到图文并茂，装帧精美而富有创意，在内容上注意提升其思考的深度。

与时政类、生活类等畅销书相比，通俗类学术书强调图书主题的"学术性"，主要是满足读者对于学术性问题的深层次探求，更强调图书带给人的思想性启迪。与严肃类学术书相比，通俗类学术书更强调语言风格的"通俗性"，可谓跳出学术圈子谈学术，以普通大众能读得懂的语言，深入浅出地谈论深奥的学术问题。

不可否认，如今市场上的所谓通俗性学术书，要么是学院派学者的作品，写得玄而又玄，艰深晦涩，令人不敢阅读；要么是泛泛而谈毫无新意的平庸之作，令人不忍阅读；要么是戏说式的无聊炒作，令人不想阅读。事实上，这些作品难以畅销不足为奇。

老子是影响世界历史进程的100位名人之一，他的《道德经》也是人类思想史上最重要的经典文本之一。两千多年来，关于《道德经》的各种解读性和诠释性的中文著作可谓汗牛充栋，即使是《道德经》的外文译本也有百种之多。那么，在当前关于老子及《道德经》的图书已经相对饱和的情况下，如何策划出一部既能让读者喜爱阅读，又能带给读者一定深思的通俗著作呢？

首要在于挑选一位理想的作者，其既要具备相当高的学术水准，保证图书的权威性；又要文笔流畅，语言优美，善于将深奥的哲理以清晰明白的方式告诉读者。除此之外，如果作者还能写出新的亮点就更好了。正是基于此思路，我找到了武汉大学哲学学院的彭富春教授，他是中文系的高才生，也是著名学者李泽厚先生的嫡传弟子，还是留德七年的哲学博士、著名哲学家海德格尔的再传弟子，被誉为"最具创造性的青年思想家"，可以算得上是融贯古今、兼通中西的理想作者。更重要的是，他的语言简洁明了，朴实通畅，符合畅销书的语言要求。事实证明，挑好作者就意味着策划成功一半了。由彭富春教授所著的《论老子》一书就是一次成功的尝试。

该书对《道德经》的现代汉语翻译不仅建立在目前通行本的基础上，而且参照了权威的德语和英语译本，很好地弥补了一般汉语译本在语法和逻辑上的不足——缺少语词的确定性和思想关系的明晰性，而使译文的句子和段落所表达的意义更加完整、明晰和准确。作者除对《道德经》进行译解之外，还力图对《道德经》作出创造性的阐释，重构老子的思想整体；并试图与老子展开对话，让老子古老的思想在当代获得新生，诠释了道德智慧的当代意义。这样，既能满足初学者对于《道德经》的一般性学习的需求，又能满足较高层次的读者进一步研究的需求。

同时，为了增加全书的可读性，我还协助作者挑选了三十多幅老子及《道德经》的相关历史图片、十多幅老子故里等名胜古迹的相关风景照片。最终，一本内容简练、四色印刷、图文并茂、印制精美、富有思想深度的图书呈现在读者面前。在不到2个月的时间里，首印的1万册便告罄，随即加印。我和作者深度合作，又相继推出了《论国学》《论孔子》等图书，组成了"国学经典新读"的小系列。

二　严肃类学术书

所谓严肃类学术书，是指主题专、精、尖，严格按照学术规范，但是大众不容易读懂的学术性图书。对于这类图书，需要我们坚持学术品位，在内容上做到逻辑清晰，论证严密，在形式上注意装帧大方而富有内涵。

与通俗类学术书相比，严肃类学术书追求学术的严肃性，不能跳出学术圈子谈学术，无须花哨的包装，亦无须浅白的语言，一切都是为了清晰地论证学术观点或诠释学术主题，强调学术的原创性和作者的个性，重在积累知识，推进人类文明。与通俗类学术书追求经济效益优先不同，严肃类学术书更强调对社会效益的诉求。毕竟，严肃类学术书的受众有限。不过，经典性的严肃类学术书也可以打破这一界限，成为长销书，乃至畅销书。譬如，德国哲学家康德的"三大批判"虽然是严肃性的哲学书，艰深晦涩，但是，其影响力已经远远超出哲学的领域，成为图书市场上的"常青树"。下面以《中国社会保障改革与发展战略》为例，来谈高品质严肃类学术书的具体运作。

首先，选题是第一决定要素。只有选题本身具有重大的学术价值和社会意义，才具有打造高品质学术书的潜力。《中国社会保障改革与发展战略》属于总理批示项目、国家社科基金决策咨询项目、"十一五"国家重点图书出版规划项目，是我国理论学术界集体为社会保障体系建设及其长远发展精心描绘的全景式战略蓝图，是具有重大理论与现实意义的原创性成果。第十一届全国人大常委会副委员长华建敏亲自为本书撰写"总序"，高度评价本书的价值："表现了我国理论学术界对国家发展战略的高度重视与承担国家责任的学术自觉性，是理论学术界在政府部门支持下独立自主地进行国家层面重大政策研究的案例。这一战略成果的内容极为丰富，几乎涵盖了我国社会保障体系建设及未来发展的各个方面。"

其次，作者是第二决定要素。因为如果作者驾驭不了选题，选题本身就会失去价值和意义。选题确定后，重要的是挑选能够胜任的作者团队。《中国社会保障改革与发展战略》代表了我国社会保障领域重大理论与政策研究的最高水准，集合了政府、学界的精英和智慧，全面、系统、深入，堪称"中国式贝弗里奇报告"。它在全国人大常委会委员、中国社会保障第一人郑功成教授的全力组织和主笔下，由全国 30 多位素有研究的社会保障专家教授集体完成，先后有 200 多位社会保障及相关领域的专家教授和 200 多位各级官员参与研讨，到 20 多个省区市开展专题调研，召开专家研讨会 28 次，到 12 省 4 部委召开征求意见会 16 次，并与德、日、韩、瑞等多国交流，历时 4 年。

再次，精心编校是第三决定要素。严肃类学术书如果想获得大奖，特别是政府出版奖和"五个一"工程等国家大奖并得到读者认可，编校质量一定要合格。对于《中国社会保障改革与发展战略》这样洋洋洒洒 200 多万字、众多专家学者共同参与的大部头著作，在体例格式和专业术语方面还是存在不少问题的，其编校的难度就可想而知了。除了常规的"三审三校"外，我自己认真审阅了三遍清样，并两次退作者审阅校样，保证了四卷本体例格式和专业术语的高度统一。

最后，市场营销是第四决定要素。好酒也怕巷子深，不能因为严肃类学术书的圈子小，就忽略其市场营销。相反，严肃类学术书更应重视其市场营销，特别是针对其特定读者的"定制式营销"，这和通俗类的面向大众读者的"撒网式营销"是不同的。2011 年 2 月 28 日，《中国社会保障改革与发展战略》首发式于中国人民大学举行，第十一届全国人大常委会副委员长华建敏、十一届全国政协副主席张梅颖与十多位部级领导以及 300 多位专家学者出席首发式。《人民日报》对成果进行了整版报道；著名经济学家、中国人民大学一级教授卫兴华在《光明日报》发表书评推荐；《经济学动态》《经济参考报》《前线》《中国财经报》《中国民政》《中国社会科学报》《中国经济时报》《中国人民大学学报》《中国医疗保险》等数十家媒体对此进行了专题报道。

社会效益方面，《中国社会保障改革与发展战略》在政策层面产生了巨大的影响，一些研究结论与理论主张已经在社会保险立法及近年来的有关重大社会保障政策中得到了体现，并获得第三届政府出版奖提名奖、第六届高等学校科学研究优秀成果奖（人文社会科学）一等奖、第十二届北京市哲学社会科学优秀成果一等奖等大奖。经济效益方面，《中国社会保障改革与发展战略》（总论卷、医疗保障卷、养老保险卷、救助与福利卷）总定价 256.00 元，一共发行了 5000 套；而其精华本《中国社会保障改革与发展战略——理念、目标与行动方案》首印 1 万册，重印

2000 册。

总之，浅阅读时代的到来，既给学术出版带来了严峻的挑战，也给学术出版带来了新的发展机遇。我们既要顺应这一时代潮流，推出更多符合读者新品位、满足读者新需求的通俗类学术书；又不能随波逐流，将严肃类学术书庸俗化、低俗化，在提升严肃类学术书图书质量的同时，注意加大市场营销力度，走出一条新时代的学术出版之路。

参考文献

彭富春：《论老子》，人民出版社 2014 年版。

郑功成主编：《中国社会保障改革与发展战略》（四卷本），人民出版社 2010 年版。

（原载于《出版广角》2015 年第 3 期）

全媒体时代传统出版业的融合发展之路

近年来，随着5G、大数据、云计算、物联网、区块链、人工智能等信息技术的突飞猛进，互联网新媒体特别是移动互联网媒体得以迅猛发展，传媒产业已经进入全媒体时代。一方面，新媒体具有传播快捷、信息量大、即时性强、检索方便、交互共享等特征，满足了受众特别是年轻受众的阅读偏好和多元需求，从而以势不可挡的速度渗透到社会的各行各业和民众生活的方方面面，对传统出版业造成巨大的冲击。另一方面，出版业受传统运营方式和思维方式的禁锢，在选题策划、内容创新、宣传推广、市场营销等方面出现"习惯固化""路径守旧""难以突破"，不断遭受新媒体的蚕食和挤压，出现"有增长，无发展"等现象，逐渐陷入"内卷化"怪圈而举步维艰。不过，与新媒体相比，纸质图书依然有着自身的优势：一是纸质图书更适合深度阅读，而新媒体大多靠抓人眼球的标题、新奇怪异的言论、冲击力强的图片等，只能满足人们一时猎奇的"浅阅读"；二是纸质图书更适合系统阅读，而新媒体的海量信息往往呈现碎片化、庞杂化的特点，读者不得不花费大量的时间和精力来筛选；三是纸质图书更适合长时间阅读，而新媒体的阅读终端容易使人产生视觉疲劳、心理疲劳。从各自的优劣来看，新媒体不可能完全取代传统出版业，而传统出版业也不可能无视新媒体继续"闭门造车"。新媒体与出版业只有发挥各自优势，取长补短，才能突破各自的局限性，在未来的竞争格局中赢得更大的发展空间，实现互利共赢。那么，传统出版业到底应该着重从哪些方面入手，实现与新媒体的有机融合和创新发展呢？

一 关注新媒体新动向，激发优质选题创意

选题策划是整个出版流程的源头，也是决定一本图书能否顺利实现

社会效益和经济效益的基础，更是关系出版业能否兴旺发达的关键。选题之要在策划，策划之要在创意。创意既非一时心血来潮，也非毫无根据的空想。真正好的创意必须建基于对大量信息和数据的收集、整理、分析之上，并以此对选题特点、写作提纲、内容创新、装帧设计、营销方案等做出整体规划与思考，好的创意是对图书市场的准确把握和读者心理的精准定位。在全媒体时代，传统出版工作者应充分利用新媒体，积极转变策划思路，策划出优质选题。

（一）确定选题方向

通过对新媒体文章的选题方向进行筛选和分类，根据相关文章的密集程度和受关注度来搜寻目标受众在近期或中长期感兴趣的热点话题，进而激发出创造性灵感，定位自己的选题方向。只有定位好选题方向，才能以此为原点进行拓展、提升、细化、打磨，从而打造出符合市场需要的精品图书。在全媒体时代，新媒体是人们获取信息的重要途径之一，而对新媒体的文章进行数据分析也是市场调研的一种重要手段。新媒体之所以拥有大批的粉丝，除了技术平台的优势外，与其敏锐的信息识别度是分不开的，它们往往能从海量信息中快速筛选出符合平台受众的同类信息。相对而言，出版工作者往往更关注信息的深度，而忽视信息的广度，对于新生事物也相对迟钝。新媒体恰好可以较好地弥补这一不足。当然，图书绝不应该是新媒体文章的简单重复，而应该是新媒体文章的提升和拓展，这里面还有一个再创造的问题，需要我们进入选题优化环节。

（二）优化选题结构

在确定选题方向后，需要结合新媒体文章的点击量、粉丝评论内容、相关文章的拓展点等作出精确的数据分析，对选题结构进行优化，确定哪些是目标受众的兴奋点、疑惑点、嫌恶点、薄弱点、空白点。在搞清楚这些问题后，基本上就可以梳理出目标受众的深层次阅读需求了，从而有针对性地强化优质内容，减少无效内容，使其逻辑更加清晰，思想更有深度。此时，书名也应该差不多可以提炼出来了。当然，成功的选题策划还应该学会利用新媒体来进行市场调研。只有善于观察，善于思考，才能在新媒体铺天盖地的信息中发掘出反映时代精神、反映社会面貌、能够引起广泛共鸣的题材，梳理和阐发好其中蕴含的隽永的精神和深刻的道理。

（三）明晰操作思路

在进行选题优化后，要根据新媒体的优缺点来明晰操作思路。一方面，可借鉴新媒体深入浅出、言简意赅的语言风格，善用鲜活的、现场感强的多媒体素材来表现主题的形式，重参与性、话题性、互动性的内容设置技巧，增强图书内容供给的特色性、契合性、精准性；另一方面，又要规避新媒体在内容生产上所呈现的碎片化、标题化、娱乐化等浅阅读倾向，着重在内容的深度上下功夫，增强图书内容供给的条理性、体系性、权威性。在这些步骤完成后，图书的大体轮廓就基本成型了。最后，还要将所策划选题纳入出版社的发展规划中，针对本社实际情况和特色进行调整，实施品牌战略。

总之，出版工作者不仅要善于利用新媒体的海量信息找准选题方向，还要善于参考新媒体，精准评估目标受众的深层次阅读，需求优化选题结构，更要善于借鉴新媒体的优缺点来明晰操作思路，还要将所策划选题纳入本社的发展规划中，实施品牌战略。

二　融合新媒体新技术，努力实现内容创新

如果说选题策划是成功的第一步，那么，内容创新则是使得图书变得魅力十足的关键。对于图书出版而言，选题创新固然重要，但内容为王永远不会过时。无论是出版业还是新媒体，内容都是根本，最终必须靠内容来吸引受众。谁提供的内容更加精准有效，谁提供的内容与工作和生活更息息相关，谁提供的内容有着更优的阅读体验，谁就能赢得更多的受众。传统出版业的日渐式微固然与新媒体的冲击有关，但最根本的原因，还是在于纸质图书的同质化现象较为严重，语言干瘪、内容枯燥、形式单一，不能有效吸引读者，导致不少读者的阅读重心转移到新媒体上了。在全媒体时代，传统出版业必须着重在作风文风、内涵深度、阅读体验等方面发力，实现与新媒体的融合，深化内容生产供给侧结构性改革，实现以内容创新为核心的高质量发展。

（一）走好网络群众路线

截至 2020 年 6 月，我国共有 9.4 亿网民，相当于总人口的 67%，其中网民中使用手机上网的比例高达 99.2%。[1] 可见，我国已经步入全民参

---

[1] 参见《第 46 次〈中国互联网络发展状况统计报告〉（全文）》，中国网信网，2020 年 9 月 29 日。

与的新媒体时代，传统媒体传播的单一性和单向性被打破了，"人人都有麦克风""所有人对所有人"是其典型特征。人人都可以在网络自由发声，每个人既可以是信息的接收者，也可以是信息的原创者、传播者。群众上网了，民意也就随之上网了，党的群众路线也必须延伸至网络。有鉴于此，出版工作者一方面要学会通过网络，特别是新媒体走好全媒体时代的群众路线，借助新媒体的互动方式，利用技术手段搭建交流平台，搞好调查研究，了解群众的所思所想，运用群众喜闻乐见的新文风，坚持以人民为中心的工作导向，强化出版者、作者与读者的沟通互动，出版更受读者喜爱的图书；另一方面要大兴"开门办社"之风，把党的优良传统和新技术新手段结合起来，主动接受社会的监督，多倾听群众的意见，以自我革命的勇气进行文化体制改革。

（二）拓宽内涵深化思路

不可否认，有一些新媒体还停留在以吸粉引流、增加收入为中心的"野蛮生长"阶段，但也有不少新媒体在内涵深度上做得有声有色。虽然相较于传统出版业，新媒体在深度内涵上尚有一定的差距，但是我们也不能由此否认新媒体在未来发展的巨大潜能：一是互动性强，有着高效的反馈机制，可以更好地满足读者需求；二是平台开放，思想更加多元，加速了信息传递和思想交流，推动了新理念新思想的生成和传播；三是可实时更新大数据，对热点话题进行追踪和计算，第一时间生成受众感兴趣的内容，并实现精准传播。在内涵深度的竞争中，谁更能抓住受众的"心"，谁更能适应全媒体的发展趋势，谁就会在未来占有更大的份额。出版工作者应常存忧患之心，突破思维定式，汲取新媒体的一些好做法，努力以更加亲民的方式、更加开放的心态、更加快捷的节奏，不断拓宽内涵深化思路。

（三）实现更佳阅读体验

一方面，新媒体的海量高清图片，在给受众带来巨大的视觉冲击力的同时，也悄然改变着人们的阅读方式。图片不再是传统图书中作为文字附属品出现的插图、漫画等，而是作为与文字有机融合的整体，图文一体、图文互释成为其典型特征。图片也从单一的图像变成图像与文字的组合，不仅图中有文、文中有图，而且多幅图像可重组成文字，多个文字也可重组成图像。有时缺少一幅图片，甚至可能造成阅读困难，理解障碍。在新的读图时代，对于大多数图书，特别是那些轻松休闲的图书而言，可以借鉴新媒体丰富的图文处理经验，实现图文的有机融合，并依托纸张带来的质感，大力提升图书的装帧设计水准，增强图书的艺术化特征，给读者带来更好的阅读体验。另一方面，新媒体还有着丰富的音频资源、视频资源等，这也是值得出版工作者深入挖掘的。一般而言，因新媒体技术先进，大多是新媒体融合传统出版业，而近几年兴起的音视频书则是传统出版社主动融合新媒体的成功案例。所谓音视频书，就是将相关音视频放入云存储空间，然后生成二维码，作为插图置于传统纸质图书中，辅以相应的文字说明，读者用手机扫码即可轻松收听和观看音视频。相对于传统纸质图书的图文等相对单调的形式，不少读者更倾向于以音频、视频的形式来获取信息，特别是对于那些非严肃学术著作而言。音视频书通过二维码形式将音频、视频与文字、图片有效链接起来，传统纸质图书变得能说会动，读者从而获得全媒体时代良好的立体式阅读体验，从而大大增加了图书内容的附加值。音视频书的出现，相对于传统附加光盘的制作形式，更省时高效，而且几乎是零成本的；读者也无须专门的光盘驱动器，方便快捷。有数据显示，2020 年我国有声阅读市场规模将达 82.1 亿元，有声书用户规模有望达到 5.62 亿人。① 因此，从某种意义上来说，音视频书推动了传统纸质图书的更新换代，改变了人们的阅读方式，为传统出版业的发展提供了一个新思路、新方向。

总之，传统出版业只有主动融合新媒体，化被动为主动，走好网络群众路线，拓宽内涵深化思路，实现更佳阅读体验，把劣势变为优势，才能更好更快地实现产业升级。

三　重视新媒体新风格，精准开展宣传推广

如果说选题策划、内容设计赋予图书灵魂的话，那么，宣传推广则赋予图书生命力。图书宣传推广的实质，简言之就是将图书的相关信息传递给尽可能多的目标受众，进而影响目标受众的认知、情感、态度并最终转化为现实的图书购买。但现实生活中，由于种种原因，不少目标

---

① 参见《第 46 次〈中国互联网络发展状况统计报告〉（全文）》，中国网信网，2020 年 9 月 29 日。

受众并不主动或不乐意选择接收大众媒介上的相关信息，这就需要通过精准的宣传推广来填补这一信息"鸿沟"。

在全媒体时代，新媒体平台一切以受众为中心，在图书的宣传推广方面有着传统媒体无法比拟的三大优势，从而赢得越来越广阔的发展空间。一是具有专业化、分众化的特点，可以满足受众的个性化需求，从而做到精准定位目标受众；二是具有简洁化、多元化的特点，可以把握受众的碎片化心理，选取图书中的精彩内容，融合文字、图片、音频、视频、动画等内容，从而激发出目标受众的阅读兴趣；三是具有亲和性、互动性的特点，可以调动受众的主观能动性，从而加速相关图书信息的传播和热议。传统出版业必须高度重视新媒体的这些新风格，适应分众化、差异化传播趋势，根据图书的目标受众精准定位新媒体平台，精准投放相关宣传内容。

（一）精准化定位目标受众

从选题策划阶段起，每种图书的目标受众实际上就已经明朗了，图书的内容、装帧、包装等都必须紧紧围绕目标受众的需求、偏好而进行。图书宣传的本质就是为了节省宣传推广的成本，出版社就必须对目标读者进行精准定位。一方面可将目标读者细分为现实受众、边缘受众、潜在受众，另一方面又需要综合考量时间、地域、动机等因素，在复杂的媒介环境中选择最优的宣传推广方式，而其中选择与目标受众重合度大的新媒体就是高效的方式之一。

（二）多元化呈现宣传内容

在精准定位相关新媒体后，还需要根据不同新媒体的风格投放最优的宣传内容。譬如，就内容而言，有的适合纯文字宣传，有的适合图文宣传，还有的适合音频、视频甚至是动画宣传；就形式而言，有的适合发书评，有的适合发书讯，有的适合做线上发布会，有的适合做选载或连载；就平台而言，有的适合微信、头条，有的适合抖音、快手，有的适合斗鱼、虎牙；等等。

（三）互动化营造市场热议

在投放相关的宣传内容后，并不能将大部分潜在目标受众转化为实际购买力，还有一个影响目标受众认知、情感、态度的中间环节，那就是营造良好的舆论环境。在传统媒体时代，人与人之间的链接是线性的，每个人是相对独立的，传统媒体充当着"串联并联式"角色，所起到的宣传效果也主要是单一的放大效应。而在全媒体时代，人与人之间的链接则变成网状的，每个人都是网上的一个结，全媒体充当着"交叉立体式"角色，所起到的宣传效果更多的是发酵效应。所以，"好口碑"明显要比单纯的"博眼球"宣传效果更佳。相较于传统媒体，新媒体拥有极强的互动性，一方面，受众之间、受众与新媒体平台之间可以通过在线互动，营造舆论环境，影响更多的受众，同时，受众的评论、围观、分享则会持续发酵，引发热议；另一方面，出版工作者也可以借助新媒体平台实时监测受众的信息反馈，并对下一步的宣传方案做出调整。

总之，人们在全媒体时代获取信息的渠道越来越多样化，传统出版业如果固守传统的宣传推广形式，只会使得宣传效率边际递减。要想实现最佳的图书宣传效果，就要精准识别目标读者获取相关图书信息的主要渠道，重视新媒体的强大号召力，多元化呈现宣传内容，互动化营造市场热议。

四　开拓新媒体新渠道，市场营销共赢共生

当然，选题策划、内容设计、宣传推广并不是出版流程的全部，图书的价值最终还必须通过市场营销来实现。就此而言，市场营销是出版流程的关键一环，也是制约出版产业发展的重要因素。

在全媒体时代，"酒香不怕巷子深"不再是至理名言。恰恰相反，"酒香最怕巷子深"已成为当下图书市场的"新常态"。在信息大爆炸的今天，不少传统的营销方式日益式微，其新鲜感和刺激程度已经很难激发读者的购买欲望。而新媒体因其精准的客户定位、较高的粉丝黏性、灵活的销售方式等特性，在图书的市场营销中逐渐异军突起。传统出版业要想在全媒体时代有所作为，就不能对日益萎缩的传统营销渠道敝帚自珍，而必须主动探索与新媒体的融合发展，开拓新的营销渠道。

（一）网络直销

利用新媒体直销图书是一个值得探索的模式。简言之，就是利用新媒体本身强大的粉丝号召力，在新媒体上采用软文广告或硬性广告的形式直销图书，并附上针对粉丝的购买链接二维码，粉丝长按二维码则可进入购买页面，利用第三方支付工具（如微信或支付宝等）完成购买流

程。我们在制订图书营销方案时，首先要对新媒体本身的优势资源进行认真考量，因为有的新媒体拥有多个媒体平台，重点选择哪几个平台进行互动营销很关键。新媒体的营销资源有着巨大的潜力，但是如何实现与新媒体的"共赢"是双方都需要重点考虑的问题。对于出版社而言，一是可以在图书的作者简介部分增加新媒体平台的识别二维码，以增加新媒体的人气；二是对于有潜力的图书还可以采用版税的稿酬形式以最大限度地调动新媒体的积极性；三是投放的图书软文广告要注意做到语言风格与新媒体的一贯风格相统一，不能有丝毫的违和感，或轻松幽默，或生动活泼，否则将对新媒体本身的品牌形象造成损害。出版社在利用新媒体进行图书营销时，始终要把握好三"点"：准确把握图书的特色和亮点，明确"竞争点"；寻求图书的量价互动，找准"平衡点"；牢记图书营销只是手段，不是目的，在追求利润的同时，提升"品牌点"。对于新媒体而言，其市场营销行为也必须保证不能损害出版社的品牌形象。

（二）网络直播

图书的网络直播是以新媒体直播平台为载体，将线下的新书发布会、读书沙龙等引入直播方式，以达到营销目的的一种形式，大有"无直播不传播"之势。网络直播是"以用户为中心，链接社交化"的新营销模式，一是改变了传统的静态营销方式，弥补了线下营销中的时空限制，增加了与读者的互动，使读者拥有了全新的购书体验；二是借助作者的名人效应，让读者与作者进行沟通对话、释疑解惑，满足了他们的深层次精神追求；三是让读者在直播中感受到编辑的酸甜苦辣，认同出版社的企业文化，无形之中提升出版社的品牌价值。

（三）社群营销

社群营销是利用新媒体进行精准营销的有效通道，既有像凯叔讲故事、罗辑思维等这样第三方垂直经营的自媒体社群营销模式，也有出版社自建的QQ群、微信群等社群营销模式，还有类似"十点读书"这样的以经营为目的的"大V"社群营销模式。不少在传统营销渠道反响平平的图书，在某些社群平台却能销售数万册甚至数十万册，不得不让人惊叹社群营销的强大力量。可见，传统出版业应多关注社群，分析成员的阅读偏好，以满足市场需求为导向，实现精准出版和营销。

总之，在全媒体时代，网络直销、网络直播、社群营销等众多新的营销模式正在改变着传统的营销方式。出版社必须尽快实现从资源思维向用户思维的转变，尊重读者的需求和体验，从而选择更加适合市场的作者，进行更有针对性的装帧设计，实现更加精准的定制式出版。

五　结语

在全媒体时代，媒体融合是时代所向、大势所趋。传统出版业发展到今天，如果不大胆创新，主动实现与新媒体的融合，便容易越来越固化于原有的模式，进入"内卷化"的怪圈。传统出版业只有勇于在变革中创新发展，以深化改革推进深度融合，以融合力壮大主流阵地影响力，大胆运用新技术、新机制、新模式，不断总结经验，在理念思路、体制机制、方式方法上继续探索，走出一条与新媒体融合发展的创新之路，才能在激烈的市场竞争中取得战略主动。

参考文献

习近平：《论党的宣传思想工作》，中央文献出版社 2020 年版。

本书编写组：《习近平新闻思想讲义（2018 年版）》，人民出版社、学习出版社 2018 年版。

《中共中央办公厅　国务院办公厅印发〈关于加快推进媒体深度融合发展的意见〉》，新华网，2020 年 9 月 26 日。

李小燕：《新媒体时代纸媒对青年高品位阅读的影响》，《中国青年社会科学》2015 年第 4 期。

李丁乔：《走好全媒体时代群众路线》，《天府评论》2020 年 9 月 30 日。

王余银：《图书新媒体营销的新模式》，《出版广角》2017 年第 19 期。

张心萌：《图书出版机构探索社群营销策略浅析》，《出版参考》2017 年第 5 期。

路雪珂、张雅明：《新媒体深度新闻的特点》，《青年记者》2015 年 2 月下。

（原载于《中国编辑》2021 年第 2 期）

以融合发展为契机 突破出版内卷怪圈

在全媒体时代，一方面，新媒体具有传播快捷、信息量大、即时性强、检索方便、交互共享等特征，已经成为受众特别是年轻受众的第一信息源；另一方面，传统出版业的发展空间不断遭受新媒体的挤压，逐渐陷入"内卷化"怪圈而举步维艰。"内卷化"倒逼传统出版业必须把握大势，"做到因势而谋、应势而动、顺势而为"[1]，走融合发展的创新之路。

一 激发优质选题创意

选题之要在策划，策划之要在创意。真正好的创意必须建基于对大量信息和数据的收集、整理、分析之上，并以此对选题特点、写作提纲、内容创新、装帧设计、营销方案等做出整体规划与思考，是对图书市场的准确把握和读者心理的精准定位。在全媒体时代，传统出版工作者应充分利用新媒体，实现从"相加"向"相融"的转变[2]，策划出优质选题。

第一，对新媒体文章的选题方向进行分类，确定近期受众感兴趣的热点话题。选题方向是决定图书策划成功与否的首要因素。只有找准选题方向，并以此为基础进行拓展、提升、细化、打磨，才能打造出符合市场需要的精品图书，做到事半功倍。如果选题方向本身是有问题的，后面的流程便注定徒劳无功。新媒体之所以拥有大批的粉丝，除了技术平台的优势外，与他们敏锐的信息识别度是分不开的，他们往往能从海

---

[1] 习近平：《论党的宣传思想工作》，人民出版社2019年版，第171页。
[2] 本书编写组：《习近平新闻思想讲义（2018年版）》，人民出版社、学习出版社2018年版，第106页。

量信息中快速筛选出符合平台受众的同类信息。相对而言，出版工作者往往更关注信息的深度，而忽视信息的广度，对于新生事物也相对迟钝。新媒体恰好可以较好地弥补这一不足。笔者所策划的《平天下》系列图书，选题创意最早就来源于新媒体平台"学习小组"的系列文章。2014年5月，"学习小组"刊载了系列报道《习得——习近平引用的古典名句》，分为修身篇、为学篇、民本篇、官德篇、治理篇、天下篇6组。该系列报道迅速被各大网络和新媒体转载，并受到网友的广泛关注。正是注意到这一文化现象，我们初步确定了选题方向——策划一部深度诠释古典名句的图书。

第二，确定选题方向后，还需要结合新媒体文章的点击量、粉丝评论内容作出精确的数据分析，从而确定受众在哪些方面具有深层次的阅读需求。古典名句大多艰涩难懂，为何关于"学习小组"的系列报道能引发如此广泛的关注呢？对此，有网友的评论给策划进一步打开了思路："如果外国人想弄懂这些话，他们也许不得不去读读中国的古典文学，这样就能潜移默化地让世界知道中国的思想。总书记之用意，不可谓不深远。"也就是说，这些古典名句不仅仅本身蕴含着深厚的真理力量、思想力量，更重要的是习近平总书记独特的人格力量、智慧力量。他本人很喜欢在讲话和文稿中活学活用古典名句，或信手拈来，画龙点睛；或妙语连珠，一气呵成，赋予了古典名句以新的时代内涵，而这恰恰就是读者的深层次阅读需求。由此，我们的策划思路便进一步明确：既要弘扬中华优秀传统文化，更要诠释其新的时代内涵。

第三，关注新媒体的系列文章，对其进行深度策划，使其逻辑更加清晰，思想更有深度。当然，成功的选题策划需要深度关注新媒体，长期跟踪新媒体。只有善于观察，善于思考，才能在新媒体铺天盖地的信息中发掘出反映时代精神、反映社会面貌、能够引起广泛共鸣的题材，梳理和阐发好其中蕴含的隽永的精神和深刻的道理。于是，我们邀请"学习小组"在该系列报道的基础上编写了《平天下——中国古典治理智慧》（人民出版社2015年版）一书。这一创意之所以成功，不仅在于我们找到了选题方向，还在于我们找到了读者的深层次阅读需求，更在于我们要进一步寻找以更典雅的方式传递给广大读者、以更生动的形式向世界表达的切口。因为只有将古典名句与党的十八大以来的治国理政实践结合起来，才能更好地赋予古典名句以新的时代内涵。《平天下》系列图书多次再版发行，累计发行了50余万册，成为党政干部案头优选。

可见，传统出版工作者不仅要主动学会利用新媒体获取大致的选题方向，而且要充分利用粉丝评论内容精准评估读者的深层次阅读需求，进而以读者喜爱的形式将内容完美呈现出来。

二 实现内容的供给侧

如果说选题策划是成功的第一步，那么，内容创新则是使得图书变得魅力十足的关键。对于图书出版而言，选题创新固然重要，但同样离不开内容创新、形式创新、手段创新，而其中内容创新是根本性的。传统出版业应着重在作风文风、内涵深度、阅读体验等方面发力，实现与新媒体的融合，始终保持内容定力，专注内容质量，扩大优质内容产能，创新内容表现形式，提升内容传播效果。[①]

在全媒体时代，新媒体由于占有技术和平台的优势，可在微信、微博、头条、网站等全平台宣传，以文字、图片、声音、影像、动画等全样态表现，拿手机、录音笔、相机、专业摄像机等全手段记录，用广播、电视、音像、电影、报纸、杂志、网站等全媒体传播。与新媒体的全平台、全样态、全手段、全媒体相比，传统出版业则显得平台缺乏、样态单调、手段固化、传播不足。在此种情况下，传统出版业必须学会运用新媒体丰富的语言、形式、方法、技巧，在内容设计上跟上时代的潮流，创作出精品力作。近年来，音频书、视频书等的悄然兴起，就是最好的证明。

音视频书，听起来似乎与传统的纸质图书风马牛不相及，其实，只要将相关音视频放入云存储空间，然后生成二维码，作为插图置于传统纸质图书中，辅以相应的文字说明，读者用手机扫码即可轻松收听和观看。相对于传统纸质图书的相对单调的形式，不少读者更倾向于以音频、视频的形式来获取信息，特别是对于那些非严肃学术著作而言。音视频书通过二维码形式将音频、视频与文字、图片有效链接起来，传统纸质

[①] 《中共中央办公厅 国务院办公厅印发〈关于加快推进媒体深度融合发展的意见〉》，新华网，2020年9月26日。

图书变得能说会动，读者从而获得全媒体时代良好的立体式阅读体验，从而大大增加了图书内容的附加值。一般而言，新媒体因技术先进，大多是新媒体融合传统出版业，而音视频书则是传统出版社主动融合新媒体的成功案例。

我们策划的《与时代谈谈心》（人民出版社 2019 年版）、《与世界谈谈心》（人民出版社 2020 年版）等就是典型的音频书。这两部书都是"人民日报评论"微信公众号"睡前聊一会儿"栏目的精粹。我们在出版该系列图书时，在每篇小文章的标题下采用附加二维码的形式，还原了相关音频，读者扫码就能收听。音频由颇具神秘色彩的人民日报评论员化身"党报评论君"，用天南海北的普通话娓娓道来，分享都市、生活、艺文、校园、新知、科技、心理、饮食、光影、风尚等小事件、软话题，给予读者一小段睡前的陪伴。殊不知，睡前捧着图书，既可以读，也可以听，在睡前短短的几分钟时间里，看看融化开冰山的气温、推动着冰山的洋流，倾听一下海面之下冰山的沉默之声，好不惬意！图书出版后，其新颖的形式一下就受到了不少读者的喜爱，目前已经累计销售了近 10 万套。

音视频书的出现，相对于传统附加光盘的制作形式，省时高效，而且几乎是零成本的；读者也无须专门的光盘驱动器，方便快捷。因此，从某种意义上来说，音视频书推动了传统纸质图书的更新换代，改变了人们的阅读方式，为传统出版业的发展提供了一个新思路、新方向。

三　精准开展宣传推广

如果说选题策划、内容设计赋予图书灵魂的话，那么，宣传推广则赋予图书生命力。

在全媒体时代，新媒体平台一切以受众为中心，在图书的宣传推广方面有着传统媒体无法比拟的三大优势，从而赢得越来越广阔的发展空间。一是具有专业化、分众化的特点，可以满足受众的个性化需求，从而做到精准定位目标受众；二是具有简洁化、多元化的特点，可以把握受众的碎片化心理，选取图书中的精彩内容，融合文字、图片、音频、视频、动画等内容，从而激发出目标受众的阅读兴趣；三是具有亲和性、互动性的特点，可以调动受众的主观能动性，从而加速相关图书信息的传播和热议。传统出版业必须高度重视新媒体的新风格，适应分众化、差异化传播趋势，放下身段，转变思路，根据图书的目标受众精准定位新媒体平台，精准投放相关宣传内容。

我们出版的《党员必须牢记的100条党规党纪》（人民出版社2015年版）一书就采用了利用新媒体进行宣传推广的方式。针对该书的内容特色和目标读者的特性，我们选择利用新媒体精准投放相关宣传内容。就内容特色而言，该书将2015年版《中国共产党纪律处分条例》（共11章、123条、1.7万余字）化繁为简地归纳为100个"严禁"（1500余字），通过禁令解读、曝光案例、重要规定和特别提醒，以帮助党员干部轻松读懂并深入领会《中国共产党纪律处分条例》。就目标读者的特性而言，该书主要针对的是广大的党员干部，发书评书讯、搞首发式、做签售等传统的宣传推广方式效果不一定好。于是，我们有针对性地将该书最有特色内容——100个"严禁"整理成微信文章，并以"中共党员的100条禁令来了：务必牢记，条条都是红线"为题，精准投放于对广大党员干部中有着巨大影响力的微信公众号"人民日报"。很快，阅读量达到10万+，点赞量近2.5万。微信发表后，网友的如潮好评也大大提升了该书的宣传效果。目前，该书已经累计发行了50余万册。

人们在全媒体时代获取信息的渠道越来越多样化，传统出版业如果固守传统的宣传推广形式，只会使得宣传效率边际递减。要想实现最佳的图书宣传效果，就要精准识别目标读者获取相关图书信息的主要渠道，重视新媒体的强大号召力，实现宣传方式的多样化、立体化。譬如，就内容而言，有的适合纯文字宣传，有的适合图文宣传，还有的适合音频、视频甚至是动画宣传；就形式而言，有的适合发书评，有的适合发书讯，有的适合做线上发布会，有的适合做选载或连载；就平台而言，有的适合微信、头条，有的适合抖音、快手，有的适合斗鱼、虎牙；等等。

四　市场营销共赢共生

当然，选题策划、内容设计、宣传推广并不是出版流程的全部，图书的价值最终还必须通过市场营销来实现。

在全媒体时代,"酒香不怕巷子深"不再是至理名言。恰恰相反,"酒香最怕巷子深"已成为当下图书市场的"新常态"。在信息大爆炸的今天,签名售书、新书发布会等传统的营销方式已经让人审美疲劳,其新鲜感和刺激程度已经很难激发读者的购买欲望。而新媒体因其精准的客户定位、较高的粉丝黏性、灵活的销售方式等特性,在图书的市场营销中逐渐异军突起。传统出版业要想在全媒体时代有所作为,就不能对日益萎缩的传统营销渠道敝帚自珍,而必须主动探索与新媒体的融合发展,开拓新的营销渠道。

那么,传统出版业如何利用好新媒体本身的潜力,开拓新的营销渠道呢?利用新媒体直销图书是一个值得探索的模式。简言之,就是利用新媒体本身强大的粉丝号召力,在新媒体上采用软文广告或硬性广告的形式直销图书,并附上针对粉丝的购买链接二维码,粉丝长按二维码则可进入购买页面,利用第三方支付工具(如微信或支付宝等)完成购买流程。我们在制订图书营销方案时,首先要对新媒体本身的优势资源进行认真的考量,因为有的新媒体拥有多个媒体平台,重点选择哪几个平台进行互动营销很关键。下面以"侠客岛"的图书营销为例。

"侠客岛"创办于2014年2月,是人民日报海外版旗下的另一个影响力超强的新媒体。考虑到"侠客岛"的众多媒体平台中,品牌号召力最强的是其微信公众号,同时,互动性也更强,我们在制定"侠客岛"的两部作品《解局——热点背后的中国逻辑》《解局——历史节点上的中国变革》(人民出版社2018年版)的营销方案时,我们便选择以微信公众号直销的形式进行营销。首先,我们与"侠客岛"合作,选择于"双十二"的前夕在"侠客岛"微信公众号发布新书。由于"侠客岛"推出的新书软文不但丝毫没有违和感,而且还以其轻松幽默的语言拉近了与粉丝的距离,最大限度地激发了粉丝的购买欲。该文点击量达8.7万,点赞量达557。同时,文章下面的互动留言也是"侠客岛"的一大特色,粉丝与主创人员插科打诨式的逗趣对话,制造了轻松幽默的营销气氛。为了配合"侠客岛"的营销,出版社则需备足货源,并以最快的速度将图书送至粉丝手中。接下来,"侠客岛"高招频出,譬如:既有持续在热点文章后附上两书的立体封面和购买链接二维码,也有开展读书打卡活动激发读者的阅读兴趣和分享阅读心得,还有举办有奖竞猜赠书活动等。正是这一波波新奇而有趣的营销活动,使得通过"侠客岛"微信公众号直接推销出去的图书就有 3 万多套。一般而言，在传统的营销观念中，这种文章选粹题材的图书是很难成为畅销书的。但"侠客岛"别具一格的精准营销方式，使《解局》系列图书取得不俗的销售成绩。

新媒体的营销资源有着巨大的潜力，但是如何实现与新媒体的"共赢"是双方都需要重点考虑的问题。对于出版社而言，一是可以在图书的作者简介部分增加新媒体平台的二维码，以增加新媒体的人气；二是对于有潜力的图书还可以采用版税的稿酬形式以最大限度地调动作者利用新媒体的积极性；三是投放的图书软文广告要注意做到语言风格与新媒体的一贯风格相统一，不能有违和感，或轻松幽默，或生动活泼，否则将对新媒体本身的品牌形象造成损害。出版社在利用新媒体进行图书营销时，始终要把握好三"点"：准确把握图书的特色和亮点，明白"竞争点"；寻求图书的量价互动，找准"平衡点"；牢记图书营销只是手段，不是目的，在追求利润的同时，提升"品牌点"。除了利用网络进行直销外，还有网络直播营销、社群营销等多种新媒体营销形式。出版社必须尽快实现从资源思维向用户思维的转变，尊重读者的需求和体验，从而选择更加适合市场的作者，进行更有针对性的装帧设计，实现更加精准的定制式出版。

五　结语

在全媒体时代，媒体融合是时代所向、大势所趋。传统出版业发展到今天，如果不大胆创新，主动实现与新媒体的融合，便容易越来越固化于原有的模式，在选题策划、内容创新、宣传推广、市场营销等方面出现"有增长，无发展""习惯固化""路径守旧""难以突破"等现象，进入"内卷化"的怪圈。传统出版业只有勇于在变革中创新发展，以深化改革推进深度融合，以融合力壮大主流阵地影响力，大胆运用新技术、新机制、新模式，不断总结经验，在理念思路、体制机制、方式方法上继续探索，走出一条与新媒体融合发展的创新之路，才能在激烈的市场竞争中把握战略主动。

参考文献

习近平：《论党的宣传思想工作》，人民出版社2019年版。

本书编写组：《习近平新闻思想讲义（2018年版）》，人民出版社、学习出版社2018年版。

《中共中央办公厅 国务院办公厅印发〈关于加快推进媒体深度融合发展的意见〉》，新华网，2020年9月26日。

（原载于《新闻研究导刊》2021年第7期）

党规类图书要注重"四性"

党的十八大以来，以习近平同志为核心的党中央坚持依法治国与以德治国相结合、依法治国与依规治党有机统一，坚定不移推进全面从严治党，开启了全面依法治国的新时代。一方面，党中央先后制定、修订了一系列关键性、引领性、标志性的党内法规，党内法规建设取得丰硕成果，形成了较为完善的党内法规体系，基本实现了有规可依；另一方面，党中央坚持无禁区、全覆盖、零容忍惩治腐败，"打虎""拍蝇""猎狐"不手软，使党风、政风为之一新，基本实现了有规必依，执规必严，违规必究。随着党员干部自觉学习党内法规蔚然成风，党规类图书也如雨后春笋般蓬勃发展，进入一个快速发展的新阶段，并成为新时代图书出版业的一大特色和亮点。

一般来说，党规类图书可以分为党规单行本、汇编性党规类图书、辅导性党规类图书、理论性党规类图书四种。

所谓党规单行本，是指以党内法规为主体的图书，除收入党内法规文本外，还可附录党中央出台印发这部法规的通知、法规起草部门的有关说明、权威机构的答记者问、起草部门有关负责同志的权威解答等，其余内容不得收入。鉴于党规单行本只有人民出版社等少数几家出版社可以出版，其政治性、权威性、准确性、指导性是不言自明的，这里不予探讨。典型代表有人民出版社的《中国共产党章程》《中国共产党纪律处分条例》等。

所谓汇编性党规类图书，是指针对某一特定读者群体或某一特定主题或某一特定时期，汇编全部或部分党内法规的图书。典型代表有人民出版社的《十八大以来廉政新规定》《十八大以来常用党内法规》、法律出版社的《中央党内法规和规范性文件汇编（1949年10月—2016年12月）》等。

所谓辅导性党规类图书，是指为给广大的党员干部读懂弄通做实党内法规提供正确引导和学习载体的图书。典型代表有人民出版社的《党员必须牢记的100条党规党纪——〈中国共产党纪律处分条例〉解读》《党章党规党纪学习辅导》等。

所谓理论性党规类图书，是指以整个党内法规现象的共同发展规律和共同性问题为研究对象的理论图书，主要围绕着什么是党内法规、党内法规为什么有效、党规与国法有何关系、如何适用党规四大核心问题展开。在我国，依法治国与依规治党是有机统一的，党规学又属于社会主义法学的有机组成部分，因此，理论性党规类图书还必须阐释社会主义法治应当遵循依法治国和以德治国相结合、依法治国和依规治党有机统一的原则，力图做到政治性与学理性相结合，给读者提供一个完整的社会主义法治体系学习框架。虽然理论性党规类图书目前尚处于起步阶段，但是，随着国内研究机构和高校的党内法规研究中心不断涌现，党内法规学的学科建设不断加强，党内法规学的理论研究不断深入，相信理论性党规类图书必将在图书市场的竞争中异军突起。典型代表有人民出版社的《党规学（党员干部版）》、高等教育出版社的《党内法规学》等。

一　党规类图书的政治性

与其他图书相比，党规类图书最鲜明特点就是政治性，这是由中国共产党领导是中国特色社会主义最本质的特征所决定的。党政军民学，东西南北中，党是领导一切的。因此，对于出版工作者而言，要想做好党规类图书，必须始终把坚持正确的政治方向摆在首位。而要想确保政治方向的正确，首先必须弄清楚什么是党内法规、党内法规的种类和层级、党内法规与规范性文件的关系、党内法规的效力位阶、党规类图书的基本政治原则，这是做好党规类图书的前提和基础。

一要弄清楚什么是党内法规。根据《中国共产党党内法规制定条例》第三条："党内法规是党的中央组织，中央纪律检查委员会以及党中央工作机关和省、自治区、直辖市党委制定的体现党的统一意志、规范党的领导和党的建设活动、依靠党的纪律保证实施的专门规章制度。党章是最根本的党内法规，是制定其他党内法规的基础和依据。"

二要弄清楚党内法规的种类和层级。党内法规分为中央党内法规、中央纪律检查委员会以及党中央工作机关就其职权范围内有关事项制定的党内法规以及省、自治区、直辖市党委就其职权范围内有关事项制定的党内法规三类，但各自规定的内容是有区别的。具体而言，中央党内法规，即由党的中央组织制定的党规主要包括（1）党的性质和宗旨、路线和纲领、指导思想和奋斗目标；（2）党的各级各类组织的产生、组成和职权职责的基本制度；（3）党员义务权利方面的基本制度；（4）党的领导和党的建设各方面的基本制度；（5）涉及党的重大问题的事项；（6）党的纪律处分和组织处理方面的基本制度；（7）其他应当由中央党内法规规定的事项。这里特别需要注意的是，凡是涉及党中央集中统一领导的事项，只能由中央党内法规作出规定，这是中央党内法规与其他两类党内法规的最大区别。中央党内法规一般以中共中央、中共中央和国务院、中共中央政治局、中共中央办公厅、中共中央办公厅和国务院办公厅的名义印发。中央纪律检查委员会以及党中央工作机关就其职权范围内有关事项制定的党内法规主要包括：（1）为贯彻执行中央党内法规作出配套规定；（2）履行党章和中央党内法规规定的党的工作相关职责。这类党内法规一般以中央纪委、中央组织部、中央宣传部等名义印发。而省、自治区、直辖市党委就其职权范围内有关事项制定的党内法规主要包括：（1）为贯彻执行中央党内法规作出配套规定；（2）履行党章和中央党内法规规定的领导本地区经济社会发展和负责本地区党的建设相关职责。

三要弄清楚什么是党内法规与规范性文件。党章、准则、条例、规则、规定、办法、细则属于党内法规，效力位阶排序分别是党章、准则、条例、规则、规定、办法、细则。其中，党章对党的性质和宗旨、路线和纲领、指导思想和奋斗目标、组织原则和组织机构、党员义务权利以及党的纪律等作出根本规定。准则对全党政治生活、组织生活和全体党员行为等作出基本规定。条例对党的某一领域重要关系或者某一方面重要工作作出全面规定。规定、办法、规则、细则对党的某一方面重要工作的要求和程序等作出具体规定。当然，中央纪律检查委员会以及党中央工作机关和省、自治区、直辖市党委制定的党内法规，可以使用规定、办法、规则、细则的名称。这里需要特别提醒的是，千万不要把决议、决定、意见、通知等当成党内法规，因为决议、决定、意见、通知等属于规范性文件。

四要弄清楚党内法规要遵循哪些效力位阶要求。（1）党章在党内法规中具有最高效力，其他任何党内法规都不得同党章相抵触；（2）中央党内法规的效力高于中央纪律检查委员会以及党中央工作机关和省、自治区、直辖市党委制定的党内法规，中央纪律检查委员会以及党中央工作机关和省、自治区、直辖市党委制定党内法规不得同中央党内法规和规范性文件相抵触；（3）中央纪律检查委员会以及党中央工作机关制定的党内法规的效力高于省、自治区、直辖市党委制定的党内法规，省、自治区、直辖市党委制定的党内法规不得同中央纪律检查委员会以及党中央工作机关制定的党内法规相抵触。

五要弄清楚党内法规类图书要遵循哪些基本政治原则。（1）坚持正确政治方向，增强"四个意识"、坚定"四个自信"、做到"两个维护"；（2）坚持从党的事业发展需要和全面从严治党实际出发；（3）坚持以党章为根本，贯彻党的基本理论、基本路线、基本方略；（4）坚持民主集中制，充分发扬党内民主，维护党的集中统一；（5）坚持党必须在宪法和法律的范围内活动，注重党内法规同国家法律衔接和协调；（6）坚持便利管用，防止烦琐重复。

二 党规类图书的权威性

党规类图书的权威性是由其鲜明的政治性决定的，而要保证党规类图书的权威性必须做到作者权威、内容严谨、装帧庄重。

一要作者权威。选择权威的作者，可以从源头上最大限度地保证党规类图书的权威性。不同的党规类图书对作者的要求也会有所差异。就汇编性党规类图书而言，汇编者应是党的中央组织以及中央纪律检查委员会，中央各部门和省、自治区、直辖市党委等权威的机构。当然，一些权威的党内法规研究机构，也有能力胜任。例如，《中央党内法规和规范性文件汇编（1949年10月—2016年12月）》由中共中央办公厅法规局编；《十八大以来常用党内法规》由中共中央党校党章党规教研室编。就辅导性党规类图书而言，作者应是中央的有关权威部门，或知名的党内法规研究专家。例如，《党员必须牢记的100条党规党纪》由著名法学家佟丽华领衔编写，他是党的十八大代表，北京市十三、十四届人大代表，中共中央对外联络部法律顾问，北京市委法律专家库成员，先后参与上百部法律法规政策的起草或论证，很多建议转化为相关法律和政策，是列席党的十八届四中全会唯一律师界十八大代表；是中央电视台《今日说法》等多家栏目超过十年的访谈嘉宾，曾荣获"全国十大法治人物""改革开放40周年政法系统新闻影响力人物"等，出版有60余种党规、法律类图书。就理论性党规类图书而言，作者应是长期从事党内法规研究的专家和学者。例如，《党内法规学》是国内第一部党内法规学国家统编教材，由中国法学会、中共中央办公厅法规局组织编写，中央办公厅法规局局长、机关党委书记、中国法学会常务理事、党内法规研究中心学术委员会主任宋功德同志和中国法学会党组成员、学术委员会主任张文显同志共同担任主编，由国内法学、党建理论界和实务界40余位专家学者编写。

二要内容严谨。《中国共产党党内法规制定条例》第三十四条规定："党内法规需要进一步明确条款具体含义或者适用问题的，应当进行解释。中央党内法规由党中央或者授权有关部委解释，中央纪律检查委员会以及党中央工作机关和省、自治区、直辖市党委制定的党内法规由制定机关解释。党内法规的解释同党内法规具有同等效力。"由此可见，党内法规的解释是一项非常严肃的政治工作。党规类图书为帮助党员干部更好更深入地理解相关党内法规而做的解读或导读，虽然不是《中国共产党党内法规制定条例》所界定的"党内法规的解释"本身，但是也必须时刻把握好"时、度、效"，做到准确和严谨，避免对党内法规的不准确性和随意性解读损害党内法规的权威性。基础性诠释部分必须以"党内法规的解释"为核心，以权威机构出台印发这部法规的通知、法规起草部门的有关说明、权威机构的答记者问、起草部门有关负责同志的公开解答等精神为准绳。拓展性诠释部分，可以结合党章、相关党规党纪以及法律法规进行诠释，但务必遵循三大原则：（1）不得同党章、党的理论和路线方针政策相抵触；（2）不得同宪法、法律和行政法规相抵触；（3）不得同上位党内法规和规范性文件相抵触。例如，《党员必须牢记的100条党规党纪（修订版）》以新版《中国共产党纪律处分条例》为主要依据，遵循党的十九大报告及最新修订的《中国共产党章程》，紧密结合党的十八大以来中央制定或修订的《关于新形势下党内政治生活的若干准则》《中国共产党党内监督条例》《中国共产党问责条例》《中国共产党巡视工作条例》等最新党内法规，介绍与相关党内禁令最密切相关的《中华人民共和国刑法》等法律规定，以帮助党员干部轻松读懂并深入领会这部史上最严党纪，使铁的纪律真正转化为日常习惯和自觉遵循。此外，我们还需要注意，党内法规作为社会主义法治体系的重要组成部分，纪法全面贯通、法法无缝衔接，有效实现全面深度融合，是做好新时代辅导类党规图书的新要求。

三要装帧庄重。党内法规图书有着鲜明的政治性，学习党内法规也是党员的一项严肃认真的政治生活。如果党规类图书的装帧庄重、大气、朴素，则可以做到与图书的主题和内容相符合，增强党员学习和使用的仪式感。而如果党规类图书的装帧花哨、小气、奢华，则与图书的主题和内容不相称，降低党员学习和使用的仪式感。例如，《十八大以来廉政新规定》采用了文件汇编类图书常用的极简约的装帧风格，给人以简单大气的审美感受。

三　党规类图书的准确性

党规类图书的准确性也是由其鲜明的政治性决定的，必须做到"三确保"，即确保党内法规文本、编选编排、相关概念的准确。

一要确保党内法规文本的准确。党规类图书所收录或引用的党内法规文本必须是党的中央组织、中央纪律检查委员会以及党中央工作机关和省、自治区、直辖市党委公开印发的版本，未公开的不宜收录。一般而言，我们可以使用新华社、人民日报等权威发布的版本，没有权威发布的，大多因未全文解密不宜收录在公开出版物中。否则，有可能在政治上造成不良的影响，严重的甚至还要承担相应的政治责任。

二要确保编选编排的准确。党规类图书在考虑编选原则和编排顺序时要注意如下几个方面：（1）根据党内法规的分类来编排，即按照首次党内法规工作会议精神，把党内法规依次分为党章、党的组织法规、党的领导法规、党的自身建设法规（又可细分为党的政治建设法规、党的思想建设法规、党的组织建设法规、党的作风建设法规、党的纪律建设法规）、党的监督保障法规；（2）根据法规效力位阶进行排序，即按党章、准则、条例、规则、规定、办法、细则进行排序；（3）根据印发时间的先后顺序排列；（4）根据特定主题分类；等等。总之，不同的排列组合实际所要表达的深层含义是不同的，最终达到的实际效果也各不相同。不管是哪种或哪几种规则排序规则，都要言之有据，并在"出版说明"中交代清楚。例如，《十八大以来廉政新规定》采用了按特定主题分类，细分为强化干部监管、引导示范带头、提倡厉行节约、规范公务行为、严禁公款送礼，同一主题以印发时间的先后排序。《中央党内法规和规范性文件汇编（1949年10月—2016年12月）》则完全以印发时间的先后排序。

三要确保相关概念的准确。与法学相比，党内法规学的理论研究刚刚起步，还是一门新兴学科，很多概念和命题都还停留在探索阶段，学术界尚未形成一致的看法也是情理之中的事情，这是我们在出版理论性党规类图书需要把握的一个重要前提。例如，由中国政法大学党规研究中心组织编写的《党规学（党员干部版）》（人民出版社2020年版）一书，是在柯华庆主编的《党规学》（上海三联书店2018年版）的基础上进行大幅度修订而成的。该书的一大理论创新就是将广义上的党内法规划分为建设类党规（即规范党的建设活动的法规）和领导类党规（即规范党的领导的法规）。中国共产党是马克思主义政党，同时也是执政党，是最高政治领导力量，这是中国共产党区别于其他政党的重要标志。党内法规不仅仅关涉党内的党员和党组织，也可以关涉党的领导关系。党的关系涉及内部关系和对外领导关系，党的对外领导与党的对内治理是两种不同性质的工作，规范党的对外领导的法规应该是领导类党规，规范党的对内治理的法规是建设类党规。当然，这一区分在老版《党规学》中表述为"党导法规"和"党内法规"，而在新版《党规学》中，则被修正为"领导类党规"和"建设类党规"。因为老版中的"党内法规"一词是狭义的，容易与我们通常所说的广义的党内法规发生概念混淆，同时，"党导法规"仅凭字面意思又很难理解其深刻含义。于是，我们建议作者换成"建设类党规"和"领导类党规"，既最大限度地保留了作者的原意，尊重了作者的原创性，又容易理解且不易混淆，得到作者的高度肯定。

四　党规类图书的指导性

党规的生命力在于实施，党规的权威也要在实施中得以体现。因此，党规类图书也要将增强指导性放在重要位置，方便广大党员干部自觉学习、带头遵守、严格执行。

一要务实管用，涵养风清气正的政治生态。党的十八大以来，党内法规建设的一个鲜明特点就是突出指导性和针对性，具有很强的执行力。党规类图书也必须紧紧抓住务实管用这一关键，为党员干部划清"红线"，明确"底线"。党内法规绝不是简单的书面材料，也不是可有可无的，而是每位党员都必须遵守的"红线"，绝不能碰触的"底线"，违反了就必然要受到追究。例如，《十八大以来廉政新规定》之所以累计印数超过100万册，与其超强的指导性是密不可分的。这些廉政新规定小至清退会员卡、公共场所禁烟以及严禁公款互相宴请、赠送节礼、违规消费等，大至强化干部监管、引导示范带头、规范公务接待等方面，具有极强的指导性、针对性、示范性和可操作性，更有非常强的执行力。党员干部如不认真学习、深刻领会，稍有不慎就有可能误碰"红线"，甚至误踩"底线"。

二要以案释纪，打造警示教育的鲜活教材。党规类图书应注意结合中央纪委等公开曝光的典型案例，对现实生活中党员干部容易忽视的盲点或违纪违法高发的风险点给予特别提醒，以帮助党员干部更好地领会党内法规精神，时刻心存敬畏，手握戒尺，坚决不碰红线、不触底线。中央纪委等公开曝光的案件具有信息生动、权威的特性，是对党员干部进行警示教育的鲜活教材。公开曝光虽然面子上过不去，但是红红脸、出出汗、排排毒、治治病，总比问题积累多了走上不归路要好，真正体现了对党员的严格要求和关心爱护。例如，《党员必须牢记的100条党规党纪》便系统梳理和总结了中央纪委监察部网站从2013年9月公开曝光违纪案件以来所公开曝光的1万多件各种违纪案件，总结共性问题，介绍典型案例，以警示更多党员不要重蹈前人覆辙，督促每位党员严格遵规守纪，做一名合格共产党员。

三要理论清醒，解决灵魂深处的认识误区。思想上的坚定首先离不开理论上清醒。系统学习党内法规，特别是深入了解党内法规基础理论知识，可以从灵魂深处帮助党员干部增强政治敏锐性和鉴别力，在大是大非面前保持清醒头脑和政治定力，自觉把思想和行动统一到党中央决策部署上来。例如，《党规学（党员干部版）》不仅系统探讨了党规学的性质和研究对象、党规和国家权力之间的关系、党规的渊源和效力、党规的功能、党规与道德的关系、党规的运行机制等重要问题，有力地批驳了诸如"党大还是法大"之类的伪命题，正确回答了诸如"权大还是法大"之类的真命题，而且还设专章对党章、重要的建设类党规和重要的领导类党规进行了细致解读与深刻分析，从宏观层面对党员干部认真学习、严格遵守党章党规党纪提出了相关要求。

总之，"治国必先治党，治党务必从严，从严必依法度"。加强党内法规制度建设，关乎全面从严治党、依规治党，关乎建设中国特色社会主义法治体系，关乎推进国家治理体系和治理能力现代化，关乎党长期执政和国家长治久安。做好党内法规类图书的出版工作，是新时代出版工作者义不容辞的责任。我们在策划和出版党内法规类图书时，必须增强"四个意识"，坚定"四个自信"，做到"两个维护"，始终把坚持正确政治方向摆在首位，做到政治性、权威性、准确性、指导性的有机统一。

参考文献

中共中央党校党章党规教研室编：《十八大以来常用党内法规》，人民出版社 2019 年版。

人民出版社编：《十八大以来廉政新规定（2020 年版）》，人民出版社 2020 年版。

中共中央办公厅法规局：《中央党内法规和规范性文件汇编（1949 年 10 月—2016 年 12 月）》，法律出版社 2017 年版。

本书编写组：《党员必须牢记的 100 条党规党纪——〈中国共产党纪律处分条例〉解读（修订版）》，人民出版社 2018 年版。

《党章党规党纪学习辅导（2020 年版）》编写组：《党章党规党纪学习辅导（2020 年版）》，人民出版社 2020 年版。

宋功德、张文显主编：《党内法规学》，高等教育出版社 2020 年版。

中国政法大学党规研究中心组织编，柯华庆主编：《党规学（党员干部版）》，人民出版社2020年版。

（原载于《出版参考》2021年第2期）

从民法典出版现象看做好普法类图书的"四个思维"

《中华人民共和国民法典》（下称《民法典》）的颁布和实施，是一件举国关注的大事件。出版好民法典及其相关普法图书，是出版人义不容辞的使命和责任。据报道，民法典纸质图书的销量非常惊人，达到了《新华字典》的8倍，相关辅导读物的销量也屡创新高，甚至有的出版社在新冠疫情下靠出版民法典类图书实现了逆势增长，被称为民法典出版现象。

一般来说，普法类图书可以分为法律法规单行本、法律释义与案例、针对特定读者的解读版本、学术研究的理论版本、面向大众的普法读本五种。

一是法律法规单行本，即以法律法规文本为主体的权威性读物。根据国务院颁布的《法规汇编编辑出版管理规定》，法律汇编由全国人民代表大会常务委员会法制工作委员会选择的中央一级出版社出版。目前，市场上的法律法规单行本主要由人民出版社、法律出版社、中国法制出版社、中国民主法制出版社四家出版社出版。民法典单行本也是由这四家出版社出版的，版本主要有64开口袋本、32开普及本、16开大字本、16开精装本等，定价也比较亲民，从18.00元到58.00元不等。作为宣传国家法律法规的权威材料，法律法规单行本的政治性、权威性、准确性、指导性是不言自明的。所谓的对照本、实用版和汇编版之类的图书大多属于单行本的衍生产品。

二是法律释义与案例，即逐条阐释法律条文主旨、立法背景、条文含义、司法适用以及以案释法的解读性读物。目前市场上影响较大的民法典释义与案例主要有三类：第一类是全国人大常委会法制工作委员会民法室主任黄薇主编的"准官方"版本，如：法律出版社的3卷本《中华人民共和国民法典释义》和7卷本民法典各分编释义，中国法制出版社的 6 卷本《中华人民共和国民法典解读（精装珍藏版）》和 7 卷本《中华人民共和国民法典解读》，中国民主法制出版社的 3 卷本《中华人民共和国民法典释义及适用指南》。第二类是民法典编纂项目领导小组成员、著名法学家杨立新教授主编的"学术性"版本，如：人民出版社的 7 卷本《〈中华人民共和国民法典〉释义》（与郭明瑞共同主编），法律出版社的 3 卷本《〈中华人民共和国民法典〉条文精释与实案全析》，中国法制出版社的 7 卷本《中华人民共和国民法典释义与案例评注》，中国人民大学出版社的 3 卷本《〈中华人民共和国民法典〉条文精释与实案全析》。第三类是其他版本，如：法律出版社的 7 卷本《民法典条文理解与司法适用》（中国审判理论研究会民事审判理论专业委员会编）、7 卷本《中华人民共和国民法典注释本》（法律出版社法规中心编）、1 卷本《民法典条文对照与重点解读》，人民法院出版社的 6 卷 11 册《中华人民共和国民法典理解与适用》（最高人民法院民法典贯彻实施领导小组编），等等。这些版本中以 3 卷本、7 卷本最为常见，读者可以根据自己的需求和经济承受能力选择不同的版本。

三是针对特定读者的解读版本，即根据目标读者的特点和特定需求而量身打造的细分性读物。如：人民出版社的《应知应会的 100 个民法典知识》《民法典学习问答》，法律出版社的《居民的民法典（插图版）》《村民的民法典（插图版）》《青少年的民法典（插图版）》《法官眼中的民法典》等。

四是学术研究的理论版本，即从学术角度对法律进行深度研究的理论性读物。如：人民出版社的《民法典术语》，中国法制出版社的 15 卷本《民法典评注》（中国社会科学院法学研究所），中国人民大学出版社的 10 卷本《中国民法典释评》（中国人民大学法学院）。

五是面向大众的普法读本，即面向社会大众，立足于让法律走到读者身边、走进读者心里的普及性读物。如：人民出版社的《民法典开讲》，法律出版社的《民法典一本通》，中国法制出版社的《中华人民共和国民法典宣传挂图》（司法部普法与依法治理局著）、《生活中的民法典》以及民法典各分编热点问题 100 问系列，中国民主法制出版社的 7 卷本民法典学习读本系列（中共中央宣传部宣传教育局、全国人大常委会法制工作委员会民法室、司法部普法与依法治理局编）、《民法典百姓普法读本》、《民法典普法三字经》、《漫画民法典》，上海人民出版社的

《民法典与日常生活》等。

无论是哪一类普法类图书，出版工作者都应具备政治思维、创新思维、用户思维和营销思维这四种思维。

一 政治思维：做好普法类图书的前提和基础

在我国，法律的本质是党和人民意志的集中体现。宪法和法律具有至高无上的地位，任何组织或者个人都没有超越宪法和法律的特权，任何违反宪法和法律的行为都必须被追究。因此，对于出版工作者而言，要想做好普法类图书，首先必须具备政治思维。

一要方向正确。要想坚持正确的政治方向，普法类图书首先应当遵循宪法的基本原则，以经济建设为中心，坚持社会主义道路、坚持人民民主专政、坚持中国共产党的领导、坚持马克思列宁主义毛泽东思想邓小平理论，坚持改革开放。其次，要弄清楚如下效力位阶要求：（1）宪法具有最高的法律效力，一切法律、行政法规、地方性法规、自治条例和单行条例、规章都不得同宪法相抵触。（2）法律的效力高于行政法规、地方性法规、规章。行政法规的效力高于地方性法规、规章。（3）地方性法规的效力高于本级和下级地方政府规章。省、自治区的人民政府制定的规章的效力高于本行政区域内的设区的市、自治州的人民政府制定的规章。（4）自治条例和单行条例依法对法律、行政法规、地方性法规作变通规定的，在本自治地方适用自治条例和单行条例的规定。经济特区法规根据授权对法律、行政法规、地方性法规作变通规定的，在本经济特区适用经济特区法规的规定。（5）部门规章之间、部门规章与地方政府规章之间效力同等，在各自的权限范围内施行。（6）同一机关制定的法律、行政法规、地方性法规、自治条例和单行条例、规章，特别规定与一般规定不一致的，适用特别规定；新的规定与旧的规定不一致的，适用新的规定。（7）法律、行政法规、地方性法规、自治条例和单行条例、规章不溯及既往，但为了更好地保护公民、法人和其他组织的权利和利益而作的特别规定除外。就做好民法典的相关图书而言，坚持正确的政治方向，首先在于要深刻理解民法典的重要意义。就国家层面而言，民法典是新中国成立以来第一部以"典"命名的法律，它所规定的都是基础性的民事法律规范和制度。作为一部全面保障私权的法律，民法典的颁布和实施为全面依法治国奠定了坚实的基础，有利于提升国家治理体系和治理能力的现代化，有利于完善社会主义市场经济的法律规则，改善营商环境。就法学层面而言，民法典是我国社会主义法治建设的重大成果，将我国在不同时期、不同阶段制定的民法总则、物权法、合同法、婚姻法、收养法、继承法、侵权责任法以及与人格权相关的法律和司法解释等多部法律法规体系化，避免了诸如表述的不一致、概念的不统一甚至规则之间相互冲突矛盾的现象，极大地促进了我国民事立法的体系化。就个人层面而言，作为社会生活的"百科全书"，民法典坚持以人民为中心的发展思想，规范和调整着社会经济生活与家庭生活的方方面面，是市民社会全体成员的"民事权利宣言书和保障书"。按照民法典生活，个人的尊严就能够得到尊重，个人的权利就能够得到实现，不仅在一生中生活得更加幸福，而且在其生前和死后都能够得到法律的保护。

二要作者权威。 选择权威的作者，可以从源头上最大限度地保证普法类图书的权威性。当然，不同的普法类图书对作者的要求也会有所差异。对于释义和案例或针对特定读者的辅导类读物而言，作者应是中央的有关权威部门，或知名的法学家；对于学术研究的理论著作而言，作者应是学有所长且有学术独创性的专家学者；对于面向大众的普法读物而言，则应优先考虑那些具备以通俗易懂的语言、生动活泼的形式将法律精神、法律知识准确传达给大众的作者。例如，就民法典释义图书而言，全国人大常委会法制工作委员会民法室主任黄薇主编的"准官方"版本和民法典编纂项目领导小组成员、著名法学家杨立新教授主编的"学术性"版本相较于其他版本而言，影响力明显要强一些、销量也更好一些。前者如法律出版社黄薇主编的《中华人民共和国民法典释义》（上中下）销售了6万册。后者如人民出版社的《中华人民共和国民法典释义》（7卷本），由民法典编纂项目领导小组成员全程参与民法典编纂工作，著名法学家杨立新教授和郭明瑞教授担纲主编，汇集了国内相关领域的中青年学术骨干，虽然总定价高达360元，但已发行了3万余套。

三要内容严谨。 正如德国法学家萨维尼所说："解释法律系法律学之开端，并为其基础，系一项科学性工作，但又为一种艺术。"由此可见，解释法律首先是一门严谨性非常强的科学性工作，其次才是如何以恰当的形式传达给目标读者的问题。《中华人民共和国立法法》第四十五条规定:"法律解释权属于全国人民代表大会常务委员会。法律有以下情况之一的,由全国人民代表大会常务委员会解释:(一)法律的规定需要进一步明确具体含义的;(二)法律制定后出现新的情况,需要明确适用法律依据的。"第五十条规定:"全国人民代表大会常务委员会的法律解释同法律具有同等效力。"显然,对法律进行解释是一项非常严肃的政治工作。普法类图书为帮助读者更好更深入地理解相关法律而做的解读或导读,虽然不是《中华人民共和国立法法》所界定的"法律解释"本身,但是也必须时刻把握好时度效,做到准确和严谨,避免因对法律的不准确性和随意性解读而损害法律的权威性。我们知道,民法典的庞大体系,就是建立在庞大的民法典术语之上的。正确理解民法典的术语,是学习、掌握、应用、宣传民法典的基础。为了给读者提供一部简明扼要的民法典术语工具书,最大限度地保证对民法典术语的准确阐释,全国科学技术名词审定委员会与人民出版社在《民法典术语》项目启动之初便着手成立编委会,依照立法、司法和理论研究的基本要求,对民法典的基本术语进行反复筛选,最终遴选了952个词条。接下来,制定统一的编选原则和编写体例,组织全国十余位民法专业的专家学者撰写相关词条的解释,在具体的词条解释中,既注重学术性、科学性,也关注通俗性、平实性,避免纯粹的学术定义。书稿成型后又经过主编审读、全国科学技术名词审定委员会专家审定,反复修改打磨,最后经出版社严格的"三审三校"方才出版,基本达到了能够展示民法典精神风貌、时代特点、定义精准的术语工具书这一初衷。

从民法典的相关图书出版情况来看,各大法律类图书出版社都注重精心挑选权威的作者队伍,立足正解而杜绝曲解,强调通俗而不离学术,以便更好地体现民法典的立法精神,努力打造高质量的民法典类出版物。出版工作者必须坚持政治思维,旗帜鲜明讲政治,全面贯彻习近平法治思想,提高政治判断力、政治领悟力、政治执行力,将普法类图书的策划重点放在树立宪法法律至上、法律面前人人平等的法治理念上,放在培育全社会法治信仰上,放在增强法治宣传教育针对性和实效性上,放在引导全体人民做社会主义法治的忠实崇尚者、自觉遵守者、坚定捍卫者上,使法治成为社会共识和基本原则。

二　创新思维：做好普法类图书的核心和关键

创新始终是引领发展的第一动力。就普法类图书而言，不少出版社都推出了深受读者喜爱的拳头产品，取得了良好的经济效益和社会效益，从而实现逆势增长；但也有少数出版社推出了一些跟风性质的平庸之作，这些图书投入市场后自然反响平平。两相比较，根本原因还在于后者的同质化现象较为严重，语言干瘪、内容枯燥、形式单一，不能有效吸引读者。由此可见，谁要想在激烈的图书市场竞争中脱颖而出，谁就必须以创新思维作为制胜的法宝。

一要选题创新。市场上卖得好的普法类图书，有一个共同特点就是定位精准，突出目标读者的身份属性、工作性质等特点，为他们学习运用法律法规提供帮助，解析他们关于法律法规学习运用的思想疑问，增强其法律意识，提高其运用法律法规的能力和水平。因此，只有善于利用海量信息找准选题方向，精准评估目标受众的深层次阅读需求，优化选题结构，明晰操作思路，并将所策划的选题纳入本社的发展规划中实施品牌战略，才能策划出适销对路的精品法律图书。例如，《应知应会的100个民法典知识》主要针对目前民法典解读书籍主要面向普通群众、法律专业人士的现状，面向党员领导干部，突出党员领导干部的身份属性、工作性质等特点，将党内法规和国家法律有机融合，帮助党员领导干部在学法、懂法、守法与学习贯彻党规党纪之间融会贯通，促进党员切实履行法定义务和党员义务，充分发挥尊法守纪的模范带头作用。

二要内容创新。内容为王永远不会过时。畅销的普法类图书有一个共性，就是做到了内容深入浅出、语言通俗易懂、案例选取得当。由此而言，内容是根本，最终必须靠内容来吸引受众。谁提供的内容更加精准有效，谁提供的内容与工作和生活更息息相关，谁提供的内容有着更优的阅读体验，谁就能赢得更多的受众。出版工作者可在三个方面发力：一是追踪学术界对法律法规的最新研究成果；二是面向不同群体细分普法类市场，尤其是面向青少年等重点人群；三是注重以案释法，让法律法规走到群众身边、走进群众心里。《民法典与日常生活》一书选取了发生在日常生活中具有常见性、典型性和趣味性的73个真实司法案例，如卖家隐瞒重要信息，买家怎么办？婚内财产协议到底"捆绑"谁？网上购物被取消订单，如何维权？……通过这些案例教老百姓更好地保护自己的权利。同时，又以通俗易懂的语言对45个社会关注度较高的民法典热点、焦点问题进行了解析，如胎儿的利益如何保护？无行为能力人、限制行为人由谁来守护？"允许抵押财产"流通后还买不买？……通过对这些问题的解析，老百姓很容易搞明白今后的生活会有何不同。这本书既做到了让老百姓读得懂、记得牢，又做到了让老百姓分得清、悟得深。就此而言，该书获得《中国新闻出版广电报》2020年度好书也就不难理解了。

三要融媒创新。在全媒体时代，新媒体具有传播快捷、信息量大、即时性强、检索方便、交互共享等特征，满足了受众特别是年轻受众的阅读偏好和多元需求，从而颠覆了人们传统的阅读方式、视听方式乃至生活方式。相对于传统纸质图书的图文等相对单调的形式，不少读者更倾向于以音频、视频的形式来获取信息，特别是对于那些非严肃学术著作的普法类图书而言。例如，《民法典开讲（视频书）》一书最大的特色就是以视频书的形式来普法。全书共12讲，每一讲均有一个二维码，读者扫码即可观看王利明、王轶、杨立新等10位法学大咖深度解读民法典。既可以满足传统读者偏好纸质阅读的习惯，又可以满足年轻读者偏好视听冲击的需求，可以说这是普法类图书主动与新媒体实现深度融合的一个尝试。

从民法典的相关图书出版情况来看，各大法律类图书出版社为了在激烈的市场竞争中占据优势，纷纷在选题创意、内容设计、媒体融合上下功夫，在不少方面均对以往的普法类图书"套路"有所创新和突破，大大刺激了读者的购买热情，成为图书市场上一道亮丽的风景线。随着民法典的不断完善和发展，以及相关司法实践工作的深入，民法典的话题还会持续引发热度，成为普法类图书可持续发掘的富矿。出版工作者必须坚持创新思维，常存忧患之心，突破思维定式，不仅要在选题上精准定位目标读者，更要把内容创新放在核心位置，还要汲取新媒体的一些好做法，努力以更加亲民的方式、更加开放的心态、更加快捷的节奏，不断拓宽内涵深化思路。选题策划最忌做成"一锤子买卖"，而是要结合新的时间节点和读者新的阅读需求，不断更新内容和形式，使其保持旺盛的生命力。既要有"新瓶"，又要有"新酒"，更要合"新味"。由此可见，"畅销书"与"长销书"之间并不存在壁垒，而是可以互相转化的。只要我们能准确"get"到时代的痛点、痒点、兴奋点，明晰读者的疑惑点、薄弱点、空白点，就可以将"畅销书"做成"长销书"，将"长销书"进一步升级成新的"畅销书"。

三　用户思维：做好普法类图书的力量和源泉

法律的生命力在于实施，法律的权威也在于实施。出版工作者必须充分考虑读者的现实需求和阅读体验，选择更加适合市场的作者，进行更有针对性的装帧设计，实现更加精准的定制式出版，努力实现从"作者提供什么就出版什么"的读者思维向"读者需要什么就出版什么"的用户思维的转变，架起作者—出版者—读者互联互通的桥梁，这是实现普法类图书理念性变革的力量和源泉。只有这样，普法类图书才具有更强的针对性、实用性、指导性，真正做到好用、管用、实用，方便读者自觉学习法律、带头尊崇法律、严格执行法律，营造学法、知法、懂法、守法的浓厚氛围。

一要互动交流。在传统模式中，如果说图书的作者是内容提供者，出版者是内容加工者的话，那么，读者则是内容的被动接收者。读者既不能直接和作者互动，也不能直接和出版者交流，它们之间横亘着一个巨大的"信息鸿沟"。而在全媒体时代，新媒体则以其飞速发展的高新技术正迅速填平这个"信息鸿沟"：一是能更好地满足用户需求，有着高效的反馈机制，互动性强；二是可实时更新大数据，追踪和计算热点话题，能在第一时间生成用户感兴趣的内容，从而实现精准传播；三是有着开放的平台，思想多元化倾向强，可以大大提升信息的传递和思想的交流，催生新的理念和新的思想。这些都是"读者思维"时代所不具备的。在当今以内涵深度取胜的激烈竞争中，谁更能把握住用户的"心"，谁就会在未来取得优势地位，占有更大的份额。例如，《民法典开讲（视频书）》一书的12个视频由百度App制作，不仅观看人次突破1000万，而且百度App也为读者—出版社—作者之间搭建了一个沟通的平台。读者通过扫码即可以在相关视频下方进行评论，从而可以轻松和法学大咖以及图书编辑在线进行互动。

二要产品升级。用户思维不仅仅要求出版社、作者、读者三者之间有着良好的互动交流，更重要的是要实现从以图书为导向转向以读者（用户）为中心。也就是说，一本书的出版并不是整个出版环节的完成，而要以此为契机，将"一本书"升级换代为"系列书"，以持续的创新服务不断给读者提供更多更好的用户体验，充分满足读者的阅读需要、现实诉求等。普法类图书说到底是为现实生活服务的。法律本身不是一成不变的，需要根据政治经济文化的发展变化不断进行修订、修正甚至是废止，与之相适应，普法类图书只有与时俱进不断更新换代，才能保持旺盛的生命力。例如，法律出版社的《民法典条文对照与重点解读》于2020年5月推出首版，在最高人民法院于2020年12月底实施民法典全面完成司法解释清理工作并发布首批民法典配套司法解释后，对该书进行修订，2021年1月又及时推出了《民法典条文对照与重点解读（第2版）》。新版将最高人民法院新发布的7件司法解释和111个修正司法解释核心条款全面嵌入民法典对应条款，使得其时效性和指导性大大增强。

三要增强黏性。用户黏性是衡量品牌忠诚度的重要指标之一。当现实的利益取舍与自身的价值观发生冲突时，出版社只有以用户为中心，将用户体验放在首位，倾听用户的心声，不断改进自己的产品，努力提升产品的竞争力，才能不断提升用户对品牌的信任、承诺、情感，从而累积品牌的忠诚度。相反，如果出版社一味追求短期效益，不顾及用户的体验，不改进自己的产品，就会消耗用户对品牌的信任度，进而丧失品牌的忠诚度。就民法典相关图书而言，不少出版社都注意打好"组合拳"，既可以为同一读者提供"官方性"法律法规单行本—"辅导性"法律释义—"普及性"大众读物—"深度性"研究著作等不同进阶的图书，又可以针对不同读者的年龄层次、知识结构、工作需要等方面的差异推出同一进阶的不同类型产品或同一产品的纸电声多种形态，并在激烈的市场竞争中不断推陈出新，及时修订、修正相关图书，甚至是忍痛报废过时的库存图书，以此增强用户的黏性。

从民法典的相关图书出版情况来看，各大法律类图书出版社比以往任何时候都更加注重读者的现实需求和阅读体验，不仅推出了常规的纸质图书，还有电子书、音频课程、视频书等多媒体产品，为不同年龄、不同需求的读者提供了立体式的品类选择。在民法典类图书的带动下，

2020年法律图书板块在码洋规模、码洋占比、动销品种数方面均较2019年有了大幅提升。出版工作者必须坚持用户思维，捕捉全媒体时代用户需求方式的深刻变化，既要注重与用户的互动式传播，又要根据用户的客观需要的变化不断升级自己的产品，还要着力提升用户的品牌忠诚度。

四　营销思维：做好普法类图书的抓手和突破

宣传和营销虽然是普法类图书流程的最后一环，但却是检验选题策划、内容创新、装帧设计、印制装订成功与否的关键一环，图书的价值最终还必须通过宣传和营销来实现。其中，宣传营销的实质是将图书的相关信息传递给尽可能多的目标受众，影响他们的情感、认知和态度，从而引导、刺激和激发潜在消费者的购买欲望，并最终转化为现实的图书购买者。

一要精准定位。 从选题策划到宣传推广与市场营销，精准的定位始终是图书最终能否成功的关键。不仅图书的选题方向、内容创新、装帧设计等要紧紧围绕目标受众的需求、偏好，而且在进行图书的宣传推广和市场营销时，也要对目标读者进行精准定位。单就民法典而言，不同群体的宣传和营销的重点是不同的：对于领导干部而言，重点应放在如何引导他们做学习、遵守、维护民法典的表率，提高运用民法典维护人民权益、化解矛盾纠纷、促进社会和谐稳定能力和水平上；对于司法机关工作人员而言，重点应放在如何引导他们提高民事案件审判水平和效率，提高办案质量和司法公信力上；对于律师而言，重点应放在如何引导他们更好地帮助群众实现和维护自身合法权益上；对于社会大众而言，重点应放在如何引导他们认识到民法典既是保护自身权益的法典，也是全体社会成员都必须遵循的规范上；等等。

二要多元宣传。 目标受众清晰后，就需要综合考量时间、地域、动机等因素，在复杂的媒介环境中根据媒体的不同个性选择最优的宣传推广方式。如：形式上，有的适合做选载连载，有的适合发书评，有的适合发书讯，有的适合做线上发布会，有的适合做线下首发式；内容上，有的适合做图文宣传，有的适合纯文字宣传，有的则适合音频、视频甚至是动画宣传；平台上，有的适合报纸、杂志、电视、网络等传统媒体，有的适合微信、头条、抖音、斗鱼等新媒体；等等。例如，中国法制出版社在做好民法典图书传统形式宣传的同时，还协助司法部普法与依法治理局制作了民法典公益宣传片《新时代的人民法典》，举办线上民法典高端对话以及民法典主题动漫、数字展览等；法律出版社则拍摄了"编辑教你如何选择《民法典》图书""读懂民法典、读懂一部社会生活百科全书"短视频、上线供读者免费学习的"解读民法典"音频课程。这些新颖的宣传形式值得出版工作者借鉴。

三要立体营销。从宣传推广的"市场发酵"到"现实购买"之间，还需要根据不同受众的消费习惯差异制定相应的立体营销策略。我们既要重视书店签售、巡回讲座、读者见面会等传统营销模式，又要积极利用新媒体，努力探索网络直销、网络直播、社群营销等众多新的营销模式。例如，2021年1月20日，法律出版社联合中关村图书大厦共同举办"民法典——走进百姓"线上图书分享直播互动活动。法律出版社的两位编辑共同带领线上读者了解民法典中"家里家外"那些"民生事"，取得了不错的营销效果。

从民法典的相关图书出版情况来看，各大法律类图书出版社在营销上可谓下足了功夫，有的积极营造民法典热点话题，有的努力争取平台的重点资源，有的在自营官方旗舰店开设售卖专区，有的在自媒体平台设置实务答疑等，大大推高了民法典类图书的销售。譬如，人民法院出版社在2020年度发行码洋同比上升100%，其中增量的80%均受益于民法典类图书的有效营销。出版工作者必须坚持营销思维，针对不同的目标读者采用分级分类的营销手段，在复杂的媒介环境中选择最优的宣传推广方式，努力创新传统营销方式，不断开拓新媒体营销渠道。

总之，法治兴则国兴，法治强则国强。从民法典辅导读物的热销，我们可以看到读者有着越来越旺盛的普法类阅读需求，普法类图书的热销在今后将会是一个新"常态"。新时代的出版工作者，应紧紧抓住时代机遇，努力实现政治思维、创新思维、用户思维、营销思维的有机统一，从不同的角度、面向不同的读者群体策划更多更好的普法读物。

参考文献

习近平：《论党的宣传思想工作》，人民出版社2019年版。

《中华人民共和国民法典》，人民出版社2020年版。

杨立新、郭明瑞：《中华人民共和国民法典释义》（7卷本），人民出版社2020年版。

中国人民大学法学院：《民法典开讲（视频书）》，人民出版社2020年版。

全国科学技术名词审定委员会编：《民法典术语》，人民出版社2020年版。

（原载于《出版参考》2022年第1期）

出版工作者要提高"政治三力"

习近平总书记最近多次强调,"要不断提高政治判断力、政治领悟力、政治执行力"。这一重要论述具有很强的针对性、指导性和实践性,深刻阐明了新时代出版工作者为何必须把旗帜鲜明讲政治放在首要位置,如何将政治判断力、政治领悟力、政治执行力贯穿到出版工作中,增强"四个意识"、坚定"四个自信"、做到"两个维护",守正创新、主动作为、勇开新局。

一 提高政治判断力,是做好出版工作的前提

政治判断力即政治上"怎么断",重在判断,强调的是政治可靠、对党忠诚,解决是非问题。提高政治判断力,就是要提高站在讲政治的高度来研判现实问题的能力。既能以国家政治安全为大、以人民为重、以坚持和发展中国特色社会主义为本,始终把握方向、把握大势、把握全局,在政治立场、政治方向、政治原则、政治道路上同党中央保持高度一致;又能增强科学把握形势变化、精准识别现象本质、清醒明辨行为是非、有效抵御风险挑战的能力。对于出版工作者而言,提高政治判断力是做好出版工作的前提,就是要把握政治大局,坚持正确出版导向;切实增强四力,做好主题出版工作;坚持唯物史观,反对历史虚无主义。

(一)把握政治大局,坚持正确政治方向

旗帜鲜明讲政治,坚持正确的政治方向,始终保持党的政治本色,始终沿着中国特色社会主义道路前进,是做好新时代出版工作的首要要求。一要善于把握根本性、全局性、长远性问题,对于书名、标题名、内容主旨、核心论点、封面设计等重大问题和关键环节,必须始终做到头脑清醒、眼睛明亮、政治坚定,从宏观层面确保书稿的政治安全。二

要善于从一般论述中发现政治意识不强、政治立场不稳、政治能力不足、政治行为不端等突出问题，从中观层面确保书稿的政治安全。三要善于从倾向性、苗头性的细节表述中发现政治端倪，对各种错误思潮、模糊认识、不规范的政治表述等保持高度警惕，从微观层面确保书稿的政治安全。四要善于从书稿中错综复杂、相互交织的矛盾关系中把握到隐秘的政治逻辑、政治关系、政治观点，从立体层面确保书稿的政治安全。唯有增强科学把握形势变化、精准识别现象本质、清醒明辨行为是非、有效抵御风险挑战的能力，从宏观、中观、微观、立体层面反复对书稿进行政治把关，才能最终确保政治立场不移、政治方向不偏。

（二）切实增强四力，做好主题出版工作

主题出版已经成为当代中国图书市场上最闪亮的"星"。但如何让主题出版图书既叫好又叫座，却是让不少出版工作者头疼的事情。因为好的主题出版图书必须是权威性、政治性、可读性的完美结合体，既要始终坚持为大局服务，宣传国家的大政方针，保持鲜明的政治倾向，又注重与党政干部及老百姓的阅读兴趣相结合，做到文字流畅，语言活泼，时效性强。而要做到这两个方面，则要求出版工作者不断在实际工作中增强"四力"。脚力上，要带着"问题"和"热点"走好群众路线，深入图书市场做好调查研究，了解人民群众的所思所想，从而策划出既能准确理解党和国家的大政方针，又能反映社会热点的好选题来。眼力上，要善于观察、善于辨别，从表象中发现本质、从一般中发现规律，进而形成有前瞻性、战略性的独到见解，既不人云亦云、盲目跟风，又不浅薄苍白、缺乏厚度和深度。脑力上，要用党的创新理论最新成果武装头脑，特别是加强对习近平新时代中国特色社会主义思想的学习，努力拓宽哲学、历史、文学、艺术、马列经典、政治、经济、科学等学科的学养，努力成长为既是"专才"又是"通才"的复合型编辑。只有做到学养深，素质硬，底气足，才能既坚持正确的出版导向，又将主题出版的命题转化为独具特色的创新性选题。笔力，出版工作者的基本功，既体现在选择和培养优质作者上，又体现在将艰深、晦涩的文字润色为深入浅出、言简意赅、富有感染力的语言，并善用鲜活的、现场感强的多媒体素材来增强图书的表现力，引导作者设置参与性、话题性、互动性的内容板块，使得主题出版物有高度、有深度，更有温度。

（三）坚持唯物史观，反对历史虚无主义

近年来，各种历史虚无主义言论甚嚣尘上，如歪曲历史、诋毁领袖、否定革命、编造谣言、恶搞英雄等，造成了非常恶劣的社会影响。与网上那些"显白的"言论不同，书稿中的历史虚无主义则更加"隐秘"，需要我们睁大双眼、判断真假。譬如，有些求新求异的书稿，往往把一些有历史定论的好人说得坏一点，把一些有历史定论的坏人说得好一点，容易给读者造成一种"好人不好，坏人不坏"的错觉，甚至将一些历史上的反动人物打扮成"历史的推动者"。有些以个体和小众记忆为主的书稿，往往打着"揭秘""档案""真相""口述历史""历史人物访谈"的旗号，歪曲、解构、替代国家集体记忆、大众记忆。有些涉及学科演变、社会变迁的书稿，常常将新中国成立以来的发展历程简单化为改革开放前、改革开放后两个阶段。殊不知，这样的分类极容易陷入这样的误区：用改革开放后的历史时期否定改革开放前的历史时期或者用改革开放前的历史时期否定改革开放后的历史时期。还有一些谈及中国近现代医疗、教育、慈善的书稿，经常夸大或美化教会在中国现代化进程中的推动作用，而往往对教会的主观侵略性实质避而不谈。实际上，前者仅仅是支流，后者才是其主流。出版工作者应该树立唯物史观，学会将历史人物放到其所处时代和社会的历史条件下去分析；坚持实事求是的思想路线，学会分清主流和支流，坚持真理，修正错误，发扬经验，吸取教训；加强党史、新中国史、改革开放史、社会主义发展史学习，深刻认识中国共产党为什么能、马克思主义为什么行、中国特色社会主义为什么好。只有补齐短板，解决认知盲区，增强政治鉴别力，才能让历史虚无主义无所遁形。

二 提高政治领悟力，是做好出版工作的核心

政治领悟力即政治上"怎么悟"，重在领悟，强调的是学深悟透、融会贯通，解决深浅问题。提高政治领悟力，就是要提高运用政治思维弄清楚、搞明白现实问题的能力。既要对党中央精神深入学习、融会贯通，坚持用党中央精神分析形势、推动工作，始终同党中央保持高度一致；又要对"国之大者"了然于胸，对自己的职责和定位做到心中有数。对

于出版工作者而言，提高政治领悟力是做好出版工作的核心，就是要学深悟透贯通，不断提升内容质量；发扬工匠精神，不断提高编校质量；以人民为中心，不断提升设计质量；明确职责定位，不断提升印装质量。

（一）学深悟透贯通，提升内容质量

内容为王永远不会过时，无论什么出版物最终都必须靠内容来吸引受众，谁提供的内容更加精准有效，谁提供的内容与工作和生活更息息相关，谁提供的内容有着更优的阅读体验，谁就能赢得更多的受众。由此可见，内容的质量从根本上决定了出版物的生命力。一要学深悟透贯通习近平新时代中国特色社会主义思想。习近平新时代中国特色社会主义思想内容丰富、博大精深，贯通哲学、政治经济学、科学社会主义等各个学科领域，是做好新时代出版工作的科学指南，为新时代出版工作指明了前进方向，提供了根本遵循。我们要准确把握习近平论党的宣传思想工作的精髓要义，如坚定的党性原则、鲜明的人民立场、遵循规律的要求、勇于创新的精神、宽阔的国际视野等，确保内容创新不跑偏、不走样，始终沿着正确的方向前进。二要学深悟透马克思主义。我们要自觉坚持以马克思主义新闻观为指导，保持清醒的理论自觉、坚定的政治信念、科学的思维方法，以扎根现实土壤、回应实践需求、回答时代课题的问题为导向，唱响主旋律、传播正能量。三要学深悟透与自己所从事出版工作相关的专业基础知识、前沿理论，为构建中国特色哲学社会科学贡献应有力量。

（二）发扬工匠精神，提升编校质量

工匠精神是一种一丝不苟、追求完美、精益求精、持之以恒的精神理念，也是一种爱岗敬业、艰苦奋斗、淡泊名利、甘于奉献的价值追求。编校质量无小事。出版工作者必须将"匠心"贯注到"三审三校一读"之中，树立质量观念，强化精品意识，弘扬工匠精神。严禁"三审三校"流于形式，出现以审代编、以编代校、业务外包、"买卖书号"等情况。在严把政治关、导向关的同时，切实提升书稿的科学性、艺术性和知识性，力求做到内容完善、体例严谨、材料准确、语言通达、逻辑严密，努力打造精品力作。

（三）以人民为中心，提升设计质量

提高政治领悟力，必须始终坚持以人民为中心的出版理念。人民立场是中国共产党的根本政治立场，体现了马克思主义的人民主体性思想

原则、群众史观，体现了"人民至上"的价值取向。一方面，随着新时代经济社会的迅猛发展，人民群众的精神文化生活水平亦不断提升，并且日益呈现出多样化、个性化、差异化的特点，要求图书的装帧设计必须注重知识性、实用性、艺术性的有机融合；另一方面，随着全媒体时代信息技术的日新月异和新媒体的异军突起，人民群众的阅读方式、视听方式乃至生活方式亦发生了颠覆性的变化，倒逼图书的装帧设计必须摒弃内容枯燥、形式单一的传统模式，实现文字、表格、图片、图像、音频、视频、动画等全媒体资源的有机融合，从而给读者带来更好的阅读体验。这就要求出版工作者必须把满足人民美好生活的精神文化需要作为工作的出发点和落脚点，践行全心全意为人民服务的出版宗旨，树立真挚的人民情怀，把人民放在心中最高位置。既要扎根人民、扎根生活，策划更多人民群众喜闻乐见的选题，着力解决人民群众最关心最直接最现实的利益问题；又要讲品位、讲格调、讲责任，在作风文风、内涵深度、阅读体验等方面下功夫，努力提升图书的设计质量，增强人民群众的获得感、幸福感。

（四）明确职责定位，提升印装质量

提高政治领悟力，还必须明确自己的职责定位。如果每个出版工作者都只打着自己的小算盘，只盯着自己的一亩三分地，那么他很难提高自己的政治领悟力。出版工作事关党和国家工作大局，事关社会稳定和安全，事关人民群众精神文化生活。近年来，随着国家有关部门对图书印装质量的检查力度不断加大，加之图书市场对印装质量与效率的竞争也越来越激烈，给印装环节带来了时间紧、任务重、标准高的挑战。出版工作者必须以高度的政治责任感、文化使命感以及极端负责的精神，认真查找影响印装质量的难点、堵点、风险点，树立精品意识、质量意识、品牌意识、服务意识，恪尽职守、勇于担当，面对考验、压实责任，努力推动出版物印装的高质量发展。

三 提高政治执行力，是做好出版工作的关键

政治执行力即政治上"怎么行"，重在执行，强调的是真抓实干、开拓创新，解决虚实问题。提高政治执行力，就是要提高将党中央的大政

方针和决策部署落到实处的能力。既要对标对表地抓执行，切实做到党中央提倡的坚决响应，党中央决定的坚决执行，党中央禁止的坚决不做，坚决维护党中央权威和集中统一领导，做到不掉队、不走偏，不折不扣抓好党中央精神贯彻落实；又要把坚持底线思维、坚持问题导向贯穿工作始终，强化责任意识，增强自身本领，苦练内功，克服本领恐慌。对于出版工作者而言，提高政治执行力是做好出版工作的关键，就是要在提高政治站位上下功夫，把社会效益放在首位；在提升能力素养上下功夫，促进经济效益的增长；在深化体制改革上下功夫，实现两个效益相统一。

（一）在提高政治站位上下功夫，把社会效益放在首位

新发展阶段，出版工作者要在提高政治站位上下功夫，自觉承担起举旗帜、聚民心、育新人、兴文化、展形象的使命任务，把政治方向摆在第一位，经常同党中央精神对标对表，牢牢坚持党性原则，牢牢坚持马克思主义新闻观，牢牢坚持正确舆论导向，牢牢坚持正面宣传为主，将社会效益放在首位。一要将初心诉求和使命担当视为提高政治执行力的根源。出版工作者应不忘满足人民过上美好生活的新期待，为人民提供丰富的精神食粮的初心；牢记服务党和国家大局，践行马克思主义的宣传者和推动者、中华优秀传统文化的传承者和弘扬者、中国先进文化的引领者和践行者的使命。二要将胸怀"两个大局"视为提高政治执行力的关键。出版工作者要胸怀中华民族伟大复兴的战略全局和世界百年未有之大变局，将其作为谋划工作的基本出发点，讲好中国故事，传播好中国声音。三要将心怀"国之大者"视为提高政治执行力的指南。出版工作者需要对什么是"国之大者"了然于胸，深度关注党中央在关心什么、强调什么，深刻领会什么是党和国家最重要的利益、什么是最需要坚定维护的立场，切实把增强"四个意识"、坚定"四个自信"、做到"两个维护"落实到具体的出版工作之中，真正心系作者和读者，在服务好作者的同时，急读者之所急，想读者之所想。

（二）在提升能力素养上下功夫，促进经济效益的增长

新发展阶段，出版工作者要在提升能力素养上下功夫，培育专业精神，提升专业素养，增强专业能力，在坚持把社会效益放在首位的前提下，促进经济效益的持续增长，推动文化事业全面繁荣和文化产业快速发展。一要始终坚持以人民为中心的创作生产导向，坚持发展为了人民、

发展依靠人民、发展成果由人民共享，统筹考虑需要和可能，按照经济社会发展规律循序渐进，遵循社会主义精神文明建设要求，遵循文化产品生产传播规律，以社会主义核心价值观为引领，全面深化文化体制改革。二要根据新发展阶段的新要求，更加精准地贯彻新发展理念，举措要更加精准务实，不断推进出版业供给侧结构性改革，加强优秀内容供给，解决好出版发展不平衡不充分的问题，真正实现从数量规模扩张为主向质量效益提升为主的高质量发展。三要增强忧患意识，不仅要看到出版行业内部的竞争越来越激烈，也要看到互联网、新媒体对出版行业的冲击越来越大，更要看到国际出版格局的深度调整所带来的风险挑战越来越难以预知，常怀忧患之心，克服本领恐慌，练就过硬的调查研究能力、科学决策能力、应急处突能力、群众工作能力、抓落实能力等，随时准备应对更加复杂困难的局面，全面提升出版产业竞争力，积极参与国际文化竞争，维护国家文化安全。

（三）在深化体制改革上下功夫，实现两个效益相统一

新发展阶段，出版工作者要在深化体制改革上下功夫，着力推动文化体制机制创新完善，着力激发文化创新创造活力，从而实现两个效益相统一。当然，在深化改革和创新发展时，也必须坚持把社会效益放在首位、实现社会效益和经济效益相统一作为首要的价值取向。一要完善企业内部运行的体制机制，在建章立制上把社会效益第一、社会价值优先的经营理念制度化，这是出版单位长远发展的铁律，任何时候都不能动摇。二要优化内部组织结构，健全绩效考核办法，实行差异化考核，努力探索促进社会效益和经济效益共同增长的激励机制。三要加强党的建设和思想政治工作，以党建促业务，为引导员工自觉担负起新时代中国特色社会主义赋予的新的文化使命提供坚强的思想保证、政治保证和组织保证。四要开拓创新，大胆运用新技术、新机制、新模式，主动实现与新媒体的融合，培育新的经济增长点，走出一条与新媒体融合发展的创新之路。

总之，提高政治判断力、政治领悟力、政治执行力，为做好新时代的出版工作指明了方向。出版工作者要旗帜鲜明讲政治，以提高"政治三力"为重要抓手，多出反映时代先声、人民期盼、社会进步的精品力作，为全面建设社会主义现代化国家开好局起好步提供坚强思想保证和强大精神力量。

参考文献
习近平：《论党的宣传思想工作》，中央文献出版社2020年版。
本书编写组：《领导干部要提高"政治三力"》，人民出版社2021年版。
中共中央宣传部干部局编：《新时代宣传思想工作》，学习出版社2020年版。

（原载于《传媒论坛》2021年第4期）

要将《习近平著作选读》与《习近平谈治国理政》作为一个整体来研读

相信不少党员干部在学习《习近平著作选读》（第一、二卷，以下简称《著作选读》）时，都会自觉不自觉地将其与《习近平谈治国理政》（第一至四卷，以下简称《治国理政》）进行比较，两者到底存在什么联系和区别？学习了后者是否就用不着再学习前者了？如何才能更加深刻地理解《著作选读》《治国理政》？

《治国理政》收入的是习近平总书记2012年11月至2022年5月这段时间内的重要著作，共有报告、讲话、谈话、致辞、演讲、答问、指示、批示、贺信、贺电等379篇，170余万字。《著作选读》收入的是习近平总书记2012年11月至2022年10月这段时间内的重要著作，共有报告、讲话、谈话、演讲、指示、批示、训令等146篇，79万字。就时间跨度而言，《著作选读》因成书较晚而跨度更大，收入了2022年6月以来的4篇著作。就文章类型而言，《治国理政》较《著作选读》多了致辞、答问、贺信、贺电等，《著作选读》则较《治国理政》多了训令等。

《治国理政》由中央宣传部会同中央党史和文献研究院、外文局编，承担着内宣和外宣的双重功能，并且从外宣为主、内宣为辅逐渐转向内宣为主、外宣为辅，这一变化可以从各卷的出版说明中找到线索；既是广大干部群众深入学习贯彻习近平新时代中国特色社会主义思想的权威读本，又为增进国际社会对中国共产党和中国人民过去为什么成功、未来怎样才能继续成功的认识，加深对中国之路、中国之治、中国之理的理解。而《著作选读》由中共中央文献编辑委员会编，习近平总书记逐篇审定了全部文稿，主要承担着内宣的功能；是为了向广大干部群众提供党的十八大以来习近平总书记最重要、最基本的著作，是全党正在开展的学习贯彻习近平新时代中国特色社会主义思想主题教育的权威教材。

就语言风格而言，《治国理政》除满足国内读者的阅读需求外，还特别注重了对外传播的角度，语言更加生动活泼，为国际社会了解中国、读懂中国打开了一扇"思想之窗"；而《著作选读》则主要配合了全党正在深入开展的学习贯彻习近平新时代中国特色社会主义思想主题教育，语言风格更加朴实亲切。就编选内容而言，《治国理政》主要集中展示了习近平总书记提出的原创性的治国理政新理念、新思想、新战略，同时根据国际社会对当代中国问题的主要关注点，将所选篇目分为若干专题，每个专题内容按时间顺序排列；而《著作选读》提供的是习近平总书记最重要、最基本的著作，将习近平新时代中国特色社会主义思想作为一个逻辑严密、内涵丰富、系统全面、博大精深的科学体系，因而没有细分专题，是按时间顺序排列的。

虽然《治国理政》的篇幅更大，但《著作选读》中收录了很多《治国理政》没有收录的文章，部分著作甚至是第一次公开发表。在《治国理政》第一卷的编选时间段（2012年11月至2014年6月）内，《著作选读》共有26篇文章。其中，有14篇文章相同；有7篇文章未被收入《治国理政》第一卷；有5篇文章虽属同一讲话且被收入两书，但侧重点不一样，所选取的内容也有较大差异，这是我们应特别注意的。例如，《治国理政》第一卷的"把权力关进制度的笼子里"与《著作选读》的"八项规定是改进作风的切入口和动员令"，同属于在第十八届中央纪律检查委员会第二次全体会议上讲话的一部分，但前者侧重于治国理政的新理念、新思想、新战略，后者侧重于深入推进新时代党的建设新的伟大工程，所选内容也不重合。因此，我们在学习《著作选读》时要注意区分哪些文章是《治国理政》收入过的，哪些是未被收入的。那些同时被收入的文章，是习近平新时代中国特色社会主义思想的基本文献，这说明其极端重要，要将其作为学习的重中之重，反复研读；那些只被收入《著作选读》而未被收入《治国理政》的文章，特别是那些第一次公开发表的文章，其对于当下中国的理论与实践有着重要的指导意义，我们要重点关注；对于虽被同时收入两书但所选内容不同的文章，我们要进行对照阅读，既要将其作为整体来理解，又要明白两者的不同立论点。

总之，《治国理政》和《著作选读》都是集中反映习近平新时代中国特色社会主义思想的经典文献，是我们学习贯彻习近平新时代中国特色社会主义思想的权威读本，需要我们常读常新，做到学思用贯通、知信行统一。如果说《治国理政》更丰富、更全面的话，那么《著作选读》则更深刻、更系统。《治国理政》的学习可以为我们进一步学习《著作选读》准备理解的基石；《著作选读》的学习又可以为我们重读《治国理政》提供更加系统的眼光。我们要用联系的观点，将其作为一个相互联系、相互补充、不可分割的有机整体来研读，既要看到两种版本的相通之处，又要明白两种版本不同的编选思路和侧重点，从而做到完整、准确、全面学习习近平新时代中国特色社会主义思想。

参考文献

习近平：《习近平著作选读》第一卷，人民出版社2023年版。
习近平：《习近平著作选读》第二卷，人民出版社2023年版。
习近平：《习近平谈治国理政》第一卷，外文出版社2018年版。
习近平：《习近平谈治国理政》第二卷，外文出版社2017年版。
习近平：《习近平谈治国理政》第三卷，外文出版社2020年版。
习近平：《习近平谈治国理政》第四卷，外文出版社2022年版。

（原载于《学习与交流》2003年第1期）

以中华优秀传统文化滋养共同富裕思想

党的二十大报告将中华优秀传统文化提到前所未有的高度："只有把马克思主义基本原理同中国具体实际相结合、同中华优秀传统文化相结合，坚持运用辩证唯物主义和历史唯物主义，才能正确回答时代和实践提出的重大问题，才能始终保持马克思主义的蓬勃生机和旺盛活力。"[①] 中华优秀传统文化是中华民族的"根"与"魂"，也是共同富裕思想的文化沃土和思想根基。当代共同富裕思想虽然来源于马克思主义，但也有着鲜明的中国特色，彰显了中华优秀传统文化的基因与底色，是把马克思主义基本原理同中国具体实际相结合、同中华优秀传统文化相结合的光辉典范。

一 以"大同世界"滋养共同富裕思想的社会理想

儒家用"大同世界"与"小康社会"来分别论述最高的社会目标和现实的社会目标。所谓大同世界，即"大道之行也，天下为公。选贤与能，讲信修睦，人不独亲其亲，不独子其子，使老有所终，壮有所用，幼有所长，矜寡孤独废疾者，皆有所养。男有分，女有归。货恶其弃于地也，不必藏于己；力恶其不出于身也，不必为己。是故谋闭而不兴，盗窃乱贼而不作，故外户而不闭，是谓大同。"（《礼记·礼运》）对于"大道之行也，天下为公"，郑玄注："公犹共也。"在大同世界中，个人、家庭、社会和国家是同构的。人们既不能将财富（"货"）浪费（"弃于

---

① 习近平：《高举中国特色社会主义伟大旗帜　为全面建设社会主义现代化国家而团结奋斗——在中国共产党第二十次全国代表大会上的报告》，人民出版社2022年版，第17页。

地"），又不能将之变成私有（"藏于己"）。同时，人们对不劳而获也感到厌恶（"力恶其不出于身也"），劳动也并不仅仅是为了赡养自己（"为己"）。这宣扬了一种大公无私与崇公抑私的社会财富共有观念，劳动是社会存在和发展的基础，并强调要有奉献精神。由此可见，大同世界的建立也必然是以财富共有、人人劳动奉献为前提的。这与马克思主义关于公有制和劳动的理论具有一定的相通之处。儒家的大同思想对后世产生了深远的影响。譬如，康有为的《大同书》就描绘出一个"无邦国、先帝王、人人平等、天下为公"的世界。孙中山也将"天下为公""世界大同"视为最高理想，甚至将"共产主义"等同于"大同主义"。

然而，大同世界虽然美好，但在世道衰微后变得遥不可及，此时，儒家只得将小康社会作为现实可行的目标："今大道既隐，天下为家，各亲其亲，各子其子，货力为己。大人世及以为礼，城郭沟池以为固。礼义以为纪，以正君臣，以笃父子，以睦兄弟，以和夫妇，以设制度，以立田里，以贤勇知，以功为己。故谋用是作，而兵由此起。"（《礼记·礼运》）就理论原点而言，如果说大同世界建基于"天下为公"（即天下乃天下人之天下，为天下人所共有，非一人之天下）之上，那么小康社会建基于"天下为家"（即将天下当作一家所私有）之上。就治理方式而言，如果说大同世界是"选贤与能""讲信修睦"，那么小康社会则是"大人世及以为礼""礼义以为纪"。就治理效能而言，如果说大同世界是"人不独亲其亲，不独子其子""货恶其弃于地也，不必藏于己；力恶其不出于身也，不必为己""谋闭而不兴，盗窃乱贼而不作"的"大治之世"，那么小康社会则是"各亲其亲，各子其子""货力为己""谋用是作，而兵由此起"的"小治之世"。小康社会虽远不如大同世界美好，但仍是一种纲纪严正、赏罚分明、人伦敦厚的良好秩序，不失为一种现实选择，也更容易转化为推动社会发展的精神力量。

《礼记·礼运》所勾勒的"大同""小康"两种文明秩序形态，对中华传统文化产生了深远的影响，成为中华民族几千年来孜孜以求的社会理想。1979年12月6日，邓小平在会见日本首相大平正芳时说："我们要实现的四个现代化，是中国式的四个现代化。我们的四个现代化的概念，不是像你们那样的现代化的概念，而是'小康之家'。"[①] 党的十二

[①] 《邓小平文选》第二卷，人民出版社1994年版，第237页。

大报告正式引用了"小康"概念,并把它作为 20 世纪末的战略目标。党的十八大以来,以习近平同志为核心的党中央接续奋斗,把人民对美好生活的向往作为奋斗目标,团结带领全党全国各族人民,夺取全面建成小康社会决胜阶段的伟大胜利。2021 年 7 月 1 日,习近平总书记在庆祝中国共产党成立 100 周年大会上庄严宣告:"我代表党和人民庄严宣告,经过全党全国各族人民持续奋斗,我们实现了第一个百年奋斗目标,在中华大地上全面建成了小康社会。"[①] 在小康社会全面建成后,我们正意气风发迈上全面建设社会主义现代化国家新征程,向第二个百年奋斗目标进军,以中国式现代化全面推进中华民族伟大复兴,可以说,我们现在比以往任何时候都更接近实现大同世界。党的二十大报告指出:"中国式现代化是全体人民共同富裕的现代化。共同富裕是中国特色社会主义的本质要求,也是一个长期的历史过程。我们坚持把实现人民对美好生活的向往作为现代化建设的出发点和落脚点,着力维护和促进社会公平正义,着力促进全体人民共同富裕,坚决防止两极分化。"[②] 我们要实现的中国式现代化不是贫富悬殊的现代化,而是全体人民共同富裕的中国式现代化。绝不允许贫富差距越来越大,也绝不允许穷人和富人之间存在不可逾越的鸿沟。幸福的生活都是奋斗出来的,促进共同富裕要鼓励勤劳创新致富。要让所有人都有机会凭自己的能力参与现代化进程,凭自己的贡献分享国家发展的成果,这是通往大同世界的现实路径和历史必然。同时,作为为人类谋进步、为世界谋大同的党,我们还要努力推动构建人类命运共同体,引领人类之舟驶向大同世界。

二 以"天道均平"滋养共同富裕思想的分配正义

中华传统文化中蕴含着丰富的天道均平思想。譬如,《周易》指出:"损,损下益上,其道上行。损而有孚,元吉。无咎,可贞。利有攸往。

[①] 习近平:《在庆祝中国共产党成立 100 周年大会上的讲话》,人民出版社 2021 年版,第 2 页。

[②] 习近平:《高举中国特色社会主义伟大旗帜 为全面建设社会主义现代化国家而团结奋斗——在中国共产党第二十次全国代表大会上的报告》,人民出版社 2022 年版,第 22 页。

曷之用，二簋可用享，二簋应有时，损刚益柔有时，损益盈虚，与时偕行。"这里的"损益盈虚，与时偕行"说明要因时制宜，应时而变，该损的则损，该益的则益。如果从社会学的角度来看，就是贫富悬殊不可过大，否则势必影响社会和谐。《晏子春秋》提出："其取财也，权有无，均贫富，不以养嗜欲。"这是要求国君在征税时，要根据贫富的程度有差别地征税。孔子说："丘也闻有国有家者，不患寡而患不均，不患贫而患不安。盖均无贫，和无寡，安无倾。"（《论语·季氏》）这说明古人早就看到了财富的分配正义不仅优先于财富的多寡，而且将对社会稳定产生深远的影响。老子认为，"天之道，其犹张弓与？高者抑之，下者举之；有余者损之，不足者补之。天之道，损有余而补不足。人之道，则不然，损不足以奉有余。孰能有余以奉天下，唯有道者。是以圣人为而不恃，功成而不处，其不欲见贤。"（《老子·第十七章》）在老子看来，财富存在"有余"或"不足"边界问题，人道是减少不足以补充有余，而天道则是减少有余而补充不足，有智慧的人懂得顺应天道而不是违反天道。此外，不少农民战争中也将"均平"作为旗号，提出"等贵贱，均贫富"的主张。

中华传统文化中的均平思想，对于缩小贫富、化解矛盾、维护稳定、促进和谐有着重要的意义，成为共同富裕思想分配正义的重要思想来源。不过，我们也应看到，均平思想中所蕴含的绝对平均主义因素，曾给中国社会带来了消极的影响。习近平总书记指出："我们说的共同富裕是全体人民共同富裕，是人民群众物质生活和精神生活都富裕，不是少数人的富裕，也不是整齐划一的平均主义。"[1] 在高度集中的计划经济时期，我们实行低水平的、平均主义的、"吃大锅饭"的分配制度，极大地挫伤了人们的劳动积极性，从而阻碍了生产力的发展。改革开放以来，一部分地区、一部分人先富起来了，同时贫富差距也逐步拉大，一些财富不当聚集给经济社会健康运行带来了风险挑战。因此，实现共同富裕，既要消除两极分化，又要反对平均主义，正确处理效率和公平的关系，构建初次分配、再分配、三次分配协调配套的基础性制度安排，扩大中等收入群体比重，增加低收入群体收入，合理调节高收入，取缔非法收入，形成中间大、两头小的橄榄型分配结构，把促进社会公平正义的事情做

---

[1] 习近平：《习近平谈治国理政》第四卷，外文出版社2022年版，第142页。

好。满足人民对美好生活的向往，最终靠的是发展，既要进一步深化改革，以高质量发展推进中国式现代化，不断把"蛋糕"做大，又要在不断发展的基础上通过合理的制度安排，把不断做大的"蛋糕"分好，让发展成果更多更公平惠及全体人民。同时，我国仍处于社会主义初级阶段，共同富裕的实现不可能一蹴而就，需要一个漫长的历史过程，既要量力而行，坚持循序渐进，认识到共同富裕的长期性、艰巨性、复杂性，又要尽力而为，鼓励各地因地制宜探索有效路径，总结经验，逐步推开。

三 以"以民为本"滋养共同富裕思想的发展理念

"民为邦本"的民本思想，也是中华优秀传统文化的重要内容，主要表现为重民、贵民、安民、恤民、爱民等。譬如，《尚书·夏书·五子之歌》有"皇祖有训，民可近，不可下，民惟邦本，本固邦宁"，这可以看作我国古代民本思想的滥觞。《晏子春秋》有"婴闻之，卑而不失尊，曲而不失正者，以民为本也"，这是以民为本思想的首次提出，将是否得到老百姓的拥护作为最大的政治。孟子将古代的民本思想推到一个新的高度："民为贵，社稷次之，君为轻。是故得乎丘民而为天子，得乎天子为诸侯，得乎诸侯为大夫。"（《孟子·尽心下》）这里需要特别指出的是，孟子不仅提出民贵君轻的思想，而且提出"得乎丘民而为天子"，认为天子的权力来自民众而非上天，从而赋予民众以崇高的地位。贾谊的"民无不为本也"思想则充分意识到了民众在国家政治生活中的重要力量："闻之于政也，民无不为本也。国以为本，君以为本，吏以为本。故国以民为安危，君以民为威侮，吏以民为贵贱，此之谓民无不为本也。"（《新书·大政上》）如此等等。我国古代的民本思想大体经历了从重天敬鬼到敬德保民，再从重民轻天到民贵君轻这样的发展历程，逐渐成为中国政治哲学的核心观念之一。

传统的民本思想强调民意是政权合法性的重要支撑，主张亲民、爱民、富民、教民、安民、利民，在中国历史上产生了积极的作用与深远的影响。不过，我们也要看到，传统文化中的民本思想毕竟是以"君本位"或者"官本位"为前提的，只是统治者治国安邦的一种手段，不可能真正站在人民的立场来满足人民的真正诉求。以人民为中心的发展理念从人民的根本利益出发，始终把增进人民福祉、促进人的全面发展作为发展的出发点和落脚点，既汲取了传统民本思想中的丰富养料，又剔除了传统民本思想中的封建糟粕，成为马克思主义基本原理与中华优秀传统文化相结合的最新理论成果。作为马克思主义政党，中国共产党始终把人民放在心中最重要的位置，始终坚信人民是中国共产党的根基、血脉和力量所在。得民心者得天下，失民心者失天下，人民的拥护和支持是党执政的最牢固根基。"要保持党同人民群众的血肉联系，站稳人民立场，着力解决发展不平衡不充分问题和人民群众急难愁盼问题，不断实现好、维护好、发展好最广大人民根本利益，坚定不移推进共同富裕。"[①] 因此，实现共同富裕不仅是经济问题，而且是关系党的执政基础的重大政治问题。只有始终坚持以人民为中心的发展理念，扎实推进共同富裕，党才能不断夯实执政基础。人民是历史的创造者，人民是真正的英雄。以人民为中心的发展理念要求在实现共同富裕的过程中要充分发挥每一个人在社会主义现代化建设中的主体性和参与度。

四 以"博施众利"滋养共同富裕思想的价值取向

中华优秀传统文化中蕴含着丰富的博施众利思想，这可以为共同富裕思想的价值取向提供丰厚的文化滋养。"子贡曰：'如有博施于民而能济众，何如？可谓仁乎？'子曰：'何事于仁，必也圣乎！尧、舜其犹病诸！'"（《论语·宪问》）在孔子看来，如果一个人能"博施众利"，做到广泛地满足老百姓的要求，无私地帮助大家，则不仅仅是"仁"，甚至可以称得上"仁"的最高境界——圣。首先，"博施众利"强调的是共享，即利国、利民。因为民众是社会的基础，"众利"就是"民利"，所以，"履不必同，期于适足；治不必同，期于利民。"（《魏源集·默觚下》）其次，"博施众利"还要求以社会的公平公正为前提。"一心可以丧邦，一心可以兴邦，只在公私之间尔。"（程颢、程颐：《二程集·河南

---

① 习近平：《以史为鉴、开创未来　埋头苦干、勇毅前行》，《求是》2022年第1期。

程氏遗书》）公其心，则邦兴；私其心，则邦丧。所以，人人皆要有公心，主动承担社会责任，营造公平公正的社会环境。最后，"博施众利"还需要大力发展社会生产力，为实现"共富"提供丰厚的物质基础。"易其田畴，薄其税敛，民可使富也。食之以时，用之以礼，财不可胜用也。"（《孟子·尽心上》）

共同富裕是以共有为前提，以共享为手段，以共富为目的的。我国是公有制为主体、多种所有制经济共同发展的社会主义国家，这为实现共同富裕提供了重要制度支撑和保障。共享是新发展理念的重要组成部分，体现了人民至上的价值理念，蕴含着公平正义的价值要求，体现的是逐步实现的共同富裕要求。习近平总书记指出："坚持共享发展，就是要坚持发展为了人民、发展依靠人民、发展成果由人民共享，使全体人民在共建共享发展中有更多获得感，朝着共同富裕方向稳步前进。"[1] 共同富裕的覆盖面要广，不是一部分人、一部分地区的富裕，而是全体人民的富裕。要坚持全民共享、全面共享、共建共享、渐进共享，使全体人民共享改革发展成果，从而不断推进共同富裕。共同富裕还是物质文明和精神文明的有机统一，既要物质富足，又要精神富有。因此，我们要不断厚植实现共同富裕的物质基础，不断夯实人民幸福生活的物质条件，同时要强化社会主义核心价值观引领，大力发展社会主义先进文化，加强理想信念教育，传承中华文明，促进物的全面丰富和人的全面发展。

五 以"德法共治"滋养共同
富裕思想的治理方式

在中华文明漫长的历史演变中，德治与法治并重逐渐成为古代国家治理的重要方式。孔子提出"为政以德"，强调"道之以政，齐之以刑，民免而无耻；道之以德，齐之以礼，有耻且格"（《论语·为政》）。在孔子看来，以政（政令、命令）和刑罚的方式治国，不太理想，只能使"民免而无耻"；而德治与礼法则相结合是最好的治国方式，可以使民

---

[1] 中共中央文献研究室编：《习近平关于社会主义社会建设论述摘编》，中央文献出版社2017年版，第36页。

"有耻且格"。当然，孔子虽然认为德治优于刑治，但也没有否认现代意义上的法治。孔子主张德法共治，并且强调以"德"为主，以"政"为辅。尽管此后的思想家对德与刑、礼与法的地位和作用表述各异，但大多深受孔子德法共治思想的影响。譬如，荀子提出"故不教而诛，则刑繁而邪不胜；教而不诛，则奸民不惩"（《荀子·富国》），主张在实行礼治的同时，法也不可以偏废，应该礼治为主，礼法并用。董仲舒则提倡德刑兼备、"德治"为主，"天道之大者在阴阳。阳为德，阴为刑；刑主杀而德主生"（董仲舒：《举贤良对策一》）。德法共治、德主刑辅、以德化人是我国古代基本的治国方略，成为中华法律文化的核心理念。当然，我们也要看到，古代的德法共治理论过多地将希望寄托于为政者增强自我修养、道德涵养、理想信念之上，而忽视了法律制度本身的重要性和权力监督制约机制的必要性。

法安天下，德润人心。中国特色社会主义法治道路的鲜明特点就是坚持依法治国和以德治国相结合。德治和法治都是治国理政不可或缺的重要手段。法治靠国家机器的强制和威严，属于"他律""他治"；德治靠人们的内心信念和社会舆论，属于"自律""自治"。习近平总书记指出："我们已经踏上了全面建设社会主义现代化国家、向第二个百年奋斗目标进军的新征程，立足新发展阶段，贯彻新发展理念，构建新发展格局，推动高质量发展，满足人民对民主、法治、公平、正义、安全、环境等方面日益增长的要求，提高人民生活品质，促进共同富裕，都对法治建设提出了新的更高要求。"[①] 共同富裕是全体人民物质文明和精神文明的协调发展，在扎实推进共同富裕中必须一手抓法治、一手抓德治，实现法治和德治相辅相成、相得益彰。既要发挥法治对道德的保障作用，对道德领域的突出问题要善用法治的手段来解决；又要强化道德对法治的支撑作用，以道德伦理滋养法治精神。

六 结语

共同富裕思想之所以有着鲜明的中国特色，成为中国式现代化的重

[①] 习近平：《习近平谈治国理政》第四卷，外文出版社2022年版，第304页。

要特征，就在于其植根于中华优秀传统文化，体现了科学社会主义的先进本质，展现了不同于西方"福利社会"的新图景。"大同世界"的社会理想决定了我们要实现的共同富裕，走的是一条合作、开放、互利共赢的道路，而不是搞对抗、搞封闭、搞零和博弈、搞霸权主义和强权政治的歧途；"天道均平"的分配正义决定了我们要实现的共同富裕，走的是一条不断缩小贫富、化解矛盾、维护稳定、促进和谐、既量力而行又尽力而为的道路，而不是陷入贫富悬殊、两极分化、公平正义缺失的恶性循环，或盲目脱离发展实际的"高福利"；"民为邦本"的发展理念决定了我们要实现的共同富裕，走的是一条始终把增进人民福祉、促进人的全面发展作为发展的出发点和落脚点的道路，而不是以资本为中心，服务于少数资本家利益的发展模式；"博施众利"的价值取向决定了我们要实现的共同富裕，走的是一条以共有为前提、以共享为手段、以共富为目的的道路，而不是建基于私有制和按资分配之上、以延缓经济危机为动机和手段的"分享经济"；"德法共治"的治理方式决定了我们要实现的共同富裕，走的是一条坚持依法治国和以德治国相结合的道路，而不是在宣扬法律至上的同时忽略道德建设，导致情感危机和道德沦丧普遍存在的"割裂社会"。

总之，要正确认识和深刻把握共同富裕思想，就需要从中华优秀传统文化中汲取丰富的营养和智慧，以时代精神激活中华优秀传统文化的生命力，推动中华优秀传统文化的创造性转化和创新性发展，进而在新征程上努力增强人民群众的获得感、幸福感、安全感，促进人的全面发展和社会全面进步，推动共同富裕不断取得新成效。

参考文献

习近平：《高举中国特色社会主义伟大旗帜　为全面建设社会主义现代化国家而团结奋斗——在中国共产党第二十次全国代表大会上的报告》，人民出版社 2022 年版。

《邓小平文选》第二卷，人民出版社 1994 年版。

习近平：《在庆祝中国共产党成立 100 周年大会上的讲话》，人民出版社 2021 年版。

《习近平谈治国理政》第四卷，外文出版社 2022 年版。

中共中央文献研究室编：《习近平关于社会主义社会建设论述摘编》，

中央文献出版社2017年版。

中共中央党史和文献研究院、中央学习贯彻习近平新时代中国特色社会主义思想主题教育领导小组办公室编：《习近平新时代中国特色社会主义思想专题摘编》，党建读物出版社、中央文献出版社2023年版。

（原载于《黑龙江社会科学》2023年第5期）

后　记

孔子曰："吾十有五而志于学，三十而立，四十而不惑，五十而知天命，六十而耳顺，七十而从心所欲不逾矩。"（《论语·为政》）人生是一个不断挑战自我、突破自我、超越自我的过程，人生的意义和价值就在于超越的过程之中。"十有五而志于学"，是说青少年时期人生开始觉醒，有了比较清晰的人生目标和追求，有志于学道问道；"三十而立"，是说三十岁时人格独立了，站立于世界之中，逐渐明白人生的真谛，但依然有很多困惑；"四十而不惑"，是说四十岁时历经风风雨雨，很多具体的疑惑会逐渐解开，知道自己是谁，也知道世界是什么；"五十而知天命"，是说五十岁时开始知道人存在的边界，懂得很多事情只能随缘而不可强求，一切随天命而定；"六十而耳顺"，是说六十岁时既能顺应天命，也能顺从人道，坦然面对人生；"七十而从心所欲不逾矩"，是说七十岁时经历了无数沧桑与反思，才能悟透真正的人生，实现心意与规矩的合一，达至一种真正自由的状态。当然，这里的年龄不是绝对的，而是一种境界提升的隐喻，只是代表境界逐渐提升的一种过程，既可以"顿悟"，也可以"渐修"，因人而异。悟透人生是每一个人的追求，不分先后，无论长幼。人生，就在于边走边悟，既要参悟世界和他人，更要参悟自己。

1998年，我考入武汉大学哲学院，从此与哲学结下不解之缘，甚至可以说哲学已经成为我的第二生命。哲学不仅仅是对哲学知识和哲学史的学习，更是一种生活方式。2002年，我进入中国人民大学哲学院攻读外国哲学专业的硕士学位，并以《中西"游"和"游戏说"的比较》为题撰写了硕士毕业论文。在硕士论文的基础上，我撰写和发表了关于中西"游"和"游戏说"比较的系列论文，这成为本书的第一部分。

2007年，我再次进入中国人民大学哲学院攻读外国哲学专业的博士学位，并以《激情与政治——霍布斯政治哲学的一种新诠释》为题撰写了博士毕业论文。在博士论文的基础上，我不仅出版了《激情与政治：霍布斯政治哲学新释》（对外经济贸易大学出版社 2015 年版）一书，而且撰写和发表了关于霍布斯政治哲学的系列论文，这成为本书的第二部分。

2004 年，我进入人民出版社工作。在 20 年的编辑生涯中，我将哲学思维和方法应用到出版工作中，不仅策划、编辑、出版了数百种双效益图书，多种图书获国家级奖项，而且还撰写和发表了关于新闻出版的当代变革与应对策略的系列论文，这成为本书的第三部分。

承蒙《中国人民大学学报》《世界宗教研究》《江海学刊》《社会科学战线》《天津社会科学》《中国编辑》等诸多刊物的厚爱，本书所收入的 30 多篇论文均得以发表，在此特致谢意！感谢中国社会科学出版社对于本书出版的大力支持。

此外，需要特别指出的是，论文集不可能像学术专著那么系统化、体系化，有些论文之间因为各自理论建构的需要存在一些交叉、重复内容。虽然这些内容在收入本书时进行了部分修订，但考虑到其文本本身的逻辑完整性，仍然存在详略的差异。

对于书中的疏漏和不当之处，敬请广大读者提出宝贵意见。

洪 琼

2024 年 9 月 24 日